Abstammungsrecht 2.0

Studien zum deutschen und internationalen Familien- und Erbrecht

Herausgegeben von Martin Lipp, Christoph Benicke, Marina Wellenhofer und Bettina Heiderhoff

Band 25

Zur Qualitätssicherung und Peer Review der vorliegenden Publikation

Die Qualität der in dieser Reihe erscheinenden Arbeiten wird vor der Publikation durch den Herausgeber der Reihe geprüft.

Notes on the quality assurance and peer review of this publication

Prior to publication, the quality of the work published in this series is reviewed by the editor of the series.

Marc Alexander Voigt

Abstammungsrecht 2.0

Ein rechtsvergleichender Reformvorschlag vor dem Hintergrund der Methoden der künstlichen Befruchtung

PL ACADEMIC RESEARCH

Bibliografische Information der Deutschen Nationalbibliothek
Die Deutsche Nationalbibliothek verzeichnet diese Publikation in der Deutschen Nationalbibliografie; detaillierte bibliografische Daten sind im Internet über http://dnb.d-nb.de abrufbar.

Zugl.: Frankfurt (Main), Univ., Diss., 2015

D 30
ISSN 1864-497X
ISBN 978-3-631-66363-9 (Print)
E-ISBN 978-3-653-05796-6 (E-Book)
DOI 10.3726/978-3-653-05796-6

PL Academic Research ist ein Imprint der Peter Lang GmbH.

Peter Lang – Frankfurt am Main · Bern · Bruxelles · New York · Oxford · Warszawa · Wien

Diese Publikation wurde begutachtet.

www.peterlang.com

Meinen Eltern
Gertrud und Robert

Vorwort

Die vorliegende Arbeit wurde im Wintersemester 2014/15 vom Fachbereich Rechtswissenschaft der Johann Wolfgang Goethe-Universität Frankfurt am Main als Dissertation angenommen. Rechtsprechung und Literatur wurden bis zum Mai 2015 berücksichtigt und eingearbeitet.

Mein herzlicher und großer Dank gilt *Frau Prof. Dr. Marina Wellenhofer*, die die Bearbeitung dieses hochinteressanten Themas nicht nur angeregt hat, sondern während der Erstellung der Dissertation stets mit wertvollem Rat und Tat zur Seite stand. Während der gesamten Schaffensphase wurde die Arbeit von ihr stets freundschaftlich und professionell betreut. Jedes Gespräch mit ihr brachte die Arbeit in jeglicher Hinsicht ein gutes Stück voran.

Auch *Herrn Prof. Dr. Ludwig Salgo* danke ich für die rasche Erstellung des Zweitgutachtens sowie einige anregende Diskussionen über das Thema.

Der größte Dank gilt jedoch den Personen, die mir dieses Vorhaben überhaupt ermöglicht haben. Dabei kann ich meinen Eltern und hier insbesondere meinem Vater *Robert Voigt* nicht genug für all das danken, was er mir während Studium und Promotion ermöglicht hat, obwohl er leider viel zu früh auf sich allein gestellt war. Aber auch meiner unvergessenen Mutter *Gertrud Voigt*, deren Worte auch nach all den Jahren stets in meinem Kopf widerhallen, gilt an dieser Stelle ein besonderer Dank.

Durch nichts wieder auszugleichen ist auch die Unterstützung meiner wundervollen Freundin *Kim Beyer*, die den endgültigen Anstoß zum Beginn der Promotion gegeben hat. Ohne sie wäre das Vorhaben vielleicht nie in Gang gekommen, sicherlich aber nicht in der vorliegenden Form vollendet worden, da sie stets zur rechten Zeit zu motivieren und in jeglicher Form zu unterstützen wusste.

Nicht zuletzt danke ich all den anderen Personen, die mich auf diesem Weg begleitet haben. Seien es meine Familie, meine langjährigen Freunde aber auch meine Kollegen am Lehrstuhl, die gemeinsam mit *Frau Prof. Dr. Wellenhofer* eine großartige Arbeitsatmosphäre geschaffen haben, die ihresgleichen sucht. *Frau Alexandra von Christen* als Sekretärin des Lehrstuhls sei hier noch einmal besonders hervorgehoben.

Frankfurt am Main, im Mai 2015

Marc Alexander Voigt

Inhaltsverzeichnis

Literaturverzeichnis

aar/AP: Klage in Kansas. Samenspender soll Unterhalt zahlen in: Spiegel Online vom 02. Januar 2013 (abrufbar unter: http://www.spiegel.de/panorama/gesellschaft/samenspender-auf-unterhalt-verklagt-a-875401.html, zuletzt abgerufen am 28.05.2015, 10:42 Uhr zitiert als: *aar/AP*, Spiegel Online vom 02. Januar 2013)

Aebi-Müller, Regina/Jaggi, Matthias: Streit um die Abstammung – Länderbericht Schweiz in: *Spickhoff/Schwab/Henrich/Gottwald*, Streit um die Abstammung, Bielefeld 2007, S. 343-394

Anslinger, Katja/Rolf, Burkhard/Eisenmenger, Wolfgang: Möglichkeiten und Grenzen der DNA-Analyse in: DRiZ 2005, 165-168

Aristoteles: Nikomachische Ethik (übersetzt und herausgegeben von Ursula Wolf), Hamburg 2006

Badenberg, Felor: Das Recht des Kindes auf Kenntnis der eigenen Abstammung unter Berücksichtigung der Problematik der anonymen Geburt, Frankfurt am Main 2006

Balz, Manfred: Heterologe künstliche Samenübertragung beim Menschen, Tübingen 1980

Bamberger, Heinz Georg/Roth, Herbert: Beck'scher Online Kommentar BGB, Edition 34, Stand 01.02.2015, München 2015 (zitiert als: BeckOK BGB/*Bearbeiter*, §, Rn.)

Bartsch, Herbert: Einsicht in Personenstandsregister in: NJW-Spezial 2009, 199-200

Beckhove, Esther: Die Kostenübernahme für künstliche Befruchtungen – Fallgruppen in: NJOZ 2009, 1465-1473

Beitzke, Günther: Rechtsvergleichende Bemerkungen zum künstlich gezeugten Kind in: Gaul, Familienrecht in Geschichte und Gegenwart, Bielefeld 1992, S. 49-67 (zitiert als: *Beitzke* in: Gaul, S. 49, #)

Benicke, Christoph: Kollisionsrechtliche Fragen der Leihmutterschaft in: StAZ 2013, 101-114

Bernard, Andreas: Die Übermutter in: Süddeutsche Zeitung (SZ) vom 02./03.02.2013, S. 6

–: Samenspender, Leihmütter, Retortenbabies: neue Reproduktionstechnologien und die Ordnung der Familie in: StAZ 2013, 136-141

–: Von einer, die auszog, ihren Vater kennenzulernen in: Süddeutsche Zeitung (SZ) vom 02./03.02.2013, S. 6

Bernat, Erwin: S.H. et al. gegen Österreich: Ein Schritt vorwärts, ein Schritt zurück in: *Rosenau*, Ein zeitgemäßes Fortpflanzungsmedizingesetz für Deutschland, Baden-Baden 2012, S. 203-233 (zitiert als: *Bernat* in: *Rosenau*, S. 203, #)

Bispink, Gerd: Reproduktionsmedizinische Aspekte in: *Duttge/Engel/Lipp/Zoll*, Heterologe Insemination, Göttingen 2010, S. 1-8 (zitiert als: *Bispink* in: *Duttge/Engel/Lipp/Zoll*, S. 1, #)

Blauwhoff, Richard J.: Foundational Facts, Relative Truths, Antwerpen, Oxford und Portland 2009

Boele-Woelki, Katharina: Ersatzmutterschaft und „kalter Ausschluss" im Vermögensrecht von Ehegatten und nichtehelichen Partnern in den Niederlanden in: FamRZ 2011, 1455-1457

Bokelmann, Victoria/Bokelmann, Michael: Zur Lage der für andere übernommenen Mutterschaft in Deutschland, Frankfurt am Main 2003

Bonvie, Horst/Naujoks, Mathias: Kostenübernahme der privaten und gesetzlichen Krankenversicherungen für reproduktionsmedizinische Maßnahmen im Wege der IVF-/ICSI-Behandlung in MedR 2006, 267-274

Borth, Helmut: Das Verfahren zum Entwurf eines Gesetzes zur Klärung der Abstammung unabhängig vom Anfechtungsverfahren gemäß § 1598a BGB-E und dessen Verhältnis zum Abstammungsverfahren nach dem FamFG in: FPR 2007, 381-385

Breemhaar, Willem: Streit um die Abstammung im niederländischen Recht in: *Spickhoff/Schwab/Henrich/Gottwald*, Streit um die Abstammung, Bielefeld 2007, S. 149-168

Brohm, Winfried: Forum: Humanbiotechnik, Eigentum und Menschenwürde in: JuS 1998, 197-205

Brudermüller, Gerd/Schürmann, Heinrich: 18. Deutscher Familiengerichtstag – Empfehlungen des Vorstandes in: FamRZ 2009, 1967-1971

–: 19. Deutscher Familiengerichtstag – Empfehlungen des Vorstandes in: FamRZ 2011, 1921-1923

Büchler, Andrea: Sag mir, wer die Eltern sind... Konzeptionen rechtlicher Elternschaft im Spannungsfeld genetischer Gewissheit und sozialer Geborgenheit in: AJP 2004, 1175-1185

Bumiller, Ursula/Harders, Dirk: Freiwillige Gerichtsbarkeit FamFG, 10. Auflage, München 2011

Busse, Bartold: Das Recht des Kindes auf Kenntnis der eigenen Abstammung bei heterologer künstlicher Befruchtung (Samenspende, Eispende, Embryospende), Münster 1988

Büttner, Helmut: Änderungen im Familienverfahrensrecht durch das Kindschaftsrechtsreformgesetz in: FamRZ 1998, 585-594

–: Der biologische (genetische) Vater und seine Rechte in: Perspektiven des Familienrechts: Festschrift für Dieter Schwab zum 70. Geburtstag am 15. August 2005, Bielefeld 2005, S. 735-745 (zitiert als: *Büttner* in: FS Schwab, S. 735, #)

Coester, Michael: Ersatzmutterschaft in Europa in: Festschrift für Erik Jayme, Berlin, München 2004, S. 1243-1258 (zitiert als: *Coester*, FS Jayme, S. 1243, #)

–: Neues Kindschaftsrecht in Deutschland in: DEuFamR 1999, 3-15

Coester-Waltjen, Dagmar: Die künstliche Befruchtung beim Menschen - Zulässigkeit und zivilrechtliche Folgen. 2. Teilgutachten- Zivilrechtliche Probleme. Gutachten B in: Deutscher Juristentag - Verhandlungen des Sechsundfünfzigsten Deutschen Juristentages Berlin 1986, München 1986

–: Die Vaterschaft für ein durch künstliche Insemination gezeugtes Kind in: NJW 1983, 2059-2060

–: Künstliche Fortpflanzung und Zivilrecht in: FamRZ 1992, 369-373

–: Reformüberlegungen unter besonderer Berücksichtigung familienrechtlicher und personenstandsrechtlicher Fragen in: Reproduktionsmedizin 2002, 183-198

–: Statusrechtliche Folgen der Stärkung der Rechte der nichtehelichen Väter in: FamRZ 2013, 1693-1699

Cubeddu Wiedemann, Maria Giovanna: Die geplanten Familienrechtsreformen in Italien, FamRZ 2012, 1442-1446

Daniels, Ken/Thorn, Petra: Sharing information with donor insemination offspring in: Human Reproduction 2001, 1792-1796

Deichfuß, Hermann: Abstammungsrecht und Biologie, Heidelberg 1991

Dethloff, Nina: Familienrecht, 30. Auflage, München 2012

–: Leihmütter, Wunscheltern und ihre Kinder in: JZ 2014, 922-932

Dethloff, Nina/Gerhardt, Rudolf: „Ein Reproduktionsmedizingesetz ist überfällig" in: ZRP 2013, 91-94

Deutsch, Erwin: Des Menschen Vater und Mutter – Die künstliche Befruchtung beim Menschen – Zulässigkeit und zivilrechtliche Folgen in: NJW 1986, 1971-1975

Deutsch, Erwin/Spickhoff, Andreas: Medizinrecht, 7. Auflage, Berlin und Heidelberg 2014

Deutscher Familiengerichtstag, Achtzehnter: Ansprachen und Referate. Berichte und Ergebnisse der Arbeitskreise, Bielefeld 2010

Deutscher Juristentag, 59.: Beschlüsse des 59. Deutschen Juristentages 15.-18.9.1992 in Hannover, FamRZ 1992, 1275-1278

Deutsches IVF-Register e.V.: Jahrbuch 2011 (abrufbar unter: http://www.deutsches-ivf-register.de/perch/resources/downloads/dirjahrbuch2011-d.pdf, zuletzt abgerufen am 28.05.2015, 10:42 Uhr Zitiert als: *DIR* Jahrbuch 2011, S. #)

DPA: Vatikan kritisiert Medizin-Nobelpreis scharf in: FAZ Online vom 04. Oktober 2010 (abrufbar unter: http://www.faz.net/-gxf-6kw1t, zuletzt abgerufen am 28.05.2015, 10:43 Uhr zitiert als: *DPA*, FAZ Online vom 04.10.2010)

Duttge, Gunnar: Das Gendiagnostikgesetz: Vorbild für eine Gesamtregelung der Fortpflanzungsmedizin? in: *Rosenau*, Ein zeitgemäßes Fortpflanzungsmedizingesetz für Deutschland, Baden-Baden 2012, S. 235-252 (zitiert als: *Duttge* in: *Rosenau*, S. 235, #)

Eckersberger, Peter: Auswirkungen des Kinderrechteverbesserungsgesetzes auf Vereinbarungen über eine heterologe Insemination in: MittBayNot 2002, 261-264

Eidenmüller, Horst: Der Auskunftsanspruch des Kindes gegen seine Mutter auf Benennung des leiblichen Vaters – BVerfGE 96, 56 in: JuS 1998, 789-795

Epping, Volker /Hillgruber, Christian: Beck'scher Online-Kommentar GG, Edition 24, Stand 01.03.2015, München 2015 (zitiert als: BeckOK GG/*Bearbeiter*, Art., Rn.)

Erbs, Georg/Kohlhaas, Max: Strafrechtliche Nebengesetze, 195. Ergänzungslieferung, München 2013 (zitiert als: *Bearbeiter* in: *Erbs/Kohlhaas*, §, Rn.)

Erman BGB: Bürgerliches Gesetzbuch, 14. Auflage, Köln 2014

ESHRE Task Force on Ethics and Law (including Shenfield, F./Pennings, G./Cohen, J./ Devroey, P./de Wert, G./Tarlatzis, B.): ESHRE Task Force on Ethics and Law 10: Surrogacy in: Human Reproduction 2005, 2705-2707

Fabricius, Hans-Åke: Die humangenetische Abstammungsbegutachtung in: FPR 2002, 376-380

Felberbaum, Ricardo: Medizinische und ethische Aspekte der Leihmutterschaft in: Der Gynäkologe 2009, 625-626

Ferrand, Frédérique: Streit um die Abstammung in Frankreich in: *Spickhoff/Schwab/ Henrich/Gottwald*, Streit um die Abstammung, Bielefeld 2007, S. 93-118

Ferrand, Frédérique/Francoz-Terminal, Laurence: Aktuelles zum französischen Familienrecht 2010-2011 in: FamRZ 2011, 1446-1450

–: Aktuelles zum französischen Familienrecht 2011-2012 in: FamRZ 2012, 1437-1440

Ferrari, Susanne: Das neue österreichische Abstammungsrecht in: Perspektiven des Familienrechts: Festschrift für Dieter Schwab zum 70. Geburtstag am 15. August 2005, Bielefeld 2005, S. 1333-1347 (zitiert als: *Ferrari* in: FS Schwab, S. 1333, #)

–: Neue Möglichkeiten der Elternschaft für gleichgeschlechtliche Paare in Österreich in: FamRZ 2014, 1512-1513

–: Streit um die Abstammung – die Rechtslage in Österreich in: *Spickhoff/Schwab/ Henrich/Gottwald*, Streit um die Abstammung, Bielefeld 2007, S. 183-203

Fink, Sandra/Grün, Klaus-Jürgen: Der Auskunftsanspruch über die Abstammung des durch heterologe Insemination gezeugten Kindes gegen den Arzt in: NJW 2013, 1913-1917

Fischer, Andrea: Vortrag Berlin-Brandenburgische Akademie der Wissenschaften 18.10.2010 (abrufbar unter: http://www.andrea-fischer.de/de/publikation/ ethik/20110125-pid.shtml, zuletzt abgerufen am 28.05.2015, 10:45 Uhr)

Fötschl, Andreas: Das dänische Gesetz über die künstliche Befruchtung – Ein Kurzüberblick in: MedR 2010, 95-97

Frank, Rainer: Grundzüge und Einzelprobleme des Abstammungsrechts in: StAZ 2003, 129-136

–: Recht auf Kenntnis der genetischen Abstammung? in: FamRZ 1988, 113-120

Frank, Rainer/Helms, Tobias: Kritische Bemerkung zum Regierungsentwurf eines „Gesetzes zur Klärung der Vaterschaft unabhängig vom Anfechtungsverfahren" in: FamRZ 2007, 1277-1281

Friederici, Peter: Unzulässigkeit der Adoption auf Grund eines Leihmuttervertrages, FamFR 2011, 551

Frommel, Monika/Taupitz, Jochen/Ochsner, Alexandra/Geisthövel, Franz: Rechtslage der Reproduktionsmedizin in Deutschland in: Journal für Reproduktionsmedizin und Endokrinologie 2010, 96-105

Gaul, Hans Friedhelm: Ausgewählte Probleme des materiellen Rechts und des Verfahrensrechts im neuen Abstammungsrecht in: FamRZ 2000, 1461-1476

–: Die Neuregelung des Abstammungsrechts durch das Kindschaftsrechtsreformgesetz in: FamRZ 1997, 1441-1466

Gelinsky, Katja: Das Bank-Geheimnis in: Frankfurter Allgemeine Sonntagszeitung (FAS) vom 02.07.2006, S. 66

Gernhuber, Joachim/Coester-Waltjen, Dagmar: Familienrecht, 6. Auflage, München 2010 (zitiert als: *Gernhuber/Coester-Waltjen*)

Geserick, Gunther: Richtlinien für die Erstattung von Abstammungsgutachten in: FPR 2002, 380-383

Giesen, Dieter: Genetische Abstammung und Recht in: JZ 1989, 364-377

–: Heterologe Insemination – Ein neues legislatorisches Problem? in: FamRZ 1981, 413-420

–: Probleme künstlicher Befruchtungsmethoden beim Menschen in: JZ 1985, 652-661

–: Recht und medizinischer Fortschritt in: JR 1984, 221-229

Golombok, Susan/MacCallum, Fiona/Murray, Clare/Lycett, Emma/Jadva, Vasanti: Surrogacy families: parental functioning, parent-child relationships and children's psychological development at age 2 in: Journal of Child Psychology and Psychiatry 2006, 213-222

Graumann, Sigrid: Eizellspende und Eizellhandel – Risiken und Belastungen für die betroffenen Frauen in: *Bockenheimer-Lucius/Thorn/Wendehorst*, Umwege zum eigenen Kind, Göttingen 2008, S. 175-183

Griesinger, Georg/Diedrich, Klaus: Risiken der ovariellen Stimulation zur IVF in: Der Gynäkologe 2007, 773-779

Grziwotz, Herbert: Kinderwunscherfüllung durch Fortpflanzungsmedizin und Adoption in: NZFam 2014, 1065-1071

–: OLG Hamm gibt Spenderkind Recht. Arzt muss anonymen Samenspender nennen in: Legal Tribune Online vom 06.02.2013 (abrufbar unter: http://www.lto.de/persistent/a_id/8113/, zuletzt abgerufen am 28.05.2015, 10:46 Uhr)

Günther, E./Fritzsche, H.: Sterilitätsbehandlung mit donogener Insemination. Entscheidungsbedarf im deutschen Fortpflanzungsmedizingesetz in: Reproduktionsmedizin 2000, 249-252

–: Sterilitätsbehandlung mit donogener Insemination. Teil II. Psychosoziale Probleme bei sterilen Ehepaaren und das Kindeswohl in: Reproduktionsmedizin 2001, 214-220

Günther, E./Fritzsche, H./Carol, W./Reiher, J.-P./Winkler, S.: Sterilitätsbehandlung mit donogener Insemination. III. Indikationen, Methoden, Resultate in: Reproduktionsmedizin 2001, 271-276

Günther, Hans-Ludwig/Taupitz, Jochen/Kaiser, Peter: Embryonenschutzgesetz, Juristischer Kommentar mit medizinisch naturwissenschaftlichen Einführungen, 2. Auflage, Stuttgart 2014 (zitiert als: *Bearbeiter* in: *Günther/Taupitz/Kaiser*, §, Rn.)

Haarhoff, Heike: „Generalangriff auf die Menschenwürde" in: TAZ Online vom 25. November 2011 (abrufbar unter: http://www.taz.de/!82586/, zuletzt abgerufen am 28.05.2015, 10:46 Uhr)

Hager, Johannes: Der rechtliche und der leibliche Vater in: Perspektiven des Familienrechts: Festschrift für Dieter Schwab zum 70. Geburtstag am 15. August 2005, Bielefeld 2005, S. 773-781 (zitiert als: *Hager* in: FS Schwab, 773, #)

Harder, Manfred: Wer sind Vater und Mutter? – Familienrechtliche Probleme der Fortpflanzungsmedizin in: JuS 1986, 505-512

Hardinghaus, Barbara: Papa Ed in: Der Spiegel, Heft 15/2012, 52-58

Heiderhoff, Bettina: Anmerkung zu FamRZ 2013, 1210-1212 in: FamRZ 2013, 1212-1214

–: Die Auflösung nicht abstammungsgemäßer rechtlicher Elternschaft und ihre Auswirkungen auf die Beteiligten in: *Schwab/Vaskovics*, Pluralisierung von Elternschaft und Kindschaft, Opladen 2011, S. 273-286 (zitiert als: *Heiderhoff* in: *Schwab/Vaskovics*, S. 273, #)

–: Die Vaterschaftsklärung und ihre Folgen – von der Vaterschaftanfechtung zur Vaterschaftsbeendigung? in: FamRZ 2010, 8-16

–: Rechtliche Abstammung im Ausland geborener Leihmutterkinder in: NJW 2014, 2673-2678

Helms, Tobias: Das Nebeneinander von rechtlicher Vaterschaft und anderweitiger leiblicher Vaterschaft aus rechtlicher und rechtspolitischer Perspektive in: *Schwab/Vaskovics*, Pluralisierung von Elternschaft und Kindschaft, Opladen 2011, S. 105-120 (zitiert als: *Helms* in: *Schwab/Vaskovics*, S. 105, #)

–: Die künstliche Befruchtung aus familienrechtlicher Sicht: Probleme und Perspektiven in: *Röthel/Löhnig/Helms*, Ehe, Familie und Abstammung – Blicke in die Zukunft, Frankfurt am Main 2010, S. 49-70

–: Die Stellung des potentiellen biologischen Vaters im Abstammungsrecht in: FamRZ 2010, 1-8

–: Familienrechtliche Grundlagen in: *Duttge/Engel/Lipp/Zoll*, Heterologe Insemination, Göttingen 2010, S. 37-49 (zitiert als: *Helms* in: *Duttge/Engel/Lipp/Zoll*, S. 37, #)

–: Leihmutterschaft – ein rechtsvergleichender Überblick in: StAZ 2013, 114-119

Helms, Tobias/Kieninger, Jörg/Rittner, Christian: Abstammungsrecht in der Praxis, Bielefeld 2010

Henrich, Dieter: Kollisionsrechtliche Fragen bei medizinisch assistierter Zeugung in: Lebendiges Familienrecht, Festschrift für Rainer Frank, Frankfurt am Main 2008, S. 249-260 (zitiert als: *Henrich* in: FS Frank, S. 249, #)

Hepp, Hermann/Diedrich, Klaus: Richtlinien der Bundesärztekammer zur Reproduktionsmedizin, in: Der Gynäkologe 2009, 508-515

Hlača, Nenad: Gesetz aus dem Jahre 2009 über die künstliche Befruchtung in der Republik Kroatien in: FamRZ 2010, 1494-1497

Höfelmann, Elke: Das neue Gesetz zur Änderung der Vorschriften über die Anfechtung der Vaterschaft und das Umgangsrecht von Bezugspersonen des Kindes in: FamRZ 2004, 745-751

Hoffmann, Birgit: Das Gesetz zur Stärkung der Rechte des leiblichen, nicht rechtlichen Vaters in: FamRZ 2013, 1077-1082

Hollenbach, Axel: Verfassungsrechtliche Vorgaben für die Reproduktionsmedizin in Deutschland in: *Dieter Lorenz*, Rechtliche und ethische Fragen der Reproduktionsmedizin, Baden-Baden 2003, S. 82-99

Hucklenbroich, Christina/Schindele, Eva: Anonyme Väter müssen zittern in: Frankfurter Allgemeine Sonntagszeitung (FAS) vom 11.03.2007, S. 71

Human Fertilisation Embryology Authority: Fertility Facts and Figures 2008 (abrufbar unter: http://www.hfea.gov.uk/docs/2010-12-08_Fertility_Facts_and_Figures_2008_Publication_PDF.PDF, zuletzt abgerufen am 28.05.2015, 10:50 Uhr zitiert als: *HFEA* Fertility Facts and Figures 2008, S. #)

Huster, Stefan: Die Leistungspflicht der GKV für Maßnahmen der künstlichen Befruchtung und der Krankheitsbegriff in: NJW 2009, 1713-1716

Huth, Patricia: Die statusrechtliche Zuordnung des Kindes nach heterologer Insemination, Göttingen 2014

Jadva, Vasanti/Blake, Lucy/Casey, Polly/Golombok, Susan: Surrogacy families 10 years on: relationship with the surrogate, decisions over disclosure and children's understanding of their surrogacy origins in: Human Reproduction 2012, 3008-3014

Jadva, Vasanti/Freeman, Tabitha/Kramer, Wendy/Golombok, Susan: The experiences of adolescents and adults conceived by sperm donation: comparisons by age of disclosure and family type in: Human Reproduction 2009, 1909-1919

Jadva, Vasanti/Murray, Clare/Lycett, Emma/MacCallum, Fiona/Golombok, Susan: Surrogacy: the experiences of surrogate mothers in: Human Reproduction 2003, 2196-2204

Jarass, Hans: Das allgemeine Persönlichkeitsrechts im Grundgesetz in: NJW 1989, 857-862

Kaiser, Dagmar: Die mögliche Aufspaltung der Mutterschaft bei medizinisch assistierter Zeugung und ihre rechtliche Einordnung in: *Schwab/Vaskovics*, Pluralisierung von Elternschaft und Kindschaft, Opladen 2011, S. 239-271 (zitiert als: *Kaiser* in: *Schwab/Vaskovics*, S. 239, #)

–: Elternglück durch Fremdspende und Leihmutterschaft? in: Familie - Recht - Ethik: Festschrift für Gerd Brudermüller zum 65. Geburtstag, München 2014, S. 357-370 (zitiert als: *Kaiser* in: FS Brudermüller, S. 357, #)

Kaiser, Dagmar/Schnitzler, Klaus/Friederici, Peter: Nomos Kommentar BGB, Band 4: Familienrecht, 3. Auflage, Baden-Baden 2014 (zitiert als: NK-BGB/*Bearbeiter*, §, Rn.)

Katzorke, Thomas: (Muster-)Richtlinie: Sprachlicher Fehler in: Dt. Ärzteblatt 2006, A 2032.

–: Donogene Insemination in: Der Gynäkologe 2007, 807-812

Kaulen, Hildegard: Der Schöpfer der Retortenbabys in: FAZ Online vom 04. Oktober 2010 (abrufbar unter: http://www.faz.net/-gxf-6kvj8, zuletzt abgerufen am 28.05.2015, 10:50 Uhr)

Kearney, Mary Kate: Identifying Sperm and Egg Donors: Opening Pandora's Box in: Journal of Law and Family Studies 2011, 215-234

Kentenich, Heribert/Pietzner, Klaus: Probleme der Reproduktionsmedizin in Deutschland aus medizinischer und psychosozialer Sicht in: *Rosenau*, Ein zeitgemäßes Fortpflanzungsmedizingesetz für Deutschland, Baden-Baden 2012, S. 13-36 (zitiert als: *Kentenich/Pietzner* in: *Rosenau*, S. 13, #)

Kentenich, Heribert/Utz-Billing, Isabell: Verbot der Eizellspende in: Gynäkologische Endokrinologie 2006, 229-234

Kentenich, Heribert/Wohlfahrt, Kathrin: Psychosoziale Aspekte in: *Duttge/Engel/Lipp/Zoll*, Heterologe Insemination, Göttingen 2010, S. 51-61

Keuter, Wolfgang: Entwicklungen im Statusrecht seit 2013 in: FamRZ 2014, 518-526

Kingreen, Thorsten: Anmerkung zu OLG Hamm FamRZ 2013, 637-642 in: FamRZ 2013, 641-642

Kirchmeier, Karl-Heinz: Zivilrechtliche Fragen der homologen und heterologen Insemination de lege lata et ferenda in: FamRZ 1998, 1281-1287

Kiriakaki, Irini: Die neuen Gesetze Griechenlands zur Anwendung der Methoden der Reproduktionsmedizin und ihre familienrechtliche Relevanz in: MedR 2005, 143-153

Kirkman, Maggie: Genetic Connection And Relationships In Narratives Of Donor-Assisted Conception, Australian Journal of Emerging Technologies and Society 2004, 1-20

Klemm, Jana/Rödder, Simone: „Wir spielen schon lange Gott" in: Frankfurter Allgemeine Sonntagszeitung (FAS) vom 13.02.2011, S. 58

Knittel, Bernhard: Kinderrechteverbesserungsgesetz verabschiedet in: JAmt 2002, 50-54

Knoop, Susanne: Recht auf Fortpflanzung und medizinischer Fortschritt, 2005 (abrufbar unter: http://d-nb.info/974319929/34, zuletzt abgerufen am 28.05.2015, 10:51 Uhr)

Koutsouradis, Achilles G.: Die gerichtliche Erlaubnis zur unterstützten Fortpflanzung durch eine Leihmutter in Griechenland in: FamRZ 2004, 1426-1427

–: Griechenland: Medizinisch unterstützte Fortpflanzung beim Menschen in: FamRZ 2003, 1067-1069

–: Zum aktuellen Stand des griechischen Abstammungsrechts in: *Spickhoff/Schwab/Henrich/Gottwald*, Streit um die Abstammung, Bielefeld 2007, S. 205-257

Kraske, Manfred/Ludwig, Udo: Die Babygrenze in: Der Spiegel, Heft 46/2005, 108-118

Krenzler, Michael/Borth, Helmut: Anwalts-Handbuch Familienrecht, 2. Auflage, Köln 2012 (zitiert als: Krenzler/Borth/*Bearbeiter*, Kapitel, Rn.)

Kreß, Hartmut: Samenspende und Leihmutterschaft - Problemstand, Rechtsunsicherheiten, Regelungsansätze in: FPR 2013, 240-244

Küpper, Herbert: Ungarns neues BGB – Teil 3: Familien- und Erbrecht in: WiRO 2014, 205-2013

Lalos, A./Gottlieb, C./Lalos, O.: Legislated right for donor-insemination children to know their genetic origin: a study of parental thinking in: Human Reproduction 2007, 1759-1768

Laufs, Adolf: Die künstliche Befruchtung beim Menschen – Zulässigkeit und zivilrechtliche Folgen in: JZ 1986, 769-777

Lehmann, Michaela: Die In-vitro-Fertilisation und ihre Folgen, Frankfurt am Main 2007

Leipold, Michael: Umgangsrecht des Samenspenders in: FamFR 2010, 453-454

Leitherer, Stephan: Kasseler Kommentar Sozialversicherungsrecht, 81. Ergänzungslieferung, München 2014 (zitiert als: KK-SozVersR/*Bearbeiter*, § Rn.)

Lewitscharoff, Sibylle: Von der Machbarkeit. Die wissenschaftliche Bestimmung über Geburt und Tod, Rede im Rahmen der „Dresdner Reden" vom 02. März 2014 (im Wortlaut abrufbar unter: http://www.spiegel.de/media/media-33276.pdf, zuletzt abgerufen am 28.05.2015, 10:52 Uhr)

Lindner, Josef Franz: Verfassungsrechtliche Aspekte eines Fortpflanzungsmedizingesetzes in: *Rosenau*, Ein zeitgemäßes Fortpflanzungsmedizingesetz für Deutschland, Baden-Baden 2012, S. 127-152 (zitiert als: *Lindner* in: *Rosenau*, S. 127, #)

Löhnig, Martin: Anfechtung der Vaterschaft durch den biologischen Vater in: JA 2014, 69-70

–: Probleme des neuen Verfahrens in Abstammungssachen nach § 169 ff. FamFG in: FamRZ 2009, 1798-1800

Löhnig, Martin/Preisner, Mareike: Anfechtung der Vaterschaft durch den Samenspender in: FamFR 2013, 340-344

Lorenz, Stephan: Auskunftsansprüche im Bürgerlichen Recht in: JuS 1995, 569-575

Lowe, Nigel: Issues of Descent – The Position in English Law in: *Spickhoff/Schwab/Henrich/Gottwald*, Streit um die Abstammung, Bielefeld 2007, S. 319-341

Ludwig, Udo: Das fremde Kind in: Der Spiegel, Heft 29/2013, 46-47

–: Der falsche Vater: Der Spiegel, Heft 27/2012, 42-44

–: Teure Spende in: Der Spiegel, Heft 09/2011 (abrufbar nur noch über ein Internet-Archiv: http://web.archive.org/web/20110306050651/http://www.spiegel.de/spiegel/0,1518,748204,00.html, zuletzt abgerufen am 28.05.2015, 10:53 Uhr)

Luh, Carla Katharina: Die Prinzipien des Abstammungsrechts, Hamburg 2008

Lurger, Brigitta: Das Abstammungsrecht bei medizinisch assistierter Zeugung nach der deutschen Kindschaftsrechtsreform im Vergleich mit dem österreichischen Recht in: DEuFamR 1999, 210-223

Lycett, Emma/Daniels, Ken/Curson, Ruth/Golombok, Susan: Offspring created as a result of donor insemination: a study of family relationships, child adjustment, and disclosure in: Fertility and Sterility 2004, 172-179

Maas, Marie-Charlotte: Studenten als Samenspender: Wir kommen gern in: Spiegel Online vom 10. Mai 2013 (abrufbar unter: http://www.spiegel.de/unispiegel/heft/samenbanken-studenten-als-spender-begehrt-a-895197.html, zuletzt abgerufen am 28.05.2015, 10:54 Uhr zitiert als: *Maas*, Spiegel Online vom 10. Mai 2013)

Magnus, Dorothea: Kinderwunschbehandlungen im Ausland: Strafbarkeit beteiligter deutscher Ärzte nach internationalem Strafrecht (§ 9 StGB) in: NStZ 2015, 57-64

Mansees, Norbert: Jeder Mensch hat ein Recht auf Kenntnis seiner genetischen Herkunft in: NJW 1988, 2984-2987

Marian, Susanne: Die Rechtsstellung des Samenspenders bei der Insemination/IVF, Frankfurt am Main 1998

–: Noch einmal: Zur Analogiefähigkeit der §§ 1593ff. BGB in den Fällen der heterologen Insemination – BGH, NJW 1995, 2028 (zu *Schlegel*, JuS 1996, 1067ff.) in: JuS 1997, 671-672

Maunz, Theodor/Dürig, Günter: Grundgesetz. Kommentar, 72. Ergänzungslieferung, München 2014 (zitiert als: Maunz/Dürig/*Bearbeiter*, Art. GG, Rn.)

Maurer, Hans-Ulrich: Anmerkung zu BGH NJW 2008, 2433 in: NJW 2008, 2346

Mayer, Nenja: Auskunftsansprüche betreffend die Identität des biologischen Vaters, Hamburg 2014

Meier, Patrick: Heterologe Insemination – Konsequenzen für den Samenspender. Möglichkeiten und Grenzen der vertraglichen Gestaltung in: NZFam 2014, 337-343

Meyer, Petra: Das Recht auf Kenntnis der eigenen Abstammung als Element der Persönlichkeitsentwicklung, Baden-Baden 2005

Michelmann, Hans-Wilhelm: Reproduktionsmedizin im Jahr 2008: Probleme – Wünsche – Lösungsansätze in: *Bockenheimer-Lucius/Thorn/Wendehorst,* Umwege zum eigenen Kind, Göttingen 2008, S. 1-8

Montag, Markus/van der Ven, Hans: Grundlagen der In-vitro-Fertilisation und Embryonenkultivierung in: Reproduktionsmedizin 2002, 147-152

Mühl, Melanie: Baby Gammy. Das Internet als Hassgenerator in: FAZ Online vom 14. August 2014 (abrufbar unter: http://www.faz.net/-gqz-7sqs9, zuletzt abgerufen am 28.05.2015, 14:59 Uhr zitiert als: Mühl, FAZ Online vom 14.08.2014)

Müller-Magdeburg, Thomas: Recht auf Leben – Die anonyme Geburt in: FPR 2003, 109-112

Müller-Terpitz, Ralf: Assistierte Reproduktionsverfahren im Lichte der Europäischen Menschenrechtskonvention in: AVR 2013, 42-71

Müller-Terpitz, Ralf/Ruf, Isabelle: Die „medizinisch unterstützte Befruchtung" als Gegenstand des Arzneimittel und Transplantationsrechts in: Aktuelle Herausforderungen der Life Sciences, Berlin und Münster 2010, S. 33-70

Münchener Kommentar: Münchener Kommentar zum Bürgerlichen Gesetzbuch, 6. Auflage München 2012-2014 (zitiert als: MüKo/*Bearbeiter*, §, Rn.)

–: Münchener Kommentar zur Zivilprozessordnung mit Gerichtsverfassungsgesetz und Nebengesetzen, 4. Auflage München 2013 (zitiert als MüKo/*Bearbeiter*, §, Rn.)

Muscheler, Karlheinz: Die Klärung der Vaterschaft in: FPR 2008, 257-263

–: Die Zukunft des heimlichen Vaterschaftstests in: FPR 2007, 389-482

–: Familienrecht, 3. Auflage, München 2013

Muscheler, Karlheinz/Beisenherz, Thorn: Das neue Abstammungsrecht (2. Teil) in: JR 1999, 407-412

Muscheler, Karlheinz/Bloch, Anke: Das Recht auf Kenntnis der genetischen Abstammung und der Anspruch des Kindes gegen die Mutter auf Nennung des leiblichen Vaters in: FPR 2002, 339-352

Mutschler, Dietrich: Emanzipation und Verantwortung in: FamRZ 1994, 65-71

–: Interessenausgleich im Abstammungsrecht – Teilaspekte der Kindschaftsrechtsreform in: FamRZ 1996, 1381-1386

Neidert, Rudolf: Brauchen wir ein Fortpflanzungsmedizingesetz? in: MedR 1998, 347-353

Neumann, Dirk: Vereitelung des Rechts auf Kenntnis der eigenen Abstammung bei künstlicher Insemination in: ZRP 1999, 142-144

Nolte, Barbara: Der Vater, das Phantom in: Der Tagessspiegel Online vom 21.02.2013 (abrufbar unter: http://www.tagesspiegel.de/zeitung/samenspender-der-vater-das-phantom/7814740.html, zuletzt abgerufen am 28.05.2015, 10:54 Uhr zitiert als *Nolte*, Der Tagesspiegel Online vom 21.02.2013)

Ostermann, Stephanie: Das Klärungsverfahren gemäß § 1598a BGB, Berlin 2009

Palandt, Otto: Bürgerliches Gesetzbuch, 74. Auflage, München 2015

Petersen, Imme: Konzepte und Bedeutung von „Verwandtschaft", Herbolzheim 2000

Quantius, Markus: Die Elternschaftsanfechtung durch das künstlich gezeugte Kind in: FamRZ 1998, 1145-1152

Ramm, Thilo: Die Fortpflanzung – Ein Freiheitsrecht? in: JZ 1989, 861-874

–: Kindschaftsrechtsreform in: JZ 1996, 987-995

Ratzel, Rudolf: Beschränkung des Rechts auf Fortpflanzung durch das ärztliche Berufsrecht in: GesR 2009, 281-286

Ratzel, Rudolf/Ulsenheimer, Klaus: Rechtliche Aspekte der Reproduktionsmedizin in: Reproduktionsmedizin 1999, 428-434

Rauscher, Thomas: Familienrecht, 2. Auflage, Heidelberg 2008

Ravitsky, Vardit: „Knowing Where You Come From": The Rights of Donor-Conceived Individuals and the Meaning of Genetic Relatedness in: Minnesota Journal of Law, Science & Technology 2010, 665-684

Reinke, Mathias: Fortpflanzungsfreiheit und das Verbot der Fremdeizellspende, Berlin 2008

Remus, Juana/Liebscher, Doris: Wohnst du noch bei oder sorgst du schon mit? - Das Recht des Samenspenders zur Anfechtung der Vaterschaft in: NJW 2013, 2558-2561

Retzlaff, Ingeborg: Befruchtungstechnologien und Humangenetik aus der Sicht des Arztes in: *Lanz-Zumstein*, Embryonenschutz und Befruchtungstechnik, München 1986, S. 3-17 (zitiert als: *Retzlaff* in: *Lanz-Zumstein*, S. 3, #)

Revermann, Christoph/Hüsing, Bärbel: Fortpflanzungsmedizin - Rahmenbedingungen, wissenschaftlich-technische Fortschritte und Folgen, Berlin 2011

Rhein, Kay-Uwe: Personenstandsgesetz, Baden-Baden 2012 (zitiert als: NK-PStG/*Rhein*, §, Rn.)

Rieck, Jürgen: Ausländisches Familienrecht, 12. Ergänzungslieferung, München 2014 (zitiert als: Rieck/*Bearbeiter*, Land, Rn.)

Riedel, Ulrike: Reproduktionsmedizin in Deutschland in: Der Gynäkologe 2009, 495-501

Rotax, Horst-Heiner: Zum Recht des Kindes auf Information über seine leiblichen Eltern und zum Recht der Eltern auf Information über tatsächliche Mutter- bzw. Vaterschaft in: Praxis der Kinderpsychologie und Kinderpsychiatrie 2007, 148-171

Roth, Andreas: Das Kinderrechteverbesserungsgesetz in: JZ 2002, 651-655

–: Der Ausschluss der Vaterschaftsanfechtung nach Einwilligung in die heterologe Insemination (§ 1600 Abs. 2 BGB) in: DNotZ 2003, 805-822

Rütz, Eva Maria K.: Heterologe Insemination – Die rechtliche Stellung des Samenspenders, Berlin und Heidelberg 2008

Ryan, S.: Leihmutterschaft, Eine persönliche Erfahrung in: Reproduktionsmedizin 2003, 151-156

Scheib, J. E./Ruby, A./Benward, J.: Who requests their sperm donor's identity? Analysis of donor-conceived adult requests at an open-identity program in: Fertility and Sterility 2008, S8-S9

Scheib, J.E./Riordan, M./Rubin, S.: Adolescents with open identity sperm donors: reports from 12-17 year olds in: Human Reproduction 2004, 239-252

Scherpe, Jens M.: Elternschaft im Vereinigten Königreich nach dem Human Fertilisation and Embryology Act 2008 in: FamRZ 2010, 1513-1516

Schewe, Anke: Mater semper certa est? in: FamRZ 2014, 90-93

Schindele, Eva: Eine Leerstelle im Leben in: Frankfurter Allgemeine Sonntagszeitung (FAS) vom 11.03.2007, S. 70

Schlegel, Thomas: Zur Analogiefähigkeit der §§ 1593ff. BGB in den Fällen der heterologen Insemination – BGH, NJW 1995, 2028 in: JuS 1996, 1067-1070

–: Zur Wirksamkeit von Ersatzmutterschaftsverträgen und deren Rechtsfolgen für das Kind in: FuR 1996, 116-118

Schlosser, Peter: Anmerkung zum BGH Urteil v. 22.4.1998 – XII ZR 229/96, JZ 1999, 41-44

Schlüter, Wilfried: BGB-Familienrecht, 14. Auflage, Heidelberg 2013

Schmeilzl, Bernhard/Krüger, Michael: Künstliche Befruchtung: Wer trägt die Kosten? in: NZS 2006, 630-636

Schmidt-Recla, Adrian/Noack, Josefine: Reproduktion und Recht in: Der Gynäkologe 2011, S. 482-486

Schneider, Sebastian: Die rechtsfolgenlose Klärung der biologischen Abstammung gemäß § 1598a BGB, Hamburg 2014

Schnitzler, Klaus: Münchener Anwaltshandbuch Familienrecht, 4. Auflage, München 2014 (zitiert als: Schnitzler/*Bearbeiter*, §, Rn.)

Scholz, Harald/Kleffmann, Norbert/Motzer, Stefan: Praxishandbuch Familienrecht, 28. Ergänzungslieferung, München 2014 (zitiert als: Scholz/Kleffmann/Motzer/*Bearbeiter*, Kapitel, Rn.)

Schröer, Andreas/von Wolff, Michael/Griesinger, Georg/Bohlmann, Michael K./Strowitzki, Thomas/Diedrich, Klaus: Gefahren und Risiken der Reproduktionsmedizin in: Gynäkologische Endokrinologie 2007, 193-197

Schubert, Werner: Die Reform des Nichtehelichenrechts (1961-1969). Entstehung und Quellen des Gesetzes über die Rechtsstellung der nichtehelichen Kinder vom 19.8.1969, Paderborn 2003

Schulze, Reiner: NomosKommentar Bürgerliches Gesetzbuch. Handkommentar, 8. Auflage, Baden-Baden 2014 (zitiert als: HK-BGB/*Bearbeiter*, §, Rn.)

Schumacher, Klaus: Fortpflanzungsmedizin und Zivilrecht in: FamRZ 1987, 313-324

Schumann, Eva: Familienrechtliche Fragen der Fortpflanzungsmedizin im Lichte des Grundgesetzes in: *Rosenau*, Ein zeitgemäßes Fortpflanzungsmedizingesetz für Deutschland, Baden-Baden 2012, S. 155-201 (zitiert als: *Schumann* in: *Rosenau*, S. 155, #)

Schwab, Dieter: Abstammungsklärung – leicht gemacht Oder: Neuer Dialog in der Familie in: FamRZ 2008, 23-27

–: Die Begriffe der genetischen, biologischen, rechtlichen und sozialen Elternschaft (Kindschaft) im Spiegel der rechtlichen Terminologie in: *Schwab/Vaskovics*, Pluralisierung von Elternschaft und Kindschaft, Opladen 2011, S. 41-56 (zitiert als: *Schwab* in: *Schwab/Vaskovics*, S. 41, #)

–: Familienrecht, 22. Auflage, München 2014

–: Zwischen Kenntnis der Abstammung und abstammungsgemäßer Zuordnung – Eine Wanderung auf den Pfaden des Bundesverfassungsgerichts in: Nach geltendem Verfassungsrecht. Festschrift für Udo Steiner zum 70. Geburtstag, Stuttgart 2009, S. 758-777 (zitiert als: *Schwab* in: FS Steiner, S. 758, #)

Schwab, Dieter/Wagenitz, Thomas: Einführung in das neue Kindschaftsrecht in: FamRZ 1997, 1377-1383

Schwenzer, Ingeborg: Empfiehlt es sich, das Kindschaftsrecht neu zu regeln? Gutachten A in: Deutscher Juristentag - Verhandlungen des Neunundfünfzigsten Deutschen Juristentages Hannover 1992, München 1992

–: Tensions between Legal, Biological and Social Conceptions of Parentage in: EJCL vol. 11.3 (December 2007) (abrufbar unter: http://www.ejcl.org/113/article113-6.pdf, Abrufdatum: 22.10.2012, 10:19 Uhr)

Schwimann, Michael: Wechselväter und andere Neuheiten. Zur jüngsten Zwischenreform des österreichischen Abstammungsrechts in: StAZ 2005, 33-43

Seidel, Klaus: Was gilt, wenn der rechtliche Vater nicht der biologische Vater ist in: FPR 2005, 181

Seidl, Helmut: Anfechtung bei der homologen und heterologen Insemination in: FPR 2002, 402-404

Siede, Walther: Anfechtung der Vaterschaft durch Samenspender in: FamRB 2013, 244-246

Singer, Anna: Between genetic and social parenthood – A legal dilemma. Establishment of legal parenthood in Sweden in: *Spickhoff/Schwab/Henrich/Gottwald*, Streit um die Abstammung, Bielefeld 2007, S. 139-148

Society for Assisted Reproductive Technology: Clinic Summary Report 2009 (abrufbar unter: https://www.sartcorsonline.com/rptCSR_PublicMultYear.aspx?

ClinicPKID=0 (abgerufen am 28.05.2015 um 14:48 Uhr zitiert als: *SART* Clinic Summary Report 2009)

Sonnenfeld, Susanne: Das neue Recht zur Klärung der leiblichen Abstammung unabhängig vom Anfechtungsverfahren in: RPfleger 2010, 57-63

Spenderkinder: Politische Forderungen (abrufbar unter: http://www.spenderkinder.de/politischeforderungen/, zuletzt abgerufen am 28.05.2015, 10:55 Uhr zitiert als: *Spenderkinder*, Politische Forderungen)

Spickhoff, Andreas: Der Streit um die Abstammung – Brennpunkte der Diskussion in: *Spickhoff/Schwab/Henrich/Gottwald*, Streit um die Abstammung, Bielefeld 2007, S. 13-63

–: Die Entwicklung des Arztrechts 2001/2002 in: NJW 2002, 1758-1767

–: Haftungsrechtliche Fragen der Biomedizin in: VersR 2006, 1569-1581

–: Medizinrecht, Kommentar, 2. Auflage, München 2014 (zitiert als: Spickhoff/*Bearbeiter*, § Rn.)

–: Vaterschaft und Fortpflanzungsmedizin, Die Einwilligung zur künstlichen Befruchtung mittels Samenspende eines Dritten in: Perspektiven des Familienrechts: Festschrift für Dieter Schwab zum 70. Geburtstag am 15. August 2005, Bielefeld 2005, S. 923-945 (zitiert als: *Spickhoff* in: FS Schwab, S. 923, #)

–: Vaterschaft und konsentierte Fremdinsemination in: AcP 1997, 398-429

Starck, Christian: Die künstliche Befruchtung beim Menschen - Zulässigkeit und zivilrechtliche Folgen. 1. Teilgutachten- Verfassungsrechtliche Probleme. Gutachten A in: Deutscher Juristentag - Verhandlungen des Sechsundfünfzigsten Deutschen Juristentages Berlin 1986, München 1986

Staudinger, J. von: Kommentar zum Bürgerlichen Gesetzbuch mit Einführungsgesetz und Nebengesetzen, Berlin

–: Buch 1: Allgemeiner Teil, §§ 134-138, Neubearbeitung 2011

–: Buch 4: Familienrecht, §§ 1589-1600o, 13. Bearbeitung 1997

–: Buch 4: Familienrecht, §§ 1589 - 1600d, Neubearbeitung 2011

–: Buch 4: Familienrecht §§ 1741 - 1772, Neubearbeitung 2007 (zitiert als: Staudinger/*Bearbeiter*, §, Rn.)

Strätz, Hans-Wolfgang: Familienrechtliche Folgen der Reproduktionsmedizin in Deutschland in: *Dieter Lorenz*, Rechtliche und ethische Fragen der Reproduktionsmedizin, Baden-Baden 2003, S. 166-172

Taupitz, Jochen: Die Samenspende: Finanzielles Vabanquespiel für den Spender in: ZRP 2011, 161-164

Taupitz, Jochen/Schlüter, Julia: Heterologe Künstliche Befruchtung: Die Absicherung des Samenspenders gegen unterhalts- und erbrechtliche Ansprüche des Kindes, AcP 2005, 591-644

Thorn, Petra: Familiengründung mit Samenspende, Stuttgart 2008 (zitiert als: Thorn/*Bearbeiter*, S.)

–: Geplant Lesbische Familien in: Gynäkologische Endokrinologie 2010, 73-81

Thorn, Petra/Daniels, Ken: Pro und Contra Kindesaufklärung nach donogener Insemination – Neuere Entwicklungen und Ergebnisse einer explorativen Studie in: Geburtshilfe und Frauenheilkunde 2007, 993-1001

Többen, Gerhard: Kindesunterhalt bei heterologer Insemination auf Grund Vertrags in: NZFam 2014, 960-961

Tschudin, Sibil/Griesinger, Georg: Leihmutterschaft in: Gynäkologische Endokrinologie 2012, 135-138

–: Erratum dazu: Gynäkologische Endokrinologie 2012, Heft 4, S. 1

Turner, A.J./Coyle, A.: What does it mean to be a donor offspring? The identity experiences of adults conceived by donor insemination and the implications for counseling and therapy in: Human Reproduction 2000, 2041-2051

Valentin, Julia Maria: Biologische Abstammung als Maßstab rechtlicher Zuordnung?, Frankfurt am Main 2010

Vaskovics, Laszlo A.: Segmentierung und Multiplikation von Elternschaft. Konzept zur Analyse von Elternschafts- und Elternkonstellationen in: *Schwab/Vaskovics*, Pluralisierung von Elternschaft und Kindschaft, Opladen 2011, S. 11-40 (zitiert als: *Vaskovics* in: *Schwab/Vaskovics*, S. 11, #)

vet/AP: „Falsches" Geschlecht: Ehepaar verschmäht Baby von Leihmutter in: Spiegel Online vom 09. Oktober 2014 (abrufbar unter: http://www.spiegel.de/panorama/wie-baby-gammy-australische-eltern-lassen-leihmutter-im-stich-a-996164.html, zuletzt abgerufen am 28.05.2015, 15:29 Uhr zitiert als: vet/AP, Spiegel Online vom 09.10.2014)

von Mangoldt, Hermann/Klein, Friedrich/Starck, Christian: Kommentar zum Grundgesetz, Bd. 1: Präambel, Art. 1-19, 6. Auflage, München 2010 (zitiert als: v. Mangoldt/Klein/Starck/*Bearbeiter*, Art., Rn.)

von Sachsen Gessaphe, Karl August: Nachbesserungen im Familienrecht – eine unendliche Geschichte in: NJW 2002, 1853-1855

von Sethe, Henning: Die Durchsetzbarkeit des Rechts auf Kenntnis der eigenen Abstammung aus der Sicht des Kindes, Berlin 1995

Wagner, Jutta/Albers, Marion: Stellungnahme des Deutschen Juristinnenbundes zum Entwurf eines Gesetzes zur Klärung der Vaterschaft unabhängig vom Anfechtungsverfahren in: FPR 2007, 416-418

Walper, Sabine/Wendt, Eva-Verena: Die Bedeutung der Abstammung für die Identitätsfindung und Persönlichkeitsentwicklung in der Adoleszenz: Adoption, Samenspende und frühe Vaterabwesenheit nach Trennung der Eltern in: *Schwab/Vaskovics*, Pluralisierung von Elternschaft und Kindschaft, Opladen 2011, S. 211-237 (zitiert als: *Walper/Wendt* in: *Schwab/Vaskovics*, S. 211, #)

Wanitzek, Ulrike: Ergänzungen des Abstammungsrechts durch das Kinderrechteverbesserungsgesetz in: FamRZ 2003, 730-736

–: Rechtliche Elternschaft bei medizinisch unterstützter Fortpflanzung, Bielefeld 2002

Warnock, Mary: The good of the child in: Bioethics 1987, 141-155

Wehrstedt, Stefan: Anfechtungsrechte im Falle heterologer Insemination – Anmerkungen zum Urt. des BGH v. 26. 1. 2005 – XII ZR 70/03 – in: DNotZ 2005, 649-655

–: Die heterologe Samenspenden-Behandlung bei einer nicht verheirateten Frau in: FPR 2011, 400-404

–: Gutachten: Konzeption eines Auskunftsverfahrens bei Anfrage eines Kindes, welches durch eine heterologe Insemination gezeugt wurde, nach der Identität des Samenspenders. September 2010 (online abrufbar unter: http://www.donogene-insemination.de/downloads/Gutachten_Auskunftsrecht_wehrstedt_2010.pdf, zuletzt abgerufen am 28.05.2015 um 10:55 Uhr) (zitiert als: *Wehrstedt*, Gutachten, S. #)

–: Notarielle Vereinbarungen anlässlich einer künstlichen Befruchtung in: RNotZ 2005, 109-117

Wehrstedt, Stefan/Thorn, Petra/Werdehausen, Karin/Katzorke, Thomas: Vorschläge zur Vorgehensweise bei Auskunftsersuchen nach donogener Zeugung in: Journal für Reproduktionsmedizin und Endokrinologie 2012, 225-231

Weilert, Katarina: Heterologe In-vitro-Fertilisation als europäisches Menschenrecht? in: MedR 2012, 355-359

Wellenhofer, Marina: „Segmentierung" der Elternschaft und Rechte des Kindes in: *Schwab/Vaskovics*, Pluralisierung von Elternschaft und Kindschaft, Opladen 2011, S. 173-187 (zitiert als: *Wellenhofer* in: *Schwab/Vaskovics*, S. 173, #)

–: Anmerkung zu BGH NZFam 2015, 254 in: NZFam 2015, 261-262

–: Anmerkung zu BVerfG, 13. 10. 2008 - 1 BvR 1548/03 in: JuS 2009, 460-462

–: Das neue Familienrecht in: JuS 2009, 673-678

–: Das neue Gesetz zur Klärung der Vaterschaft unabhängig vom Anfechtungsverfahren in: NJW 2008, 1185-1189

–: Die „gespaltene Mutterschaft" als rechtliche Herausforderung in: Fachbereich Rechtswissenschaft der Goethe-Universität Frankfurt, 100 Jahre Rechtswissenschaft in Frankfurt, Frankfurt 2014, S. 563-575

–: Die moderne Fortpflanzungsmedizin und das Abstammungsrecht in: GuP 2014, 127-135

–: Die prozessuale Verwertbarkeit privater Abstammungsgutachten in: FamRZ 2005, 665-668

–: Die Samenspende und ihre (späten) Rechtsfolgen in: FamRZ 2013, 825-830

–: Familienrecht, 2. Auflage, München 2011

–: Familienrecht: Vaterschaftsanfechtung durch den Samenspender in: JuS 2013, 1038-1040

–: Familienrecht: Auskunftsanspruch des Samenspenders. Zum Interessenkonflikt zwischen den Eltern bei offener Samenspende in: JuS 2014, 1039-1041

Wendehorst, Christiane: Die rechtliche Regelung donogener ART in Deutschland und Österreich in: *Bockenheimer-Lucius/Thorn/Wendehorst,* Umwege zum eigenen Kind, Göttingen 2008, S. 103-121

Weyrauch, Verena: Zulässigkeitsfragen und abstammungsrechtliche Folgeprobleme bei künstlicher Fortpflanzung im deutschen und US-amerikanischen Recht, Berlin 2003

Wiegelmann, Andreas: Rechtliche Abstammung des Kindes bei Leihmutterschaft in: FamRBint 2012, 32-33

Will, Annegret: Wer ist Vater im Sinne des Gesetzes? in: FPR 2005, 172-177

wit/dpa: Australien: Ehepaar lässt Leihmutter mit behindertem Baby im Stich in: Spiegel Online vom 02. August 2014 (abrufbar unter: http://www.spiegel.de/panorama/gesellschaft/australien-leihmutter-und-baby-mit-down-syndrom-im-stich-gelassen-a-984139.html, zuletzt abgerufen am 28.05.2015, 15:19 Uhr zitiert als: wit/dpa, Spiegel Online vom 02.08.2014)

Wohn, Annette: Medizinische Reproduktionstechniken und das neue Abstammungsrecht, Bielefeld 2001

Wolf, Alfred: Biologische Abstammung und rechtliche Zuordnung – Eine Annäherung mit Hindernissen in: NJW 2005, 2417-2421

Wolf, Andrea: Die Abstammung von durch medizinische Fortpflanzung gezeugten Kindern nach dem Kindschaftsrechtsreformgesetz (KindRG) in: FuR, 1998, 392-397

Wolf, Manfred/Neuner, Jörg: Allgemeiner Teil des Bürgerlichen Rechts, 10. Auflage, München 2012

Wollenschläger, Ferdinand: Das Verbot der heterologen In-vitro-Fertilisation und der Eizellspende auf dem Prüfstand der EMRK in: MedR 2011, 21-28

Zimmermann, Michael: Anmerkung zu BVerfG NJW 2009, 423 in: NJW 2009, 424-425

–: Die Feststellung der Vaterschaft unabhängig vom Anfechtungsverfahren, Teil 2 in: FuR 2008, 374-381

Zypries, Brigitte/Zeeb, Monika: Samenspende und das Recht auf Kenntnis der eigenen Abstammung. Kinder, Spender und Väter brauchen bessere Gesetze in: ZRP 2014, 54-58

Abkürzungsverzeichnis für Spezialbegriffe

AID	Artificial Insemination by Donor (Künstliche heterologe Befruchtung)
AssRepRL	(Muster-)Richtlinie zur Durchführung der assistierten Reproduktion der Bundesärztekammer
DIR	Deutsches IVF-Register e.V.
DNA	Deoxyribonucleic Acid (= Desoxyribonukleinsäure)
ESHRE	European Society of Human Reproduction and Embryology
ET	Embryotransfer
HFEA	Human Fertilisation Embryology Authority (GB)
HIV	Humanes Immundefizienz-Virus
ICSI	Intracytoplasmatische Spermieninjektion
IVF	In-Vitro-Fertilisation
MBO-Ä	(Muster-)Berufsordnung für die deutschen Ärztinnen und Ärzte
OHSS	Ovarielles Hyperstimulationssyndrom
PID	Präimplantationsdiagnostik
SART	Society for Assisted Reproductive Technology (USA)

Im Übrigen werden die in juristischen Arbeiten üblichen Abkürzungen für Begriffe, Zeitschriften und ähnliches verwendet.

„Auch die Freundschaft zwischen Verwandten hat offensichtlich viele Formen, die jedoch alle von der väterlichen Freundschaft abgeleitet sind. Denn die Eltern lieben ihre Kinder als einen Teil von sich selbst und die Kinder die Eltern als die, von denen sie stammen, und das Erzeugende fühlt sich mehr mit dem Erzeugten zusammengehörig als das Erzeugte mit dem Erzeugenden. Denn das Erzeugte ist dem Erzeugenden eigen, wie etwa ein Zahn, ein Haar usw. seinem Besitzer eigen ist. Dem Erzeugten aber ist das Erzeugende nicht eigen, oder zu einem geringeren Grad. Auch die Länge der Zeit spielt eine Rolle. Denn die Eltern lieben das Kind sofort, wenn es geboren ist, die Kinder aber die Eltern erst, wenn die Zeit fortgeschritten ist und sie Verstehen und Wahrnehmung erworben haben. Daraus wird auch deutlich, warum die Mütter mehr lieben."

– *Aristoteles* (griechischer Philosoph, 384-322 v. Chr.)[1]

1. Kapitel: Einleitung

In der nikomachischen Ethik vertritt Aristoteles die Auffassung, dass Mütter ihre Kinder mehr lieben als Väter. Dabei greift er auf eine zunächst einleuchtende Begründung zurück: Die Mutter kann sich sicher sein, dass das Kind von ihr abstammt. Für den Vater verbleiben jedoch stets Zweifel. Bedenkt man, dass diese Überlegungen zur Mutterschaft vor über 2.000 Jahren niedergeschrieben wurden, überrascht es, dass sie erst seit wenigen Jahrzehnten keine Gültigkeit mehr beanspruchen können. Der Grund hierfür liegt im Voranschreiten der Medizin, was auf dem Gebiet der Reproduktion dazu geführt hat, dass auch Mütter sich der Abstammung ihres Kindes nicht mehr sicher sein können.

A. Der Gesetzgeber und die Fortpflanzungsmedizin

In juristischen, medizinischen und ethischen Beiträgen ist spätestens seit Geburt des ersten „Retortenbabys" Louise Brown im Jahre 1987 heftig über die verschiedenen

---

1 *Aristoteles*, Nikomachische Ethik, Achtes Buch, Kapitel 14, Zeilen 17-28.

Rechtsfragen der Reproduktionsmedizin diskutiert worden. Eine gesetzliche Definition des Begriffs der künstlichen Befruchtung hat der Gesetzgeber dennoch, auch gut 25 Jahre nach diesem Ereignis, bisher nicht vorgenommen.[2] Letztlich werden unter diesem Begriff sämtliche Verfahren der medizinisch assistierten Zeugung zusammengefasst, bei denen die Befruchtung nicht durch Sexualverkehr der Eltern erfolgt.[3] Obwohl bereits seit 1994 wegen Art. 74 I Nr. 26 GG eine umfassende Gesetzgebungskompetenz für *„die medizinisch unterstützte Erzeugung menschlichen Leben*[s]*"* besteht, hat der Gesetzgeber bisher nur sehr lückenhafte Regelungen getroffen.[4] Im Jahr 1990, als die Gesetzgebungskompetenz noch nicht bestand, erließ der Bundestag das umstrittene Embryonenschutzgesetz[5] (ESchG) als ein Strafgesetz, das bestimmte Methoden der Fortpflanzungsmedizin auch heute noch unter Strafe stellt.

Nachdem die Diskussion über das Verbot künstlicher Befruchtungsmethoden in Deutschland nach Erlass des Embryonenschutz- und des Adoptionsvermittlungsgesetzes etwas zur Ruhe gekommen war[6], lebte sie im Jahr 2010 erneut auf, was die Folge zweier unabhängig voneinander getroffenen Entscheidungen war. Zum einen entschied das Nobelpreisvergabekomitee, den Nobelpreis für Medizin an den britischen Forscher Robert Edwards zu vergeben, an einen der „Schöpfer der Retortenbabys"[7] und zog damit den Unmut vieler Kritiker der künstlichen Befruchtung auf sich, allen voran des Vatikans.[8] Zum anderen fällte der *Europäische Gerichtshof für Menschenrechte (EGMR)* am 01.04.2010 ein Urteil, das Aufsehen erregte. In einem Verfahren gegen Österreich entschied der Gerichtshof, dass ein Verbot der Eizellspende gegen die Menschenrechtskonvention verstoße, wenn zugleich die Samenspende erlaubt sei.[9] Dieses Urteil wäre auch für Deutschland richtungsweisend gewesen, weil die deutsche Rechtslage in diesem Punkt nahezu der österreichischen entspricht. Letztlich brachte die Große Kammer des *EGMR*, zu der Österreich die Verweisung der Rechtssache beantragt hatte, jedoch nicht den Mut auf, die Regelung erneut als diskriminierend zu bewerten. Sie entschied daher am 03.11.2011, die ursprüngliche Entscheidung aufzuheben.[10] Damit wurde der Wind, der im Vorjahr so stürmisch begonnen hatte, wieder aus den Segeln der Kritiker der deutschen Regelungen genommen.

---

2 *Wehrstedt*, RNotZ 2005, 109, 110.

3 BT-Drucks. 16/813, S. 14; *Lindner* in: *Rosenau*, S. 127, 128; *Wehrstedt*, RNotZ 2005, 109, 110; *Wanitzek*, FamRZ 2003, 730, 731.

4 *Lindner* in: *Rosenau*, S. 127, 128.

5 Embryonenschutzgesetz vom 13. Dezember 1990 (BGBl. I S. 2746), gültig seit dem 01.01.1991.

6 Vgl. *Coester*, FS Jayme, S. 1243, 1243.

7 *Kaulen*, FAZ Online vom 04.10.2010.

8 *DPA*, FAZ Online vom 04.10.2010.

9 *EGMR* ÖJZ 2010, 684-688.

10 *EGMR* FamRZ 2012, 23-24.

B. Zivilrechtliche Regelungen

Auch wenn der Ausgangspunkt der Diskussion im öffentlichen Recht und vor allem in der Frage liegt, welche Befruchtungsmethoden in Deutschland erlaubt sind bzw. sein sollten, greift die Diskussion schnell auf abstammungsrechtliche Fragen über. Das leuchtet zumeist nur rechtlich vorgebildeten Bürgern ein, denn es *„gibt wenige Dinge, die zu den natürlichsten der Welt gehören. Die Elternschaft wird oft dazu gezählt. Und so scheint die Frage, wer denn die Eltern sind, eine seltsame Frage zu sein."*[11] Betrachtet man sich dagegen, wie viele Personen bei der Zeugung eines Kindes durch künstliche Befruchtung elementar beteiligt sein können, erschießt sich schnell, dass die Frage keineswegs seltsam ist. Als Folge dessen hat sich in den letzten Jahrzehnten die traditionelle Struktur der Familien gelockert, teils sogar gänzlich aufgelöst, was sich in den Konstellationen der künstlichen Befruchtung deutlich zeigt.[12]

Das Spektrum an verschiedenen Konstellationen ist dementsprechend groß, zumal auch Dritte, insbesondere Keimzellspender, in die ursprüngliche Zweierbeziehung von Vater und Mutter einbezogen werden können. Grundsätzlich ist festzustellen, dass alle Varianten der assistierten Reproduktion zu neuen Elternschaftskonstellationen führen[13], die dementsprechend gegebenenfalls einer besonderen rechtlichen Betrachtung bedürfen.

Zwangsläufig stellt sich so die Frage, wen die deutsche Rechtsordnung als Eltern eines künstlich gezeugten Kindes ansieht. Durch die Verwendung gespendeten Samens und gespendeter Eizellen stehen plötzlich mehr Personen als rechtlicher Elternteil zur Debatte als bei einer natürlichen Zeugung. Verschärft wird dieses Problem im Rahmen einer Leihmutterschaft. Wer ist hier als Mutter und Vater des Kindes anzusehen? Überschattet wird diese Betrachtung stets auch von der Frage, welche Rechte ein Kind hat, das von einem Spender abstammt oder von einer Leihmutter ausgetragen wurde. Doch wer zur Beantwortung dieser Fragen auf den Gesetzgeber hoffte, hoffte bisher meist vergebens. Das geltende Abstammungsrecht vermag es nämlich gerade nicht, befriedigende Antworten zu liefern.

Im Jahr 2013 rückte diese Problematik kurzzeitig ins Rampenlicht, als das Urteil des *OLG Hamm* vom 06.02.2013 bundesweit für mediales Aufsehen sorgte.[14] Bereits vor der Verhandlung berichteten Zeitungen über *Sarah P.*, eine 22-jährige Frau, die durch eine anonyme Samenspende in Deutschland gezeugt worden war.[15] In dem Prozess verklagte sie den Arzt, der die Befruchtung an ihrer Mutter mit Spendersamen durchgeführt hatte, auf Auskunft über den Namen des Spenders. Obwohl das

---

11 *Büchler*, AJP 2004, 1175, 1175; vgl. auch: *Helms* in: *Röthel/Löhnig/Helms*, S. 49, 49.

12 *Vaskovics* in: *Schwab/Vaskovics*, S. 11, 12 f.

13 *Vaskovics* in: *Schwab/Vaskovics*, S. 11, 16.

14 Vgl. *OLG Hamm* FamRZ 2013, 637-642.

15 Vgl. *Bernard*, Von einer, die auszog [...], SZ vom 02./03.02.2013, S. 6.

endgültige Urteil wenig Überraschendes offenbarte[16], wurde kurzzeitig deutschlandweit über diesen Fall berichtet und die rechtlichen Folgeprobleme der künstlichen Befruchtung erneut ins Bewusstsein der Bevölkerung gerufen. Immerhin war es das erste Mal, dass ein „Kind", das aus einer anonymen Samenspende hervorgegangen war, auf Auskunft über die Identität des Vaters klagte.[17] Welche Ironie ist es, dass ausgerechnet eine Geschichtsstudentin[18] diesen Weg als Erste beschritt, um Lücken in ihrer eigenen Lebensgeschichte zu füllen. Doch so schnell die Missstände ins Bewusstsein der Bevölkerung gerufen wurden, so schnell flachte das Interesse an diesem Thema wieder ab und mit ihm auch die öffentliche Diskussion.

Dasselbe Phänomen zeigte sich erneut im Jahr 2014, als der Fall von „Baby Gammy" eine weltweite Medienpräsenz erreichte.[19] Ein australisches Ehepaar hatte eine thailändische Leihmutter engagiert, um in Thailand ihr Kind auszutragen. Aus den befruchteten Eizellen, die der Leihmutter implantiert wurden, entwickelten sich zwei Embryos, ein Junge und ein Mädchen. Im vierten Monat der Schwangerschaft wurde bei dem männlichen Embryo jedoch das Down-Syndrom diagnostiziert, woraufhin die australischen Eltern eine Abtreibung beider Kinder forderten. Die gläubige, buddhistische Leihmutter verweigerte sich einer solchen jedoch und brachte so im Dezember 2013 die Zwillinge zur Welt. Der Agent, der den Australiern die Leihmutter vermittelt hatte, übergab dem Ehepaar daraufhin nur das gesunde Mädchen und ließ den Jungen bei der Leihmutter zurück. Der Fall wird später weltweit bekannt, als öffentlich wird, dass der Junge eine Herzoperation benötigt, die die Leihmutter aber nicht imstande ist zu bezahlen. In kurzer Zeit kommen Spendengelder von über 200.000 € für die Leihmutter zusammen, die mehr als nur die Operation gewährleisten. Die Leihmutter und das australische Ehepaar schildern seitdem unterschiedliche Geschichten, warum nur das gesunde Mädchen nach Australien gebracht wurde. Insbesondere betonen die Eltern stets, dass sie auch den Jungen mitnehmen wollten, ihnen dies aber von der Leihmutter verweigert und ihnen mit Strafanzeigen gedroht worden sei.[20] In einem weiteren Fall sollen die Wunscheltern nur einen Zwilling mitgenommen haben, weil ihnen das Geschlecht des anderen Zwillings nicht „gefallen" habe.[21] Durch die Berichterstattung zu diesen beiden Vorfällen wurde den deutschen Lesern vor Augen geführt, dass es auch hier kaum Regelungen für ähnlich gelagerte Sachverhalte gibt und diese somit ebenso mit deutscher Beteiligung stattfinden könnten. Als die Berichterstattungen abnahmen, endete diese Diskussion jedoch ebenfalls nach kurzer Zeit ergebnislos.

Auch wenn es verlockend erscheinen mag, abstammungsrechtliche Fragen unbeantwortet zu lassen und darauf zu verweisen, dass ein Großteil der künstlichen

---

16 Vgl. *Grziwotz*, Legal Tribune Online vom 06.02.2013; *Wellenhofer*, FamRZ 2013, 825, 825; a.A. wohl *Fink/Grün*, NJW 2013, 1913, 1915 f.

17 *Bernard*, Von einer, die auszog [...], SZ vom 02./03.02.2013, S. 6.

18 *Bernard*, Von einer, die auszog [...], SZ vom 02./03.02.2013, S. 6.

19 Vgl. dazu *wit/dpa*, Spiegel Online vom 02.08.2014; *Mühl*, FAZ Online vom 14.08.2014.

20 *Mühl*, FAZ Online vom 14.08.2014.

21 *vet/AP*, Spiegel Online vom 09.10.2014.

Befruchtungsmethoden in Deutschland verboten ist, befriedigt dieser Ansatz nicht. Nicht nur ist manch ein Verbot verfassungsrechtlich zweifelhaft und daher zukünftig eventuell aufzuheben, auch trägt eine solche Meinung nicht der zusammengewachsenen Welt, insbesondere dem geeinten Europa, Rechnung. Gedanklich erfolgt auf diesem bequemen Weg eine unnatürliche, isolierte Betrachtung der deutschen Rechtsordnung, ohne zu beachten, dass in den europäischen Nachbarländern vielfach eine liberalere Rechtslage besteht, die es auch deutschen Paaren ermöglicht, fortpflanzungsmedizinische Behandlungen wahrzunehmen. Die rechtliche Situation der Methoden der Fortpflanzungsmedizin der europäischen Staaten variiert ebenso stark wie die unterschiedlichen ethischen Überzeugungen innerhalb der Länder.[22] Aufgrund dieser grenzüberschreitenden Problematik sind strikte Regelungen wie in Deutschland als *„nutzlos"* anzusehen, weil sie durch einen Fortpflanzungstourismus leicht umgangen werden können.[23] Dieser wiederum führt zwangsläufig dazu, dass Kinder in Deutschland leben, die durch eigentlich untersagte Befruchtungsmethoden gezeugt wurden.

Vor diesem Hintergrund stellen sich beim Blick auf das deutsche Abstammungsrecht viele Fragen. Selbstverständlich ist, dass die *„verfassungsrechtliche Gewährleistung des Elternrechts* [...] *in erster Linie dem Schutz des Kindes* [gilt]. *Sie beruht auf dem Grundgedanken, daß* [sic] *in aller Regel Eltern das Wohl des Kindes mehr am Herzen liegt als irgendeiner anderen Person oder Institution."*[24] Nun ist es aber so, dass das Abstammungsrecht in einer Pseudo-Konsequenz keine oder kaum interessengerechte Regelungen für Familien trifft, die auf einer künstlichen Befruchtung beruhen, und damit lückenhaft ist. Nicht einmal die erlaubten Methoden erfahren im Abstammungsrecht eine ausreichende Würdigung. Lediglich ein Absatz, § 1600 V[25], führt ein einzelnes abstammungsrechtliches Problem einer Lösung zu.[26] Das geltende Recht ist damit bereits deswegen reformbedürftig, weil der rechtliche Schutz der Betroffenen der Reproduktionsmedizin zu gering ist.[27] Das *„alte Abstammungsrecht"* kollidiert mit der *„neue[n] Wirklichkeit"*[28]. Auf der Ebene der Zuordnung der Elternschaft ist aber gerade nach dem Wohl des Kindes zu fragen, da das Kind der Schwächste aller Beteiligten ist und so eines besonderen Schutzes bedarf.[29] Die rechtliche Eltern-Kind-Zuordnung bildet das Fundament, auf dem Rechte und Pflichten zwischen den Beteiligten entstehen, seien sie sorge-, umgangs-, unterhalts- oder erbrechtlicher Art.[30] Die rechtliche Elternschaft ist aber konträr zur

---

22 *Weilert*, MedR 2012, 355, 355.

23 Carl Djerassi in einem Interview, *Klemm/Rödder*, FAS vom 13.02.2011, S. 58.

24 *BVerfG* NJW 1983, 101, 101.

25 Alle nachfolgenden Paragraphen ohne abweichende Bezeichnung sind solche des BGB.

26 *Grziwotz*, Legal Tribune Online vom 06.02.2013.

27 *Coester-Waltjen*, Reproduktionsmedizin 2002, 183, 183.

28 *Grziwotz*, Legal Tribune Online vom 06.02.2013.S

29 *Wanitzek*, S. 168; *Schumann* in: *Rosenau*, S. 155, 186; *Heiderhoff*, FamRZ 2013, 1212, 1213; *dies.* in: *Schwab/Vaskovics*, S. 273, 279.

30 *Wanitzek*, S. 171 f.

natürlichen Elternschaft nicht vorgegeben, sie bedarf der Konkretisierung durch den Gesetzgeber.[31] Dennoch zeichnet sich das geltende Abstammungsrecht durch *„unklare Zielvorstellungen"* und eine *„inkonsequente Umsetzung"* des Grundprinzips der biologischen Wahrheit aus.[32] Die Folge der neuen Reproduktionsmedizin ist damit, dass mit der Durchbrechung der Grenzen der natürlichen Zeugung abstammungsrechtliche Probleme auftreten.[33] Grundlegend sind speziell für diese Fälle konzipierte Regelungen zu treffen. Es gilt herauszufinden, wer im Fall einer Zeugung mittels einer gespendeten Keimzelle rechtlich als Elternteil anzusehen ist und ob und unter welchen Bedingungen eine Anfechtung dieses Status erfolgen kann.[34] Daneben sind stets auch Auskunftsansprüche und Ansprüche auf statusfolgenlose Feststellungen im Auge zu behalten.

C. Die steigende Relevanz künstlicher Befruchtungsmethoden

Das hinter diesen Fragen stehende familiäre, soziale aber auch rechtliche Konfliktpotential wird oft unterschätzt. Gleiches trifft auf die Häufigkeit solcher Probleme zu. Dabei steigt die Zahl der Kinder, die mittels künstlicher Befruchtungsmethoden gezeugt werden, aus verschiedenen Gründen stetig an.

Vielfach wandelt sich die zunächst gewollte Kinderlosigkeit eines Paares zur ungewollten und wird damit zum Problem[35], ja sogar zum Krankheitswert.[36] Seelische und psychische Belastungen der kinderlosen Paare sind oftmals die Folge.[37] Gerade Frauen empfinden die Unmöglichkeit ein Kind zu bekommen als besonders belastend.[38] Es wird geschätzt, dass etwa 10-15% aller Paare in Deutschland ungewollt kinderlos sind[39], andernorts wird absolut von 1,2 bis 1,5 Millionen Paaren gesprochen.[40] Dabei erweist sich auch die neue Rolle der Frau als ein Faktor, der die Häufigkeit der Nutzung reproduktionsmedizinischer Methoden erhöht. Weil Frauen gerade in den biologisch günstigsten Jahren, um Kinder zu bekommen, heutzutage oft teils lange Ausbildungswege beschreiten, wird der Kinderwunsch vielfach nach

---

31 *Wanitzek*, S. 178 f.

32 *Coester*, DEuFamR 1999, 3, 4.

33 *Valentin*, S. 29.

34 So auch *Schumann* in: *Rosenau*, S. 155, 156.

35 *Revermann/Hüsing*, S. 149; *Günther/Fritzsche/Carol/Reiher/Winkler*, Reproduktionsmedizin 2001, 271, 271.

36 *Frommel/Taupitz/Ochsner/Geisthövel*, Journal für Reproduktionsmedizin und Endokrinologie 2010, 96, 96; *Günther/Fritzsche*, Reproduktionsmedizin 2001, 214, 214 f.

37 *Günther/Fritzsche*, Reproduktionsmedizin 2001, 214, 214; *Revermann/Hüsing*, S. 149; *Kentenich/Wohlfahrt* in: *Duttge/Engel/Lipp/Zoll*, S. 51, 55.

38 *Revermann/Hüsing*, S. 151

39 *Michelmann* in: *Bockenheimer-Lucius/Thorn/Wendehorst*, S. 1, 2; *Taupitz/Schlüter*, AcP 2005, 591, 591.

40 *Helms* in: *Röthel/Löhnig/Helms*, S. 49, 49.

hinten verschoben. Dadurch lässt sich dieser vereinzelt nur noch mit Hilfe reproduktionsmedizinischer Maßnahmen verwirklichen.[41] Noch häufiger werden diese jedoch aufgrund medizinischer Störungen in Anspruch genommen. In solchen Situationen eröffnet sich den Paaren mit den reproduktionsmedizinischen Verfahren ein *„letzter Ausweg"* aus der Kinderlosigkeit, der aufgrund der steigenden Akzeptanz der Fortpflanzungsmedizin in der Bevölkerung auch als gangbar erscheint.[42] Führt eine solche Behandlung dann zum Erfolg, wird das Kind von seinen Eltern als *„etwas besonders Kostbares und nicht zufällig Entstandenes wahrgenommen"*.[43]

Viele Paare entscheiden sich stattdessen jedoch zunächst für eine Adoption, Pflegekinder oder doch die Kinderlosigkeit, sei es aus finanziellen, psychologischen oder medizinischen Gründen.[44] Die Adoption ist aber nicht ausreichend, um alle Kinderwünsche zu erfüllen. Auf ein Kind, das zur Adoption freigegeben wird, kommen mindestens sieben Paare, die dessen Adoption beantragen.[45] Für die anderen verbleibt insbesondere die Nutzung fortpflanzungsmedizinischer Methoden.

Die Möglichkeiten der künstlichen Befruchtungen und die Häufigkeit ihrer Inanspruchnahme sind mittlerweile so vorangeschritten, dass sie von einem *„exotischen zu einem gesellschaftlich relevanten Problem geworden* [sind]*"*.[46] Die Anfänge reichen weit zurück, bereits 1984 wurde das erste „Eizellspendekind" geboren.[47] Jährlich werden allein in Deutschland mittlerweile knapp 1.000 Kinder geboren, die unter Verwendung von Spendersamen gezeugt wurden.[48] Seit den 70ern sollen jedenfalls 100.000 erfolgreiche Behandlungen durchgeführt worden sein.[49] Die Zahl der Kinderwunschzentren in Deutschland, in denen extrakorporale Befruchtungen vorgenommen werden, betrug im Jahr 2011 bereits 128.[50] Dennoch wird auch weiterhin teils heftige Kritik an der Fortpflanzungsmedizin geübt. Die Büchner-Preisträgerin *Lewitscharoff* sorgte im Jahr 2014 für einen Eklat von gewissem Ausmaß, als sie Fortpflanzungsmediziner in einer Rede als *„Frau Doktor und Herr Doktor Frankenstein"*,

---

41 So *Carl Djerassi*, Erfinder der ersten Babypille, in einem Interview, *Klemm/Rödder*, FAS vom 13.02.2011, S. 58.

42 *Revermann/Hüsing*, S. 154.

43 *Revermann/Hüsing*, S. 159.

44 *Revermann/Hüsing*, S. 154 f.; *Günther/Fritzsche*, Reproduktionsmedizin 2001, 214, 216.

45 *Günther/Fritzsche*, Reproduktionsmedizin 2001, 214, 216; *Walper/Wendt* in: *Schwab/Vaskovics*, S. 211, 215, gehen (Stand 2009) von einem Verhältnis von 1:9 aus.

46 *Coester*, FS Jayme, S. 1243, 1243. Vgl. auch *Bernard*, Von einer, die auszog [...], SZ vom 02./03.02.2013, S. 6; *ders.*, StAZ 2013, 136, 136; *Wellenhofer*, FamRZ 2013, 825, 827; nichtsdestotrotz wird die Fortpflanzungsmedizin von einigen vehement abgelehnt, vgl. nur *Lewitscharoff*, S. 11 f.

47 *Kentenich/Utz-Billing*, Gynäkologische Endokrinologie 2006, 229, 229.

48 *Helms* in: *Röthel/Löhnig/Helms*, S. 49, 50; *Fink/Grün*, NJW 2013, 1913, 1913.

49 *Grziwotz*, Legal Tribune Online vom 06.02.2013; *Wellenhofer*, FamRZ 2013, 825, 827; *Kreß*, FPR 2013, 240, 241; *Fink/Grün*, NJW 2013, 1913, 1913; *Zypries/Zeeb*, ZRP 2014, 54, 54.

50 *Schewe*, FamRZ 2014, 90, 91.

den Vorgang der künstlichen Befruchtung als *„abscheulich"* und insbesondere künstlich gezeugte Kinder als *„Halbwesen"*, *„nicht ganz echt"* und *„zweifelhafte Geschöpfe, halb Mensch, halb künstliches Weißnichtwas"* bezeichnete.[51]

Aufgrund der steigenden Anzahl an Personen, die sich für künstliche Befruchtungsmethoden entscheiden, müssen aber interessengerechte Änderungen im Abstammungsrecht vorgenommen werden, unabhängig von der Frage der Legalisierung verbotener Befruchtungsmethoden. *„Nicht nur für die Ärzteschaft, sondern auch für das Recht erwächst aus dieser medizinisch-technischen Entwicklung eine neue Dimension der Verantwortlichkeit"*.[52] Das gilt erst recht mit der Kenntnis, dass viele Paare im Inland verbotene Methoden im Ausland durchführen lassen, da gemäß Art. 19 I S. 1 EGBGB für die Abstammung des Kindes regelmäßig deutsches Recht Anwendung findet.

D. Gang der Untersuchung

Bislang wurde das Thema der künstlichen Befruchtung hauptsächlich aus verfassungsrechtlicher Sicht untersucht. Abstammungsrechtliche Gesichtspunkte wurden meist isoliert betrachtet, umfassendere Betrachtungen[53] liegen dagegen schon einige Jahre zurück. Diese Arbeit versucht daher, einen interessengerechten Lösungsansatz für die Problematik zu geben. Die Betrachtung richtet sich dabei allein auf Befruchtungen in heterosexuellen Paarbeziehungen, denn diese stellen den statistisch relevantesten Fall dar. Abgesehen davon entstehen bei Befruchtungen in homosexuellen Paarbeziehungen völlig neue Probleme, deren Abhandlung den Umfang der Arbeit sprengen würde, so dass diese hier nicht diskutiert werden können.

Da viele Begrifflichkeiten, deren Definition für eine Diskussion unerlässlich sind, gesetzlich nicht oder nur unzureichend definiert sind und auch in Literatur und Wissenschaft nicht einheitlich gebraucht werden, ist es zunächst unerlässlich, diese zu Beginn der Arbeit zu definieren. Sodann werden die einzelnen Probleme der bereits praktizierten Befruchtungsmethoden anhand praktischer Beispiele analysiert. Im Anschluss an die Problemanalyse wird jeweils ein konkreter Reformvorschlag gemacht, soweit Bedarf für einen solchen besteht und dieser im Abstammungsrecht realisiert werden kann. Dazu wird auch ein rechtsvergleichender Blick in andere europäische Rechtsordnungen geworfen.

---

51 *Lewitscharoff*, S. 11.
52 *Hollenbach* in: *Lorenz*, S. 82, 82.
53 Insbesondere sei hier auf die Werke von *Wanitzek* und *Wohn* verwiesen.

2. Kapitel: Grundlagen der medizinisch assistierten Fortpflanzung

Im Folgenden werden kurz die medizinisch-biologischen Grundlagen der künstlichen Befruchtung dargestellt. Entscheidend ist dabei vor allem die Unterscheidung, wessen Keimzellen verwendet werden. Sollte der genaue Ablauf für die nachfolgende Betrachtung ein eigenes Gewicht haben, wird beim jeweiligen Diskussionspunkt darauf eingegangen.

Es gibt verschiedene Methoden der medizinisch assistierten Fortpflanzung, wobei der Begriff der künstlichen Befruchtung insoweit nicht abschließend definiert ist. Darunter sind jedoch alle Methoden zu verstehen, bei denen die Befruchtung nicht durch Sexualverkehr der Eltern erfolgt.[1]

A. Die (intrakorporale) artifizielle Insemination

Unter die Methoden der Fortpflanzungsmedizin fällt die intrakorporale artifizielle Insemination (auch: künstliche Samenübertragung[2]). Diese greift in äußerst geringem Maße in die natürlichen Vorgänge der Fortpflanzung ein, da lediglich die Beförderung des Spermas „künstlich" ist, während die eigentliche Befruchtung auf natürlichem Weg erfolgt.[3] Unter Umständen findet zuvor eine Aufbereitung des Spermas statt.[4] Grundsätzlich wird bei dieser Fortpflanzungsmethode Sperma tubar, zervikal oder uterin appliziert um so die Möglichkeit einer Befruchtung der Eizelle zu erhöhen (Befruchtung in vivo).[5] Dennoch liegt die Schwangerschaftsrate nur bei etwa 10-15%.[6] Die Fortpflanzungsmethode ist bereits seit langer Zeit gebräuchlich, da sie nicht zwingend moderne medizinische Methoden voraussetzt.[7]

---

1 *Wanitzek*, S. 185 f.; *Luh*, S. 73; vgl. *Lurger*, DEuFamR 1999, 210, 211 mit Verweis auf § 1 des österreichischen FMedG; *Fötschl*, MedR 2010, 95, 95 mit Verweis auf § 1 des dänischen Befruchtungsgesetzes.

2 *Starck*, Gutachten 56. DJT, A 9.

3 Staudinger/*Rauscher*, § 1591 BGB Rn. 2; *Lehmann*, S. 9; *Wohn*, S. 23; *Luh*, S. 74; *Valentin*, S. 30.

4 *Lehmann*, S. 9; *Wohn*, S. 24 f.

5 *Schmidt-Recla/Noack*, Der Gynäkologe 2011, 482, 483; *Günther/Fritzsche/Carol/Reiher/Winkler*, Reproduktionsmedizin 2001, 271, 274.

6 *Lehmann*, S. 10.

7 *Wohn*, S. 21.

I. Homologe artifizielle Insemination

In der homologen Variante werden Spermien des Ehemanns der Mutter verwendet.[8] Diese werden durch Masturbation gewonnen und sodann möglichst in die Nähe der zu befruchteten Eizelle gebracht. Beteiligte sind hierbei nur die Wunscheltern, so dass diese auch genetische Eltern sind. Als quasi-homolog bezeichnet man die Befruchtung, wenn der Samen des Wunschvaters verwendet wird, der nicht mit der (Wunsch-)Mutter verheiratet ist, aber in einer Paarbeziehung mit ihr lebt.[9] Indiziert ist eine homologe artifizielle Insemination bei einer schlechten Spermienqualität des Partners der Wunschmutter, der Unmöglichkeit von Geschlechtsverkehr oder aber, wenn die Spermien auf natürlichem Wege nicht bis zur Eizelle gelangen können.[10]

II. Heterologe artifizielle Insemination

In der donogenen bzw. heterologen[11] Variante der artifiziellen Insemination wird nicht der Samen des Wunschvaters bzw. des Ehemanns verwendet, sondern auf Spendersamen zurückgegriffen, was die Zahl der beteiligten Personen auf drei erhöht.[12] Im Übrigen erfolgt die Behandlung wie bei der homologen artifiziellen Insemination. Genetisch stammt das Kind vom Spender und der Wunschmutter ab. Auf Spendersamen wird zurückgegriffen, wenn das Sperma des Wunschvaters eine

---

8 Staudinger/*Rauscher*, § 1591 BGB Rn. 2; Spickhoff/*Spickhoff*, Vorbem. zu §§ 1591 ff. BGB, Rn. 10; *Schmidt-Recla/Noack*, Der Gynäkologe 2011, 482, 483; *Frommel/Taupitz/Ochsner/Geisthövel*, Journal für Reproduktionsmedizin und Endokrinologie 2010, 96, 97; *Lehmann*, S. 10; *Wohn*, S. 23; *Luh*, S. 74; *Weyrauch*, S. 4; *Valentin*, S. 30.

9 Staudinger/*Rauscher*, § 1591 BGB Rn. 2; Spickhoff/*Spickhoff*, Vorbem. zu §§ 1591 ff. BGB, Rn. 10; *Schmidt-Recla/Noack*, Der Gynäkologe 2011, 482, 483; *Frommel/Taupitz/Ochsner/Geisthövel*, Journal für Reproduktionsmedizin und Endokrinologie 2010, 96, 97; BeckOK BGB/*Hahn*, § 1591 BGB, Rn. 10; *Wohn*, S. 24; *Luh*, S. 74; *Weyrauch*, S. 5; *Valentin*, S. 30.

10 *Wohn*, S. 24 f.; *Weyrauch*, S. 4; *Revermann/Hüsing*, S. 38.

11 *Katzorke*, Dt. Ärzteblatt 2006, A-2032, spricht sich energisch gegen die Bezeichnung der „heterologen Insemination" aus: Der Begriff wirke *„diffamierend, verunglimpfend oder fahrlässig in Unkenntnis* [gebraucht]*"* und beruhe auf *„Unkenntnis der immunologischen Semantik"*. Durch die Bezeichnung heterolog werde die Behandlung mit Samen einer anderen Spezies oder ein *„ähnlicher Frevel"* unterstellt. Stattdessen sei der Begriff der donogenen Insemination (DI) vorzuziehen. Tatsächlich nutzt auch die Ärzteschaft mittlerweile den Begriff der donogenen Insemination, vgl. *Bispink* in: *Duttge/Engel/Lipp/Zoll*, S. 1, 2. Aufgrund der im juristischen Sprachgebrauch verbreiterten Verwendung des Begriffs der „heterologen Insemination" wird dieser Sprachgebrauch hier aber beibehalten.

12 Staudinger/*Rauscher*, § 1591 BGB Rn. 2; Spickhoff/*Spickhoff*, Vorbem. zu §§ 1591 ff. BGB, Rn. 10; *Deutsch/Spickhoff*, Rn. 1086; *Schmidt-Recla/Noack*, Der Gynäkologe 2011, 482, 483; *Frommel/Taupitz/Ochsner/Geisthövel*, Journal für Reproduktionsmedizin und Endokrinologie 2010, 96, 97; *Lehmann*, S. 10; *Wohn*, S. 24; *Luh*, S. 74; *Weyrauch*, S. 5; *Valentin*, S. 30.

zu schlechte Qualität aufweist oder befürchtet wird, dass (Erb-)Krankheiten auf das Kind übertragen werden könnten.[13] Die Schwangerschaftsrate liegt bei etwa 20% pro Inseminationsversuch, abhängig von Alter und einer eventuell vorhergehenden hormonellen Stimulation.[14] Etwa 85% der behandelten Frauen sind nach einem Jahr schwanger, insofern keine einschränkenden Problematiken bei der Mutter vorliegen.[15] Eine größere Abortrate als bei einer natürlichen Zeugung kann nicht festgestellt werden.[16]

B. Die In-Vitro-Fertilisation (IVF)

Neben der (intrakorporalen) artifiziellen Insemination ist die In-Vitro-Fertilisation (IVF) von besonderer Bedeutung.

I. Überblick

Dabei erfolgt die Befruchtung der Eizelle extrakorporal, d.h. außerhalb der Gebärmutter.[17] Im Rahmen der klassischen IVF wird aufbereitetes Sperma mit Eizellen in einem Reagenzglas vermischt, in dem sodann eine Befruchtung stattfindet.[18]

Ein besonderer Fall der IVF ist die intracytoplasmatische Spermieninjektion (ICSI).[19] Dabei wird eine Samenzelle mittels einer Mikroinjektion in das Innere der Eizelle (Cytoplasma) injiziert, wodurch diese befruchtet wird.[20] Angewandt wird die Methode bei einer deutlich eingeschränkten Fertilität des Wunschvaters.[21]

Die Gewinnung der Spermien erfolgt im Regelfall durch Masturbation, diese können aber auch direkt aus dem Hoden entnommen werden.[22] Das Ejakulat wird daraufhin aufbereitet, um möglichst bewegungs- und befruchtungsfähige Samen herauszufiltern und störende anderweitige Stoffe zu eliminieren.[23] Die Gewinnung der Eizellen ist dagegen deutlich aufwändiger. Der Wunschmutter werden dazu Hormone verabreicht, die die Follikelreifung initiieren, wodurch 5 bis 20 Follikel

---

13 *Wohn*, S. 25; *Weyrauch*, S. 5; *Revermann/Hüsing*, S. 38; *Günther/Fritzsche/Carol/Reiher/Winkler*, Reproduktionsmedizin 2001, 271, 272 f.; *Katzorke*, Der Gynäkologe 2007, 807, 807.

14 *Bispink* in: *Duttge/Engel/Lipp/Zoll*, S. 1, 4.

15 *Katzorke*, Der Gynäkologe 2007, 807, 808.

16 *Bispink* in: *Duttge/Engel/Lipp/Zoll*, S. 1, 4; *Katzorke*, Der Gynäkologe 2007, 807, 808.

17 *Schmidt-Recla/Noack*, Der Gynäkologe 2011, 482, 483; *Lehmann*, S. 3; *Wohn*, S. 26.

18 *Lehmann*, S. 3 f.; *Revermann/Hüsing*, S. 41.

19 *Wohn*, S. 31; *Revermann/Hüsing*, S. 41.

20 *Schmidt-Recla/Noack*, Der Gynäkologe 2011, 482, 483; *Wohn*, S. 31; *Revermann/Hüsing*, S. 43.

21 *Lehmann*, S. 8; *Revermann/Hüsing*, S. 38.

22 *Valentin*, S. 31; *Wohn*, S. 22, Fn. 81.

23 *Lehmann*, S. 3; *Revermann/Hüsing*, S. 42.

in den Eierstöcken heranreifen.[24] In der Folge werden nach dem Eisprung die Follikel unter Anästhesie der Frau in einem laparaskopischen Eingriff entnommen (Follikelpunktion).[25] Die Eizellen werden in der Folge aus der Follikelflüssigkeit sondiert und in einem Inkubator aufbewahrt.[26] Die gewonnenen Samen und Eizellen werden über Nacht in einer Petrischale vermischt, wo im Idealfall eine Befruchtung der Eizellen stattfindet.[27] Maximal drei der entstandenen Embryos (§ 1 I Nr. 3 ESchG)[28] werden nach einer bestimmten Zeit (40 Stunden bis zu 5 Tagen) in die Gebärmutter der austragenden Frau implantiert, wo sie sich weiterentwickeln, falls sie sich in der Gebärmutter einnisten.[29] Während im Ausland vermehrt eine Auswahl der „besten" Embryonen bezüglich des Implantationspotentials[30] erfolgt, wird dies im Inland nicht praktiziert.[31] Daraus ergibt sich eine geringere Erfolgsrate als im Ausland.[32]

Medizinische Risiken bestehen insbesondere für die behandelte Frau. Bei der Entnahme der Eizellen an sich besteht lediglich eine geringe Gefahr von Komplikationen, die Rate liegt unter einem Prozent.[33] Ganz überwiegend erschöpfen sich die Komplikationen in vaginalen Blutungen, allgemein wird eine operative Nachversorgung nicht benötigt.[34] Schwerwiegender ist die Gefahr, aufgrund der vorangehenden Hormonbehandlung ein ovarielles Hyperstimulationssyndrom (OHSS) zu entwickeln.[35] Bei einem leichten Verlauf des Syndroms zeigen sich Symptome

---

24 *Schmidt-Recla/Noack*, Der Gynäkologe 2011, 482, 483; *Reinke*, S. 41; *Wohn*, S. 26; *Revermann/Hüsing*, S. 41.

25 *Schmidt-Recla/Noack*, Der Gynäkologe 2011, 482, 483; *Schröer/von Wolf/Griesinger/Bohlmann/Strowitzki/Diedrich*, Gynäkologische Endokrinologie 2007, 193, 193; *Lehmann*, S. 3; *Reinke*, S. 42; *Wohn*, S. 26; *Revermann/Hüsing*, S. 42.

26 *Lehmann*, S. 3.

27 *Lehmann*, S. 3 f.; *Revermann/Hüsing*, S. 42.

28 Der Ausdruck *„Embryo"* wird im Folgenden im Sinne des ESchG gebraucht. Danach wird bereits ab der Verschmelzung von Spermium und Oozyte zu einer entwicklungsfähigen befruchteten Eizelle von einem Embryo gesprochen, § 8 I ESchG. Vgl. zur Terminologie: *Starck*, Gutachten 56. DJT, A 9; *Montag/van der Ven*, Reproduktionsmedizin 2002, 147, 147.

29 *Schmidt-Recla/Noack*, Der Gynäkologe 2011, 482, 482; *Luh*, S. 74, *Lehmann*, S. 4; *Wohn*, S. 26; *Revermann/Hüsing*, S. 42.

30 Das ist die *„prozentuale Wahrscheinlichkeit, mit der sich ein Embryo in die Gebärmutter einzunisten vermag"*, *Montag/van der Ven*, Reproduktionsmedizin 2002, 147, 149.

31 *Montag/van der Ven*, Reproduktionsmedizin 2002, 147, 148; *Riedel*, Der Gynäkologe 2009, 495, 499.

32 *Montag/van der Ven*, Reproduktionsmedizin 2002, 147, 150.

33 *Schröer/von Wolf/Griesinger/Bohlmann/Strowitzki/Diedrich*, Gynäkologische Endokrinologie 2007, 193, 193; *Revermann/Hüsing*, S. 114; *DIR* Jahrbuch 2011, S. 31.

34 *Reinke*, S. 42; *Schröer/von Wolf/Griesinger/Bohlmann/Strowitzki/Diedrich*, Gynäkologische Endokrinologie 2007, 193, 193; *Revermann/Hüsing*, S. 114.

35 *Lehmann*, S. 7; *Reinke*, S. 41, 109; *Revermann/Hüsing*, S. 109; *Kentenich/Pietzner* in: *Rosenau*, S. 13, 21.

wie Übelkeit, Durchfall, Erbrechen und vergrößerte Eierstöcke, allerdings können auch Flüssigkeitsansammlungen in der Bauchhöhle sowie im Brustkorb auftreten.[36] Letztere führen im schlimmsten Fall zu Atembeschwerden.[37] Außerdem sind bei einem schweren Verlauf eingeschränkte Nierenfunktionen festzustellen.[38] Das schwere OHSS kann im schlimmsten Fall tödlich enden und muss daher stationär in einem Krankenhaus behandelt werden.[39] In seltenen Fällen besteht zudem die Gefahr einer Thromboembolie, bei der sich Blutgerinnsel bilden, die die Durchblutung verschiedener Organe behindern.[40] Das Risiko eines schweren OHSS liegt bei etwa 1%.[41] Bisweilen wurden karzinogene Spätfolgen durch die Hormonpräparate befürchtet.[42] Eine solche Wirkung der Behandlung ist allerdings eine Vermutung, die bisher nicht glaubwürdig bewiesen werden konnte.[43] Widerlegt wurde die Vermutung eines gesteigerten Brustkrebsrisikos in Folge der Behandlung.[44]

Zusammenfassend lässt sich feststellen, dass die Methode der IVF als *„sehr sicher"* bezeichnet werden kann.[45] 2011 traten in Deutschland nur in 0,27 % der Eizellentnahmen schwerwiegende Komplikationen auf.[46]

Angewandt wird die IVF vor allem, wenn eine dauerhafte Schädigung der Eileiter der Frau vorliegt, diese aber medizinisch in der Lage ist, ein Kind auszutragen.[47] Für die in Deutschland zulässigen Methoden der IVF führt das *DIR*[48] eine umfangreiche Statistik[49]. Danach wurden im Jahr 2011 49.696 Frauen behandelt.[50] Die

---

36 *Reinke*, S. 41; *Griesinger/Diedrich*, Der Gynäkologe 2007, 773, 774; *Revermann/Hüsing*, S. 109 f.

37 *Reinke*, S. 41; *Revermann/Hüsing*, S. 109.

38 *Reinke*, S. 41; *Revermann/Hüsing*, S. 109.

39 *Reinke*, S. 41; *Revermann/Hüsing*, S. 109 ff.

40 *Schröer/von Wolf/Griesinger/Bohlmann/Strowitzki/Diedrich*, Gynäkologische Endokrinologie 2007, 193, 193 f.; *Reinke*, S. 41 (Fn. 80); *Griesinger/Diedrich*, Der Gynäkologe 2007, 773, 774; *Revermann/Hüsing*, S. 109.

41 *Reinke*, S. 41; *Griesinger/Diedrich*, Der Gynäkologe 2007, 773, 774; *Revermann/Hüsing*, S. 110.

42 *Schröer/von Wolf/Griesinger/Bohlmann/Strowitzki/Diedrich*, Gynäkologische Endokrinologie 2007, 193, 194; *Reinke*, S. 109; *Revermann/Hüsing*, S. 113.

43 *Schröer/von Wolf/Griesinger/Bohlmann/Strowitzki/Diedrich*, Gynäkologische Endokrinologie 2007, 193, 194; *Griesinger/Diedrich*, Der Gynäkologe 2007, 773, 777 ff.; *Revermann/Hüsing*, S. 113; vgl. außerdem *Reinke*, S. 42.

44 *Reinke*, S. 42.

45 *Schröer/von Wolf/Griesinger/Bohlmann/Strowitzki/Diedrich*, Gynäkologische Endokrinologie 2007, 193, 197.

46 *DIR* Jahrbuch 2011, S. 11.

47 *Wohn*, S. 27; *Revermann/Hüsing*, S. 38.

48 *Deutsches IVF-Register e.V.*

49 Die Statistiken in Form von Jahresberichten des *DIR* sind online abrufbar auf: http://www.deutsches-ivf-register.de/jahrbuch-archiv.php (abgerufen am 28.05.2015 um 11:03 Uhr).

50 *DIR* Jahrbuch 2011, S. 10.

Schwangerschaftsrate lag bei IVF Behandlungen bei 30,2 % und bei der ICSI bei 28,3 %.[51] Das Risiko einer Mehrlingsgeburt ist relativ hoch.[52] Dennoch beruhten 2011 nur 17,7 % der Mehrlingsgeburten auf einer IVF Befruchtung.[53]

II. Fallvarianten

Im Rahmen einer IVF sind vier Fälle zu unterscheiden, bei denen bis zu vier verschiedene „Elternteile" vorkommen. Gemeinsam ist allen Fällen, dass das Kind von der Wunschmutter ausgetragen und geboren wird.

1. Homologe IVF

Von einer homologen IVF spricht man, wenn Eizellen und Spermien der Wunscheltern selbst verwendet werden.[54] Dadurch sind die Wunscheltern auch genetische Eltern des Kindes. Beteiligt sind – abgesehen vom Befruchtungsarzt – nur zwei Personen.[55]

2. Heterologe IVF mittels Samenspende

Unter einer heterologen IVF mittels Samenspende wird eine Befruchtung verstanden, bei der Eizellen der Wunschmutter verwendet werden, für die Spermien aber auf einen Spender zurückgegriffen wird.[56] Dies ist wie bei der heterologen artifiziellen Insemination dann denkbar, wenn die Spermien des Wunschvaters nicht die nötige Qualität haben, um eine Befruchtung durchzuführen, oder schwere Erbkrankheiten des Kindes bei Verwendung der Spermien des Wunschvaters zu befürchten sind[57]. Beteiligt sind in diesem Fall drei Personen, die Wunscheltern selbst und der Samenspender. Genetisch stammt das Kind von Samenspender und Wunschmutter ab.

3. IVF mittels Eizellspende

So wie man den Samen des Wunschvaters durch den eines Spenders ersetzen kann, lässt sich auch die Eizelle der Wunschmutter durch die einer Spenderin austauschen. Bei einer IVF mit Eizellspende werden zwar Spermien des Wunschvaters, aber die

51 *DIR* Jahrbuch 2011, S. 10.
52 *Lehmann*, S. 7.
53 *DIR* Jahrbuch 2011, S. 10.
54 Die Terminologie ist insofern gleich zu der Terminologie bei artifizieller Insemination in vivo, s.o.
55 *Wohn*, S. 28.
56 Die Terminologie ist insofern gleich zu der Terminologie bei artifizieller Insemination in vivo, s.o.
57 *Wohn*, S. 25; *Revermann/Hüsing*, S. 38.

Eizellen einer Spenderin verwendet[58]. Indiziert ist dieser Fall vor allem bei einer Sterilität der Wunschmutter (Unmöglichkeit, ein Kind zu zeugen; auch primäre Sterilität genannt[59]) oder bei drohenden schweren Erbkrankheiten. Die Wunschmutter muss allerdings medizinisch in der Lage sein, ein Kind auszutragen.[60] Etwa 4% aller Paare in Deutschland, die einen Kinderwunsch hegen, bedürfen zu dessen Erfüllung einer Eizellspende.[61] Beteiligt ist neben den Wunscheltern die Eispenderin. Eine genetische Abstammung des Kindes besteht zur Eizellspenderin und dem Wunschvater, die austragende Frau ist genetisch nicht mit dem Kind verwandt. Das erste Mal erfolgreich wurde eine IVF unter Verwendung einer gespendeten Eizelle im Jahr 1984 durchgeführt.[62]

Im Rahmen der Behandlung erfolgen zunächst eingehende gesundheitliche Untersuchungen der Spenderin und der Empfängerin, insbesondere auf Infektionskrankheiten.[63] In einem natürlichen Zyklus der Frau reift regelmäßig nur eine Eizelle heran. Da bei einer Eizellenentnahme aber mehr als eine gereifte Eizelle entnommen werden sollen, erfolgt zunächst eine hormonelle Stimulation der Spenderin.[64] Das Verfahren zur Entnahme der Eizellen ist identisch mit dem während einer homologen IVF. Der Zyklus der Empfängerin der gespendeten Eizelle muss, wenn die Eizelle nicht kryokonserviert werden soll, mit dem Zyklus der Spenderin synchronisiert werden.[65] Nachdem die Eizellen in vitro befruchtet wurden, werden diese in die Gebärmutter der Wunschmutter eingebracht.[66]

Die Erfolgsrate einer Behandlung mit einer Spendereizelle lässt sich nicht genau bestimmen[67]. Die US-amerikanische *SART*[68] gibt für das Jahr 2009 eine Geburtenrate von 55,1% bei durchschnittlich zwei transferierten, gespendeten Eizellen an.[69] Bei kryokonservierten Eizellen/Embryonen ist diese deutlich geringer und liegt bei nur noch 33,8%.[70] Die britische HFEA[71] gibt für die IVF unter Einbezugnahme *aller* Methoden der künstlichen Befruchtung (inkl. ICSI, Eizellspenden, kryokonservierten Ei- und Samenzellen) eine Lebendgeburtenrate von 24,1% an[72], für Maßnahmen mit

58 Zum rechtlichen Verbot im Folgenden.
59 *Revermann/Hüsing*, S. 27.
60 *Wohn*, S. 29; *Weyrauch*, S. 5 f.; *Kentenich/Pietzner* in: *Rosenau*, S. 13, 20.
61 *Kentenich/Pietzner* in: *Rosenau*, S. 13, 20.
62 *Kentenich/Utz-Billing*, Gynäkologische Endokrinologie 2006, 229, 229.
63 *Kentenich/Utz-Billing*, Gynäkologische Endokrinologie 2006, 229, 229.
64 *Kentenich/Utz-Billing*, Gynäkologische Endokrinologie 2006, 229, 229.
65 *Retzlaff* in: *Lanz-Zumstein*, S. 3, 7; *Kentenich/Utz-Billing*, Gynäkologische Endokrinologie 2006, 229, 229.
66 *Reinke*, S. 43; vgl. die allgemeinen Ausführungen zur IVF.
67 Ausführlich zu diesem Problem *Reinke*, S. 44.
68 *Society for Assisted Reproductive Technology*.
69 *SART* Clinic Summary Report 2009.
70 *SART* Clinic Summary Report 2009.
71 *Human Fertilisation Embryology Authority*.
72 *HFEA* Fertility Facts and Figures 2008, S. 4.

gespendeten Eizellen eine Rate von 28,5%[73]. Die Erfolgsrate ist stark abhängig vom Alter der Empfängerin[74] und wohl auch vom Alter der Spenderin.[75] Repräsentative Studien in Deutschland können wegen des Verbots der Eizellspende[76] nicht durchgeführt werden.[77] Die Eizellspende selbst ist nach den Zahlen aber die erfolgreichste aller reproduktionsmedizinischen Behandlungen.[78]

Wegen des Transfers von mehreren Embryonen/befruchteten Eizellen besteht eine relativ große Wahrscheinlichkeit von Mehrlingsgeburten. Die *HFEA* gibt eine Wahrscheinlichkeit von 23,2% an[79], die *SART* unterscheidet nach Altersgruppen und Zwillings- und anderen Mehrlingsgeburten. Für unter 35-jährige besteht demnach eine 32,9%ige Wahrscheinlichkeit einer Zwillingsgeburt im Rahmen einer IVF.[80]

4. *Heterologe IVF mittels Eizell- und Samenspende (Embryonenspende)*

Der komplizierteste Fall stellt die heterologe IVF unter Verwendung gespendeter Ei- und Samenzellen dar (auch: Embryonenspende[81]; doppelte Heterologie).[82] Dem gleich gestellt ist der Fall des Ausspülens eines durch einen anderen Mann in vivo gezeugten Embryos einer anderen Frau, der der Wunschmutter eingesetzt wird.[83] Hierbei sind die Wunscheltern mit dem Kind genetisch nicht verwandt. Stattdessen wird sowohl auf gespendete Samen als auch gespendete Eizellen zurückgegriffen. Eine genetische Verwandtschaft besteht im Ergebnis nur zu den Spendern. Diese Methode ist vor allem bei Sterilität beider Wunschelternteile indiziert sowie bei Erbkrankheiten, die sowohl im Erbgut des Wunschvaters als auch der Wunschmutter angelegt sind.[84]

C. Leih- und Ersatzmutterschaft

Weitere Methoden stellen die Möglichkeiten der Leih- und Ersatzmutterschaft dar.

Kennzeichnend für die Leihmutterschaft ist, dass die fruchtbare Wunschmutter selbst kein Kind austragen kann oder will.[85] Der Wunschmutter wird daher

73 *HFEA* Fertility Facts and Figures 2008, S. 6.
74 Das zeigen besonders die soeben genannten Statistiken.
75 *Reinke*, S. 45.
76 Siehe S. 32 f.
77 *Reinke*, S. 45.
78 *Kentenich/Pietzner* in: *Rosenau*, S. 13, 20.
79 *HFEA* Fertility Facts and Figures 2008, S. 4.
80 *SART* Clinic Summary Report 2009; eine separate Angabe für die Wahrscheinlichkeit von Mehrlingsgeburten nach einer Eizellspende besteht nicht.
81 *Schmidt-Recla/Noack*, Der Gynäkologe 2011, 482, 482; *Luh*, S. 75 f.; *Coester-Waltjen*, Reproduktionsmedizin 2002, 183, 183.
82 *Wohn*, S. 29.
83 *Wohn*, S. 29 f.
84 *Weyrauch*, S. 6.
85 *Schmidt-Recla/Noack*, Der Gynäkologe 2011, 482, 482.

eine Eizelle entnommen, die sodann mit dem Samen des Wunschvaters oder eines Samenspenders künstlich befruchtet wird. Der dadurch gezeugte Embryo wird in der Folge nicht auf die Wunschmutter zurück, sondern auf eine andere Frau übertragen, die Leihmutter. Diese trägt das Kind aus und ist verabredungsgemäß dazu bereit, es nach der Geburt an die Wunschmutter bzw. die Wunscheltern herauszugeben.[86] Medizinisch gesehen liegt eine IVF der Leihmutter mit den Keimzellen der Wunscheltern (bzw. der Wunschmutter und eines Samenspenders) vor, also eine Embryonenspende.[87] Die Gesetzesbegründung zum Embryonenschutzgesetz spricht insofern von *„Ammenmutterschaft"*.[88] Daneben finden sich auch die Begriffe *„Tragemutterschaft"* und *„Fremdmutterschaft"*.[89] Das AdVermiG und das ESchG definieren die hier dargestellte Leihmutterschaft als einen Fall der *„Ersatzmutterschaft"*, vgl. § 13a AdVermiG, § 1 I Nr. 7 ESchG. Das *BVerfG* spricht von einer *„echten Leihmutterschaft"*.[90] *Schumann* dagegen möchte den Begriff der Mutter hier völlig außen vor lassen und spricht insofern von der *„austragenden/gebärdenden Frau"*.[91]

Die Abgrenzung zwischen Ersatz- und Leihmutterschaft wird nicht immer einheitlich vorgenommen.[92] In dieser Arbeit wird als eine Leihmutter jede Frau bezeichnet, die ein Kind für die Wunschmutter austrägt, wobei das Kind mit einer Eizelle der Wunschmutter selbst gezeugt wurde. Kennzeichnend ist damit die Verwendung einer Eizelle der Wunschmutter, die Leihmutter stellt lediglich ihre Gebärfähigkeit zur Verfügung.[93]

Eine Ersatzmutter ist nach hier verwendeter Definition hingegen die Frau, die eine eigene befruchtete Eizelle oder die befruchtete Eizelle einer dritten Spenderin für die Wunschmutter austrägt.[94] In diesem Fall ist die austragende Frau somit regelmäßig auch Spenderin der befruchteten Eizelle.[95] Auch die Ersatzmutterschaft zeichnet sich dadurch aus, dass sich die austragende Frau, die Ersatzmutter, im Vorhinein bereit erklärt, das Kind auszutragen und nach Geburt an die Wunschmutter bzw. die Wunscheltern herauszugeben.[96] Häufig wird die Abgrenzung anders vorgenommen und das Austragen einer Spendereizelle für eine andere Frau, auch

---

86 *Luh*, S.76; *Wohn*, S. 30 f.; *Lehmann*, S. 166; *Wanitzek*, S. 222.

87 Vgl. *Wohn*, S. 30 f.

88 BT-Drucks. 11/5460, S. 8.

89 Vgl. *Wanitzek*, S. 222; *Coester*, FS Jayme, S. 1243, 1244.

90 *BVerfG* BeckRS 2012, 58892, Tz. 3.

91 *Schumann* in: *Rosenau*, S. 155, 162.

92 Vgl. *Wohn*, S. 30; *Wanitzek*, S. 219 ff.

93 Ebenso *Schmidt-Recla/Noack*, Der Gynäkologe 2011, 482, 482; *Kaiser* in: *Schwab/Vaskovics*, S. 239, 241; *dies.* in: FS Brudermüller, S. 357, 359; *Schlegel*, FuR 1996, 116, 116; *Wohn*, S. 30, Fn. 116; *Luh*, S. 76; *Weyrauch*, S. 6 f., definiert den Fall, dass für Ei- und Samenzelle ein Spender hinzugezogen wird und eine andere Frau das Kind austrägt, als *„Ersatzelternschaft"*.

94 Vgl. *Wohn*, S. 30, Fn. 116.

95 *Lehmann*, S. 166; *Kaiser* in: FS Brudermüller, S. 357, 359.

96 *Luh*, S. 76; *Wohn*, S. 31; *Kaiser* in: FS Brudermüller, S. 357, 359.

als Leihmutterschaft bezeichnet.[97] Sowohl der Fall einer typischen Ersatzmutter (die Ersatzmutter stellt Eizelle und Gebärfähigkeit zur Verfügung) als auch der Fall, in dem drei Frauen beteiligt sind (Wunschmutter, die ihre Gebärfähigkeit zur Verfügung stellende Frau und eine Eizellspenderin) haben aber gemeinsam, dass keine genetische Verwandtschaft des Kindes zur Wunschmutter besteht. Wegen der Vergleichbarkeit der genetischen Abstammungslage werden diese beiden Fälle im Folgenden daher als Unterfälle der Ersatzmutterschaft angesehen. Das *BVerfG* spricht von einer *„klassischen Leihmutterschaft"*.[98] ESchG und AdVermiG verwenden wiederum den Terminus der *„Ersatzmutter"* (§ 13a AdVermiG, § 1 I Nr. 7 ESchG), andernorts wird dagegen auch von einer *„Leih-"* oder einer *„übernommenen Mutterschaft"* gesprochen.[99]

97 MüKo/*Wellenhofer*, § 1591 BGB, Rn. 11; *Coester*, FS Jayme, S. 1243, 1244.
98 *BVerfG* BeckRS 2012, 58892, Tz. 3; vgl. auch *Bernard*, StAZ 2013, 136, 139.
99 Vgl. *Wanitzek*, S. 221.

3. Kapitel: Die rechtliche Zulässigkeit fortpflanzungsmedizinscher Methoden in Deutschland

Die tatsächliche Realisierbarkeit bestimmter Fortpflanzungsmethoden gibt noch keinen Hinweis auf deren rechtliche Zulässigkeit. Schnell stellt man fest, dass bundeseinheitliche Regelungen im Bereich der Fortpflanzungsmedizin eine Rarität sind. Als bundesgesetzliche Erkenntnisquellen sind die Normen des Embryonenschutzgesetzes (ESchG), des Adoptionsvermittlungsgesetzes (AdVermiG), des Transplantationsgesetzes und dessen Gewebeverordnung (TPG und TPG-GewV) und vereinzelt des BGB heranzuziehen. Ergänzend bestehen standesrechtliche Richtlinien der Landesärztekammern, die auf einer Musterrichtlinie der Bundesärztekammern aufbauen. Die Beantwortung der Frage nach der Zulässigkeit der verschiedenen Methoden ist daher nicht immer einfach.

A. Künstliche Befruchtung/IVF

Die älteste Form der künstlichen Befruchtung stellt die künstliche Insemination in vivo dar.[1] Im homologen System werden bezüglich dieser Methode kaum noch Bedenken geäußert, sie wird allgemein als zulässig angesehen.[2] Statistiken zur Zahl der künstlichen Befruchtungen in vivo sind aufgrund einer hohen Dunkelziffer nur schwer zu erstellen, da letztlich jedermann dazu in der Lage ist, die künstliche Einbringung des Samens in die Gebärmutter vorzunehmen.[3]

Nachdem die Möglichkeit der Befruchtung einer Eizelle außerhalb des weiblichen Körpers geschaffen wurde, kamen Bedenken auf, ob die Methode der IVF in Deutschland zulässig ist bzw. sein sollte. Diese Diskussion ist heute weitestgehend beendet zugunsten eines Konsenses, der die IVF grundsätzlich als zulässig vorsieht, was insbesondere anhand der Vorschriften des TPG und der TPG-GewV erkannt werden kann.[4] Einen Anhaltspunkt dafür mag man zudem in den Normen des

---

1 *Coester-Waltjen*, Gutachten 56. DJT, B 9; *Deutsch/Spickhoff*, Rn. 1085.

2 *Deutsch*, NJW 1986, 1971, 1973; *Henrich* in: FS Frank, S. 249, 249; *Coester-Waltjen*, Gutachten 56. DJT, B 23; *Schmidt-Recla/Noack*, Der Gynäkologe 2011, 482, 483; *Frommel/Taupitz/Ochsner/Geisthövel*, Journal für Reproduktionsmedizin und Endokrinologie 2010, 96, 97 f.; *Wohn*, S. 74; BeckOK BGB/*Hahn*, § 1591 BGB, Rn. 9; *Weyrauch*, S. 68; allgemein zieht *Luh*, S. 78, den Schluss, dass *„das, was nicht verboten ist, geduldet wird"*.

3 *Coester-Waltjen*, Gutachten 56. DJT, B 11.

4 Vgl. auch *Schmidt-Recla/Noack*, Der Gynäkologe 2011, 482, 483; *Frommel/Taupitz/Ochsner/Geisthövel*, Journal für Reproduktionsmedizin und Endokrinologie 2010, 96, 97 f.; *Lehmann*, S. 220; BeckOK BGB/*Hahn*, § 1591 BGB, Rn. 9.

Embryonenschutzgesetzes sehen, die gerade kein grundsätzliches Verbot der Befruchtung außerhalb des weiblichen Körpers vorsehen, aber Detailregelungen und Verbote zum Verfahren der Befruchtung an sich regeln.[5] Auch wenn keine Vorschrift die Befruchtung in vitro ausdrücklich erlaubt, ist von dem Fehlen des Verbots in diesem Fall wegen der bestehenden Regelungen des ESchG auf die Zulässigkeit der Behandlungsmethode zu schließen.

Weiterhin ist die IVF seit 1985 fest im Standesrecht der Ärzte verankert. In diesem Jahr veröffentlichte die Bundesärztekammer nach zweijähriger Kommissionsarbeit die *„Richtlinien zur Durchführung von In-vitro-Fertilisation (IVF) und Embryotransfer (ET) als Behandlungsmethode der menschlichen Sterilität"*[6], um schwierige medizinische und ethische Fragen zur Sterilitätsbehandlung zu klären.[7] Nachdem der 88. Deutsche Ärztetag 1985 die Richtlinien als Anlage zur Berufsordnung beschlossen hatte, empfahl dieser den Landesärztekammern die Umsetzung in eine berufsrechtliche Regelung, die in einzelnen Ländern allerdings bis zu 6 Jahre dauerte.[8] Durch die Umsetzungen der Landesärztekammern wurde die Richtline verbindliches Standesrecht für Ärzte. Vereinzelt wurden in den Ländern Modifikationen der Richtlinie vorgenommen[9], vorliegend wird aber vom Wortlaut der Musterrichtlinie ausgegangen. Inhaltlich wurde die IVF (die ICSI war als Behandlungsmethode noch nicht erforscht bzw. wurde noch nicht eingesetzt)[10] als Sterilitätsbehandlung anerkannt, wenn auch einige Einschränkungen vorgenommen wurden. Grundsätzlich sollte diese Methode nur im homologen System und nur für Ehegatten zur Verfügung stehen. Unverheiratete in fester Partnerschaft konnten lediglich ausnahmsweise behandelt werden, wenn zuvor eine bei der Ärztekammer eingerichtete Kommission ein positives Zeugnis über das Paar ausstellte.[11]

Abgelehnt wurden hingegen Leihmutterschaften. Dennoch wurde angedacht wurde, überzählige Embryonen, die von der Wunschmutter nicht ausgetragen werden können, zur Lebenserhaltung auf eine andere Frau übertragen zu können, damit sie diese als ihr Kind austragen kann.[12]

---

5 So ist es verboten Eizellen, die nicht von der Wunschmutter stammen, zu befruchten oder mehr als drei Embryonen innerhalb eines Zyklus auf eine Frau zu übertragen, § 1 I Nr. 1-3 ESchG.

6 Dt. Ärzteblatt 1985, A-1649.

7 *Hepp/Diedrich*, Der Gynäkologe 2009, 508, 508.

8 *Hepp/Diedrich*, Der Gynäkologe 2009, 508, 509.

9 *Helms* in: *Röthel/Löhnig/Helms*, S. 49, 52.

10 Die ICSI wird erst seit 2003 in Deutschland praktiziert, *Katzorke*, Der Gynäkologe 2007, 807, 807.

11 *Hepp/Diedrich*, Der Gynäkologe 2009, 508, 509.

12 *Hepp/Diedrich*, Der Gynäkologe 2009, 508, 509. Es folgte eine weitere Richtlinie der Bundesärztekammer im Jahr 1985, die das Thema der Forschung an Embryonen behandelte. Diese wurde veröffentlich im Dt. Ärzteblatt 1985, A-3757, ist hier aber nicht von besonderer Bedeutung.

Die Richtlinie blieb in dieser Form nicht lange bestehen. Im Jahr 1991, nach Inkrafttreten des Embryonenschutzgesetzes, wurde eine Überarbeitung der Richtlinien zur assistierten Reproduktion erforderlich.[13] Die novellierte Fassung wurde vom 91. Deutschen Ärztetag 1991 angenommen. Neben der Aktualisierung der Behandlungsmethoden auf den damals aktuellen Stand wurde im Einklang mit dem Embryonenschutzgesetz festgelegt, dass maximal drei Embryonen erzeugt und auf die Mutter übertragen werden dürfen.[14] Größere inhaltliche Änderungen erfolgten dagegen nicht. Durch das Kindschaftsrechtsreformgesetz, die Entwicklung der ICSI und die Einführung des *DIR* wurde 1998 eine weitere Novellierung[15] erforderlich.[16] Neu eingeführt wurden Indikationen und Methoden für die ICSI, sowie der Ratschlag, bei Patienten unter 35 Jahren nur zwei statt wie bisher drei Embryonen zu transferieren.[17] Außerdem wurde die Einrichtung des *DIR* bekundet und die damit verbundene – wenngleich nicht durchsetzbare – Pflicht, jährlich die gesammelten Daten an das Register zu übermitteln.[18] Weiterhin wurde erstmals auch eine psychotherapeutische Behandlung der Patienten gefordert.[19]

Die bisher letzte Novellierung der Richtlinien erfolgte dann schließlich 2006.[20] Erstmals behandelt wurde die Polkörperdiagnostik, aktualisiert wurden die genauen Methoden der bereits bekannten Behandlungsalternativen. Wiederum wurde versucht, durch die Richtlinie die Häufigkeit von Mehrlingsschwangerschaften zu verhindern, obgleich die Ärzte dadurch in eine Konfliktlage gerieten: Durch die Richtlinie sind sie nunmehr dazu angehalten, Mehrlingsschwangerschaften zu verhindern, möglichst also nur einen Embryo zu transferieren, was aber zugleich überzählige Embryonen zur Folge hätte, die das ESchG zu vermeiden versucht.[21] Ergänzend wurde in der Novellierung die Ausnahmeregelung für die Behandlung nicht verheirateter (heterosexueller) Paare dahin geändert, dass nicht mehr eine Kommission über deren Zulässigkeit entscheiden sollte, sondern der behandelnde Arzt selbst die Entscheidung zu treffen hat.[22] Nach dem aktuellen Stand erkennt das Standesrecht der Ärzte die IVF als Behandlungsmethode also längst an, eine Änderung dieser Tatsache ist auch nicht zu erwarten.

---

13 Richtlinien zur Durchführung des intratubaren Gametentransfers, der In-vitro-Fertilisation mit Embryotransfer und anderer verwandter Methoden – Novellierung, Dt. Ärzteblatt 1994, 53.

14 *Hepp/Diedrich*, Der Gynäkologe 2009, 508, 511.

15 Richtlinien zur Durchführung der assistierten Reproduktion, Dt. Ärzteblatt 1998, A-3171.

16 *Hepp/Diedrich*, Der Gynäkologe 2009, 508, 511.

17 *Hepp/Diedrich*, Der Gynäkologe 2009, 508, 512.

18 *Hepp/Diedrich*, Der Gynäkologe 2009, 508, 512.

19 *Hepp/Diedrich*, Der Gynäkologe 2009, 508, 512.

20 (Muster-)Richtlinie zur Durchführung der assistierten Reproduktion, Dt. Ärzteblatt 2006, A 1392-A 1403.

21 *Hepp/Diedrich*, Der Gynäkologe 2009, 508, 513.

22 *Hepp/Diedrich*, Der Gynäkologe 2009, 508, 513.

Auch im Versicherungsrecht zeigen die Normen, dass sowohl die Insemination als auch die IVF als Behandlungsmethoden anerkannt sind. Unabhängig von der Problematik bei gemischtversicherten Paaren[23] haben gesetzlich versicherte Ehegatten[24] grundsätzlich einen Anspruch gegen die Krankenkasse auf anteilige Kostenübernahme einer künstlichen Befruchtung nach § 27a SGB V.[25] Übernommen werden danach unter bestimmten Voraussetzungen *„medizinische Maßnahmen zur Herbeiführung einer Schwangerschaft"* im homologen System, § 27a I Nr. 4 SGB V, allerdings nur zu 50%, § 27a III 3 SGB V.[26] Das Gesetz knüpft den Versicherungsfall nicht an einen Krankheitsfall, wie dies sonst üblich ist, sondern an die Unfähigkeit des Ehepaares, ein Kind auf natürlichem Wege zu zeugen. Es wird damit ein *„eigenständiger Versicherungsfall"* begründet.[27] Obwohl hier die Unfruchtbarkeit mindestens eines Ehegatten vorliegt, besteht der Anspruch somit grundsätzlich auch bei nicht (nachweisbar) vorhandener Erkrankung (sog. *„idiopathische Sterilität"*).[28] Vom Anspruch umfasst werden neben Insemination und IVF auch Behandlungen mittels ICSI, nachdem das *BSG* den Ausschluss der ICSI vom Anspruchsumfang für unwirksam erklärte.[29]

Auch privat versicherte Ehegatten (und wohl auch unverheiratete Partner[30]) können einen Anspruch aus dem Versicherungsvertrag i.V.m. § 1 der Musterbedingungen des Verbandes der privaten Krankenversicherung für die Krankheitskosten- und Krankenhaustagegeldversicherung haben.[31] Voraussetzung ist dabei das

---

23 Ein Partner ist gesetzlich krankenversichert, der andere privat. Ebenso werden die Besonderheiten beihilfeberechtigter Versicherter außen vor gelassen. Zu diesen Themen wird auf die Aufsätze von *Schmeilzl/Krüger,* NZS 2006, 630 ff. und *Beckhove,* NJOZ 2009, 1465 ff. hingewiesen.

24 Die Beschränkung der Übernahme der Kosten durch die gesetzlichen Krankenversicherungen auf Ehegatten ist verfassungsrechtlich gebilligt, *BVerfG* NJW 2007, 1343 ff; vgl. auch *Huster,* NJW 2009, 1713, 1714 ff.

25 Vgl. *Schewe,* FamRZ 2014, 90, 91; *Kaiser* in: FS Brudermüller, S. 357, 358; *Grziwotz,* NZFam 2014, 1065, 1068.

26 Auch die Begrenzung auf Übernahme von 50% der Kosten ist verfassungsgemäß, *BverfG* NJW 2009, 1733 f; vgl. auch *Huster,* NJW 2009, 1713, 1714 ff.

27 *BSG* BeckRS 2001, 41124; KK-SozVersR/*Brandts,* § 27a SGB V, Rn. 4; *Huster,* NJW 2009, 1713, 1714; *Schmeilzl/Krüger,* NZS 2006, 630, 630.

28 KK-SozVersR/*Brandts,* § 27a SGB V, Rn. 4; *Beckhove,* NJOZ 2009, 1465, 1472; *Schmeilzl/Krüger,* NZS 2006, 630, 630; *Huster,* NJW 2009, 1713, 1714; *Bonvie/Naujoks,* MedR 2006, 267, 268.

29 *BSG* NJW 2002, 1598 (Leitsätze); *Schmeilzl/Krüger,* NZS 2006, 630, 631.

30 Str., der *BGH* hat hierzu noch kein Urteil gefällt, KK-SozVersR/*Brandts,* § 27a SGB V, Rn. 62; *Schmeilzl/Krüger,* NZS 2006, 630, 632; dafür: *Beckhove,* NJOZ 2009, 1465, 1466.

31 Soweit diese Musterbedingungen Vertragsbestandteil geworden sind, KK-SozVersR/*Brandts,* § 27a SGB V, Rn. 59; *Schmeilzl/Krüger,* NZS 2006, 630, 632.

beweisbare Vorliegen einer Krankheit des Versicherten, die zur Fortpflanzungsunfähigkeit führt.[32]

Im Ergebnis lässt sich erkennen, dass die sozialrechtlichen Vorschriften auf die Zulässigkeit einer IVF schließen lassen.

Letztlich schließt sich auch die Rechtsprechung diesem Tenor an, und statuiert, dass *„die In-vitro-Fertilisation (IVF) in Kombination mit einer intracytoplasmatischen Spermieninjektion (ICSI) […] eine medizinisch anerkannte Methode zur Überwindung der Sterilität eines Mannes [ist] […]"*[33].

B. Die Behandlung mit Spendersamen

Die rechtliche Zulässigkeit der Samenspende war lange Zeit umstritten und ist bis zum heutigen Tage nicht explizit gesetzlich geregelt.

I. Die rechtliche Zulässigkeit

War zunächst angedacht, die heterologe künstliche Insemination durch Strafandrohung zu verbieten[34], entschied sich der Gesetzgeber nach dem 9. Internationalen Strafrechtskongress in Den Haag 1964 gegen ein Verbot.[35] Dieses Umdenken folgte vor allem aus der drohenden *„normativen Isolierung"* Deutschlands im Vergleich mit anderen (europäischen) Staaten, die ein solches Verbot nicht vorsahen.[36]

Dennoch wurde teils die Auffassung vertreten, dass die heterologe Insemination gegen das Anstandsgefühl aller billig und gerecht Denkenden verstoße und daher

---

32 KK-SozVersR/*Brandts*, § 27a SGB V, Rn. 59; *Beckhove*, NJOZ 2009, 1465, 1472; *Schmeilzl/Krüger*, NZS 2006, 630, 633; *Bonvie/Naujoks*, MedR 2006, 267, 270.

33 *BGH* NJW-RR 2011, 1332, 1332.

34 So in § 203 des StGB-E von 1962; vgl. Dt.ÄrzteBl. 1970, 2641:
§ 203 StGB-E im Wortlaut:
„(1) Wer eine künstliche Samenübertragung bei einer Frau vornimmt, wird mit Gefängnis bis zu drei Jahren bestraft.
(2) Eine Frau, die eine künstliche Samenübertragung bei sich vornimmt oder zuläßt [sic], *wird mit Gefängnis bis zu einem Jahr oder mit Strafhaft bestraft.*
(3) Die Absätze 1 und 2 sind nicht anzuwenden, wenn ein Arzt Samen des Ehemanns bei dessen Ehefrau mit Einwilligung beider Ehegatten oder eine Frau bei sich Samen ihres Ehemanns mit dessen Einwilligung überträgt.
(4) Wird die Tat des Absatz 1 ohne Einwilligung der Frau begangen, so ist die Strafe Gefängnis nicht unter sechs Monaten."
siehe auch: *Deutsch*, NJW 1986, 1971, 1971; *Rütz*, S. 62; *Wohn*, S. 83; *Deutsch/Spickhoff*, Rn. 1087; *Bernard*, StAZ 2013, 136, 138.

35 *Rütz*, S. 62; *Deutsch/Spickhoff*, Rn. 1087; *Weyrauch*, S. 95.

36 *Rütz*, S. 62, *Balz*, S. 7; *Deutsch/Spickhoff*, Rn. 1087; *Weyrauch*, S. 95; *Bernard*, StAZ 2013, 136, 138.

sittenwidrig sei.[37] Vereinzelt wurde eine Menschenwürdeverletzung (Art. 1 I GG) der Wunscheltern mit der Degradierung des Ehemanns zu einer austauschbaren Figur und der fehlenden Geschlechtsgemeinschaft der Ehefrau mit dem Samenspender begründet.[38] Zugleich verstoße die Zeugung gegen Würde und Wohl des Kindes[39] und dessen Recht auf Kenntnis der eigenen Abstammung.[40] Darüber hinaus äußerten verschiedene Autoren gesundheitliche Bedenken: Spendet ein Mann zu viele Samen, würden zu viele Halbgeschwister geboren, so dass die Gefahr von inzestuösen Verbindungen bestehe.[41] Auch die Weitergabe von Gendefekten des Spenders wurde befürchtet.[42]

Ablehnend äußerte sich letztlich auch die katholische Kirche: Es werde in einen natürlichen Vorgang künstlich eingegriffen und dadurch technisch geschieden, was innerlich durch die Naturordnung, nämlich den Liebesakt und die Zeugung, verbunden sei[43]. Diese ablehnende Haltung wurde 2010 noch einmal deutlich, als sich der Vatikan äußerst kritisch bezüglich der Medizin-Nobelpreisverleihung für Robert Edwards äußerte, einem der „Schöpfer" des ersten Retortenbabys.[44]

Die überzeugenderen Argumente liefert jedoch die Gegenseite, die für die Erlaubnis der Samenspende im Rahmen einer künstlichen Befruchtung eintritt. Die Verwirklichung des Kinderwunsches fällt unter den Schutz des Art. 2 I GG und ist somit ein grundrechtlich geschützter Bereich.[45] Da sich die Wunscheltern freiwillig für die Zeugungsmethode entscheiden, kann darin nur schwer ein Verstoß gegen ihre Menschenwürde gesehen werden, stattdessen wird ihrem Recht auf Selbstverwirklichung durch Gründung einer Familie Ausdruck verliehen.[46] Auch der Entschluss, einem genetisch fremden Kind sozialer Vater zu sein, verletzt nicht die Menschenwürde des Mannes. Ansonsten würden Stiefväter wie auch die Eltern adoptierter Kinder stets in ihrer Würde verletzt.[47] Zudem ist eine Gefährdung der Würde und des Wohls des Kindes nur schwer begründbar. Bezüglich der Kindeswohlgefährdung tätigte *Coester-Waltjen* folgende besonders treffende Aussage:

> *„Das Wohl welchen Kindes soll hier verletzt sein? Im Mittelpunkt der Argumentation steht ein Kind, welches ohne die fragliche Vereinbarung nicht geboren worden wäre. Wie aber*

---

37 *„Schwerwiegende Bedenken"* äußert MüKo/*Armbrüster*, § 138 BGB, Rn. 66; Giesen, FamRZ 1981, 413, 415 ff.; vgl. die ausführlichen Betrachtungen von *Rütz*, S. 63 ff.

38 *Balz*, S. 11; vgl. dazu *Rütz*, S. 65, und *Weyrauch*, S. 99.

39 *Balz*, S. 11 f.; *Deutsch*, NJW 1981, 1971, 1972; *Giesen*, JZ 1985, 652, 654; vgl. außerdem *Rütz*, S. 65. Auch *Lewitscharoff*, S. 11, argumentiert vehement in diese Richtung.

40 *Balz*, S. 12 f., der deswegen lediglich die anonyme Samenspende für unzulässig hält.

41 *Deutsch*, NJW 1986, 1971, 1973; *Giesen*, JZ 1985, 652, 654.

42 *Giesen*, JZ 1985, 652, 654; vgl. *Rütz*, S. 64.

43 Vgl. Laufs, JZ 1986, 769, 771.

44 *DPA*, FAZ Online vom 04.10.2010.

45 *Rütz*, S. 67; *Coester-Waltjen*, Gutachten 56. DJT, B 47.

46 *Starck*, Gutachten 56. DJT, A 22; *Deutsch*, NJW 1981, 1971, 1973; *Rütz*, S. 69 f.; *Deutsch/Spickhoff*, Rn. 1088; *Weyrauch*, S. 99.

47 *Rütz*, S. 71.

> *kann das Wohl eines Kindes verletzt sein, welches ohne diese Verletzung nicht existierte? Wenn man davon ausgeht, daß* [sic] *jedes menschliche Leben grundsätzlich als Wert zu verstehen ist, dann muß* [sic] *es zwangsläufig dem Wohle des Kindes eher entsprechen, geboren zu werden, als nicht zu existieren. Es gibt kein – und schon gar nicht ein verfassungsmäßig geschütztes – Recht, nicht zu leben oder nicht geboren zu werden* [...].
>
> *Hinzu kommt, daß* [sic] *alle Aussagen über das künftige Wohl des Kindes vor Zeugung spekulativ sein müssen und in diesem Zusammenhang anmaßend erscheinen.* [...]
>
> *Das Kindeswohl ist daher weder als Kriterium für die Sittenwidrigkeit einer Vereinbarung über die Zeugung eines Kindes geeignet, noch kann es rechtspolitisch eingesetzt werden, um de lege ferenda Zeugungen im Rahmen der Befruchtungstechnik zu verbieten oder zu beschränken.*“[48]

Egal wie weit man den Beginn des menschlichen Lebens und den Würdeschutz vor den Zeitpunkt der Geburt verlagert, frühster Zeitpunkt kann nur die Verschmelzung von Ei- und Samenzelle sein.[49] Daraus folgt unweigerlich, dass ein Vorgang, der erst zu dieser Verschmelzung und damit zur Existenz des Kindes führt, noch nicht dessen Würde verletzen kann.[50] Eine andere Sichtweise stellt ein Paradoxon dar, das nicht überzeugen kann. Somit bestehen in dieser Hinsicht auch keine verfassungsrechtlichen Bedenken. Selbst das Recht auf Kenntnis der eigenen Abstammung kann im Falle einer Samenspende gewahrt bleiben, wenn geeignete Regelungen getroffen werden.[51] Nötig ist diesbezüglich lediglich ein Verbot der anonymen Samenspende.[52] Durch eine gesetzliche Normierung ließe sich zudem eine Kommerzialisierung der Samenspende vermeiden, nämlich in der Weise, dass nur eine Aufwandsentschädigung an den Spender gezahlt werden darf.[53]

---

48 *Coester-Waltjen*, Gutachten 56. DJT, B 46; vgl. auch *Weyrauch*, S. 23 ff.

49 Maunz/Dürig/*Herdegen*, Art. 1 Abs. 1 GG, Rn. 66; BeckOK GG/*Hillgruber*, Art. 1 GG, Rn. 4; a.A. *Starck*, Gutachten 56. DJT, A 17; davon geht auch die Gesetzesbegründung zum ESchG aus, BT-Drucks. 11/5460, S. 6.

50 *Starck*, Gutachten 56. DJT, A 22 f.

51 Bereits *Deutsch*, NJW 1981, 1971, 1973 f., sah kein Hindernis in dem Recht auf Kenntnis der eigenen Abstammung, solange die Anonymität des Spenders nicht zugelassen wird.

52 *Coester-Waltjen* geht beim Vorliegen einer solchen Vereinbarung von einem unzulässigen Vertrag zu Lasten Dritter aus: Gutachten 56. DJT, B 68; Staudinger/*Rauscher* Anh. zu § 1592 BGB Rn. 16 spricht von Sittenwidrigkeit; ebenso *Harder*, JuS 1986, 505, 507; *Wohn*, S. 85 ff.

53 In diesem Sinne auch *Deutsch*, NJW 1981, 1971, 1972; ohne nähere Begründung halten *Taupitz/Schlüter* eine Entschädigungsvereinbarung für wirksam, AcP 2005, 591, 627 Fn. 117; *Coester-Waltjen* hingegen hält bereits eine Vereinbarung über eine solche Aufwandsentschädigung mangels Teilbarkeit des Akts der Samenspende für unwirksam: Gutachten 56. DJT, B 70; ebenso: *Schmidt-Recla/Noack*, Der Gynäkologe 2011, 482, 482; auch *Marian* sieht eine grundsätzliche Gefahr der Kommerzialisierung, *Marian*, S. 16.

Letztlich vermögen auch gesundheitliche Bedenken eine Sittenwidrigkeit nicht zu rechtfertigen. Durch eine Begrenzung der Anzahl von Samenspenden pro Mann und eine Untersuchung der gespendeten Keimzellen bzw. des Spenders kann das Risiko von Genkrankheiten des Kindes minimiert werden und gleichzeitig dafür gesorgt werden, dass die Wahrscheinlichkeit inzestuöser Beziehungen unter Halbgeschwistern gegen Null tendiert.[54]

Auch der Gesetzgeber sieht die Samenspende heutzutage als zulässig an. Dafür spricht nicht zuletzt, dass er konsequent von einem allgemeinen Verbot der Samenspende abgesehen hat, sowohl im StGB als auch im ESchG. Lediglich ein Verbot der postmortalen Insemination mit dem Sperma eines Verstorbenen wurde erlassen, § 4 I Nr. 3 ESchG. Auch das BGB spricht für die Zulässigkeit einer Spende. Im Jahr 2002 wurde § 1600 II BGB a.F. eingeführt[55], dessen Regelung sich nun in Abs. 5 findet. Geregelt wird darin der Ausschluss der Vaterschaftsanfechtung durch die rechtlichen Eltern, wenn diese einer heterologen künstlichen Befruchtung zugestimmt haben. Im Umkehrschluss folgt daraus, dass das BGB von der Zulässigkeit der Samenspende ausgeht bzw. diese zumindest duldet.[56] Seit 2007 regelt zudem das TPG gewisse Bereiche einer Samenspende, vgl. § 8b II TPG, und impliziert damit die Zulässigkeit der Verwendung zur heterologen Befruchtung, da die Norm sich nur unter dieser Prämisse als sinnig erweist.[57] Auch die Rechtsprechung zeigt sich offen gegenüber Samenspendebehandlungen.[58] Das zeigen Urteile des *BGH*[59], der unteren Instanzengerichte[60] und sogar des *BFH*[61].

---

54 *Deutsch*, NJW 1981, 1971, 1973; *Rütz*, S. 74.

55 Durch Gesetz vom 09.04.2002, BGBl. I 1239.

56 MüKo/*Wellenhofer*, § 1600 BGB, Rn. 30; *Wellenhofer*, GuP 2014, 127, 127; Staudinger/*Rauscher*, § 1600 BGB, Rn. 67; *Rütz*, S. 67; *Schmidt-Recla/Noack*, Der Gynäkologe 2011, 482, 483; interessant ist dabei die Tatsache, dass der Rechtsausschuss des deutschen Bundestages der Einführung eines solchen Paragraphen ursprünglich widersprochen hat, um zu verhindern, dass zivilrechtliche Teilregelungen zu genau dargestelltem Umkehrschluss führen könnten, BT-Drucks. 13/8511, S. 69; *Roth* und *Luh* kommen zu dem Ergebnis, dass aus dem Bestehen der Vorschrift lediglich geschlossen werden kann, dass der Gesetzgeber die Samenspende nicht als sittenwidrig betrachtet. Eine Zulässigkeit könne aus der Norm aber nicht geschlossen werden, *Roth*, DNotZ 2003, 805, 806 sowie *Luh*, S. 80.

57 *Schmidt-Recla/Noack*, Der Gynäkologe 2011, 482, 482; vgl. auch § 6 II TPG-GewV.

58 Zur Übersicht über die Rechtsprechung vgl. *Rütz*, S. 68.

59 In *BGH* NJW 1983, 2073-2075 geht der *BGH* inzident von der Wirksamkeit des Inseminationsvertrages aus, da nur dann ein Verstoß gegen Treu und Glauben überhaupt möglich erscheint, siehe auch *Rütz*, S. 68.

60 Nach dem *KG Berlin* FamRZ 1985, 735-737 ist eine heterologe künstliche Befruchtung nicht evident sozialschädlich.

61 *BFH* NJW 1999, 2767-2768. Dabei entschied der *BFH*, das seine heterologe künstliche Befruchtung nicht als außergewöhnliche Belastung im Rahmen der Einkommensteuererklärung anerkannt wird, sprach dieser Praxis aber nicht generell die Unzulässigkeit ab. Ende 2010 änderte der *BFH* dann seine Rechtsprechung

Im Ergebnis besteht daher zwar keine ausführliche Regelung über die Behandlung mit Spendersamen in Deutschland, an deren Zulässigkeit bestehen aber kaum Zweifel.[62]

Lediglich im ärztlichen Standesrecht besteht eine detailliertere Regelung. Bereits bevor der Gesetzgeber sich der Materie annahm, sprach der 62. Deutsche Ärztetag 1959 eine Ablehnung der künstlichen Befruchtung mittels Samenspende aus[63], die als Standesrecht für die in Deutschland praktizierenden Ärzte verbindlich war.[64] Dieser Beschluss behielt auch über das Abrücken des Gesetzgebers von der Strafandrohung des § 203 StGBE 1964 hinaus Gültigkeit.[65] Zu einem späteren Zeitpunkt erfolgte aber auch aus Ärztesicht ein Umdenken: Beim 73. Deutschen Ärztetag im Jahr 1970 wurde der ursprüngliche Beschluss revidiert und die heterologe Insemination nicht pauschal als standesrechtswidrig deklariert, sondern ausnahmsweise für zulässig gehalten.[66] Konkretisiert wurde dies wiederum im Jahr 1985 auf dem 88. Deutschen Ärztetag, bei dem der grundsätzliche Vorrang des homologen Systems der künstlichen Befruchtung statuiert wurde, eine heterologe Befruchtung als Therapie der Sterilität des Mannes aber anerkannt wurde.[67] Dieser Beschluss hat bis heute seine (standesrechtliche) Gültigkeit behalten, auch wenn 1998 die Richtlinie zur Durchführung assistierter Reproduktion erlassen wurde.[68] Diese wurde 2006 novelliert, erkennt die Samenspende an, sieht aber weiterhin den Vorrang des homologen Systems vor.[69]

II. Rechtliche Rahmenbedingungen

In der heutigen Praxis ist die künstliche Befruchtung mittels einer Samenspende mittlerweile eine anerkannte Behandlungsmethode. Es gibt verschiedene Samenbanken[70], die Spendersamen bereithalten und künstliche Befruchtungen mit

---

und erkannte unter gewissen Umständen die Aufwendungen eines Ehepaares für eine heterologe künstliche Befruchtung als außergewöhnliche Belastungen an, da diese eine *„medizinisch indizierte Heilbehandlung zur Überwindung der Sterilität eines Mannes"* darstelle, *BFH* NJW 2011, 2077-2079.

62 Vgl. *Revermann/Hüsing*, S. 205 f.; *Coester-Waltjen*, Reproduktionsmedizin 2002, 183, 184; *Helms* in: *Röthel/Löhnig/Helms*, S. 49, 61.

63 Wobei eine strafrechtliche Regelung abgelehnt wurde; *Balz*, S. 7.

64 *Weyrauch*, S. 95.

65 *Laufs*, JZ 1986, 769, 770.

66 *Laufs*, JZ 1986, 769, 770; *Weyrauch*, S. 95; *Balz*, S. 8, der fälschlicherweise das Jahr 1973 angibt.

67 *Deutsch*, NJW 1986, 1971, 1971.

68 Dazu *Weyrauch*, S. 97 f.

69 Dazu im Folgenden.

70 Z.B. die Cryobank München (www.cryobank-muenchen.de), die Erlanger Samenbank (www.erlanger-samenbank.de), die Samenbank Düsseldorf (www.samenspende-samenbank-duesseldorf.de), das IRC Hamburg (www.irc-hamburg.de) oder die

gespendetem Samen anbieten. Ärzte, die eine Befruchtung mit Spendersamen durchführen wollen, benötigen dafür eine Erlaubnis nach §§ 20 b, 20 c AMG.[71]

1. *Rahmenbedingungen der Behandlung des Wunschelternpaares*

Die Ärzte, die die Wunscheltern behandeln, sind zudem an das ärztliche Standesrecht gebunden. Insbesondere ist hier die Musterrichtlinie zur Durchführung der assistierten Reproduktion (im Folgenden: AssRepRL) maßgebend, die von den meisten[72] Landesärztekammern in ihre jeweiligen Berufsordnungen übernommen wurde.[73]

Grundsätzlich sind danach alle Maßnahmen der assistierten Reproduktion nur bei Ehepaaren vorzunehmen, Punkt 3.1.1. AssRepRL. Ausnahmsweise sind auch Paare zu behandeln, die zwar nicht verheiratet sind, aber nach Einschätzung des behandelnden Arztes in fester Partnerschaft zusammenleben und in denen der Mann bereit ist, das Kind anzunehmen, Punkt 3.1.1. AssRepRL.[74] Homosexuelle Paare sind demnach entgegen einiger ausländischer Rechtsordnungen[75] nach dem Standesrecht von einer solchen Behandlung ausgeschlossen.[76] Beide Partner müssen der

---

Berliner Samenbank (www.berliner-samenbank.de) (alle zuletzt abgerufen am 28.05.2015, 11:04 Uhr).

71 *Frommel/Taupitz/Ochsner/Geisthövel*, Journal für Reproduktionsmedizin und Endokrinologie 2010, 96, 102.

72 So z.B. Hessen (Anlage zu Kapitel D IV Nr. 15 Abs. 1 der Hess. Berufsordnung für Ärzte), Schleswig-Holstein (Anlage 1 der Schlesw.-Holst. Berufsordnung für Ärzte) und Nordrhein-Westfalen (Anlage zur Nordrhein-Westf. Berufsordnung für Ärzte). Nach der Beschlussfassung der ersten Richtlinie der Bunddesärztekammer bezüglich den Methoden der künstlichen Befruchtung 1985 dauerte es aber in einzelnen Landesärztekammer bis zu sechs Jahren, bis die Richtlinie umgesetzt wurde, *Hepp/ Diedrich*, Der Gynäkologe 2009, 508, 509.

73 Im Folgenden wird sich daher aus Gründen der Übersichtlichkeit auf die Musterrichtlinie der Bundesärztekammer bezogen. Diese wurde in gedruckter Form veröffentlicht im Deutschen Ärzteblatt 2006, A 1392-A 1403 und ist außerdem online zu finden auf: http://www.bundesaerztekammer.de/page.asp?his=0.7.45.3261 (zuletzt abgerufen am 28.05.2015, 11:05 Uhr).

74 In den vorangegangenen Richtlinien war noch eine Beratung durch eine bei der Ärztekammer eingerichtete Kommission vorgesehen, vgl. Punkt 3.2.3 der Richtlinien zur Durchführung der assistierten Reproduktion (1998), Dt. Ärztebl. (95) 1998, 49. Diese Regelung hat sich jedoch als wenig praktikabel erwiesen und wurde demnach ersetzt, *Hepp/Diedrich*, Der Gynäkologe 2009, 508, 514. In der Regel wird der Wunschvater hier der „Spender" sein (quasi-homologes System), Staudinger/ *Rauscher*, Anh. zu § 1592 BGB Rn. 4.

75 Z.B. Belgien und Schweden, siehe *Katzorke*, Der Gynäkologe 2007, 807, 810.

76 Das wird nicht unkritisch gesehen: Die Begründung dieser Einschränkung liegt in Bedenken bezüglich der (Geschlechts-)Entwicklung der Kinder, die wegen des Fehlens eines geschlechtlichen Rollenvorbilds gestört werden könnte. Nach *Thorn*, Gynäkologische Endokrinologie 2010, 73-81, leben in Deutschland etwa 16.500-19.000

Behandlung zustimmen, das Einverständnis ist dabei an keine Form gebunden.[77] Darüber hinaus treffen seit 2007 das TPG und die TPG-GewV vereinzelt Regelungen zum Ablauf einer Samenspende.[78]

Krankenversicherungen sind nicht dazu verpflichtet, die Kosten einer Spendersamenbehandlung zu übernehmen, weshalb diese oft am Paar selbst hängen bleiben. Diese belaufen sich bei einer einfachen Insemination mit Spendersamen bis zur Schwangerschaft je nach Anzahl der Behandlungszyklen auf 3.000 bis 5.000 €.[79] Die gesetzliche Krankenkasse kommt nur für homologe Befruchtungen von Ehepartnern auf, § 27a I Nr. 3, 4 SGB V.[80] Befruchtungen einer verheirateten Frau mit Spendersamen sind dagegen nicht vom Leistungskatalog erfasst.[81] Eine zukünftige Änderung dessen ist nicht angedacht.[82] Befruchtungen einer nicht verheirateten Frau werden ohnehin nicht erstattet, egal ob der Samen vom Lebensgefährten oder einem Spender stammt. In der privaten Krankenversicherung werden die Kosten für Behandlungen mit Spendersamen ebenfalls nicht übernommen.[83]

2. *Rahmenbedingungen der Samenspende*[84]

Potentielle Samenspender müssen verschiedene Kriterien erfüllen: Dazu zählt die grundsätzliche Gesundheit (so dürfen keine Infektionskrankheiten bestehen, keine

Kinder in gleichgeschlechtlichen Familien, ohne dass deren Entwicklung wesentlich anders verlaufe als die von Kindern in Familien mit Vater und Mutter, S. 73 f. Die Mehrheit dieser Kinder stamme allerdings aus vorangegangenen heterosexuellen Beziehungen. Zwar seien die (überwiegend im Ausland vorgenommenen) Studien nur schwer zu vergleichen und teilweise in ihrer Aussagekraft stark beschränkt, dennoch weise die Tendenz auf eine im Wesentlichen gleiche Entwicklung hin, S. 76 ff. Weiterhin sei es aber rechtlich problematisch, dass die Landesärztekammern eine bestimmte Bevölkerungsgruppe von den Methoden der künstlichen Befruchtung ausschließen, ohne eine ausdrückliche Ermächtigung durch Gesetz hierfür zu haben, S. 74; kritisch auch *Katzorke*, Der Gynäkologe 2007, 807, 811.

77 *Eckersberger*, MittBayNot 2002, 261, 263.

78 Vgl. *Riedel*, Der Gynäkologe 2009, 495, 496.

79 *Bispink* in: *Duttge/Engel/Lipp/Zoll*, S. 1, 5.

80 Staudinger/*Rauscher*, Anh. zu § 1592 BGB, Rn. 4a.

81 *Bispink* in: *Duttge/Engel/Lipp/Zoll*, S. 1, 5; *Schewe*, FamRZ 2014, 90, 91; *Wellenhofer*, GuP 2014, 127, 127.

82 BT-Drucks. 17/4297, S. 2 f.; vgl. auch *Schewe*, FamRZ 2014, 90, 90.

83 *LG Mannheim* NJW-RR 2009, 1629, 1629 wonach entscheidend ist, dass durch die Behandlung ein biologisches Kind des Wunschvaters entsteht. Hieran ändere es auch nichts, dass der Ehemann der zu behandelnden Frau bereits mit Geburt des Kindes rechtlicher Vater des Kindes wird, da dennoch die beeinträchtigte Körperfunktion nicht ersetzt werde; Staudinger/*Rauscher*, Anh. zu § 1592 BGB, Rn. 4a.

84 Unter Einbeziehung der Angaben der Erlanger Samenbank (http://www.erlanger-samenbank.de/samenspende/ablauf) und der Cryobank München (http://www.cryobank-muenchen.de/Spermaspende) (beide zuletzt abgerufen am 28.05.2015, 11:06 Uhr).

dauerhaften Medikamente genommen werden und keine Erbkrankheiten (in der Familie) vorhanden sein).[85] Daher werden Spender einer Untersuchung unterzogen, vgl. § 6 II TPG-GewV i.V.m. Anlage 4. Auch die AssRepRL sieht eine medizinische Untersuchung von Spender und Sperma, psychologische und rechtliche Beratungen der künftigen Eltern sowie die Dokumentation der Daten des Spenders vor, Punkt 5.3.1 ff. AssRepRL.

Weiterhin muss der Spender zwischen 20 und 40[86] Jahren alt sein und wenn möglich regelmäßig im Drei-Wochen-Rhythmus spenden können. Außerdem darf er zu keiner Risikogruppe gehören, unter die Homosexuelle, Männer mit häufig wechselnden Sexualpartnern und Drogenabhängige fallen. Zudem darf ein Spender nur bei einer Samenbank aktiv spenden.[87] Teilweise wird auch eine *„gute Ausbildung"* und ein *„ansehnliches Erscheinungsbild und ein gepflegtes Äußeres"* gefordert.[88]

Der potentielle Spender meldet sich zunächst als möglicher Spender an. In der Folge gibt er unter Vorlage von Personal- und Blutgruppenausweis eine Samenprobe ab, die auf Spendentauglichkeit geprüft wird. Dabei werden auch weitere Angaben über Erkrankungen (auch in der Familie) erfragt, vgl. § 6 II TPG-GewV.[89] Entscheidend für die Spendentauglichkeit ist vor allem die Qualität des Samens, insbesondere nach dem Auftauen aus der Kryokonservierung.[90] Wird die Tauglichkeit bestätigt, wird der Spender zu einer weiteren umfangreichen ärztlichen Untersuchung[91] sowie zu einem ärztlichen Gespräch eingeladen. Bei diesem zweiten Termin wird abermals eine Samenprobe abgegeben. Außerdem wird der Spender rechtlich belehrt

85 *Frommel/Taupitz/Ochsner/Geisthövel*, Journal für Reproduktionsmedizin und Endokrinologie 2010, 96, 102.

86 Höchst- und Mindestalter variieren bei den jeweiligen Samenbanken um 2-4 Jahre; vgl. zudem *Bispink* in: *Duttge/Engel/Lipp/Zoll*, S. 1, 2; *Katzorke*, Der Gynäkologe 2007, 807, 807.

87 Siehe u.a.: http://www.berliner-samenbank.de/spender/anforderungen/ (zuletzt abgerufen am 28.05.2015, 11:08 Uhr); http://www.erlanger-samenbank.de/samenspende/voraussetzungen (zuletzt abgerufen am 28.05.2015, 11:08 Uhr); http://www.cryobank-muenchen.de/Samenspende/Anforderungen (zuletzt abgerufen am 28.05.2015, 11:09 Uhr).

88 http://www.cryobank-muenchen.de/Samenspende/Anforderungen (zuletzt abgerufen am 28.05.2015, 11:10 Uhr), ähnlich auch http://irc-hamburg.de/3-Spender/Anforderungen-an-Spender.php (zuletzt abgerufen am 28.05.2015, 11:10 Uhr).

89 *Katzorke*, Der Gynäkologe 2007, 807, 807; *Bispink* in: *Duttge/Engel/Lipp/Zoll*, S. 1, 2.

90 Dabei eignet sich nur einer von sieben Freiwilligen als Spender, dessen Samen eine ausreichende Qualität aufweist, http://www.erlanger-samenbank.de/samenspende/ablauf (zuletzt abgerufen am 28.05.2015, 11:11 Uhr).

91 Mit klinischen und (fakultativ) genetischen Untersuchungen, Blutgruppenbestimmung, Urinuntersuchungen, veneraserologische und mikrobiologischen Untersuchungen, *Katzorke*, Der Gynäkologe 2007, 807, 807 f.; *Bispink* in: *Duttge/Engel/Lipp/Zoll*, S. 1, 3.

sowie psychologisch auf die Spende vorbereitet.[92] Ist er geeignet und weiterhin zur regelmäßigen Spende bereit, wird ein Foto für die interne Verwendung gemacht und der Vertrag unterzeichnet. Für einen Spendenzyklus sind mindestens 6 Termine im Wochen- oder zwei-Wochen-Rhythmus nötig. Gegebenenfalls aufgrund der „Tagesform“ ungeeignete Proben können erneut abgegeben werden. Als Abschluss des Zyklus wird erneut eine umfangreiche ärztliche Untersuchung durchgeführt. Sechs Monate später findet darüber hinaus eine Blutuntersuchung statt, um zuvor noch nicht in Erscheinung getretene Infektionskrankheiten, insbesondere HIV, auszuschließen, vgl. Anlage 4 der TPG-GewV.[93] Eventuell erfolgt auch eine Blutuntersuchung auf spezielle Gendefekte, für die eine zusätzliche Aufwandsentschädigung gezahlt werden würde.

Die angegebenen Personendaten sowie die Photographie werden gespeichert und intern verwendet. Die Daten umfassen neben den reinen Personalien auch die Religionszugehörigkeit, Haar- und Augenfarbe, Körpergröße und -gewicht, Blutgruppe, ethnische Herkunft, sowie Beruf und sonstige Interessen. Grundsätzlich erfolgt eine *„Typangleichung“* des Spenders mit dem Ehemann, um eine Ähnlichkeit des Kindes zum Wunschvater zu gewährleisten.[94] Gegenüber dem Elternpaar werden dagegen keine Daten über den Spender preisgegeben, im Gegenzug erfährt auch der Spender nicht, ob sein Sperma für eine heterologe Insemination genutzt wurde und ob daraus ein Kind entstanden ist. Verlangt das Kind allerdings mit Volljährigkeit Auskunft über seinen genetischen Vater, werden die gespeicherten Daten an das Kind weitergegeben.[95] Ergänzend erfolgt eine Freistellungsvereinbarung zwischen dem Spender und dem Elternpaar, um den Spender von vermögensrechtlichen Nachteilen zu befreien.[96] Von der Erlanger Samenbank wird zudem erfragt, ob der Spender bereit ist, auch vor dem 18. Lebensjahr einen (anonymen) (Brief-)Kontakt zu dem Kind aufzubauen.[97]

---

92 *Frommel/Taupitz/Ochsner/Geisthövel*, Journal für Reproduktionsmedizin und Endokrinologie 2010, 96, 102.

93 *Katzorke*, Der Gynäkologe 2007, 807, 807; *Bispink* in: *Duttge/Engel/Lipp/Zoll*, S. 1, 2.

94 *Katzorke*, Der Gynäkologe 2007, 807, 807.

95 Vgl. S. 137 ff.

96 Vgl. z.B. http://www.berliner-samenbank.de/spender/rechtliche-situation/ (zuletzt abgerufen am 28.05.2015, 11:14 Uhr). Im Rahmen der Freistellungsvereinbarung trägt der Spender jedoch das Risiko der Vermögenslosigkeit der Eltern, was die Spenderinformation verschweigt.

97 http://www.erlanger-samenbank.de/samenspende/ablauf (zuletzt abgerufen am 28.05.2015, 11:15 Uhr).

Spender erhalten für jede Samenspende eine Aufwandsentschädigung zwischen 30 €[98] und 105 €[99], nach anderen Angaben liegt die Obergrenze bei 350€[100]. Gegenüber Medienberichten, nach denen in den USA Spender bis zu 20.000 US $ pro Jahr einnehmen und eine Extra-Prämie für einen Akademikerstatus erhalten[101], stellt dies nur einen geringen Betrag dar, der tatsächlich als Entschädigung für die vorgenannten Untersuchungen verstanden werden kann. Der Samen eines Spenders soll maximal für die Erzeugung von zehn Schwangerschaften genutzt werden.[102] Demgegenüber sind in den USA Spender bekannt, die nach eigenen Angaben über etliche Jahre wöchentlich Spenden abgaben und mitunter Väter jeweils hunderter Kinder sein könnten.[103]

C. Das Verbot der Eizellspende

Im Gegensatz zur Behandlung mit Spendersamen ist die Behandlung mit einer gespendeten Eizelle gesetzlich normiert und verboten. § 1 Abs. I Nr. 1 ESchG bedroht denjenigen mit einer Haftstrafe von bis zu drei Jahren oder mit Geldstrafe, der eine fremde unbefruchtete Eizelle auf eine Frau überträgt. Die Betonung liegt hier auf dem Adjektiv *„fremd"*. Das Übertragen einer eigenen, zuvor entnommenen Eizelle für eine spätere künstliche Befruchtung steht nicht unter Strafe. Umfasst werden dagegen Eizellspenden in umfassendem Sinne, so dass darunter sowohl die Übertragung einzelner Eizellen als auch eine Eierstocktransplantation fällt.[104] Von Nr. 1 nicht erfasst sind hingegen bereits befruchtete Eizellen. Die Übertragung dieser auf die Wunschmutter steht aber mittelbar durch § 1 Abs. I Nr. 2 ESchG unter Strafe. Danach wird bestraft, wer es unternimmt, eine Eizelle zu befruchten, um bei einer anderen als der Frau, von der die Zelle stammt, eine Schwangerschaft herbeizuführen.

Normzweck der Vorschriften ist es, die gespaltene Mutterschaft, das Auseinanderfallen von genetischer und gebärdender Mutter, zu verhindern.[105] Begründet wird das Erfordernis des Verbots damit, dass keine Erkenntnisse darüber vorlägen, wie Kinder es seelisch verarbeiten könnten, dass genetisch eine andere Frau Mutter des

---

98 Niedrigster Betrag einer nach Menge und Qualität gestaffelten Entschädigung der Cryobank München, nachlesbar unter: http://www.cryobank-muenchen.de/Samenspende/Verguetung (zuletzt abgerufen am 28.05.2015, 11:18 Uhr).

99 Berliner und Erlanger Samenbank in gestaffelter Auszahlung, nachzulesen unter: http://www.berliner-samenbank.de/spender/vergutung/ und http://www.erlanger-samenbank.de/samenspende/verguetung (beide zuletzt abgerufen am 28.05.2015, 11:19 Uhr).

100 *Schmidt-Recla/Noack*, Der Gynäkologe 2011, 482, 482.

101 *Gelinsky*, FAS vom 02.07.2006, S. 66.

102 *Katzorke*, Der Gynäkologe 2007, 807, 807.

103 *Gelinsky*, FAS vom 02.07.2006, S. 66.

104 BT-Drucks. 11/5460, S. 7, *Taupitz* in: *Günther/Taupitz/Kaiser*, § 1 Abs. I Nr. 1 Rn. 2.

105 BT-Drucks. 11/5460, S. 7.

Kindes ist als die austragende Frau.[106] Dabei liege die Annahme nahe, dass die eigene Identitätsfindung des Kindes durch diesen Umstand erheblich erschwert werde.[107] Besondere Belastungen bestünden vor allem in den Fällen, in denen zwar die Spendenempfängerin ein Kind zur Welt bringen würde, der Spenderin selbst aber der Kinderwunsch verwehrt bliebe. In einer solchen Situation sei es nicht auszuschließen, dass sich die genetische Mutter in das Leben des Kindes einmische und damit *„erhebliche seelische Konflikte"* auslöse.[108] Das Risiko negativer Auswirkungen auf das Kindeswohl sei deswegen so hoch, dass eine gespaltene Mutterschaft verhindert werden müsse.[109] Weiterhin sei die Situation der Entnahme der Zellen nicht mit der der Samenspende vergleichbar.[110] Während letztere durch Masturbation einfach gewonnen werden können, sei bei der Eizellspende ein erheblicher körperlicher Eingriff erforderlich.

D. Das Verbot der Embryonenspende

Da sich eine Embryonenspende gedanklich in die Spende von Samen und Eizelle zerlegen lässt, verwundert es nicht, dass diese in Deutschland verboten ist. Das ergibt sich letztlich aus § 1 I Nr. 1, 2, 6 und 7 ESchG.[111] Lediglich in einem Ausnahmefall ist die Spende eines Embryos erlaubt bzw. nicht verboten: Ist die Übertragung eines Embryos auf die Frau, die ihre Eizelle für die Erzeugung des Embryos zur Verfügung stellte, nicht mehr möglich, gilt der Embryo als verwaist und kann mit Einwilligung der „Eizellspenderin" auf eine andere Frau übertragen werden.[112] Der Rechtsprechung ist bis heute jedoch kein solcher Fall bekannt. Da auch hier das Verfahren nicht geregelt ist, bleibt ungeklärt, ob neben der Einwilligung der Eizellspenderin auch die Einwilligung des Mannes, mit dessen Samen der Embryo erzeugt wurde, erforderlich ist.[113] Eine genauere Regelung ist hier wünschenswert.

---

106 BT-Drucks. 11/5460, S. 7.

107 BT-Drucks. 11/5460, S. 7.

108 BT-Drucks. 11/5460, S. 7.

109 BT-Drucks. 11/5460, S. 7.

110 *Starck*, Gutachten 56. DJT, A 37.

111 Vgl. MüKo/*Wellenhofer*, § 1591 BGB, Rn. 9; *Revermann/Hüsing*, S. 205; *Wohn*, S. 97; *Coester-Waltjen*, Reproduktionsmedizin 2002, 183, 186; *Weyrauch*, S. 123.

112 Vgl. BT-Drucks. 11/5460, S. 8 f.; *Revermann/Hüsing*, S. 205; *Weyrauch*, S. 123; *Ratzel*, GesR 2009, 281, 283; *Coester-Waltjen*, Reproduktionsmedizin 2002, 183, 187; *Dethloff*, § 10 Rn. 78; *Coester*, FS Jayme, S. 1243, 1245 f.; *Frommel/Taupitz/Ochsner/Geisthövel*, Journal für Reproduktionsmedizin und Endokrinologie 2010, 96, 101; *Kentenich/Pietzner* in: *Rosenau*, S. 13, 22 f.; *Wanitzek*, S. 193 f. Fn. 42; *Luh*, S. 78 f.; *Wohn*, S. 97; *Kaiser* in: FS Brudermüller, S. 357, 358.

113 *Coester-Waltjen*, Reproduktionsmedizin 2002, 183, 187 betont die Notwendigkeit der Einwilligung des Samengebers und der Eizellgeberin; ebenso *Frommel/Taupitz/Ochsner/Geisthövel*, Journal für Reproduktionsmedizin und Endokrinologie 2010, 96, 104; *Schumann* in: *Rosenau*, S. 155, 179.

E. Das Verbot der Leih- und Ersatzmutterschaft

Die Leih- und die Ersatzmutterschaft werden durch das EschG und das AdVermiG gleich behandelt und verboten. Das EschG definiert als Ersatzmutter eine Frau, *„welche bereit ist, ihr Kind nach der Geburt Dritten auf Dauer zu überlassen“* (§ 1 I Nr. 7 ESchG) während § 13a AdVermiG als Ersatzmutter eine Frau definiert, die sich durch vorherige Vereinbarung bereiterklärt hat, sich einer künstlichen oder natürlichen Befruchtung zu unterziehen bzw. eine fremde Embryonenspende auszutragen und das Kind nach der Geburt an Dritte zum dauerhaften Aufenthalt herauszugeben. Beide Definitionen erfassen daher sowohl die Leih- als auch die Ersatzmutterschaft im Sinne der hier vertretenen Definition.

Leih- und Ersatzmutterschaft sind gemäß § 1 I Nr. 1, 2, 6, 7 ESchG verboten. Von der Strafandrohung sind jedoch weder Wunscheltern noch Leihmütter betroffen (vgl. § 1 III ESchG), stattdessen wird das Handeln des Befruchtungsarztes unter Strafe gestellt.[114] Die Gesetzesbegründung macht zur Rechtfertigung der Strafandrohung nur sehr knappe Ausführungen. Ziel des Strafrechts sei es grundsätzlich nicht, die Überlassung eines Embryos an eine andere Frau zu unterbinden, wenn die Frau, von der die Eizelle stammt, selbst nicht in der Lage ist, das Kind auszutragen.[115] Wegen der *„zusätzlichen Konfliktmöglichkeiten“* müsse der Weg einer Ersatzmutterschaft aber versperrt bleiben.[116]

Bereits die Vermittlung von Leih- und Ersatzmüttern ist durch §§ 13 a-d AdVermiG untersagt, gleich ob diese unentgeltlich oder gewerblich erfolgt.[117] Der Strafrahmen lässt dabei Geldstrafen aber auch Freiheitsstrafen bis zu einem Jahr zu, § 14b I AdVermiG, wobei Absatz 2 eine Strafschärfung bei gewerblicher Vermittlung vorsieht. Unter der Ersatzmuttervermittlung versteht das Gesetz das *„Zusammenführen von Personen, die das aus einer Ersatzmutterschaft entstandene Kind annehmen oder in sonstiger Weise auf Dauer bei sich aufnehmen wollen (Bestelleltern), mit einer Frau, die zur Übernahme einer Ersatzmutterschaft bereit ist“*, § 13b AdVermiG. Das private Suchen nach einer Ersatzmutter ist für die Beteiligten hingegen straflos.[118] Vollständig frei sind die Wunscheltern dabei allerdings nicht: Gemäß §§ 13d, 14 I Nr. 2 c) AdVermiG handelt ordnungswidrig, wer Bestelleltern oder Ersatzmütter über Anzeigen sucht oder anbietet. Das Ordnungsgeld kann in diesem Fall bis 10.000 Deutsche Mark[119] betragen. Öffentliche Erklärungen umfassen dabei nach dem Gesetzeswortlaut vor allem Zeitungsanzeigen und -berichte, aber auch Berichte in den Medien, wenn in deren Rahmen entsprechende Angebote gemacht oder Suchen geäußert werden.[120] Das selbstständige Suchen einer Ersatzmutter wird im

114 *Wohn*, S. 117; *Tschudin/Griesinger*, Gynäkologische Endokrinologie 2012, 135, 135.

115 BT-Drucks. 11/5460, S. 9.

116 BT-Drucks. 11/5460, S. 9; vgl. dazu auch S. 228.

117 *Coester*, FS Jayme, S. 1243, 1245.

118 *Coester*, FS Jayme, S. 1243, 1245.

119 Eine Euro-Umsetzung ist bislang nicht erfolgt.

120 *Wache* in: *Erbs/Kohlhaas*, § 6 AdVermiG Rn. 1.

Endeffekt nur dann nicht mit einem Ordnungsgeld belegt, wenn es nicht durch solche Erklärungen geschieht. Wie bei der Eizellspende, erfolgt jedoch grundsätzlich keine direkte Bestrafung der unmittelbar Beteiligten (§ 14b III AdVermiG), stattdessen trifft die Strafandrohung wiederum die behandelnden Ärzte und zusätzlich Vermittlungspersonen.[121]

Begründet wird das Verbot der Ersatzmuttervermittlung mit drohenden Beeinträchtigungen des Kindeswohls und der psychischen Belange der Ersatzmutter.[122] Außerdem soll, wie auch beim Verbot der Eizellenspende, eine gespaltene Mutterschaft verhindert werden.[123] Von großer Bedeutung für die Persönlichkeitsentwicklung des Kindes sei die Entwicklung des Kindes im Mutterleib und die daraus erwachsende Beziehung des Kindes zu seiner Geburtsmutter.[124] Daher verbiete sich eine Übernahme der Schwangerschaft als eine bestimmte Form der *„Dienstleistung"*.[125] Nicht zuletzt sei die Ersatzmutter in einer *„menschenunwürdigen"* Konfliktsituation, die sich aus der Übernahme der Schwangerschaft als Dienstleistung und aus möglichen Streitigkeiten über die Herausgabe des Kindes ergebe.[126] Das Kindeswohl erfordere es, dass ein Kind nicht *„Objekt eines Rechtsgeschäfts"* werde.[127] Die Belange und Interessen kinderloser Paare, denen eine Ersatzmutterschaft zu einem Kind verhelfen könnte, vermögen es nach Ansicht des Gesetzgebers nicht, diese Bedenken zu überwiegen, so dass das Verbot letztlich notwendig sei.[128]

Als Folgeerscheinung des Verbots ist ein Leih- bzw. Ersatzmuttermutterschaftsvertrag gemäß § 134 regelmäßig nichtig, darüber hinaus ist nach h.M. eine Entgeltzahlung an die Leihmutter sittenwidrig, § 138.[129] Selbst wenn eine Ersatzmutter das Kind nicht herausgibt, steht den Wunscheltern gegen die Ersatzmutter kein Schmerzensgeldanspruch zu.[130]

---

121 Zur Frage der Strafbarkeit deutscher Ärzte, die an in Deutschland verbotenen Kinderwunschbehandlungen im Ausland teilnehmen vgl. *Magnus*, NStZ 2015, 57-64.

122 BT-Drucks. 11/4154, S. 6.

123 BT-Drucks. 11/4154, S. 7.

124 BT-Drucks. 11/4154, S. 6.

125 BT-Drucks. 11/4154, S. 6.

126 BT-Drucks. 11/4154, S. 7.

127 BT-Drucks. 11/4154, S. 7.

128 BT-Drucks. 11/4154, S. 7.

129 Staudinger/*Rauscher*, Anh. zu § 1592 BGB, Rn. 21; *Wohn*, S. 117 f.; *Coester*, FS Jayme, S. 1243, 1251; *Deutsch/Spickhoff*, Rn. 1101; Spickhoff/*Spickhoff*, Vorbem. zu §§ 1591 ff. BGB, Rn. 12; *Kaiser* in: FS Brudermüller, S. 357, 357; *Dethloff*, JZ 2014, 922, 923.

130 *LG Freiburg* NJW 1987, 1486-1489.

4. Kapitel: Das geltende Abstammungsrecht

Das Abstammungsrecht regelt die rechtliche Verwandtschaft von Personen untereinander.[1] Es ist erforderlich, um Rechte und Pflichten zwischen Verwandten zu schaffen, da Pflichten auf rein sittlicher Ebene die Versorgung insbesondere eines Kindes nicht zufriedenstellend sicherstellen können.[2]

A. Die Prinzipien des Abstammungsrechts

Dabei ist zunächst der grundlegende Unterschied zwischen dem rechtlichen und dem natürlichen Abstammungsbegriff zu beachten[3]: Der rechtliche Abstammungsbegriff dient als Tatbestand, an den bestimmte Rechtsfolgen geknüpft werden.[4] Der natürliche Abstammungsbegriff hingegen knüpft an die genetische Verwandtschaft von Eltern zu ihren Kindern an.[5] Das bürgerlich-rechtliche Abstammungsrecht befindet sich in den §§ 1589 ff. Die Elternschaft zeichnet sich dabei als eine *„gesellschaftliche Konstruktion"* aus, die als eine der *„ältesten [...] rechtlichen Praktiken"* angesehen werden kann.[6]

I. Genetische Abstammung als Grundlage der Verwandtschaft

Der Abstammungsbegriff i.S.v. § 1589 gründet auf der Blutsverwandtschaft, aus der sich auch das Erziehungsrecht der Eltern gem. Art. 6 II GG ergibt.[7] Ein Eltern-Kind-Verhältnis im rechtlichen Sinne wird nicht allein aufgrund der Abstammung begründet, vielmehr ist eine rechtliche Zuordnung erforderlich, um Rechte und Pflichten zwischen Eltern und Kindern zu generieren.[8] Die genetische Abstammung bietet die naheliegendste Anknüpfungsmöglichkeit für die Zuordnung der rechtlichen Verwandtschaft, auf die das BGB daher grundsätzlich zurückgreift[9]. Im Gros der Fälle erfolgt die rechtliche Zuordnung kongruent zur genetischen Abstammung, wobei dies keine Notwendigkeit ist.[10] Die grundsätzliche Zuordnung

1 MüKo/*Wellenhofer*, § 1589 BGB, Rn. 1; *Weyrauch*, S. 11.
2 *Luh*, S. 68.
3 *Wanitzek*, S. 154.
4 *Wanitzek*, S. 154.
5 *Wanitzek*, S. 154 f.
6 *Büchler*, AJP 2004, 1175, 1175.
7 MüKo/*Wellenhofer*, § 1589 BGB, Rn. 6; Erman/*Hammermann*, § 1589 BGB, Rn. 1; Staudinger/*Rauscher*, § 1589 BGB, Rn. 2; BeckOK BGB/*Hahn*, § 1589 BGB, Rn. 1; *Weyrauch*, S. 11.
8 *Luh*, S. 1 f.; MüKo/*Wellenhofer*, Vorbem. zu § 1591 ff., Rn. 20 f.
9 *Luh*, S. 6; *Valentin*, S. 25; in diese Richtung Spickhoff/*Spickhoff*, Vorbem. zu §§ 1591 ff. BGB, Rn. 2; MüKo/*Wellenhofer*, § 1589 BGB, Rn. 6.
10 MüKo/*Wellenhofer*, § 1589 BGB, Rn. 7 ff.

der rechtlichen Verwandtschaft anhand der Abstammung wird unter dem Begriff der Abstammungs- bzw. Statuswahrheit zusammengefasst.[11] Die Statuswahrheit rechtfertigt sich durch eine nahezu generelle weltweite Überzeugung, die Blutsverwandtschaft als prägendes Element der Sozialorganisation anzusehen.[12] Das *BVerfG* stellte aber klar, dass der Gesetzgeber die rechtliche Verwandtschaft nicht immer anhand der Abstammungsverhältnisse zu beurteilen hat:

> *„Der Gesetzgeber ist zwar nicht verpflichtet, die rechtliche Anerkennung der Elternschaft stets von der Prüfung abhängig zu machen, von wem das Kind im Einzelfall abstammt […]. Im Hinblick auf den Schutz familiärer sozialer Beziehungen aus Art. 6 I GG und den Schutz der Intimsphäre aus Art. 2 I GG ist es ausreichend, aus bestimmten tatsächlichen Umständen und sozialen Situationen, vor allem auch einer bestehenden Ehe auf die Abstammung eines Kindes zu schließen und aufgrund dieser Vermutung die Zuweisung der rechtlichen Elternschaft vorzunehmen, wenn dies in aller Regel zu einem Zusammentreffen von leiblicher und rechtlicher Elternschaft führt […].“*[13]

Aufgrund der nachfolgend dargestellten Grundsätze kann sich deshalb ein Spannungsverhältnis zur Statuswahrheit ergeben.[14] In einem solchen Fall müssen die Zuordnungsnormen einen geeigneten Ausgleich der Grundsätze erreichen.[15] Das Abstammungsrecht ist zu Recht nicht stets darauf bedacht, eine genetisch richtige Zuordnung zu treffen.[16] Vor allem dem Wohl des Kindes kommt im Rahmen des Ausgleichs der Prinzipien eine hervorragende Bedeutung zu, da es zum Zeitpunkt der Zuordnung seine eigenen Interessen meist nicht ausdrücken kann.[17]

II. Statusstabilität und Statusklarheit als weitere Grundsätze

Neben der Statuswahrheit sind dem Abstammungsrecht weitere Grundsätze immanent.[18] Ein erkennbares Ziel der §§ 1589 ff. ist es, die rechtliche Verwandtschaft zu einem möglichst frühen Zeitpunkt eindeutig festzustellen und diese Zuordnung möglichst dauerhaft auszugestalten, sog. Statusklarheit und Statusstabilität bzw.

---

11 *Luh*, S. 57; Spickhoff/*Spickhoff*, Vorbem. zu §§ 1591 ff. BGB, Rn. 1.

12 *Petersen*, S. 16 f.; *Luh*, S. 57 f.; Spickhoff/*Spickhoff*, Vorbem. zu §§ 1591 ff. BGB, Rn. 2; der Grundsatz der Statuswahrheit wurde erst in neuerer Zeit gebildet. Im römischen Recht war entscheidendes Kriterium für die Zuordnung von Kindern zu einem Mann als Vater noch die Ehe mit der Mutter, später auch das als Konkubinat bezeichnete dauerhafte nichteheliche Zusammenleben. Erst durch Einflüsse des kanonischen Rechts erhielt der Gedanke der Statuswahrheit Einzug in das Abstammungsrecht, wenn auch zunächst große Beweisprobleme bestanden; s. *Luh*, S. 12 ff.

13 *BVerfG* FamRZ 2007, 441, 444.

14 *Weyrauch*, S. 16.

15 *Weyrauch*, S. 16 ff.

16 *Schwab* in: *Schwab/Vaskovics*, S. 41, 46.

17 *Weyrauch*, S. 17 f.

18 *Weyrauch*, S. 15.

Statusbeständigkeit.[19] Die besondere Bedeutung der familienrechtlichen Verhältnisse in der Gesellschaft und innerhalb der Rechtsordnung macht dies erforderlich.[20] Ziel ist es, dem Kind rasch einen Verantwortlichen an die Hand zu geben. Aus Gründen der Rechtssicherheit ist es daher erforderlich, praktikable Regelungen zu schaffen, die die Verwandtschaft schnell und einfach festlegen (Statusklarheit).[21] Dazu sind gesetzlich abschließend aufgezählte Zuordnungstatbestände nötig, die sich gegenseitig ausschließen.[22] Diese sind so auszugestalten, dass ein aufwändiges genetisches Abstammungsgutachten nicht zum Regelerfordernis wird, sondern durch *„Wahrscheinlichkeitserwägungen"*[23] ersetzt wird. Das geltende Recht arbeitet daher mit Vermutungen, die sich bemühen, neben der Statusklarheit auch der Statuswahrheit gerecht zu werden.[24]

Die Statusstabilität verdeutlicht den Bestandsschutz, den die familienrechtlichen Zuordnungen genießen. Um diesen zu gewährleisten ist es erforderlich, dass eine einmal begründete Zuordnung nur durch wenige gesetzliche Änderungsmöglichkeiten beseitigt werden kann, eine Dispositionsbefugnis der Parteien muss weitestgehend ausscheiden.[25] Dadurch wird zudem grundsätzlich verhindert, dass sich Dritte rechtlich in die Familie drängen[26]. Aus all dem folgt zwangsläufig eine gewisse Einschränkung der Statuswahrheit.[27]

III. Der Wille zur Elternschaft als Grundsatz

Auch der Wille der Beteiligten spielt im Abstammungsrecht eine gewisse Rolle.[28] Um die Familie und deren Mitglieder zu schützen sieht der Gesetzgeber den Willen der Beteiligten zur Elternschaft vereinzelt als ausreichend für eine Zuordnung an, selbst wenn dadurch eine Abweichung zur Genetik erfolgt.[29] Das rechtfertigt zum einen die Adoption, zum anderen ist bereits im Rahmen der Vaterschaftszuordnung eine allein vom Willen getragene Vaterschaftsanerkennung möglich.[30] Bereits die Adoption zeigt, dass es für das Kindeswohl förderlich sein kann, die Pflicht zur elterlichen Erziehung nicht den genetischen Eltern aufzutragen, sondern Personen, die sich dazu bereit erklären, diese Pflicht und Verantwortung zu übernehmen.

---

19 *Luh*, S. 8; *Wanitzek*, S. 152 f.; MüKo/*Wellenhofer*, Vorbem. zu § 1591 ff., Rn. 21; *Weyrauch*, S. 15; *Valentin*, S. 25.
20 *Luh*, S. 67.
21 *Weyrauch*, S. 16.
22 *Wanitzek*, S. 152 f.
23 *Wanitzek*, S. 155.
24 MüKo/*Wellenhofer*, Vorbem. zu § 1591 ff., Rn. 21.
25 *Luh*, S. 69, *Wanitzek*, S. 153; *Weyrauch*, S. 15.
26 *Luh*, S. 67.
27 *Wanitzek*, S. 153.
28 *Luh*, S. 9; Spickhoff/*Spickhoff*, Vorbem. zu §§ 1591 ff. BGB, Rn. 4; *Wanitzek*, S. 140.
29 Spickhoff/*Spickhoff*, Vorbem. zu §§ 1591 ff. BGB, Rn. 4.
30 *Wanitzek*, S. 140 f.

B. Die Mutterschaft

Der Begriff „Mutter“ war lange Zeit eindeutig. Er beschrieb die Frau, die das Kind geboren hat. Diese hütete und umsorgte das Kind und war zugleich die genetische Mutter. Die verschiedenen Veränderungen der modernen Zeit mit alleinerziehenden Müttern, Stieffamilien und den Möglichkeiten der künstlichen Befruchtung haben jedoch dazu geführt, dass der Mutterbegriff aufgespalten und konkretisiert werden muss.

I. Die verschiedenen Mutterschaftsbegriffe

In vielen Fällen existiert nicht nur eine Mutter, sondern eine Vielzahl an Personen, die die verschiedenen Aspekte der Mutterrolle wahrnehmen.

Das BGB selbst trifft Vorschriften über die *rechtliche* Mutterschaft. Rechtliche Mutter ist die Frau, der durch das Abstammungsrecht diese Rolle zugesprochen wird.[31] Sie trägt die rechtliche Sorge und Verantwortung für das Kind.

Als weiterer Mutterbegriff wird die *soziale* Mutterschaft verwendet. Die soziale Mutter ist die Frau, die sich tatsächlich um das Kind kümmert und es großzieht, mithin die tatsächliche Verantwortung trägt.[32]

Dank der Möglichkeiten der Reproduktionsmedizin ist zudem zwischen der biologischen und der genetischen Mutterschaft zu unterscheiden. Der Begriff der *biologischen* Mutter bezeichnet die Geburtsmutter, also die Frau, die das Kind ausgetragen und geboren hat.[33]

Zwingend von der biologischen Mutterschaft zu unterscheiden ist die *genetische* Mutterschaft. Genetische Mutter ist die Frau, von der die Eizelle stammt, mit deren Hilfe das Kind gezeugt wurde.[34] Vor den Errungenschaften der modernen Medizin waren genetische und biologische Mutter zwingend die gleiche Person. Mit der Möglichkeit der Eizell- und Embryonenspende ist diese Eindeutigkeit des Begriffs „Mutter“ zum Anachronismus herabgestuft worden. Der einleitend zitierte Ansatz Aristoteles, das Mütter ihre Kinder mehr lieben, weil sie sicher sind, dass sie von ihnen abstammen, genießt keine Allgemeingültigkeit mehr. Nunmehr können fremde Eizellen und Embryonen auf Frauen übertragen werden, die in der Folge ein genetisch fremdes Kind austragen.

---

31 MüKo/*Wellenhofer*, § 1591 BGB, Rn. 2; *Schumann* in: *Rosenau*, S. 155, 158 f.

32 *Lehmann*, S. 166; *Vaskovics* in: *Schwab/Vaskovics*, S. 11, 15; *Schumann* in: *Rosenau*, S. 155, 159, fasst darunter nur die Frau, die sich tatsächlich um das Kind kümmert, ohne zugleich rechtliche oder genetische Mutter zu sein.

33 *Lehmann*, S. 166; *Schumann* in: *Rosenau*, S. 155, 160. Dabei spricht *Schumann* der biologischen Mutterschaft eine eigenständige Bedeutung im Abstammungsrecht ab, da sich die aufgeworfenen Fragen ebenso gut über die Begriffe der sozialen und rechtlichen Mutterschaft regeln ließen.

34 *Lehmann*, S. 166; MüKo/*Wellenhofer*, § 1591 BGB, Rn. 2; *Schumann* in: *Rosenau*, S. 155, 158.

Daneben treten Wunsch-, Ersatz und Leihmütter auf. Immer wieder wird von der *Wunschmutter* gesprochen. Darunter ist die Frau zu verstehen, die das Kind nach der Geburt auf Dauer bei sich aufnehmen und daneben die rechtliche Mutterrolle einnehmen möchte, unabhängig davon, ob eine eigene Keimzelle verwendet wurde oder nicht.[35] Dazu wird gehäuft auf Methoden der Fortpflanzungsmedizin zurückgegriffen.

Mit dem Begriff *Ersatzmutter* wird in der wissenschaftlichen Diskussion die Frau bezeichnet, die sich bereit erklärt, eine genetisch eigene befruchtete Eizelle auszutragen und das Kind nach der Geburt an die Wunsch- bzw. Bestelleltern herauszugeben.[36] Von der Ersatzmutter zu unterschieden ist dagegen die *Leihmutter*, die im Gegensatz zur Ersatzmutter eine befruchtete Eizelle der Wunschmutter austrägt und das Kind nach der Geburt an die Wunscheltern herausgibt.[37]

II. Die rechtliche Mutterschaft de lege lata

Das BGB widmet der Zuordnung der Mutterschaft im rechtlichen Sinne nur einen Paragraphen, § 1591. Die Vorschrift wurde erst 1998 in das BGB eingefügt.[38] Bis dahin gab es keine gesetzliche Festlegung, wer Mutter eines Kindes ist, da der Gesetzgeber vom alten Grundsatz des römischen Rechts ausging, dass die Mutterschaft immer eindeutig sei, *„mater semper certa est"*[39], und daher gewohnheitsrechtlich die Geburtsmutter als rechtliche Mutter betrachtete.[40]

1. *Zuordnung der Mutterschaft*

Aufgrund des Fortschreitens der Fortpflanzungsmedizin wurde allerdings eine Regelung notwendig, die die Mutterschaft eindeutig einer Person zuschreibt.[41] Anhand der Formulierung des § 1591 ist festzustellen, dass der Grundsatz des römischen Rechts beibehalten wurde.[42] § 1591 schreibt die Mutterschaft der Frau zu, die das Kind geboren hat. Diese Zuordnung hat Folgen, die weitreichender sind als es zunächst den Anschein hat. Zum einen ist die Mutter das Bindeglied, das zu einer Verwandtschaft des Kindes mit den Verwandten der Mutter und der Schwägerschaft

---

35 MüKo/*Wellenhofer*, § 1591 BGB, Rn. 9; *Coester-Waltjen*, Reproduktionsmedizin 2002, 183, 183; *Schumann* in: *Rosenau*, S. 155, 160.

36 Vgl. zur Begriffsdefinition S. 17 f.

37 Vgl. zur Begriffsdefinition S. 16 f.

38 Durch das Kindschaftsrechtsreformgesetz vom 16.12.1997, BGBl. I S. 2942; vgl. BeckOK BGB/*Hahn*, § 1591 BGB, Rn. 1; Staudinger/*Rauscher*, § 1591 Rn. 1; MüKo/*Wellenhofer*, § 1591 BGB, Rn. 3.

39 Paulus, Dig. 2.4.5.

40 MüKo/*Wellenhofer*, § 1591 BGB, Rn. 3; *Wohn*, S. 102 ff.; *Luh*, S. 86; *Valentin*, S. 52.

41 MüKo/*Wellenhofer*, § 1591 BGB, Rn. 3; *Luh*, S. 86.

42 Erman/*Hammermann*, § 1591 BGB, Rn. 7; Spickhoff/*Spickhoff*, § 1591 BGB, Rn. 1; *Wohn*, S. 54.

mit anderen Familienmitgliedern führt[43], zum anderen ist die rechtliche Mutterschaft entscheidend bei der Zuordnung eines Mannes als Vater zum Kind; sie kann somit als *„primäre Beziehung“*[44] bezeichnet werden.[45]

Ohne den Einsatz fortpflanzungsmedizinischer Maßnahmen führt die Regelung des § 1591 dazu, dass genetische, biologische und rechtliche Mutterschaft stets in einer Person zusammentreffen.[46] Werden dagegen fortpflanzungsmedizinische Maßnahmen vorgenommen, kann es zu einem Auseinanderfallen von biologischer und genetischer Mutterschaft kommen.[47] Der Gesetzgeber hat daher versucht, das Spannungsverhältnis zwischen genetischer und biologischer Mutterschaft zu regeln:

> *„Durch die gesetzliche Definition der Mutterschaft soll der Tatsache Rechnung getragen werden, daß* [sic] *wegen der heute vorhandenen Möglichkeit einer Ei- oder Embryonenspende die gebärende Frau nicht mehr in jedem Fall zugleich genetische Mutter des Kindes ist.“*[48]

In dem Konflikt, ob die genetische oder biologische Mutterschaft das entscheidende Kriterium sein sollte, hat sich der Gesetzgeber eindeutig zugunsten der biologischen Mutter ausgesprochen.

2. Abänderung und Anfechtung der Mutterschaft

Die Zuordnung des Kindes zur biologischen Mutter ist nach dem Wortlaut des § 1591 eindeutig und unumkehrbar.[49] Sie ist im Gegensatz zur Vaterschaftszuordnung nicht als Vermutung bzw. Indiz ausgestaltet. Für den Fall des Auseinanderfallens von genetischer und rechtlicher Mutterschaft wurde vor der Kindschaftsrechtsreform vereinzelt eine analoge Anwendung der Vorschriften der Vaterschaftsanfechtung angedacht.[50] Mittlerweile besteht Einigkeit darüber, dass eine Analogiebildung und damit eine Anfechtung ausscheiden muss.[51] Die Vorschriften der Anfechtung sind zu deutlich auf die Anfechtung der Vaterschaft beschränkt und die Zuordnung der Mutterschaft nach § 1591 eindeutig als unumkehrbar angedacht.[52]

---

43 Erman/*Hammermann*, § 1591 BGB, Rn. 3.

44 *Gernhuber/Coester-Waltjen*, § 51 Rn. 1; Staudinger/*Rauscher*, § 1591 Rn. 17.

45 Vgl. auch *Valentin*, S. 52.

46 *Wohn*, S. 54.

47 Vgl. MüKo/*Wellenhofer*, § 1591 BGB, Rn. 9 ff.; BeckOK BGB/*Hahn*, § 1591 BGB, Rn. 13; Staudinger/*Rauscher*, § 1591BGB, Rn. 1a ff.

48 BT-Drucks. 13/4899, S. 51.

49 Staudinger/*Rauscher*, § 1591 BGB, Rn. 16; MüKo/*Wellenhofer*, § 1591 BGB, Rn. 14; BeckOK BGB/*Hahn*, § 1591 BGB, Rn. 1; Erman/*Hammermann*, § 1591 BGB, Rn. 4; *Luh*, S. 85; *Valentin*, S. 53.

50 Vgl. dazu Staudinger/*Rauscher*, § 1591 BGB, Rn. 9; *Wanitzek*, S. 210.

51 Staudinger/*Rauscher*, § 1591 BGB, Rn. 16; Palandt/*Brudermüller*, § 1591 BGB, Rn. 2; MüKo/*Wellenhofer*, § 1591 BGB, Rn. 14; Erman/*Hammermann*, § 1591 BGB, Rn. 4a; *Quantius*, FamRZ 1998, 1145, 1150; *Luh*, S. 139; *Valentin*, S. 53; *Wanitzek*, S. 211.

52 Staudinger/*Rauscher*, § 1591 BGB Rn. 16.

Aus dem gleichen Grund muss auch die Möglichkeit der Geltendmachung einer Feststellungsklage nach § 640 II Nr. 1 ZPO a.F. bzw. § 169 Nr. 1 FamFG ausscheiden, mit deren Hilfe mit Wirkung inter omnes festgestellt werden könnte, dass ein Kind genetisch nicht von der rechtlichen Mutter abstammt und somit kein Eltern-Kind-Verhältnis besteht.[53] Da dies einer Mutterschaftsanfechtung gleich käme, ist eine solche Klage ausgeschlossen.[54]

Lediglich beim Eheverbot des § 1307 und beim Straftatbestand des Beischlafs zwischen Verwandten gem. § 173 StGB spielt die genetische Abstammung tatbestandlich die entscheidende Rolle.[55] Statusrechtliche Folgen hat die Feststellung innerhalb eines solchen Prozesses jedoch nicht.

C. Die Vaterschaft

Der Begriff der Vaterschaft wird wie der Begriff der Mutterschaft nicht einheitlich verwendet. Dies ist weniger überraschend, da die Möglichkeit einer Aufspaltung der Vaterschaft seit jeher bekannt ist.

I. Die Vaterschaftsbegriffe[56]

Die *rechtliche Vaterschaft* bezeichnet die rechtliche Beziehung, nach der das Gesetz das Kind einem Mann als Vater zuordnet, der dadurch die rechtliche Verantwortung für das Kind trägt. Dafür sind im Gesetz eine Reihe von Vorschriften vorgesehen, die in den §§ 1592 ff. geregelt sind.

Seit jeher unsicher war die Frage, ob der Mann, der rechtlich als Vater zugeordnet wurde, auch der *genetische Vater* des Kindes, also der „Erzeuger"[57], ist. Der Begriff des *genetischen/leiblichen/biologischen Vaters*[58] beschreibt den Mann, dessen Spermazelle die Eizelle der Mutter befruchtet hat, aus der schließlich der Embryo entstanden ist. Das Gesetz favorisiert in § 1600 II den Begriff des leiblichen Vaters. Im Gegensatz zur Mutterschaft besteht kein Unterschied zwischen dem biologischen und dem genetischen Vater.

---

53 Vgl. dazu: Staudinger/*Rauscher*, § 1591 Rn. 20; *Schwab/Wagenitz,* FamRZ 1997, 1377, 1377 f.

54 Staudinger/*Rauscher*, § 1591 Rn. 20; Scholz/Kleffmann/Motzer/*Eckebrecht*, Teil Q - Abstammung, Rn. 17.

55 BT-Drucks. 13/4899, S. 83; Staudinger/*Rauscher*, § 1591 BGB Rn. 19.

56 Vgl. dazu im allgemeinen *Luh*, S. 3 f.

57 Staudinger/*Rauscher*, § 1600 BGB, Rn. 7, sieht in dem Begriff eine *„Diskriminierung"*.

58 Diese Begriffe können im Rahmen der Vaterschaft (im Abstammungsrecht) synonym verwendet werden, vgl. *Luh*, S. 3; *Schumann* in: *Rosenau*, S. 155, 158; einschränkend unter Einbeziehung der Adoption: *Schwab* in: *Schwab/Vaskovics*, S. 41, 43. Um dennoch einen einheitliche Begriff zu verwenden, wird im Folgenden, in Konsequenz zur komplizierteren Terminologie im Rahmen der Mutterschaft, von der genetischen Vaterschaft gesprochen.

Weiterführend gibt es die *soziale* Vaterrolle: der soziale Vater ist der Mann, der die tatsächliche Verantwortung für das Kind trägt und väterliche Bezugsperson des Kindes ist.

Werden besondere Befruchtungsmethoden angewandt, kann es zudem noch den *Bestell- oder Wunschvater* geben. Der Begriff beschreibt den Mann, der in Zukunft die Rolle des sozialen und rechtlichen Vaters für das Kind übernehmen und das Kind nach der Geburt bei sich aufnehmen möchte.

Zuletzt gibt es die Besonderheit des *Scheinvaters.* Damit wird der Mann bezeichnet, der die rechtliche Vaterrolle innehat, ohne genetischer Vater des Kindes zu sein, z.B. in Fällen von sogenannten „Kuckuckskindern".

II. Die rechtliche Vaterschaft de lege lata

Vergleicht man § 1591 mit §§ 1592 ff. zeigt sich auf den ersten Blick, dass die rechtliche Vaterschaft eine gänzlich andere Ausgestaltung als die rechtliche Mutterschaft erfahren hat. Dies basiert vor allem auf der Tatsache, dass die Zuordnung des Kindes zur Mutter erst durch die Errungenschaften der modernen Medizin zum Problem geworden ist, während die Identität des „wahren", genetischen Vaters seit jeher zunächst als unsicher eingestuft werden musste.[59] Für die Vaterschaft haben sich daher schon früh verschiedene Zuordnungskriterien herausgebildet. Aus diesem Grund hat der deutsche Gesetzgeber ein Modell der Zuordnung der rechtlichen Vaterschaft erarbeitet, dass zugunsten der Statusklarheit mit Vermutungen arbeitet und dabei nicht immer zu statuswahren Ergebnissen kommt.[60] Darin begründet liegt der Grund für das Bestehen der Möglichkeit der Vaterschaftsanfechtung, der Korrektur von genetisch falschen Zuordnungen.[61] Die Zuordnung erfolgt gesetzlich abschließend nach §§ 1592 ff. und ist als zwingendes Recht einer abweichenden Vereinbarung der beteiligten Personen unzugänglich.[62] Es werden zwei Vaterschaftsvermutungen[63] aufgestellt (§ 1592 Nr. 1, 2) sowie die Möglichkeit der gerichtlichen Feststellung der Vaterschaft (§ 1592 Nr. 3) gegeben. Die Zuordnungsmöglichkeiten stehen dabei grundsätzlich gleichrangig nebeneinander.[64] Durch die Verschiedenheit der Zuordnung wird allerdings keine mehrfache Vaterschaft ermöglicht.[65] Zwar können die Voraussetzungen der

---

59 Spickhoff/*Spickhoff*, Vorbem. zu §§ 1591 ff. BGB, Rn. 2.

60 Erman/*Hammermann*, § 1592 BGB, Rn. 2; *Luh*, S. 91 f.

61 *Wanitzek*, S. 155 f.

62 MüKo/*Wellenhofer*, § 1592 BGB, Rn. 1; Staudinger/*Rauscher* § 1592 BGB, Rn. 10 f; BT-Drucks. 13/4899, S. 83.

63 Den Begriff der Vaterschaftvermutung hält Staudinger/*Rauscher* § 1592 BGB, Rn. 15, für nicht völlig richtig. Dabei verweist er darauf, dass zunächst eine Zuordnungsregel besteht, die erst dann zur widerlegbaren Vermutung wird, wenn eine Anfechtung erfolgt.

64 MüKo/*Wellenhofer*, § 1592 BGB, Rn. 1.

65 Staudinger/*Rauscher* § 1592 BGB, Rn. 11; MüKo/*Wellenhofer*, § 1592 BGB, Rn. 2; Erman/*Hammermann*, § 1592 BGB, Rn. 6.

verschiedenen Zuordnungen auch nebeneinander vorliegen, grundsätzlich bleibt aber derjenige Vater, der die Voraussetzungen eines Tatbestands zuerst erfüllt hat.[66] Insofern bildet die bereits begründete Vaterschaft eine Sperrwirkung.[67] Eine einmal nach § 1592 begründete Vaterschaft wirkt somit für und gegen alle – inter omnes.[68]

Es ist hervorzuheben, dass die Zuordnung der Vaterschaft unabhängig von der Zeugungsart erfolgt. Für Kinder, die aus einer künstlichen Befruchtung hervorgegangen sind, gelten die gleichen Vaterschaftszuordnungstatbestände wie für natürlich gezeugte Kinder.[69]

1. *Bestehende Ehe der Mutter, § 1592 Nr. 1 BGB*

Erster Zuordnungstatbestand ist (wie in allen kontinentaleuropäischen Ländern[70]) nach § 1592 Nr. 1 die Ehe des Vaters mit der Mutter zum Zeitpunkt der Geburt des Kindes. Bereits an dieser Stelle lässt sich erkennen, dass die Vaterschaft grundsätzlich als sekundäre Zuordnung konzipiert ist, die sich auf die primäre Mutterschaftszuordnung bezieht.[71]

Der Grundsatz der Zuordnung des Kindes zum Ehemann stammt aus dem römischen Recht, *„pater vero est, quem nuptiae demonstrant"*[72]. Anknüpfungspunkt ist allein die wirksam bestehende Ehe des Mannes zum Zeitpunkt der Geburt des Kindes mit der Mutter; ob hingegen zum Zeitpunkt der Zeugung eine Ehe bestanden hat, ist irrelevant.[73]

Der Gesetzgeber hat bewusst davon abgesehen, die nichteheliche Lebensgemeinschaft der Eltern als Anknüpfungspunkt für die Vaterschaft zu ergänzen.[74] Die (Beweis-)Schwierigkeiten, die eine solche Zuordnung hervorrufen würde, vermögen es nicht, die Vorteile aufzuwiegen.[75]

---

66 Staudinger/*Rauscher* § 1592 BGB, Rn. 11; gute Übersicht bei: *Gernhuber/Coester-Waltjen*, § 52 Rn. 5; eine Ausnahme dieses Grundsatzes besteht bei einer Eheschließung vor der Geburt des Kindes. Hat ein Mann bereits vor der Geburt das Kind anerkannt, wird dennoch der Ehemann Vater des Kindes.

67 Staudinger/*Rauscher* § 1592 BGB, Rn. 11.

68 Staudinger/*Rauscher*, § 1592 BGB, Rn. 70; Erman/*Hammermann*, § 1592 BGB, Rn. 7.

69 MüKo/*Wellenhofer*, § 1592 BGB, Rn. 18; *Valentin*, S. 68 f.; vgl. auch *BGH* NJW 1983, 2073, 2073.

70 *Helms* in: *Schwab/Vaskovics*, S. 105, 106.

71 *Gernhuber/Coester-Waltjen*, § 51 Rn. 1.

72 *Paulus*, Dig. 2, 4, 5; vgl. auch Staudinger/*Rauscher* § 1592 BGB, Rn. 14, 21 ff.; MüKo/*Wellenhofer*, § 1592 BGB, Rn. 6; Erman/*Hammermann*, § 1592 BGB, Rn. 8; *Wohn*, S. 56.

73 MüKo/*Wellenhofer*, § 1592 BGB, Rn. 6; *Gernhuber/Coester-Waltjen*, § 52 Rn. 28; Staudinger/*Rauscher* § 1592 BGB, Rn. 23; Erman/*Hammermann*, § 1592 BGB, Rn. 9; *Luh*, S. 93.

74 BT-Drucks. 13/4899, S. 83.

75 BT-Drucks. 13/4899, S. 83; MüKo/*Wellenhofer*, § 1592, Rn. 3; *Wohn*, S.57; *Gernhuber/Coester-Waltjen*, § 52 Rn. 27; Staudinger/*Rauscher* § 1592 BGB Rn. 17; Erman/*Hammermann*, § 1592 BGB, Rn. 5.

Die Rechtfertigung der Zuordnung nach § 1591 Nr. 1 besteht in der vermuteten Abstammung des Kindes vom Ehemann der Mutter.[76] Tragende Säule ist neben der Statuswahrheit insbesondere die Statusklarheit, da bereits bei Geburt des Kindes ohne einen weiteren Begründungsakt die rechtliche Vaterschaft des Ehemannes feststeht.[77] Selbst wenn der Ehemann nicht genetischer Vater des Kindes sein sollte, geht das Gesetz aus Gründen des Kindeswohls davon aus, dass er die soziale Vaterrolle ausfüllen wird.[78]

2. *Vaterschaftsanerkennung, § 1592 Nr. 2*

Da Kinder auch nichtehelich geboren werden, eröffnet das Gesetz einen weiteren Weg, die rechtliche Vaterschaft zu erlangen. Um möglichst früh und einfach einen rechtlichen Vater zuordnen zu können, weist § 1592 Nr. 2 die Vaterschaft dem Mann zu, der mit Zustimmung der Mutter wirksam eine Anerkennungserklärung abgegeben hat, ohne dass es eines gerichtlichen Verfahrens bedarf.[79] Auch diese Regelung findet sich in den übrigen kontinentaleuropäischen Rechtsordnungen wieder.[80] Die Anerkennungserklärung des Mannes ist eine nicht empfangsbedürftige einseitige Willenserklärung[81], die formbedürftig ist. Vorgeschrieben ist dafür eine öffentliche Beurkundung, § 1597 I. Weiterhin ist sie bedingungs- und befristungsfeindlich, § 1594 III, eine Anerkennung vor der Geburt des Kindes ist jedoch möglich, § 1594 IV (pränatale Anerkennung).

Daneben ist die ebenfalls formbedürftige, § 1597 I, Zustimmung der Mutter erforderlich; einer Zustimmung des Kindes bedarf es nur in Ausnahmefällen, § 1595 I, II. Die Anerkennung wird erst mit Zustimmung wirksam, wirkt aber auf die Geburt des Kindes zurück.[82] Eine Anerkennung bei bereits bestehender anderweitiger Vaterschaft ist zwar möglich, entfaltet ihre Wirkung aber erst nachdem die anderweitige Vaterschaft beseitigt wurde, vgl. § 1594 II.[83] Eine Überprüfung, ob

---

76 *Helms* in: *Röthel/Löhnig/Helms*, S. 49, 56; *Wanitzek*, S. 156; dabei muss differenziert werden. Zwar ist der Vater nicht aufgrund vermuteter Zeugung rechtlich dem Kind zugeordnet, sondern weil eine Ehe mit der Mutter besteht (Staudinger/*Rauscher* § 1592 BGB, Rn. 15), die Rechtfertigung dieser Regelung besteht jedoch aufgrund der hohen Wahrscheinlichkeit der genetischen Vaterschaft.

77 In diese Richtung: MüKo/*Wellenhofer*, § 1592 BGB, Rn. 3.

78 *Helms* in: *Röthel/Löhnig/Helms*, S. 49, 56.

79 Staudinger/*Rauscher*, § 1592 BGB, Rn. 32.

80 *Helms* in: *Schwab/Vaskovics*, S. 105, 107.

81 *Gernhuber/Coester-Waltjen*, § 52 Rn. 42; Staudinger/*Rauscher*, § 1592 BGB, Rn. 51; a.A. Palandt/*Brudermüller* § 1594 BGB, Rn. 4, der die Anerkennung als Wissens- und Willenserklärung ansieht.

Obwohl sie nach h.M. eine Willenserklärung darstellt, ist die Anerkennung nicht nach den allgemeinen Regeln anfechtbar. Vorrangig ist stattdessen eine Vaterschaftsanfechtung, vgl. Staudinger/*Rauscher*, § 1592 BGB, Rn. 62; MüKo/*Wellenhofer*, § 1592 BGB, Rn. 14.

82 Staudinger/*Rauscher*, § 1592 BGB, Rn. 59, 77; MüKo/*Wellenhofer*, § 1592 BGB, Rn. 15.

83 Staudinger/*Rauscher*, § 1592 BGB, Rn. 55.

der Anerkennende der genetische Vater des Kindes ist, findet nicht statt.[84] Selbst bewusst unrichtige Anerkennungen werden von der Rechtsordnung toleriert.[85] Eine große Rolle spielt im Rahmen der Anerkennung folglich der Wille zur Elternschaft des Anerkennenden.[86] Durch die Möglichkeit der Anerkennung wird außerdem die Statusklarheit gefördert, weil dem Kind früh und eindeutig ein Mann als Vater zugeordnet werden kann.[87]

3. Gerichtliche Vaterschaftsfeststellung, §§ 1592 Nr. 3, 1600d BGB

In § 1592 Nr. 3 sieht das Gesetz mit der gerichtlichen Vaterschaftsfeststellung eine dritte Möglichkeit der rechtlichen Zuordnung der Vaterschaft vor. Rechtfertigung der Zuordnung ist hier nicht die vermutete, sondern die bewiesene Abstammung.[88]

Das Gericht wird nicht von Amts wegen tätig, Voraussetzung ist daher immer ein Feststellungsantrag.[89] Antragsberechtigt sind Mutter und Kind sowie der potentielle Vater.[90] Andere Personen sind nicht zur Stellung des Antrags befugt, zumal diese nicht unmittelbar durch den Beschluss berührt würden.[91]

Im Gegensatz zu den Ziffern 1 und 2 des § 1592 wird mit der Vaterschaftsfeststellung eine Abstammungsfeststellung betrieben: Es wird nur der genetische Vater als rechtlicher Vater des Kindes festgestellt, es reicht daher grundsätzlich keine Vermutung aus, um einen Mann als rechtlichen Vater festzustellen, stattdessen muss der Beweis hierzu vorliegen, vgl. auch § 177 II FamFG.[92] Eine Vaterschaftsfeststellung

---

84 Staudinger/*Rauscher*, § 1592 BGB, Rn. 53; MüKo/*Wellenhofer*, § 1592 BGB, Rn. 14.

85 *OLG Koblenz* FamRZ 2007, 2098, 2098; *Gernhuber/Coester-Waltjen*, § 52 Rn. 42; Staudinger/*Rauscher*, § 1592 BGB, Rn. 53; MüKo/*Wellenhofer*, § 1592 BGB, Rn. 14; Spickhoff/*Spickhoff*, § 1594 BGB, Rn. 1; *Wehrstedt*, FPR 2011, 400, 402. Sie stellen demnach keine Personenstandsfälschungen dar und sind niemals nach § 134 BGB nichtig, *Gernhuber/Coester-Waltjen*, § 52 Rn. 43. Allerdings ist u.U. eine spätere Anfechtung möglich. Der Gesetzgeber ist laut *BVerfG* nicht zu einer Prüfung der Abstammungswahrheit im Einzelfall verpflichtet, vgl. *BVerfG* NJW 2009, 423, 423.

86 *Wanitzek*, S. 157; *Luh*, S. 111; Staudinger/*Rauscher* § 1592 BGB, Rn. 51 f.; Spickhoff/*Spickhoff*, Vorbem. zu § 1591 ff. BGB Rn. 4.

87 Staudinger/*Rauscher* § 1592 BGB, Rn. 20.

88 *Wanitzek*, S. 157; Staudinger/*Rauscher* § 1592 BGB, Rn. 63; MüKo/*Wellenhofer*, § 1592 BGB, Rn. 17; Erman/*Hammermann*, § 1592 BGB, Rn. 11.

89 Staudinger/*Rauscher*, § 1592 BGB, Rn. 64; MüKo/*Wellenhofer*, § 1592 BGB, Rn. 16.

90 Staudinger/*Rauscher* § 1592 BGB, Rn. 64; MüKo/*Wellenhofer*, § 1592 BGB, Rn. 16; *Dethloff*, § 10 Rn. 61; *Helms/Kieninger/Rittner*, Rn. 45; nach dem Wegfall von § 1600e fehlt jedoch eine ausdrückliche Regelung dieser Antragsbefugnis.

91 *Gernhuber/Coester-Waltjen*, § 52 Rn. 75; Staudinger/*Rauscher*, § 1592 BGB, Rn. 64; Erman/*Hammermann*, § 1600d BGB, Rn. 1a f.

92 *Gernhuber/Coester-Waltjen*, § 52 Rn. 82 f.; MüKo/*Wellenhofer*, § 1592 BGB, Rn. 17; HK-BGB/*Kemper* § 1600 d BGB, Rn. 5 ff; Staudinger/*Rauscher*, § 1600d BGB, Rn. 3 f sowie 15 ff., mit dem Hinweis darauf, dass formal auch die Vermutung des § 1600d II BGB zur Feststellung genügen könnte, wobei grundsätzlich ein

ist auch bei allen Formen der künstlichen Befruchtung möglich, eine „Beiwohnung" ist gerade nicht erforderlich.[93] Der Beschluss, der eine Vaterschaft positiv feststellt, wirkt für und gegen alle, § 184 II FamFG.[94]

Zum Nachweis des Bestehens oder Nichtbestehens der genetischen Vaterschaft wird im Verfahren grundsätzlich ein Abstammungsgutachten[95] im Sinne eines DNA-Gutachtens in Auftrag gegeben.[96] Regelmäßig kann dadurch eine Vaterschaft mit einer Wahrscheinlichkeit von nahezu 100% nachgewiesen bzw. ausgeschlossen werden.[97] Eine wahrheitswidrige Zuordnung wegen eines fehlerhaften Abstammungsgutachtens kann damit zwar nicht vollends ausgeschlossen werden, diese *„Sphäre der Ungewissheit"* verliert aber mit Voranschreiten der medizinisch-biologischen Methoden stetig an Bedeutung und liegt mittlerweile nahe Null.[98]

Zu beachten bleibt, dass allein die genetische Verbindung entscheidet, ob eine Vaterschaftszuordnung erfolgt oder nicht.[99] Zeugungswille und -bewusstsein werden berechtigterweise nicht berücksichtigt.[100] Wird somit ohne Erlaubnis der Samen eines Mannes zur Zeugung verwendet, kann dieser als Vater festgestellt werden.[101]

4. Korrekturmöglichkeit der Zuordnung – Die Vaterschaftsanfechtung

Besteht eine rechtliche Vaterschaft, entfaltet diese eine Sperrwirkung gegenüber den anderen Anknüpfungsmöglichkeiten.[102] Es muss dann eine Möglichkeit geschaffen werden, Streitfragen um die Vaterschaft zwischen verschiedenen Männern, die die Vaterschaft beanspruchen, zu klären. Dabei ist danach zu fragen, wie ein sachgerechter Interessenausgleich zwischen den Beteiligten erfolgen kann.[103] Das Abstammungsrecht favorisiert dabei grundsätzlich eine Zuordnung zum genetischen

---

Abstammungsgutachten für nötig gehalten wird und nur im Zweifel die Regel des § 1600d II BGB Anwendung finden darf; so auch die Rechtsprechung des *BGH*, siehe u.a. *BGH* NJW 1975, 2246, 2247; vgl. auch *BGH* NJW 1987, 2296, 2296.

93 Spickhoff/*Spickhoff*, § 1600d BGB, Rn. 2.

94 MüKo/*Wellenhofer*, § 1592 BGB, Rn. 17.

95 Eine gute Darstellung des insgesamt komplizierten Verfahrens zur Gewinnung eines verlässlichen Gutachtens geben *Anslinger/Rolf/Eisenmenger*, DRiZ 2005, 165-168 sowie *Fabricius*, FPR 2002, 376-380.

96 Dies erfordert bereits der Amtsermittlungsgrundsatz, § 177 II 1 FamFG; vgl. *BGH* NJW 1991, 2961, 2962; Staudinger/*Rauscher*, § 1600d BGB, Rn. 19; Erman/*Hammermann*, § 1600d BGB, Rn. 12.

97 *Geserick*, FPR 2002, 380, 383; Erman/*Hammermann*, § 1600d BGB, Rn. 17 f.

98 *Gernhuber/Coester-Waltjen*, § 52 Rn. 83.

99 *Gernhuber/Coester-Waltjen*, § 53 Rn. 7.

100 *Coester-Waltjen*, Gutachten 56. DJT, B 25.

101 Auf daraus entstehende eventuelle Schadensersatzansprüche gegen Mutter und ggfs. behandelnden Arzt soll hier nicht weiter eingegangen werden, vgl. dazu aber *LG Dortmund*, FamRZ 2013, 334-336.

102 Vgl. §§ 1594 II, 1599 I, 1600d IV BGB.

103 *Wanitzek*, S. 160 f.

Geburt.[118] Der (Schein-)Vater verliert grundsätzlich sämtliche Vaterrechte[119] und Pflichten[120]. Hat der leibliche Vater die Vaterschaft angefochten, wird dieser durch denselben Beschluss als rechtlicher Vater bestimmt, § 182 I FamFG.[121]

118 *Gernhuber/Coester-Waltjen*, § 52 Rn. 131.

119 Das betrifft vor allem die elterliche Sorge, falls sie ihm zustand; bezüglich des Umgangsrechts kann ihm, wenn er als enge Bezugsperson des Kindes anzusehen ist, ein Umgangsrecht erhalten bleiben, § 1685 I, II BGB.

120 Das betrifft vor allem Unterhaltspflichten, § 1601 BGB.

121 Staudinger/*Rauscher*, § 1592 BGB, Rn. 69 f.

5. Kapitel: Abstammungsrechtliche Probleme nach heterologer künstlicher Befruchtung (Samenspende)

Bei der homologen künstlichen Befruchtung[1] ergeben sich keine reformbedürftigen Probleme. Selbst wenn der nichteheliche Wunschvater das Kind nach der Befruchtung mit seinem Samen abredewidrig nicht anerkennt[2], kann ihm die Vaterschaft mittels einer Vaterschaftsfeststellung gemäß §§ 1592 Nr. 3, 1600d zugeordnet werden[3], obwohl das Einverständnis in die Zeugung selbst keine unmittelbare statusrechtliche Relevanz hat.[4]

Neben den Wunscheltern, bei denen die Mutter genetische Mutter des Kindes ist, tritt mit dem Samenspender im Rahmen der heterologen künstlichen Befruchtung jedoch eine dritte Person hinzu, die genetischer Vater des Kindes ist. Daneben möchte der Wunschvater die rechtliche und soziale Elternschaft übernehmen. Dabei kann die Situation eintreten, dass der nichteheliche Wunschvater in die Behandlung einwilligt, später aber keine Anerkennungserklärung abgibt. Eine Zuordnung zu ihm ist dann derzeit ausgeschlossen, was nicht tragbar erscheint.

Weitere Fragen ergeben sich in Bezug auf die Ausgestaltung der Anfechtung. Durch die Besonderheiten der Verwendung von Spendersamen erscheint es angebracht, die üblichen Regeln für die Anfechtung zu modifizieren. Das hat der Gesetzgeber insbesondere mit der Regelung des § 1600 V getan. Dennoch besteht Diskussionsbedarf bezüglich der Anfechtungsberechtigung der Wunscheltern, des Kindes und des Samenspenders.

---

1 Als abstammungsrechtlich relevante Personen treten somit lediglich der Wunschvater und die Wunschmutter auf. Sie stellen die Keimzellen zur Verfügung, allein die Einleitung der Befruchtung erfolgt künstlich, entweder in vivo oder in vitro.

2 Und zwar entweder, weil der Mann keine solche Erklärung abgibt, die Mutter die notwendige Zustimmung zur Anerkennung verweigert oder der Wunschvater nach Einleitung der Befruchtung stirbt, vgl. *Helms* in: *Röthel/Löhnig/Helms*, S. 49, 57; *Wellenhofer*, FamRZ 2013, 825, 826; *Wehrstedt*, FPR 2011, 400, 402.

3 *Gernhuber/Coester-Waltjen*, § 53 Rn. 8; *Henrich* in: FS Frank, S. 249, 253; Staudinger/*Rauscher*, Anh. zu § 1592 BGB, Rn. 10; *Valentin*, S. 72.

4 Staudinger/*Rauscher*, § 1600 BGB, Rn. 89; *Gernhuber/Coester-Waltjen*, § 53 Rn. 8; *Rütz*, S. 101; *Kirchmeier*, FamRZ 1998, 1281, 1286; *Helms* in: *Duttge/Engel/Lipp/Zoll*, S. 37, 39 f.; *Valentin*, S. 72; vgl. auch *Weyrauch*, S. 173 f.; *Wanitzek*, S. 319 und 335; *dies.*, FamRZ 2003, 730, 733 f.; für die Wunschmutter ist dies wegen des Mehraufwands zwar eine unglückliche Situation. Der Wunschvater kann die Vaterschaftszuordnung in dieser Situation jedoch lediglich verzögern, nicht aber verhindern. Eine Reform ist an dieser Stelle somit nicht erforderlich, vgl. auch *Weyrauch*, S. 164.

Zuletzt stellt sich die Frage, inwiefern die Beteiligten Kenntnis von den genetischen Abstammungsverhältnissen erlangen können und ob eine statusfolgenlose Abstammungsfeststellung erfolgen kann.

A. Anerkennungsunwilligkeit des nichtehelichen Wunschvaters im heterologen System

Zunächst ergibt sich eine Problemlage, wenn der nichteheliche Wunschvater das Kind nicht anerkennt.

I. Fallbeispiel

M und F entscheiden sich ein Kind zu bekommen. Da M unfruchtbar ist, erklären beide ihr Einverständnis in eine künstliche Befruchtung der F unter der Verwendung von Spendersamen. Nach der erfolgreichen Transplantation des Embryos auf F weigert sich M, das Kind anzuerkennen.

II. Keine Zuordnungsmöglichkeit zum Wunschvater

Die Zuordnung des Kindes zum Wunschvater hängt derzeit von der freiwilligen Mitwirkung des Wunschvaters in Form der Anerkennung ab.[5] Ein gravierender Unterschied im Vergleich zum homologen System besteht dabei in den genetischen Abstammungsverhältnissen. Während bei der homologen Befruchtung die Wunscheltern auch die genetischen Eltern des Kindes sind, ist bei der Verwendung von Spendersamen der Wunschvater genetisch nicht mit dem Kind verwandt. Erfolgt keine Anerkennung, kann er somit nicht als Vater des Kindes gemäß §§ 1592 Nr. 3, 1600d festgestellt werden.[6] In diesem Fall besteht keine Möglichkeit, dem Wunschvater gegen seinen Willen die rechtliche Vaterschaft zuzuordnen.[7] Die Folge ist, dass die Mutter allein die rechtliche und finanzielle Verantwortung für das Kind zu

---

5 *Helms* in: *Duttge/Engel/Lipp/Zoll*, S. 37, 39.

6 Staudinger/*Rauscher*, Anh. zu § 1592 BGB, Rn. 13a; *Rütz*, S. 100 f.; *Wohn*, S. 92; *Wanitzek*, S. 335.

7 *Gernhuber/Coester-Waltjen*, § 53 Rn. 10; eine vergleichbares Problem stellt sich, wenn der Wunschvater nach Einverständniserklärung aber vor einer möglichen Anerkennung stirbt, *Wehrstedt*, FPR 2011, 400, 402.

tragen hat.[8] Das Kind ist vaterlos.[9] Allenfalls könnte der Samenspender als Vater festgestellt werden[10] oder ein anderer Mann das Kind anerkennen.

Diese Situation ist vor allem deshalb eigenartig, weil vor der Durchführung einer fortpflanzungsmedizinischen Maßnahme das Einverständnis der Wunscheltern eingeholt werden muss. Zusätzlich zum Einverständnis der Frau ist stets die Zustimmung des Ehemannes bzw. Wunschvaters erforderlich, gleich ob die Befruchtung homolog oder heterolog stattfindet. Dies schreibt das ärztliche Standesrecht vor, vgl. Punkt 3.2.6 AssRepRL. Damit besteht die Besonderheit, dass bereits vor Befruchtung der Eizelle ein ausdrückliches Bekenntnis der Wunscheltern zum Kind vorliegt, ohne das es zu keinem Behandlungsbeginn käme.[11] Man kann die Erklärung daher als zeugungsbegründendes Einverständnis – im Gegensatz zur statusbegründenden Anerkennung – bezeichnen. Trotz dieses vor Behandlungsbeginn erklärten Einverständnisses ist es derzeit erforderlich, dass der Wunschvater nach Zeugung des Kindes zusätzlich eine Vaterschaftsanerkennungserklärung abgibt, damit die rechtliche Zuordnung des Kindes zu ihm gewährleistet ist. Die Abgabe einer Anerkennungserklärung vor der Zeugung (präkonzeptionelle Anerkennung) ist nicht möglich, da die Anerkennung durch die erfolgreiche Zeugung aufschiebend bedingt wäre, was deren Bedingungsfeindlichkeit widerspräche, § 1594 III.[12] Der Einverständniserklärung selbst kommt ebenfalls keine statusrechtliche Wirkung zu.[13] Damit liegt immer ein gewisser Zeitraum zwischen der Einverständniserklärung in die Befruchtung und der Anerkennung, in dem die Gefahr besteht, dass der Wunschvater seine Entscheidung zur Anerkennung des Kindes revidiert. Das

8 Aus finanzieller Sicht können aus der Einverständniserklärung des Mannes in die künstliche Befruchtung aber sicherlich Schadensersatzansprüche geltend gemacht werden, um so z.B. Unterhaltslasten der Mutter abzufangen, vgl. *Gernhuber/Coester-Waltjen*, § 53 Rn. 10.

9 *Wohn*, S. 92; *Wellenhofer*, FamRZ 2013, 825, 826.

10 *Wohn*, S. 92; *Rütz*, S. 101; *Coester-Waltjen*, Reproduktionsmedizin 2002, 183, 191; *Schumann* in: *Rosenau*, S. 155, 180 f.

11 So bereits *BGH* NJW 1983, 2073, 2074; *Coester-Waltjen*, NJW 1983, 2059, 2059; *Wanitzek*, S. 289.

12 *Gernhuber/Coester-Waltjen*, § 53 Rn. 7; Staudinger/*Rauscher*, § 1592 BGB, Rn. 56 und § 1594 BGB, Rn. 50; *Wehrstedt*, FPR 2011, 400, 402; *Spickhoff*, AcP 1997, 398, 425; *Eckersberger*, MittBayNot 2002, 261, 262; *Wohn*, S. 61; *Taupitz/Schlüter*, AcP 2005, 591, 594; *Helms/Kieninger/Rittner*, Rn. 25; *Helms* in: *Duttge/Engel/Lipp/Zoll*, S. 37, 39; *Huth*, S. 54 f.; MüKo/*Wellenhofer*, § 1594 BGB, Rn. 41, die eine Ausnahme für den Fall der künstlichen Befruchtung fordert; *Wanitzek*, S. 55 f. sieht das Argument der Bedingung hier weniger problematisch, lässt aber eine präkonzeptionelle Anerkennung im Ergebnis nicht zu, weil es an der Identifizierbarkeit des Kindes fehle; a.A. *Taupitz/Schlüter*, AcP 2005, 591, 595; *Frommel/Taupitz/Ochsner/Geisthövel*, Journal für Reproduktionsmedizin und Endokrinologie 2010, 96, 102 f.; zweifelnd: *Schumann* in: *Rosenau*, S. 155, 181.

13 Vgl. S. 53.

Abstammungsrecht schafft es derzeit nicht, die rechtliche Eingliederung des Kindes in die Familie im Fall einer Samenspende zu gewährleisten.[14]

1. Rechtsvergleich

In *Österreich* besteht im Fall der Samenspende eine eigene Vaterschaftsvermutung. Das Einverständnis des Wunschvaters erfolgt in öffentlich beurkundeter Form und führt dazu, dass der Wunschvater als Vater vermutet wird und aufgrund dessen gerichtlich festgestellt werden kann, obwohl er nicht der genetische Vater des Kindes ist, § 148 III ABGB (vormals § 163 III ABGB).[15] Diese Vermutung ist widerlegbar, wenn das Kind nicht aus der künstlichen Befruchtung stammt. Abweichend vom Grundsatz, dass nur der genetische Vater festgestellt werden kann, § 148 I ABGB, wird damit der nicht genetische Wunschvater vom Gericht als Vater festgestellt.

In *Frankreich* ist die Rechtslage ähnlich. Nach Art. 311-20 IV CC kann der Wunschvater, der der künstlichen Befruchtung zugestimmt hat, aber keine Anerkennung abgab, gerichtlich als Vater des aus der Befruchtung entstandenen Kindes festgestellt werden.[16]

In *Griechenland* hingegen werden die notariell beglaubigten Einwilligungen der unverheirateten Wunscheltern in die künstliche Befruchtung mittels Spendersamen fiktiv als Anerkennungserklärung angesehen, Art. 1475 III ZGB.[17] Ziel ist es dabei, das Kind bestmöglich zu schützen.[18]

Ähnlich ist die Rechtslage in *Großbritannien*. Nach section 36 HFEA 2008[19] wird der Lebensgefährte der Mutter Vater des Kindes, wenn die Behandlung der Frau in einer lizensierten Klinik erfolgte, der Mann zum Zeitpunkt des Behandlungsbeginns lebte und die Voraussetzungen gemäß section 37 HFEA 2008 („*fatherhood conditions*") vorliegen.[20] Dazu zählt vor allem die Zustimmung beider Wunschelternteile

---

14 *Helms* in: *Duttge/Engel/Lipp/Zoll*, S. 37, 40; a.A. scheinbar *Katzorke*, Der Gynäkologe 2007, 807, 810, der bereits die pränatale Anerkennung als ausreichend ansieht.

15 *Wehrstedt*, FPR 2011, 400, 403; *Wanitzek*, S. 338 Fn. 698; *Schwimann*, StAZ 2005, 33, 42. Voraussichtlich wird ab dem 01.01.2015 zudem sogar die Lebenspartnerin oder Lebensgefährtin im Rahmen einer nichtehelichen Lebensgemeinschaft als (Co-) Elternteil vermutet, die der Befruchtung der Mutter mit Spendersamen zugestimmt hat, vgl. § 144 II, III ABGB n.F., vgl. Begutachtungsentwurf Fortpflanzungsmedizinrechts-Änderungsgesetz 2015 (FMedRÄG 2015), abrufbar unter: http://www.justiz.gv.at/web2013/html/default/2c94848b48ac03fd0149a8a7389856c1.de.html, zuletzt abgerufen am 28.05.2015, 16:27 Uhr. Dies ist die Folge des Urteils des VfGH vom 10.12.2013, Az.: G 16/2013-16, G 44/2013-14, das den Ausschluss gleichgeschlechtlicher Lebensgemeinschaften von der Nutzungsmöglichkeit der Samenspende für verfassungswidrig erklärte. Vgl. dazu *Ferrari*, FamRZ 2014, 1512 f.

16 *Ferrand* in: *Spickhoff/Schwab/Henrich/Gottwald*, 93, 101.

17 *Koutsouradis* in: *Spickhoff/Schwab/Henrich/Gottwald*, 205, 242.

18 *Koutsouradis* in: *Spickhoff/Schwab/Henrich/Gottwald*, 205, 242.

19 Human Fertilisation and Embryology Act 2008.

20 *Scherpe*, FamRZ 2010, 1513, 1514.

zur Übernahme der rechtlichen Vaterschaft durch den Wunschvater, section 37 HFEA 2008.[21] Ein Widerruf der Erklärungen ist nach Behandlungsbeginn nicht mehr möglich.[22]

In *Ungarn* wird der Mann als Vater zugeordnet, der mit der Mutter während der fortpflanzungsmedizinischen Behandlung nichtehelich zusammenlebte.[23] Es existiert dafür ein eigener Zuordnungstatbestand, ähnlich dem der Zuordnung aufgrund einer Ehe.

2. Kritik an der Rechtsfolgenlosigkeit des Einverständnisses in die künstliche Befruchtung

Die deutsche Rechtslage wird zu recht scharf kritisiert[24], da sich der Wunschvater nach einer Befruchtung mit Spendersamen aus der rechtlichen Verantwortung stehlen kann, indem er die Abgabe einer Anerkennungserklärung verweigert.[25]

Die Situation ist insbesondere nicht mit derjenigen zu vergleichen, in dem der Lebensgefährte einer Frau zunächst sein Einverständnis erklärt, ein für ihn fremdes Kind der Frau anzuerkennen, schlussendlich aber keine Anerkennungserklärung abgibt oder seine Vaterschaft später anficht.[26] In beiden Fällen geht es auf den ersten Blick gleichermaßen um die Übernahme der rechtlichen Verantwortung für ein genetisch fremdes Kind. Grundlegender Unterschied ist aber, dass im letztgenannten Fall zumindest bereits eine Schwangerschaft besteht, das Kind also schon gezeugt wurde. Der Mann erklärt sich damit zu einem Zeitpunkt zur Anerkennung bereit, an dem das Kind bereits existiert. Wird die Anerkennungserklärung in der Folge nicht abgegeben, stehen Kind und Mutter so, wie sie ohne das Versprechen des Mannes gestanden hätten. Das Kind hat zunächst keinen rechtlichen Vater, der genetische Vater kann aber als solcher festgestellt werden.

Im Fall der künstlichen Befruchtung erklärt der Wunschvater hingegen bereits vor der Zeugung des Kindes sein Einverständnis in diese. Damit verspricht er zugleich, später die tatsächliche Verantwortung für das Kind zu übernehmen. Wird dennoch keine Anerkennungserklärung abgegeben, ist das Kind vaterlos, lediglich der Samenspender könnte als Vater festgestellt werden. Ohne die vorherige Einwilligung des Wunschvaters in die Behandlung wäre das Kind aber nicht gezeugt worden.[27] Der Wunschvater übernimmt damit ebenso viel Elternverantwortung wie

---

21 *Scherpe*, FamRZ 2010, 1513, 1514 f.

22 *Scherpe*, FamRZ 2010, 1513, 1515.

23 Rieck/*Szabó*, Ungarn, Rn. 33; *Küpper*, WiRO 2014, 205, 208.

24 Vgl. u.a. *Helms* in: *Röthel/Löhnig/Helms*, S. 49, 56 ff.; *Wehrstedt*, FPR 2011, 400, 402 f.; *Schumann* in: *Rosenau*, S. 155, 180; *Huth*, S. 82.

25 *Roth*, DNotZ 2003, 805, 807 f.

26 So aber noch *BGH* NJW 1983, 2073, 2074, zur Anfechtung der Ehelichkeit eines Kindes.

27 *Wanitzek*, S. 199.

der Mann, der ein Kind auf natürlichem Wege zeugt.[28] Grundlegender Unterschied ist somit, dass in einem Fall die Übernahme der Verantwortung für ein bereits existierendes, ungeborenes Kind erklärt wird, im anderen Fall aber durch das Schaffen eines Vertrauenstatbestandes das Kind erst gezeugt wird. Die Zeugung ist im Fall der künstlichen Befruchtung somit *„stärker willensbestimmt und erfolgt zielgerichteter“*.[29]

3. *Widersprüchliche Rechtslage*

Die gesetzliche Schieflage, die durch die statusrechtliche Folgenlosigkeit des zeugungsbegründenden Einverständnisses eintritt, ist besonders auffallend, da der Gesetzgeber die Einführung des heutigen § 1600 V mit einer drohenden Kindeswohlgefährdung bei einer Anfechtung durch die Wunscheltern begründete:

> *„Im Abstammungsrecht ist gemäß § 1592 Nr. 1 und 2 BGB Vater eines Kindes der Mann, der zum Zeitpunkt der Geburt mit der Mutter des Kindes verheiratet ist oder die Vaterschaft anerkannt hat. Dies gilt auch, wenn das Kind mit Einwilligung der Mutter und dieses Mannes durch künstliche Befruchtung mittels Samenspende eines Dritten gezeugt worden ist. Der Mann und die Mutter können aber in diesem Fall die Vaterschaft anfechten mit dem Ergebnis, dass das Kind den Vater und auf dessen Vaterschaft beruhende Unterhalts- und Erbansprüche verliert. Dieses Ergebnis ist mit dem Wohl des Kindes nicht vereinbar.“*[30]

Wenn es nach der zutreffenden Begründung des Gesetzgebers mit dem Wohl des Kindes nicht vereinbar ist, dass der Wunschvater seine Vaterschaft anfechten kann, kann es ebenso wenig dem Wohl des Kindes entsprechen, wenn der Wunschvater von vornherein nicht als rechtlicher Vater zugeordnet wird.[31] Das Nichtbegründen des Statusverhältnisses muss hier ebenso wie die spätere Anfechtung bewertet werden. Letztlich liegt eine nicht zu rechtfertigende Ungleichbehandlung zwischen nichtehelichen und ehelichen Kindern vor, da eheliche Kinder den Wunschvater/Ehemann stets als rechtlichen Vater zugeordnet bekommen, während nichtehelichen Kindern entweder das Schicksal der Vaterlosigkeit zugemutet wird oder sie auf die Vaterschaftsfeststellung des Samenspenders verwiesen werden.[32] Dabei erfordern gerade die Belange des Kindes und der unverheirateten Mutter frühzeitig eine eindeutige Zuordnung des Kindes zum Vater (Statusklarheit), um so seelische und finanzielle Überbelastungen zu verhindern.[33] Erforderlich ist daher eine Zuordnung schon bei bzw. vor Beginn der eigentlichen Behandlung.[34]

---

28 *Wanitzek*, S. 289.
29 *Wanitzek*, S. 198.
30 BT-Drucks. 14/2096, S. 6.
31 So ebenfalls *Schumann* in: *Rosenau*, S. 155, 181.
32 *Wanitzek*, S. 336; auch *Taupitz/Schlüter*, AcP 2005, 591, 594, weisen auf die Gleichstellungsproblematik hin; in diesem Sinne ebenfalls *Huth*, S. 82.
33 *Spickhoff*, AcP 1997, 398, 424 f.; *Roth*, DNotZ 2003, 805, 808; *Taupitz/Schlüter*, AcP 2005, 591, 595.
34 *Helms* in: *Röthel/Löhnig/Helms*, S. 49, 56.

4. *Zuordnung des anerkennungsunwilligen Vaters als Kindeswohlgefährdung*

Unterlässt der Wunschvater bewusst eine Anerkennung, stellt sich die Frage, ob es für das Kind vorteilhaft sein kann, diesen Vater zugeordnet zu bekommen, der sich weigert, die rechtliche Verantwortung aus freien Stücken zu übernehmen.[35] Dabei muss beachtet werden, dass die Alternativen entweder Vaterlosigkeit oder die Feststellung des Samenspenders wären.

Die Vaterlosigkeit dürfte im Zweifel die unattraktivste Variante darstellen, sowohl für das Kind als auch für die Mutter. Mutter und Kind hätten grundsätzlich keine Ansprüche und Rechte, die auf der rechtlichen Vaterschaft beruhen (Unterhalt, Erbschaft). Nur partiell könnten vertragliche Ansprüche gegen den Wunschvater bestehen.[36] Dieses Ergebnis ist aus Kindeswohlgesichtspunkten dennoch abzulehnen, zumal zwei Männer existieren, zu denen eine Vaterschaftszuordnung erfolgen könnte.

Der Samenspender hat im Gegensatz zum Wunschvater regelmäßig keinerlei Interesse an dem Kind. Seine Rolle reduziert sich auf die Bereitstellung seines Samens, sei es aus finanziellen, ideellen, altruistischen oder sonstigen Motiven.[37] Diesem Mann primär die Vaterschaft für das Kind zuzuordnen, würde der Statuswahrheit entsprechen: aus Gründen des Kindeswohls ist dieser Schritt aber nach Möglichkeit zu vermeiden. Es kann dem Kindeswohl nicht zuträglich sein, diesem Mann, der zu keinem Zeitpunkt irgendeine Vaterrolle für das Kind übernehmen wollte, die rechtliche Verantwortung primär zu übertragen. Gerade weil auch der Wunschvater zugeordnet werden könnte, der bereits seine Bereitschaft zur Übernahme der Vaterschaft signalisiert hat und bei der Zeugung eine elementare Rolle gespielt hat, ist dieses Ergebnis nicht wünschenswert.

Bei der Zuordnung des Kindes zum Wunschvater besteht die Möglichkeit, dass er, selbst wenn er sich weigert, eine Anerkennung abzugeben, in die soziale Vaterrolle hineinwächst.[38] Dies ist insbesondere zu erwarten, wenn das Gesetz ihm zu einem Zeitpunkt die Vaterschaft zuschreibt, zu dem der Kinderwunsch noch bestand. Dieser Zeitpunkt ist bei Abgabe der Einverständniserklärung gegeben, selbst wenn kurz nach der Zeugung kein Interesse mehr an der Vaterschaft geäußert wird. Bei einer Zuordnung zu diesem Zeitpunkt würde zugleich eine Verei-

35 *Schumacher*, FamRZ 1987, 313, 317; *Coester-Waltjen*, NJW 1983, 2059, 2059; bei einem anerkennungswilligen Vater stellt sich diese Frage gleichermaßen nicht. Ist der Wunschvater bereit eine Anerkennung abzugeben, würde ihn auch eine präkonzeptionelle Anerkennung nicht schrecken. Negative Effekte wären nicht zu erwarten, stattdessen würde eine solche Regelung die Statusklarheit fördern.

36 Insbesondere ein vertraglicher Unterhaltsanspruch, vgl. *OLG Stuttgart* BeckRS 2014, 17927; *OLG Karlsruhe* FamRZ 2014, 313, 314.

37 Nach einer Studie liegen finanzielle Motive des Spenders in etwa genauso oft vor wie altruistische, vgl. *Kentenich/Wohlfahrt* in: *Duttge/Engel/Lipp/Zoll*, S. 51, 57.

38 Ähnlich: *Wanitzek*, S. 291.

telung der Anerkennung durch die Mutter verhindert. Dem Kindeswohl ist eine solche Zuordnung am zuträglichsten.[39] Auch der verheiratete Wunschvater wird über § 1592 Nr. 1 als Vater des Kindes zugeordnet. Der Beitrag, den der unverheiratete Wunschvater leistet, gleicht aber dem des verheirateten Mannes.[40] Diese Überlegung rechtfertigt die Zuordnung zum (unverheirateten) Wunschvater, zumal beide Väter auch beim Ausschluss des Anfechtungsrechts (§ 1600 V) gleich behandelt werden.[41] Selbst wenn im Verlauf der Schwangerschaft die Beziehung des Wunschvaters zur Mutter zerbricht und deswegen keine Anerkennung mehr erfolgen würde[42], ist es nicht ausgeschlossen, dass sich der Wunschvater zukünftig um das Kind kümmern möchte, da er es ursprünglich als „sein Kind" zeugen ließ.[43] Dass der Wunschvater die soziale Vaterrolle tatsächlich übernehmen wird, kann jedenfalls nicht pauschal als unrealistisch betrachtet werden. Auch wenn nur finanzielle Pflichten in Form von Unterhalt entstehen, hilft dies, das Wohl des Kindes und das der Mutter zu fördern. Jedenfalls wird die psychologische Bedeutung einer Vaterschaft für das Kind, auch wenn diese nicht durch eine familiäre Beziehung geprägt ist, nicht generell verneint.[44] Zudem bliebe das Kind nicht an das rechtliche Band zum Wunschvater geknüpft, da es sich durch Anfechtung von diesem lösen könnte, wenn die Zuordnung gegen seine Interessen verstößt.[45] Die Folge wäre zwar die Vaterlosigkeit, die sich dann jedoch als selbst gewähltes Schicksal des Kindes darstellt und nicht gesetzlich vorgezeichnet ist. Darüber hinaus ist dann der Weg für Anerkennungen anderer Männer oder für die Feststellung des Samenspenders frei.

Wünschenswert ist mithin eine primäre Feststellung der Vaterschaft des Wunschvaters, sekundär sollte eine Zuordnung des Samenspenders möglich sein.[46] Die Vaterlosigkeit des Kindes ist möglichst zu vermeiden, erfolgt sie aber auf Initiative des Kindes selbst, ist sie hinzunehmen.

5. Vereinbarkeit mit dem Recht auf Kenntnis der eigenen Abstammung

Diesem Wunschergebnis steht nicht das Recht auf Kenntnis der eigenen Abstammung des Kindes entgegen. Dennoch wurde vertreten, dass eine Zuordnung zum genetischen Vater dem Kind eine bessere Möglichkeit gebe, seine Wurzeln zu

---

39 *Helms* in: *Röthel/Löhnig/Helms*, S. 49, 55 f.
40 *Taupitz/Schlüter*, AcP 2005, 591, 595.
41 *Taupitz/Schlüter*, AcP 2005, 591, 595.
42 So *Schumacher*, FamRZ 1987, 313, 317 Fn. 43.
43 Vgl. *Wanitzek*, S. 291, die auf die geringe Zahl der anfechtenden Wunschväter hinweist.
44 *Wanitzek*, S. 298.
45 Auch de lege ferenda ist aus diesem Grund durchaus an die Zulässigkeit einer Anfechtung durch das Kind zu denken, siehe dazu S. 90 ff.
46 Ebenso: *Wanitzek*, S. 289 ff.; dazu ausführlich unten, S. 113 ff.

ergründen.[47] Das überzeugt allerdings nicht. Die (wahrheitswidrige) Zuordnung zum Wunschvater verschließt dem Kind die Möglichkeit zur Erforschung der eigenen Wurzeln bereits de lege lata nicht.[48] Nach dem geltenden Recht kann das Kind vom Befruchtungsarzt oder der Mutter die Auskunft über die leiblichen Eltern verlangen, unabhängig davon, wer als rechtlicher Elternteil zugeordnet ist.[49] Es geht dem Kind dann um die Erlangung von Kenntnissen, ohne dabei statusrechtliche Schritte einleiten zu wollen. Es stört also nicht, wenn eine Zuordnung entgegen der Statuswahrheit erfolgt, solange eine Möglichkeit besteht, das Recht auf Kenntnis der eigenen Abstammung zu verwirklichen. Dem wird auch durch das bestehende Anfechtungsrecht des Kindes Rechnung getragen. Eine primäre, wahrheitswidrige Zuordnung zum Wunschvater schränkt das Recht des Kindes auf Kenntnis der eigenen Abstammung jedenfalls nicht ein.

III. Reformvorschlag über die Zuordnung des Wunschvaters

Das angestrebte Ergebnis der Zuordnung des Samenspendekindes zum Wunschvater kann auf verschiedenen Wegen erreicht werden, wie der Vergleich mit anderen europäischer Rechtsordnungen gezeigt hat.

1. Regelungsalternativen

Es bieten sich vier Handlungsalternativen an, die im Ergebnis eine Zuordnung zum Wunschvater garantieren könnten:

Es könnte

- eine Anerkennungspflicht,
- eine neue Vaterschaftsvermutung,
- ein vierter Zuordnungstatbestand der Vaterschaft oder
- eine präkonzeptionelle Anerkennungsmöglichkeit geschaffen werden.

a. Möglichkeit einer Anerkennungspflicht

Vereinzelt wurde in Deutschland eine Anerkennungspflicht für den Fall vertreten, dass der unverheiratete Wunschvater der künstlichen Befruchtung zugestimmt hat und es zur Empfängnis gekommen ist.[50] De lege lata ist es jedoch nicht möglich, den Wunschvater unter Hinweis auf seine Zustimmung zu einer Anerkennung zu zwingen.[51] Auch de lege ferenda ist die Einführung einer solchen Pflicht abzu-

---

47 *Coester-Waltjen*, NJW 1983, 2059, 2060.

48 Zum Änderungsbedarf bezüglich des Anspruchs auf Nennung des leiblichen Vaters etc. siehe S. 125 ff.

49 Ausführlich: S. 136 ff.

50 Staudinger/*Rauscher* (1997), Einl. zu §§ 1589 ff BGB, Rn. 123; siehe auch *Taupitz/Schlüter*, AcP 2005, 591, 596; *Wanitzek*, S 336.

51 *Helms* in: *Röthel/Löhnig/Helms*, S. 49, 57; *Roth*, DNotZ 2003, 805, 807.

lehnen. Da es sich bei der Anerkennung um eine Willenserklärung handelt, deren Abgabe unter Zwang von der Rechtsordnung grundsätzlich nicht geduldet werden kann, wäre eine solche Lösung mit den Prinzipien des BGB nicht zu vereinen.[52] Sie könnte nicht systemkonform in das Abstammungsrecht eingefügt werden.[53] Auch den Rechtsordnungen anderer europäischer Staaten ist eine Pflicht zur Anerkennung nach erfolgreicher Zeugung/Geburt des Kindes fremd. Daher ist eine andere Lösung zu favorisieren.

b. Möglichkeit einer neuen Vaterschaftsvermutung

Um die Möglichkeit zu schaffen, auch den Wunschvater im Fall einer Befruchtung mit Spendersamen als rechtlichen Vater feststellen lassen zu können, könnte alternativ eine neue Vaterschaftsvermutung in das Gesetz eingefügt werden.[54] Bei Einfügung einer Vermutung nach dem Vorbild des österreichischen oder französischen Rechts bliebe in Deutschland ein Vaterschaftsfeststellungsverfahren gemäß §§ 1592 Nr. 3, 1600d notwendig, in dessen Rahmen die Vermutung ihre Wirksamkeit entfalten würde.[55] Bereits gegenüber einer präkonzeptionellen Anerkennung wurde aber Kritik geäußert, da diese unwahre Angaben fördere.[56] Dies träfe umso mehr auf eine Vaterschaftsvermutung zu. Die Vermutungen des § 1592 haben gemeinsam, dass sie regelmäßig der Statuswahrheit entsprechen, auf der das deutsche Abstammungsrecht aufbaut. Die Vermutung des Ehemanns als Vater sowie die Vermutung des § 1600d II zeichnen sich gerade dadurch aus, dass sie zumeist kongruent zu den tatsächlichen Abstammungsverhältnissen einen Mann als Vater benennen. Eine Zuordnung, die dem Wunschvater die rechtliche Vaterschaft überträgt, würde im heterologen System aber immer zu einer Inkongruenz führen. Eine solche Vermutungsregel wäre ein *„Fremdkörper"* im deutschen Abstammungssystem, da im Rahmen einer Vaterschaftsfeststellung in aller Regel anhand der (genetischen) Abstammung entschieden wird.[57] Das Gericht ist gerade deshalb dazu

---

52 *Wanitzek*, S. 336; *Huth*, S. 79.

53 *Wanitzek*, S. 336; *Coester-Waltjen*, Reproduktionsmedizin 2002, 183, 191; vgl. zur Entscheidungsfreiheit bei Abgabe einer Willenserklärung auch *Wolf/Neuner*, § 30 Rn. 8 ff.

54 *Kirchmeier*, FamRZ 1998, 1281, 1286 unter Hinweis auf das österreichische Recht; *Wanitzek*, S. 336 ff.; *Weyrauch*, S. 173; *Huth*, S. 99 f.; allgemein dazu auch *Schwenzer*, Gutachten 59. DJT, A 32. *Schumann* in: *Rosenau*, S. 155, 182, vermengt die präkonzeptionelle Anerkennung mit der Feststellungsmöglichkeit nach österreichischem Recht.

55 Rieck/*Nademleinsky*, Österreich, Rn. 31; *Wanitzek*, S. 338 Fn. 698; *Kirchmeier*, FamRZ 1998, 1281, 1286.

56 So *Kirchmeier*, FamRZ 1998, 1281, 1286, dazu im Folgenden S. 69 f.

57 *Kirchmeier*, FamRZ 1998, 1281, 1286; so auch *Coester-Waltjen*, Reproduktionsmedizin 2002, 183, 191; wohl ebenso: *Weyrauch*, S. 173; a.A. *Wanitzek*, S. 335, die sich vom rein genetischen Abstammungsbegriff löst; ebenso *Huth*, S. 100 ff., die unter Hinweis auf die Adoption und bewusst wahrheitswidrige Anerkennungen eine Vereinbarkeit mit den Prinzipien des Abstammungsrecht bejaht.

angehalten, stets eine Abstammungsuntersuchung anzuordnen. Es entstünden in diesem Verfahren jedoch zwangsläufig Irritationen zwischen Samenspender und Wunschvater, weil ersterer der genetische Vater wäre, letzterer aber vom Gesetz als Vater vermutet würde.[58] Unbeantwortet bliebe auch die Frage, ob nach einer Anfechtung (bspw. durch das Kind) erneut eine Feststellung des Wunschvaters nach einer solchen Vermutung erfolgen könnte bzw. inwiefern diese ausgeschlossen wäre (Rechtsmissbrauch?).

Die Einführung einer Vermutung in der oben geschilderten Art lässt sich im Ergebnis nicht in das deutsche Abstammungsrecht einfügen, ohne dessen Grundsätze zu ändern. Sie scheidet somit aus.

c. Möglichkeit eines vierten Vaterschaftszuordnungstatbestandes

Statt der Einführung einer Vermutung könnte ein vierter Zuordnungstatbestand geschaffen werden, der die Vaterschaft direkt dem Mann zuschreiben würde, der der künstlichen Befruchtung zugestimmt hat.[59] Der Umweg über eine Feststellung wäre dann nicht erforderlich, der Weg wäre dieser jedoch sehr ähnlich. In die gleiche Richtung geht der Vorschlag, dem Einverständnis in die Befruchtung eine adoptionsähnliche Wirkung beizumessen.[60] Der 18. Deutsche Familiengerichtstag empfahl eine solche Regelung.[61] Diese Zuordnung würde auf das erklärte Einverständnis der Wunscheltern zur künstlichen Befruchtung abstellen und den nichtehelichen Wunschvätern gleichermaßen die rechtliche Vaterschaft zuschreiben, wie sie ehelichen Wunschvätern aufgrund von § 1592 Nr. 1 zugeordnet wird.[62] Für ehelich geborene Kinder wäre die Zuordnungsalternative nach § 1592 Nr. 1 weiterhin vorrangig.[63] Der Anknüpfungspunkt einer solchen Vorschrift läge im zeugungsbegründenden Einverständnis, dass die Zuordnung zum Wunschvater rechtfertigen würde.[64]

Eine nähere Untersuchung zeigt aber, dass die Einfügung eines solchen Tatbestands in das deutsche Abstammungsrecht Schwierigkeiten bereiten würde.[65] Die

---

58 *Kirchmeier*, FamRZ 1998, 1281, 1286.

59 *Wanitzek*, S. 336 ff; eine denkbare Formulierung im Sinne *Wanitzeks* wäre hier wohl: Vater eines Kindes ist der Mann, der der Vornahme einer künstlichen Befruchtung an der Mutter zugestimmt hat; in diesem Sinne auch *Helms* in: *Duttge/Engel/Lipp/Zoll*, S. 37, 40 f.; *Wellenhofer*, FamRZ 2013, 825, 830; *Dethloff/Gerhardt*, ZRP 2013, 91, 93; *Huth*, S. 80 ff.

60 *Gernhuber/Coester-Waltjen*, § 53 Rn. 10; Beschluss B III des 59. DJT 1992, FamRZ 1992, 1275, 1275; in diese Richtung auch *Siede*, FamRB 2013, 244, 246.

61 Vgl. *Brudermüller/Schürmann*, FamRZ 2009, 1967, 1970: *„§§ 1592, 1593 BGB sollten dahin ergänzt werden, dass ein Mann, der ohne mit der Mutter verheiratet zu sein in die heterologe künstliche Befruchtung mittels Samenspende eingewilligt hat, aufgrund seiner Einwilligung als Vater des Kindes gilt.“*

62 *Wanitzek*, S. 339.

63 *Wanitzek*, S. 339.

64 *Wanitzek*, S. 337.

65 Vgl. *Coester-Waltjen*, Reproduktionsmedizin 2002, 183, 191.

vorgeschlagene Änderung würde, ebenso wie § 1592 Nr. 1, eine Vermutung der Vaterschaft begründen. § 1592 Nr. 1 gründet auf der Vermutung der Abstammung, da der Ehemann der Mutter regelmäßig genetischer Vater des Kindes ist. Die Rechtfertigung der vorgeschlagenen Regelung wäre jedoch gerade nicht die vermutete Abstammung, da sie insbesondere bei heterologen Befruchtungen angewendet werden würde. In der überwiegenden Zahl der Fälle wäre somit im Vorhinein klar, dass keine Kongruenz zwischen Genetik und rechtlicher Zuordnung bestünde. Rechtfertigungsgrund der Norm könnte daher nur der Wille zur Elternschaft sein, der durch das zeugungsbegründende Einverständnis zum Ausdruck gebracht wird. Dem Willen zur Elternschaft wird aber bereits im Rahmen der Anerkennung die rechtliche Würdigung verliehen, ist hier sogar tragendes Prinzip. Der Gesetzgeber hat im Rahmen der Anerkennung bewusst auf eine Prüfung der Statuswahrheit verzichtet und stattdessen die Bereitschaft zur Übernahme der Verantwortung für das Kind als alleiniges rechtfertigendes Merkmal anerkannt. Anstatt einen vierten Vaterschaftszuordnungstatbestand einzufügen, der auf derselben Rechtfertigung wie die Anerkennung beruhen würde, wäre es daher sinnvoller und stimmiger, den schon bestehenden Tatbestand der Anerkennung anzupassen.

d. Möglichkeit der präkonzeptionellen Anerkennung

Zuletzt verbleibt somit die Möglichkeit, eine präkonzeptionelle Anerkennung zuzulassen. Obgleich vereinzelt die Möglichkeit einer solchen Anerkennung de lege lata bejaht wird, ist sie nach dem eindeutigen Wortlaut des Gesetzes nicht zulässig.[66] Es stellt sich die Frage, ob durch die Möglichkeit einer präkonzeptionellen Anerkennung die Erzielung sachgerechter Ergebnisse ermöglicht werden könnte.

Die Einführung einer Regelung ähnlich der im britischen bzw. griechischen Recht liegt auch im deutschen Recht nahe. Bei der künstlichen Befruchtung besteht die Besonderheit, dass ohne das Einverständnis des Wunschvaters kein Leben gezeugt werden würde, vgl. Punkt 3.2.6 AssRepRL, auch wenn das Einverständnis selbst nicht als Zeugungshandlung gewertet werden kann.[67] Aus rechtlicher Sicht zieht das Einverständnis derzeit lediglich vertragliche Ansprüche der Mutter und des Kindes gegen den Wunschvater nach sich, statusrechtlich hat es hingegen keine Bedeutung. Anders als im Fall einer natürlichen Befruchtung liegt aber bereits vor der Zeugung zwingend eine Erklärung des Wunschvaters vor, künftig die Verantwortung für das Kind zu übernehmen.[68] Vergleicht man diese Erklärung mit einer statusrechtlich relevanten Anerkennung, lassen sich deutliche Überschneidungen erkennen.

---

66 S.o. S. 55.

67 So aber *Wanitzek*, S. 332, dagegen *Roth*, DNotZ 2003, 805, 809.

68 Liegt eine solche nicht vor, besteht auch kein Grund, den nicht genetischen Partner der Wunschmutter als Vater zuzuordnen. Vom „Wunschvater“ kann dann keine Rede sein.

aa. Vergleich von Einverständnis und Anerkennung

Das zeugungsbegründende Einverständnis ist wie die Anerkennung eine Willenserklärung[69], wobei erstere formlos möglich ist. In der Praxis wird aber regelmäßig die nach Punkt 3.2.6 AssRepRL vorgesehene Schriftform eingehalten. Vielfach wird darüber hinaus eine notarielle Beurkundung vorgenommen. Für die Anerkennung hingegen ist die öffentliche Beurkundung als Formvoraussetzung gesetzlich vorgeschrieben, § 1597 I.

Beim Vergleich der Motive, die zur Abgabe der Erklärungen bewegen, lassen sich erhebliche Gemeinsamkeiten erkennen. Die Motivation bei Erklärung des Einverständnisses in die Befruchtung ist der Wunsch nach einem „eigenen" Kind. Der Einwilligende erklärt mit seinem Einverständnis die Bereitschaft, das Kind künftig als sein eigenes aufzuziehen.[70] Damit bringt er zum Ausdruck, dass er sich seines Handelns bewusst ist und erklärt, in Zukunft tatsächlich für das Kind zu sorgen und die Elternverantwortung zu übernehmen.[71]

Obwohl die Zeugung eines Kindes zunächst keine rechtliche Komponente aufweist, wird zudem eine konkrete Rechtsfolge anvisiert. Im Gegensatz zur Anerkennung könnte man den Wunscheltern zwar unterstellen, dass sie mit ihrem Einverständnis lediglich die Übernahme der sozialen Elternrolle erklären, ohne eine statusrelevante Rechtsfolge herbeiführen zu wollen. Diese Überlegung überzeugt indes nicht. Dagegen spricht bereits, dass jedenfalls die (genetische) Wunschmutter als rechtlicher Elternteil zugeordnet wird.[72] Auf Seiten der Frau wird mit der Einverständniserklärung damit zwangsläufig der Wille zur rechtlichen Verantwortungsübernahme geäußert. Eine Beschränkung der Erklärung nur auf den Willen zur Übernahme der sozialen Elternschaft hätte nämlich zur Folge, dass die Wunscheltern bewusst auf die rechtliche Elternschaft und in der Folge auf alle rechtlichen Beziehungen zum Kind verzichten. Sie begäben sich damit sehenden Auges in die Gefahr, dass staatliche Organe die Sorge für das Kind übernehmen und dieses aus der Familie herausnehmen. Für Wunscheltern, deren Kinderwunsch so groß ist, dass sie die Risiken und Belastungen einer künstlichen Befruchtung in Kauf nehmen, wäre dies das emotionale „worst-case" Szenario. Es ist somit festzustellen, dass die Wunscheltern zum Zeitpunkt der Abgabe des zeugungsbegründenden Einverständnisses zugleich (konkludent) ihre Bereitschaft zur Übernahme der rechtlichen Elternschaft erklären.[73] Gerade der Wunschvater wird seine Erklärung vor der Zeu-

---

69 *OLG Karlsruhe* FamRZ 2012, 1150, 1150; Staudinger/*Rauscher*, § 1600 BGB, Rn. 80: *„die Einwilligung* [wird] *als rechtsgeschäftliche Erklärung erkannt und entsprechend den Regeln über Willenserklärungen unterstellt"*; *Huth*, S. 173 f.

70 Vgl. *Wanitzek*, S. 199.

71 *Wanitzek*, S. 289.

72 Außer in Fällen der Leih- und Ersatzmutterschaft.

73 *Spickhoff* in: FS Schwab, S. 923, 933 f., rechtfertigt in ähnlicher Art und Weise die Einordnung als Willenserklärung damit, dass durch sie mittelbar die Möglichkeit geschaffen werde, die rechtliche Vaterschaft zu begründen; ebenso Spickhoff/*ders.*, § 1600 BGB, Rn. 12; *OLG Karlsruhe* FamRZ 2012, 1150, 1151.

gung nicht lediglich auf die Übernahme der sozialen Elternschaft beschränken, da er die soziale Vaterrolle nur dauerhaft und sicher ausfüllen kann, wenn er zugleich die rechtliche Vaterschaft innehat.

Das zeugungsbegründende Einverständnis wird folglich vom *Willen zur Elternschaft* getragen, sowohl in sozialer, als auch in rechtlicher Hinsicht.[74] Mit dem Willen zur Elternschaft ist damit dieselbe Motivation prägend, die auch grundlegend und rechtfertigend für die *statusrelevante Anerkennung* nach §§ 1592 Nr. 2, 1594 ist. Der Wille zur Elternschaft ist im Rahmen einer künstlichen Befruchtung sogar deutlicher ausgeprägt als bei natürlichen Zeugungen, da die Übernahme der Verantwortung für ein noch nicht existierendes Kind erklärt wird. Die Wunscheltern begründen dadurch so starkes Vertrauen in die Übernahme der Elternrolle, dass erst darauf aufbauend ein Kind gezeugt wird. Dennoch werden nur im Fall der Anerkennung statusrechtliche Folgen an die Willenserklärung geknüpft. Sowohl Wunschmutter als auch Wunschvater sind aber an dem Vertrauen festzuhalten, dass sie durch Erklärung ihres Einverständnisses erzeugt haben.[75] Grundsätzlich könnte man also bereits in der Erklärung des Einverständnisses eine Anerkennung erkennen, die Bedingungsfeindlichkeit der Anerkennung, § 1594 III, und deren Formbedürftigkeit vereiteln dies aber.[76]

bb. Verknüpfung von Anerkennung und Einverständniserklärung

De lege ferenda ist es sinnvoll, das Einverständnis in die künstliche Befruchtung obligatorisch mit einer präkonzeptionellen Anerkennung zu verbinden, so dass beide Willenserklärungen parallel abgegeben werden müssten.[77]

---

74 So erkennt auch das *OLG Oldenburg*, Beschluss vom 30. Juni 2014, Az.: 11 UF 179/13, dass die Einwilligung des Wunschvaters *„zumindest mittelbar auf die Rechtswirkungen der Vaterschaft gerichtet* [ist]".

75 Anders noch *BGH* NJW 1983, 2073, 2074. Der *BGH* sah durch diese Besonderheit ausdrücklich keine statusrechtlichen Wirkungen als gerechtfertigt an. Kritik hieran äußerte bereits *Coester-Waltjen*, NJW 1983, 2059, 2059 f., die im Ergebnis jedoch auch keine Erforderlichkeit sah, den Wunschvater statusrechtlich in die Verantwortung zu nehmen.

76 *Spickhoff*, AcP 1997, 398, 427, sieht die Bedingung der Schwangerschaft/des Zeugungserfolgs nach künstlicher Befruchtung schon nicht von der ratio legis des damaligen § 1600b I BGB a.F. (entspricht heute § 1594 III BGB) erfasst und betrachtet eine präkonzeptionelle Anerkennung nach teleologischer Reduktion der Norm somit als wirksam, fordert aber dennoch eine gesetzliche Klarstellung.
Eine Anerkennung könnte derzeit höchstens in einer nach der Zeugung erklärten Zustimmung gesehen werden, *Roth*, DNotZ 2003, 805, 808; *Spickhoff*, AcP 1997, 398, 425; wohl auch *Wanitzek*, S. 332 aber mit dem Hinweis, dass ein solcher Fall aufgrund der rechtlichen Lage (Einverständnis vor der Behandlung) nicht eintreten dürfte.

77 *Taupitz/Schlüter*, AcP 2005, 591, 595; ebenso MüKo/*Wellenhofer*, § 1594 BGB, Rn. 41; *Kaiser* in: FS Brudermüller, S. 357, 368; *Zypries/Zeeb*, ZRP 2014, 54, 55; a.A. *Huth*, S. 54 f., 84.

Die Wirkung des Einverständnisses als fiktive Anerkennung wie in Griechenland ist für das deutsche Rechtssystem unpassend, da die rechtliche Zulässigkeit der Zeugung streng von deren abstammungsrechtlichen Folgen getrennt wird. Ohne die Einführung eines Fortpflanzungsmedizingesetzes würden deshalb erhebliche Probleme folgen, die bereits bei der Formlosigkeit der Einverständniserklärung in die künstliche Befruchtung beginnen.

In Zukunft sollte neben der Einverständniserklärung in die künstliche Befruchtung vom Wunschvater daher zeitgleich die Abgabe einer präkonzeptionellen Anerkennung verlangt werden.[78] Zeitlich gesehen würde der Zeitpunkt der Anerkennung dabei nur geringfügig nach vorne verschoben,[79] da zurzeit bereits am ersten Tag der Schwangerschaft eine Anerkennung erfolgen könnte, vgl. § 1594 IV. Der nichteheliche Vater würde durch diese Vorverlagerung nicht benachteiligt, da die Anerkennung wie alle anderen Vaterschaftszuordnungen erst bei Geburt des Kindes ihre Wirksamkeit erlangen würde.[80] Auch der eheliche Wunschvater sollte zu einer solchen Anerkennung verpflichtet werden, um auszuschließen, dass durch eine Scheidung vor der Geburt des Kindes keine Zuordnung nach § 1592 Nr. 1 erfolgen könnte und das Kind somit vaterlos sein würde.[81] Zur Umsetzung müsste die Regelung der Anerkennung auf diese Situation angepasst werden, d.h. die Bedingungsfeindlichkeit für künstliche Befruchtungen mit Spendersamen eingeschränkt werden. Auch eine Änderung des ärztlichen Standesrechts wäre flankierend sinnvoll, um nicht nur die Möglichkeit einer präkonzeptionellen Anerkennung zu schaffen, sondern diese vor Beginn der Behandlung zwingend einfordern zu können.[82] Bestenfalls sollte endlich ein Fortpflanzungsmedizingesetz geschaffen werden, um die Art und Weise der Befruchtungsmethoden per Bundesgesetz zu regeln. Die bisherige Rechtslage ist eines demokratischen *„Rechtsstaats unwürdig“*.[83]

cc. Anerkennung bei widerrufener Einverständniserklärung

Bedenken bezüglich der Verknüpfung von Einverständniserklärung und Anerkennung ruft die freie Widerruflichkeit des Einverständnisses in die künstliche

---

78 Die Anerkennung muss sich selbstverständlich auf alle Kinder beziehen, die aus der künstlichen Befruchtung hervorgehen können, da Mehrlingsgeburten nicht unwahrscheinlich sind.

79 *Taupitz/Schlüter*, AcP 2005, 591, 595.

80 *Schumann* in: *Rosenau*, S. 155, 182.

81 In diesem Fall besteht im Ergebnis nämlich dieselbe Ausgangslage wie eingangs beschrieben, vgl. *Coester-Waltjen*, Reproduktionsmedizin 2002, 183, 191; *Roth*, DNotZ 2003, 805, 807, ist jedoch der Meinung, dass die Mutter in diesem Fall eine Anerkennung ohnehin nicht wolle.

82 So auch *Kaiser* in: FS Brudermüller, S. 357, 368.

83 *Wehrstedt*, FPR 2011, 400, 403; vgl. auch *Helms* in: *Röthel/Löhnig/Helms*, S. 49, 53 mit dem Hinweis darauf, dass *„alle wesentlichen Fragen des Gemeinwohls vom parlamentarischen Gesetzgeber selbst entschieden werden* [müssen]“; in diese Richtung ebenfalls *Riedel*, Der Gynäkologe 2009, 495, 496.

Befruchtung hervor, die bei einer Anerkennungserklärung so nicht gegeben ist, vgl. § 1597 III.[84] Auch ohne Änderung der Grundsätze der Widerruflichkeit würde aber ein zufriedenstellendes Ergebnis erzielt werden. Basierend auf dem dargelegten Reformvorschlag würden zeitgleich zwei Erklärungen abgegeben, die Einverständnis- und die Anerkennungserklärung. Das Einverständnis in die künstliche Befruchtung bleibt bis zur Zeugung frei widerruflich.[85] Die Anerkennung hingegen könnte weiterhin nur unter besonderen Voraussetzungen widerrufen werden, vgl. § 1597 III.

Widerruft der Wunschvater das Einverständnis in die Behandlung, wäre der Arzt nicht berechtigt, die Behandlung fortzusetzen. Eine Weiterbehandlung unterbliebe. Die weiterhin wirksame Anerkennungserklärung liefe damit ins Leere und hätte somit keine rechtlichen Folgen.[86] Spätestens nach einem Jahr könnte sie widerrufen werden, § 1597 III. Angedacht werden könnte insofern auch eine Verkürzung dieses Zeitraums.

Anders wäre die Situation bei einer Fortsetzung der Behandlung trotz Widerrufs der Einverständniserklärung, was eine Seltenheit darstellen sollte. In diesem Fall würde der Wunschvater zunächst als rechtlicher Vater des Kindes zugeordnet, eine Anfechtung der Vaterschaft wäre aber nicht ausgeschlossen, da die Einverständniserklärung im Sinne von § 1600 V wirksam widerrufen worden wäre.[87] Die ungewollte statusrechtliche Zuordnung zum Kind könnte somit beseitigt werden. Abgesehen davon wären Schadensersatzansprüche gegen die behandelnden Ärzte oder die Mutter denkbar. Auch bei einem Widerruf der Einverständniserklärung würde somit ein interessengerechtes Ergebnis erzielt werden.

dd. Mangelnde Identifizierbarkeit des Kindes

Bedenken sind in der Hinsicht geäußert worden, dass eine mangelnde Identifizierbarkeit des anzuerkennenden Kindes dem präkonzeptionellen Anerkenntnis entgegenstünde.[88] Dies scheint auf den ersten Blick nachvollziehbar, da die Anerkennung zu einem Zeitpunkt erfolgen würde, in dem noch kein Embryo existiert, auf den

---

84 Zur Widerruflichkeit der Anerkennung: *Spickhoff*, AcP 1997, 398, 426; *Huth*, S. 55.

85 So auch *Spickhoff*, AcP 1997, 398, 427.

86 *Roth*, DNotZ 2003, 805, 808; auf die hierbei bestehende Problematik eines objektlosen Anerkenntnisses weißen auch *Taupitz/Schlüter*, AcP 2005, 591, 594, hin.

87 Lediglich im homologen System wäre eine Anfechtung dann ausgeschlossen, es könnte aber ohnehin eine Feststellung der Vaterschaft des Wunschvaters erfolgen, gegen die er sich nicht wehren könnte. Der Fall ist letztlich nicht anders zu handhaben als Fälle des „Samenraubs". Es sind schadensersatzrechtliche Ansprüche gegen die Mutter denkbar, eine statusrechtliche Beseitigung der Vaterschaft ist aber nicht möglich.

88 *Wanitzek*, S. 333; *Helms* in: *Röthel/Löhnig/Helms*, S. 49, 57; *ders.* in: *Duttge/Engel/Lipp/Zoll*, S. 37, 39; *Helms/Kieninger/Rittner*, Rn. 25; in diese Richtung auch *Weyrauch*, S. 173.

sich die Anerkennung konkretisieren könnte.[89] Eine ausreichende Identifizierbarkeit ist allerdings dennoch gewährleistet. Die Anerkennung würde sich explizit auf alle Kinder konkretisieren, die aus der nachfolgenden künstlichen Befruchtung der Wunschmutter entstehen.[90] Damit bezöge sie nicht jegliches „nächstes Kind" der Frau mit ein, da dieses auch aus einer natürlichen Zeugung mit einem Dritten stammen könnte.[91] Somit wäre klar umrissen, auf welche Kinder sich das Anerkenntnis zukünftig beziehen würde. Bedenken gegen die Identifizierbarkeit des Kindes greifen somit nicht durch.[92] Es läge eine bedingte Anerkennungserklärung für alle Kinder vor, die aus der Behandlung hervorgehen. Ein objektloses Anerkenntnis würde damit verhindert.[93] Das Einverständnis und die Anerkennung müssten sich dafür lediglich auf eine *„konkret bevorstehende Zeugung"* beziehen.[94]

ee. Förderung falscher Angaben

Kirchmeier kritisiert am Modell der präkonzeptionellen Anerkennung, dass dadurch wahrheitswidrige Anerkenntnisse bzw. falsche Angaben gefördert würden.[95] Ob die Umsetzung eine *„Förderung"* unwahrer Angaben bedeuten würde, kann dahingestellt bleiben. Die vermeintliche Förderung rührt letztlich daher, dass die Normen nicht nur bei der Behandlung im homologen System sondern auch im heterologen System Anwendung fänden. Gerade dort besteht dringender Handlungsbedarf. Bei einer Befruchtung im heterologen System würde richtigerweise entgegen der Statuswahrheit dem Wunschvater die rechtliche Vaterschaft zugewiesen. Dies ist indes kein besonderes Problem der präkonzeptionellen Anerkennung, sondern ergibt sich bereits aus der Tatsache der grundsätzlichen Zulassung von wahrheitswidrigen Anerkennungen und heterologen Befruchtungen.[96] Wollte man wahrheitswidrige

---

89 *Wanitzek*, S. 333 f. Sie folgert daraus, dass eine Anerkennung erst nach *„erfolgreicher assistierter Zeugung"* möglich ist. Sie vertritt weiterhin den Ansatz, dass durch eine Vaterschaftsfeststellung auch im Rahmen einer heterologen Insemination der Wunschvater als rechtlicher Vater festgestellt werden kann, indem sie den Abstammungsbegriff i.S.d. BGB in die Komponenten „Zeugungshandeln „und „Willen zur Elternschaft" aufspaltet, S. 334 ff.

90 *Helms* in: *Röthel/Löhnig/Helms*, S. 49, 55; ausgeschlossen wären damit Kinder, die auf natürlichem Wege von Dritten gezeugt werden, während die Behandlung bereits begonnen hat; *ders.* in: *Duttge/Engel/Lipp/Zoll*, S. 37, 39.
Das Risiko einer Mehrlingsgeburt ist gerade bei künstlichen Befruchtungen hoch, so dass sich eine Anerkennung auf alle entstehenden Kinder beziehen muss. Das ist aber insofern unproblematisch, als sich auch schon die pränatale Anerkennung auf alle Mehrlingskinder erstreckt, vgl. MüKo/*Wellenhofer*, § 1594 BGB, Rn. 41.

91 *Helms* in: *Duttge/Engel/Lipp/Zoll*, S. 37, 39.

92 *Roth*, DNotZ 2003, 805, 808.

93 *Kirchmeier*, FamRZ 1998, 1281, 1286.

94 *Taupitz/Schlüter*, AcP 2005, 591, 595.

95 *Kirchmeier*, FamRZ 1998, 1281, 1286.

96 Vgl. *Roth*, DNotZ 2003, 805, 808 f.

Anerkennungen und Zuordnungen vermeiden, wären nur die Feststellung des Samenspenders als Vater oder das Verbot der Samenspende denkbar. Die Zuordnung der Vaterschaft zum Wunschvater ist aber aus Kindeswohlgesichtspunkten zu fördern. Auch Bedenken gegen die Verwendung von Spendersamen überzeugen nicht. Für die Mutter wäre das wahrheitswidrige Anerkenntnis selbst dann positiv zu bewerten, wenn es zu einer Fehl- oder Totgeburt des Kindes kommt. Die Anerkennung löst dann nämlich Ansprüche der Mutter gegen den anerkennenden Wunschvater aus, § 1615n S. 1, Fall 2 i.V.m. § 1615l I, die ansonsten nicht bestehen würden.[97] Es ist folglich hinzunehmen, dass entgegen der Genetik Zuordnungen der rechtlichen Vaterschaft vorgenommen werden würden. Die Probleme, die sich daraus ergeben, sind an anderer Stelle zu lösen.[98]

e. Zwischenergebnis

Im Ergebnis ist die Ermöglichung eines präkonzeptionellen Anerkenntnisses wünschenswert und rechtlich zu verwirklichen.[99] Sie würde zwar eine umfangreiche Reform nötig machen[100], der Aufwand ist jedoch gerechtfertigt, da so system- und interessengerechte Ergebnisse erzielt werden könnten.

2. Ausgestaltung der präkonzeptionellen Anerkennung

Im Zuge der konkreten Ausgestaltung der präkonzeptionellen Anerkennung sind verschiedene Aspekte zu beachten.

a. Ausnahme von der Bedingungsfeindlichkeit gem. § 1594 III BGB

Zunächst ist eine ausdrückliche Ausnahme von der Bedingungsfeindlichkeit der Anerkennung gemäß § 1594 III in das Gesetz einzufügen.[101] Eine solche Änderung lässt das System der Anerkennung grundsätzlich unberührt, da bereits de lege lata die pränatale Anerkennung unter der Bedingung der Lebendgeburt des Kindes steht.[102] Die bereits bestehende Ausnahmeregelung wird damit lediglich erweitert.

---

97 MüKo/*Wellenhofer*, § 1594 BGB, Rn. 41.

98 So im Rahmen der Anfechtung oder im Zuge eines Auskunftsanspruchs des Kindes auf Nennung der leiblichen Eltern.

99 So auch das Urteil des *VGH Mannheim* NJW 2012, 3254, 3258.

100 *Kirchmeier*, FamRZ 1998, 1281, 1286; *Schumacher*, FamRZ 1987, 313, 317 weisen auf einen *„beträchtlichen legislatorischen Aufwand"* hin.

101 *Kirchmeier*, FamRZ 1998, 1281, 1286.

102 *Roth*, DNotZ 2003, 805, 808; terminologisch genau stellt dies aber keine Bedingung, sondern eine Wirksamkeitsvoraussetzung dar, *Gernhuber/Coester-Waltjen*, § 52 Rn. 55; *Spickhoff*, AcP 1997, 398, 425.

b. Formerfordernis

Wegen der herausragenden Bedeutung der rechtlichen Elternschaft ist das bestehende Formerfordernis (§ 1597 I) auch bei einer präkonzeptionellen Anerkennung einzuhalten. Alle Formen der Begründung der rechtlichen Elternschaft durch Willensakt (Adoption, Anerkennung der Vaterschaft) zeichnen sich dadurch aus, dass an den Willensakt eine starke Bindung geknüpft wird, weswegen der Erklärende vor der übereilten Abgabe geschützt bzw. gewarnt werden muss.[103] Formvorschriften sind dafür ein geeignetes und probates Mittel. Für den Fall der präkonzeptionellen Anerkennung sollte daher auf ein Formerfordernis nicht verzichtet werden.

Der *BGH* geht davon aus, dass der Ehemann *„auch bei der Zustimmung zu einer heterologen künstlichen Samenübertragung* [...] *des rechtlichen Schutzes vor unüberlegten Entscheidungen über die künftige Rechtsstellung des Kindes* [bedarf].“[104] Dennoch weigerte sich der Gesetzgeber bisher, ein Formerfordernis für die Einverständniserklärung i.S.v. § 1600 V einzuführen. Ungeachtet der möglichen Notwendigkeit eines solchen Erfordernisses, ist der hier vertretene Reformvorschlag auch mit der Beibehaltung der Formlosigkeit der Einwilligung in die künstliche Befruchtung vereinbar, da neben dem medizinischen (formlosen) Einverständnis eine gesonderte (formbedürftige) Anerkennungserklärung abgegeben wird. Für diese ist die Form der öffentlichen Beurkundung (§ 1597 I) vorgesehen, wodurch die Warnfunktion ein ausreichendes Maß erreicht. Positiver Nebeneffekt ist zudem eine einfachere Beweisführung über die Einverständniserklärung in die Behandlung, da eine präkonzeptionelle Anerkennung das Vorliegen des Einverständnisses indiziert.[105]

c. Fortpflanzungsmedizinische Behandlung im Ausland

Erfolgt die künstliche Befruchtung im Ausland, könnte es weiterhin dazu kommen, dass keine Vaterschaftszuordnung zum Wunschvater stattfindet.[106] Der Wunschvater könnte sich dann selbst bei Umsetzung des vorgestellten Reformvorschlags seiner Verantwortung entziehen, da selbst wenn die obligatorische präkonzeptionelle Anerkennung (durch Standes- oder Bundesrecht) eingeführt werden sollte, dieses Erfordernis im Ausland keine Rechtswirkung entfalten würde. Es läge damit in der freien Entscheidung des Wunschvaters, ob er nach erfolgreicher Befruchtung eine Anerkennung abgibt.

Dieses Sonderproblem ließe sich nur lösen, wenn bereits im Einverständnis in die Behandlung selbst eine Anerkennung gesehen werden würde. Da der Formzwang der Anerkennung vor allem aber vor Übereilung schützen soll, ist solch eine formlose Anerkennung nicht zu befürworten. Daher ist Wunschmüttern zu raten, sich Behandlungen in Deutschland zu unterziehen um sicherzugehen, dass

103 *Coester-Waltjen*, NJW 1983, 2059, 2059.
104 *BGH* NJW 1983, 2073, 2074.
105 Dazu *Roth*, DNotZ 2003, 805, 813.
106 In diese Richtung *Roth*, DNotZ 2003, 805, 813.

der Wunschvater die Verantwortung für das Kind trägt. Sollte doch eine Behandlung im Ausland angedacht werden, könnte die Frau den Mann zudem bereits im Inland zu einer präkonzeptionellen Anerkennung drängen. Wegen der erschwerten Widerrufsmöglichkeit wäre damit die Zuordnung der Vaterschaft zum Wunschvater weitestgehend gesichert.

d. *Formulierungsvorschlag*

Konkret könnte der Vorschlag wie folgt umgesetzt werden[107]:

> **§ 1594 BGB Anerkennung der Vaterschaft**
> [...]
> (4) Die Anerkennung ist schon vor der Geburt des Kindes zulässig. *Die Anerkennung ist vor der Zeugung des Kindes zulässig, wenn diese durch eine künstliche Befruchtung erfolgt.*
>
> **§ 1595 BGB Zustimmungsbedürftigkeit der Anerkennung**
> (1) Die Anerkennung bedarf der Zustimmung der Mutter. *Im Fall des § 1594 Absatz 4 Satz 2 ist die Zustimmung der Frau erforderlich, die sich der künstlichen Befruchtung unterzieht.*
> [...]

Damit wäre eine interessengerechte Lage geschaffen, da der Wunschvater bereits vor der Zeugung des Kindes eine Anerkennungserklärung abgeben kann. Aufgrund der offenen Formulierung wäre dies sowohl bei homologen als auch bei heterologen Befruchtungen möglich. Auch die im 5. Kapitel behandelte Situation wäre damit entschärft. Da der Wunschvater zum Zeitpunkt des Behandlungsbeginns das Kind unbedingt haben möchte, ist die Abgabe der Anerkennung zu erwarten. Flankierend könnte in einem Bundesgesetz oder jedenfalls im ärztlichen Standesrecht vorgesehen werden, dass die Behandlung ohne die Abgabe einer solchen Anerkennung nicht begonnen wird.

B. Das Anfechtungsrecht der Wunscheltern

Für den Fall einer Behandlung mit Spendersamen regelt § 1600 V, dass die Wunscheltern bei konsentierter heterologer Befruchtung nicht zur Anfechtung der Vaterschaft berechtigt sind. Fraglich ist, ob die Regelung in der derzeit geltenden Form beibehalten werden kann oder ob Modifizierungen erfolgen sollten.

I. Ausschluss der Anfechtungsberechtigung der Wunscheltern

Grundsätzlich sind beide rechtlichen Elternteile anfechtungsberechtigt gemäß § 1600 I Nr. 1 bzw. Nr. 3. Dadurch kann sich der Scheinvater von einer „falschen“

---

107 Änderungen und Ergänzungen des geltenden Rechts werden jeweils *kursiv* hervorgehoben.

Vaterschaftszuordnung befreien. Auch die Mutter hat daneben oftmals ein berechtigtes Interesse, solche Zuordnungen aus eigenem Recht beseitigen zu können. Eine heterologe Befruchtung mittels Spendersamen stellt jedoch eine besondere Situation dar, wobei es zu zwei zu unterscheidenden Fällen kommen kann:

Im ersten Fall handelt die Wunschmutter ohne Wissen oder Zustimmung des Mannes, der später rechtlicher Vater des Kindes wird. Diese Situation ist nicht anders zu beurteilen, als wenn das Kind aufgrund eines Seitensprungs der Mutter auf natürliche Weise gezeugt wurde. Den rechtlichen Eltern – jedenfalls aber dem Vater – ist ein Anfechtungsrecht einzuräumen, da § 1600 V die Einwilligung des Vaters voraussetzt. Eine Anfechtung ist unabhängig davon möglich, ob die Zuordnung aufgrund einer Ehe mit der Mutter oder durch Anerkennung erfolgte.

Im zweiten Fall wirkt der rechtliche Vater bei der heterologen Insemination mittels Spendersamen aktiv mit. Beide Wunscheltern erklären vor der Zeugung ihr Einverständnis in die Herbeiführung einer Schwangerschaft der Frau unter Verwendung fremder Samenzellen. Um die Wunscheltern an ihrem erzeugten Vertrauen festzuhalten und das Kindeswohl zu fördern[108], sieht das Gesetz in § 1600 V einen Anfechtungsausschluss vor. Haben die Wunscheltern wirksam in die Behandlung der Mutter eingewilligt, können sie die Vaterschaft für das daraus entstandene Kind nicht anfechten, obgleich es genetisch nicht vom Wunschvater abstammt.

Davon zu unterscheiden ist der Fall, dass das Anfechtungsrecht des Kindes durch den gesetzlichen Vertreter geltend gemacht wird. Da wegen des Verlusts der rechtlichen Vaterschaftszuordnung erhebliche negative Folgen für das Kindeswohl zu erwarten sind, wird eine solche Umgehung des fehlenden eigenen Anfechtungsrecht zumeist an § 1600a IV scheitern.[109]

1. *Exkurs: Anfechtung einer bewusst „falschen" Vaterschaftsanerkennung*

Wird das Kind nicht aufgrund einer bestehenden Ehe zugeordnet, sondern durch Anerkennung des Wunschvaters, stellt sich die Frage, ob eine Anfechtung durch ihn nicht bereits deshalb ausscheiden muss, weil er zuvor die Vaterschaft freiwillig übernommen hat.[110]

Tatschlich sah der Referentenentwurf des *„Gesetzes über die rechtliche Stellung der unehelichen Kinder"*[111] im Jahr 1966 vor, die Anfechtung auszuschließen, *„wenn der Mann diese Umstände* [die gegen die Vaterschaft sprechen] *bereits zur Zeit der Beurkundung der Anerkennungserklärung kannte."*[112] Im Gesetz fand dies jedoch

108 Vgl. BT-Drucks. 14/2096, S. 7.

109 *Wellenhofer*, FamRZ 2013, 825, 827.

110 Dazu: *Gernhuber/Coester-Waltjen*, § 52 Rn. 107; *Luh*, S. 221 f.

111 Referentenentwurf eines Gesetzes über die rechtliche Stellung der unehelichen Kinder, abgedruckt in: *Schubert*, S. 224 ff.

112 § 1600i I S. 4 BGB-E des Entwurfs, vgl. *Schubert*, S. 226.

keinen Niederschlag, um dadurch die Anerkennungsbereitschaft nicht negativ zu beeinflussen.[113]

Auch der BGH entschied schon 1951, dass eine vorherige Anerkennung eine spätere Anfechtung durch den rechtlichen Vater nicht ausschließe.[114] Für das geltende Recht bestätigte dies das *OLG Köln*.[115] Die nachträgliche Anfechtung einer anerkannten Vaterschaft stelle keinen Rechtsmissbrauch dar und fördere Gefälligkeitsanerkenntnisse, die wünschenswert seien, bei Unanfechtbarkeit der Anerkennung aber seltener wären.[116] Die Auffassung überzeugt aufgrund des starken Grundrechtsbezugs (Art. 6) der Anerkennung. Entwickelt sich die Beziehung innerhalb der Anfechtungsfrist nicht wie erwartet, muss dem Anerkennenden die Möglichkeit gegeben werden, seine Entscheidung zu revidieren.[117]

Der Effekt, den eine Unanfechtbarkeit der Anerkennung haben würde, darf nicht vernachlässigt werden. Es ist damit zu rechnen, dass eine Abänderung der Anfechtbarkeit eine sinkende Anzahl von Anerkennungen zur Folge hätte. Männer könnten von einer Anerkennung absehen aus Angst, nicht der genetische Vater zu sein und die einmal erklärte Anerkennung nicht mehr beseitigen zu können.[118] Da die Anerkennung aber ein einfacher und unkomplizierter Weg zur Zuordnung der Vaterschaft ist, wäre es nicht kindeswohldienlich, ihr den Anreiz zu nehmen.

Darüber hinaus würde die Unanfechtbarkeit den genetischen Vater im Übermaß entlasten. Als solcher ist er für die Existenz des Kindes verantwortlich und hat somit grundsätzlich auch die Konsequenzen in Form von Unterhaltspflichten und erbrechtlichen Folgen zu tragen. Bei einem Anfechtungsausschluss wäre er aber nach einer einmal erfolgten Anerkennung weitestgehend von jeglicher Verantwortung freigestellt.

Auch systematisch erscheint das Anfechtungsrecht wenig bedenklich. Zur Wahrung der Statuswahrheit müssen Anfechtungen grundsätzlich möglich sein, wenn eine von der Genetik abweichende Zuordnung besteht. Lediglich in Ausnahmefällen ist ein Ausschluss der Anfechtung möglich. Dennoch wird die Nähe der Anerkennung zur Adoption als Argument für einen Anfechtungsausschluss herangezogen.[119] Eine Adoption sei grundsätzlich unaufhebbar, so dass dies auch für eine bewusst wahrheitswidrige Anerkennung gelten sollte.[120] Dieser Vergleich hinkt jedoch.[121] Es besteht nur eine geringe Ähnlichkeit der Sachverhalte, denn während die Adoption auf einer gerichtlichen Entscheidung beruht, stellt die Anerkennung lediglich eine

---

113 BT-Drucks. V/2370, S. 31.
114 *BGH* NJW 1951, 958, 959.
115 *OLG Köln* FamRZ 2002, 629 ff.
116 *OLG Köln* FamRZ 2002, 629, 630.
117 *OLG Köln* FamRZ 2002, 629, 630.
118 Siehe auch *OLG Köln* FamRZ 2002, 629, 630; ebenso *Heiderhoff* in: *Schwab/Vaskovics*, S. 273, 282.
119 *Luh*, S. 228.
120 *Luh*, S. 228.
121 Dazu auch *Heiderhoff* in: *Schwab/Vaskovics*, S. 273, 282.

(formbedürftige) Willenserklärung dar. Es ist daher gerechtfertigt, wenn der Adoption eine größere Bindungswirkung zukommt, da die Warnfunktion deutlicher hervortritt als bei der Abgabe einer formpflichtigen Willenserklärung.

Das Anfechtungsrecht des rechtlichen Vaters nach Anerkennung ist daher grundsätzlich beizubehalten.[122] Entscheidend ist in diesem Fall allein die genetische Herkunft des Kindes[123], die Statuswahrheit.

2. *Auffassungen der Rechtsprechung und des Gesetzgebers bezüglich eines Anfechtungsausschlusses*

§ 1600 V in der derzeitigen Form ist das Ergebnis einer langen Diskussion und Rechtsprechungsgeschichte.[124] In seiner ursprünglichen Rechtsprechung stellte der *BGH* fest, dass das Anfechtungsrecht des rechtlichen Vaters nicht durch Rechtsgeschäft ausgeschlossen werden könne.[125] Auch nach Zustimmung zur künstlichen Befruchtung der Ehefrau mittels Samenspende war die Anfechtung der Vaterschaft durch den Ehemann zulässig. Der Gesetzgeber führte in der Folge § 1600 V mit der Intention in das Abstammungsrecht ein, eine gleiche Ausgangslage für eheliche und nichteheliche Kinder zu schaffen.[126] Künstlich gezeugten Kindern solle ihr Status dauerhaft erhalten bleiben.[127] Dadurch solle dem Verlust von Unterhaltsansprüchen, Erbrechten und sozialen Beziehungen vorgebeugt werden, die negative Auswirkungen auf das Wohlbefinden des Kindes hätten.[128] Zudem dürfe es den Wunscheltern nicht ermöglicht werden, ihre Verantwortungsübernahme rückwirkend beseitigen zu können; die Regelung sei daher auch *„rechtethisch"* erforderlich.[129] Auch der *BGH* ist daher nunmehr der Ansicht, dass der Anfechtungsausschluss dem Schutz der persönlichen Beziehung des Kindes zu beiden Elternteilen diene und damit das Kindeswohl fördere.[130]

3. *Rechtsvergleich*

Ein rechtsvergleichender Blick nach *Österreich* offenbart, dass dort eine dem § 1600 V vergleichbare Regelung existiert.[131] § 152 ABGB schreibt vor, dass *„nicht die Feststellung begehrt werden* [kann], *dass das mit dem Samen des Dritten gezeugte*

---

122 So auch *Heiderhoff* in: *Schwab/Vaskovics*, S. 273, 282.
123 *Gernhuber/Coester-Waltjen*, § 52 Rn. 107.
124 Vgl. zur Rechtsprechungsgeschichte *Wanitzek*, S. 250 ff.
125 *BGH* NJW 1983, 2073, 2074; *BGH* NJW 1995, 2028, 2029.
126 BT-Drucks. 14/2096, S. 7.
127 BT-Drucks. 14/2096, S. 7.
128 BT-Drucks. 14/2096, S. 7.
129 BT-Drucks. 14/2096, S. 7; vgl. auch die Stellungnahme der Bundesregierung, a.a.O., S. 10.
130 *BGH* NJW 2005, 1428, 1428 f.
131 Vgl. dazu *Spickhoff* in: FS Schwab, S. 923, 927 ff.; vgl. auch unten S. 86.

Kind nicht vom Ehemann der Mutter abstammt."[132] Im Unterschied zum deutschen Recht unterliegt die Zustimmung zur Befruchtung in Österreich einem Formerfordernis, die Rechtsfolge ist jedoch die gleiche.

Auch in anderen Ländern – z.B. in der *Schweiz* (Art. 23 I FMedG, Art. 256 III ZGB)[133], in *Frankreich* (Art. 311-20 II CC) und in *Griechenland* (Art. 1471 II ZGB) – kann die Vaterschaft eines durch künstliche Insemination gezeugten Kindes nicht angefochten werden, wenn der Ehemann der Befruchtung zugestimmt hat.[134]

4. Kritische Betrachtung des Anfechtungsausschlusses

Obwohl das deutsche Recht an dieser Stelle somit im Einklang mit weiten Teilen der europäischen Rechtsordnungen steht, ist der Anfechtungsausschluss kritisch zu hinterfragen.

a. Ziel der Gleichstellung ehelicher und nichtehelicher Kinder

Das Ziel des Gesetzgebers, durch die Norm eine gleiche Ausgangslage für künstlich gezeugte eheliche und nichteheliche Kinder zu schaffen[135], ist zu begrüßen, kann durch die Rechtslage de lege lata aber nicht erreicht werden. Auch deswegen äußert sich *Muscheler* ablehnend zur geltenden Norm. Diese sei *„durch und durch verfehlt"* und habe für den Ehemann eine stärkere Bindungswirkung als für den nichtehelichen Lebensgefährten.[136] Diese Aussage ist im geltenden Recht aufgrund der unzureichenden Gesetzeslage und des Problems des anerkennungsunwilligen Wunschvaters nicht unbegründet.[137] Oben wurde deswegen gefordert, eine präkonzeptionelle Anerkennung des Wunschvaters zu ermöglichen.[138] Das Kind würde dadurch, gleich ob die Wunscheltern verheiratet sind oder nicht, stets beiden Wunschelternteilen zugeordnet werden. Folglich wäre auch die Bindungswirkung des § 1600 V für eheliche und nichteheliche Partner gleich. Wünschenswert ist eine solche Gleichstellung allemal. Art. 6 V GG fordert gleiche Bedingungen für eheliche und nichteheliche Kinder. Es ist auch kein Grund ersichtlich, warum nichteheliche Kinder hier anders behandelt werden sollten. Ihnen wird das gleiche Vertrauen in eine dauerhafte Übernahme der Verantwortung entgegengebracht wie ehelichen Kindern. Gründe für eine abweichende Regelung sind nicht ersichtlich, weshalb

132 Vormals § 157 ABGB.
133 Vgl. dazu unten S. 88 f.
134 *Helms* in: *Duttge/Engel/Lipp/Zoll*, S. 37, 43 (Fn. 22); Rieck/*Meyer*, Schweiz, Rn. 32; Rieck/*Eber-Arampatsi*, Frankreich, Rn. 39; Rieck/*Huebner/Vlachopoulos*, Griechenland, Rn. 27.
135 BT-Drucks. 14/2096, S. 7.
136 *Muscheler*, Rn. 562; dazu auch Staudinger/*Rauscher*, § 1600 BGB, Rn. 70 f.
137 Vgl. die oben ausführlich erläuterte Problematik bei Anerkennungsunwilligkeit des Wunschvaters: S. 54 ff.
138 Siehe S. 70 ff.; in diese Richtung ebenfalls *Hager*, FS Schwab, S. 773, 780; dagegen grundsätzlich Staudinger/*Rauscher*, § 1600 BGB, Rn. 71 f.

eine Gleichbehandlung zu gewährleisten ist. Die Gleichstellung nichtehelicher und ehelicher Kinder könnte durch § 1600 V tatsächlich erreicht werden, wenn die Problematik des anerkennungsunwilligen Vaters entsprechend dem hier ausgearbeiteten Vorschlag behoben werden würde.

b. Das Kindeswohl und der Vertrauensschutz

Als weiteres Argument führt der Gesetzgeber das Kindeswohl an. Nur durch den Anfechtungsausschluss sei sichergestellt, dass dem Kind Unterhalts- und Erbansprüche sowie die persönliche Bindung zum Wunschvater erhalten bleibe.[139]

Das Argument besitzt auf den ersten Blick wenig Überzeugungskraft, da damit ebenfalls gegen die Vaterschaftsanfechtung an sich argumentiert werden könnte.[140] Erst wenn man das widersprüchliche Verhalten der Wunscheltern in die Überlegung einbezieht, erlangt das Argument eine eigene Durchschlagskraft.[141] Das erkennt mutmaßlich auch der Gesetzgeber, da er auf das aufgebaute Vertrauen verweist, an dem der Wunschvater festzuhalten sei.[142] Tatsächlich ist der Wunschvater stärker zu binden als ein Mann, der die Vaterschaft eines natürlich gezeugten Kindes anerkennt. Wie bereits aufgezeigt[143] unterscheiden sich die Situationen gravierend im Maß des Vertrauens, das durch die Erklärungen der Väter erzeugt wird. Während der anerkennende Vater die Erklärung abgibt, für ein bereits gezeugtes oder gar geborenes Kind die Vaterschaft zu übernehmen, führt die Erklärung des Wunschvaters erst zur Zeugung eines Kindes, das ohne sein Zutun nicht geboren worden wäre. Im Fall des Vaters, der einer künstlichen Befruchtung zustimmt, ist das Vertrauen gegenüber Kind und Mutter damit so stark ausgeprägt, dass er sich hiervon nicht ohne weiteres lösen können darf.[144] Er steht nahezu einem Mann gleich, der unüberlegt ein Kind zeugt.[145] Das Wohl des Kindes erfordert es, dass der Wunschvater weiterhin die (zumindest finanzielle) Verantwortung trägt.[146] Insbesondere ist auch das Recht auf Kenntnis der eigenen Abstammung des Kindes nicht indirekt über ein

139 BT-Drucks. 14/2096, S. 7.

140 *von Sachsen Gessaphe*, NJW 2002, 1853, 1854.

141 *von Sachsen Gessaphe*, NJW 2002, 1853, 1854; dazu auch *Spickhoff* in: FS Schwab, S. 923, 926 f; *Rauscher*, Rn. 817.

142 BT-Drucks. 14/2096, S. 7.

143 Vgl. S. 57 f.

144 Vgl. *Schumacher*, FamRZ 1987, 313, 315; *Weyrauch*, S. 178; *Valentin*, S. 72; *Schumann* in: *Rosenau*, S. 155, 188; *Huth*, S. 163 f.; noch zum alten Recht *Harder*, JuS 1986, 505, 507; *Wanitzek*, S. 255.

145 *Schwenzer*, Gutachten 59. DJT, A 31.

146 Gleichwohl merkt *Gernhuber/Coester-Waltjen*, § 52 Rn. 16, dass eine finanzielle Verantwortung auch ohne das Statusband kreiert werden könne. Vertragliche Konstruktionen wie die des *BGH* weisen aber immer Schwächen auf (z.B. Wegfall der Geschäftsgrundlage, § 313 BGB), die Unterhaltsansprüche so nicht kennen.

Anfechtungsrecht der Wunscheltern zu gewährleisten, sondern auf einem direkten Weg über eigene Anfechtungsrechte des Kindes sicherzustellen.[147]

Aus diesem Grund ist die Anfechtung berechtigterweise auch dann ausgeschlossen, wenn das Kind mit dem Samen eines Spenders befruchtet wird, den sich das Paar im Vorfeld nicht ausgesucht hat, weil es den Samen eines anderen Spenders verwenden wollte. Das Gesetz differenziert hier berechtigterweise nicht und fordert nur die Einwilligung in die *„künstliche Befruchtung mittels Samenspende eines Dritten"* und damit gerade nicht die Einwilligung in die Verwendung einer konkreten Spende. Dass dadurch gleichwohl eine erhebliche Vertragsverletzung seitens des behandelnden Arztes besteht, soll hier nicht diskutiert werden.

Auch ein anderer Aspekt des Kindeswohls verdient Beachtung. Im Fall des Todes des rechtlichen Vaters nach einer erfolgreichen Anfechtung ergab sich entsprechend der alten Rechtslage eine Schutzlücke zu Lasten des Kindes, die nicht geschlossen werden konnte.[148] Während dem Kind ohne Anfechtung Erb- bzw. Pflichtteilsrechte und eine Waisenrente zugestanden hätten, waren diese Rechte nach Anfechtung nicht mehr vorhanden.[149] Die negativen Folgen konnten auch über die vertragliche Konstruktion des BGH nur schwer aufgefangen werden, da die Vererblichkeit etwaiger Ansprüche auf die Erben des Wunschvaters zu bezweifeln war und die Feststellung des genetischen Vaters Schwierigkeiten bereitete.[150] Dieses Sonderproblem stellt sich mit der Regelung des § 1600 V nun nicht mehr. Unterlässt das Kind selbst eine Anfechtung der Vaterschaft, bleibt es dauerhaft Inhaber der Unterhaltsansprüche. Bei Tod des Vaters stehen ihm zudem Erbansprüche und eventuelle Renten zu. Für das Kind ist somit zumindest finanziell dauerhaft gesorgt.

Dennoch trägt das *OLG Celle* vor, dass bei einer Anfechtungsgeneigtheit der Mutter die materiellen Vorteile zwar erhalten werden könnten, die soziale Beziehung des Kindes zum Wunschvater aber durch das Verhalten der Mutter so gestört werde, dass ein *„immaterieller oder ethischer Nutzen"* zu verneinen sei.[151] Dem muss entgegengehalten werden, dass eine solche Pauschalierung nicht gerechtfertigt ist. Trägt der Wunschvater neben der sozialen auch die rechtliche Verantwortung für das Kind, ist nicht auszuschließen, dass er die soziale Vaterrolle weiterhin übernimmt, auch wenn die Mutter in dieser Hinsicht negativ auf das Kind einwirken könnte. Gerade durch ein eventuelles Sorgerecht, das mittlerweile auch für den nichtehelichen Vater leichter zu erlangen ist, werden dem Vater große Einwirkungsmöglichkeiten auf die Erziehung des Kindes gegeben, die zu einem Erhalt der Beziehung beitragen können. Die Chance, das soziale Band aufrecht zu erhalten, muss Vater und Kind bleiben. Möchte das Kind die Beziehung zum Vater endgültig abbrechen, bleibt es

147 Vgl. *Wanitzek*, S. 301; die kritische Betrachtung des Anfechtungsrechts des Kindes folgt im nächsten Abschnitt, S. 90 ff.
148 *Spickhoff* in: FS Schwab, S. 923, 926.
149 *Spickhoff* in: FS Schwab, S. 923, 926.
150 *Spickhoff* in: FS Schwab, S. 923, 926.
151 *OLG Celle* NJW 2001, 3419.

ihm zu gegebener Zeit überlassen, das eigene Anfechtungsrecht auszuüben. Ein Anfechtungsrecht der Mutter oder des Wunschvaters ist hierfür nicht erforderlich.

Auch durch das Bestehen einer gespaltenen Vaterschaft werden vereinzelt negative Auswirkungen auf das Kindeswohl durch eine emotionale Belastung befürchtet.[152] Selbst wenn dies der Fall wäre, wäre dies keine Besonderheit der künstlichen Befruchtung. Das Problem erwächst bereits aus der Entscheidung des Gesetzgebers, wahrheitswidrige Zuordnungen zu ermöglichen. Außerdem muss beachtet werden, dass gespaltene Vaterschaften kein neuzeitliches Phänomen sind. Selbst bei natürlichen Zeugungen kann es zum Nebeneinander zweier Väter kommen, wogegen es aber zu Recht kaum Bedenken gibt, so dass der vermeintliche negative Einfluss auf das Kindeswohl die positiven Effekte des § 1600 V nicht überwiegt.

Vereinzelt wird jedoch argumentiert, dass der Schutz des Kindes durch § 1600 V nicht lückenlos sei.[153] Die rechtlichen Eltern könnten zur Umgehung des fehlenden eigenen Anfechtungsrechts das Recht des Kindes zur Anfechtung stellvertretend ausüben und so die Vaterschaftszuordnung beseitigen.[154] Die Anfechtung durch die Eltern ist allerdings an eine fundierte Kindeswohlprüfung gebunden, § 1600a IV, und wird nur in Ausnahmefällen zugelassen. Zeigt sich, dass die stellvertretende Wahrnehmung des Anfechtungsrechts nur der Umgehung des § 1600 V dienen soll, ist konsequenterweise die Kindeswohldienlichkeit zu verneinen.[155] Die sich ergebende Schutzlücke wird somit kaum ausgenutzt werden können.

c. Die Einschränkung der Statuswahrheit

Vielfach kritisch angemerkt wird die Einschränkung der Statuswahrheit, die der Ausschluss zwangsläufig nach sich zieht.[156] Indes muss bedacht werden, dass die Statuswahrheit zwar das grundlegende, nicht aber das einzige Prinzip des deutschen Abstammungsrechts darstellt. Das zeigt sich bereits anschaulich anhand der Möglichkeit bewusst unrichtiger Anerkennungen. Neben das Prinzip der Statuswahrheit treten die Statusklarheit, die Statusbeständigkeit und Gedanken des Kindeswohls, die eine Elternzuordnung abweichend von der Genetik rechtfertigen können.[157] § 1600 V wurde mit dem Ziel geschaffen, das Kindeswohl zu fördern. Die Norm schränkt die Statuswahrheit somit nicht grundlos ein. Auch bleibt bei der Kritik vielfach unbeachtet, dass das Erreichen der Statuswahrheit nicht gänzlich ausgeschlossen ist. Eine Einschränkung ist zwar vorhanden, durch das verbleibende Anfechtungsrecht des Kindes kann die Zuordnung zum Wunschvater aber weiterhin beseitigt werden. Die *„Willensbetätigung"* ersetzt damit keineswegs die genetische

152 *„Doppelidentität"*, Staudinger/*Rauscher*, § 1600 BGB, Rn. 69.
153 *Hager*, FS Schwab, S. 773, 780 f.
154 *Helms/Kieninger/Rittner*, Rn. 65.
155 Vgl. *Knittel*, JAmt 2002, 50, 52; *Helms/Kieninger/Rittner*, Rn. 65.
156 Vgl. *Muscheler*, Rn. 562 (*„Verität"*); Staudinger/*Rauscher*, § 1600 BGB, Rn. 68; MüKo/*Wellenhofer*, § 1600 BGB, Rn. 32; *Gernhuber/Coester-Waltjen*, § 53 Rn. 15.
157 So auch *Huth*, S. 161.

Grundlage des Abstammungsbegriffs, wie *Rauscher* behauptet.[158] Denn wenn es der Wunsch des Kindes ist, kann de lege lata eine Anfechtung und bestenfalls auch eine Zuordnung zum genetischen Vater erfolgen.[159] Darüber hinaus ist die Regelung des § 1600 V nicht zuletzt aus Gründen der Rechts- und Statusklarheit zu begrüßen.[160] Das aus künstlicher Befruchtung hervorgegangene Kind kann sich seines Status sicher sein und muss keine Anfechtung durch seine rechtlichen Eltern befürchten. Die Statusbeständigkeit ist damit besonders ausgeprägt, da lediglich das Kind selbst eine Änderung herbeiführen kann. Auch den Eltern ist dadurch eine gewisse Rechtssicherheit gegeben, da Ihnen in Gestalt von § 1600 V vor Augen geführt werden kann, welche Folgen die Entscheidung zu einer künstlichen Befruchtung hat. Dadurch ist auch eine Warnfunktion der Vorschrift nicht abzustreiten.[161]

d. Formlosigkeit der Erklärung

Kritisch sieht *Rauscher* die Möglichkeit, dass unter Umgehung der Normen des Adoptionsrechts und der Anerkennung eine von der biologischen Wahrheit abweichende, für den Vater unanfechtbare Vaterschaft geschaffen werde.[162] Störend sei vor allem die Tatsache, dass der formlosen Willenserklärung des Einverständnisses in die Zeugung eine solch bedeutende Wirkung zukomme.[163] Auch dieses Argument kann jedoch allenfalls teilweise überzeugen. Bei Ehepartnern bilden zwei Säulen das Fundament der Zuordnung, zum einen die rechtsgeschäftliche Einverständniserklärung in die Zeugung, vor allem aber über § 1592 Nr. 1 mittelbar die Eheschließung. Bei Unverheirateten kommt eine Bindungswirkung ebenfalls erst in Frage, wenn neben dem Einverständnis in die Zeugung eine Anerkennung abgegeben wurde. Keinesfalls erfolgt eine Zuordnung und Bindungswirkung lediglich aufgrund des Einverständnisses in die Zeugung. Die dadurch entstehende weitgehende Unanfechtbarkeit der wahrheitswidrigen Zuordnung ist dem deutschen Recht angesichts der Möglichkeit der Adoption zudem an sich nicht fremd. Auch das Verstreichenlassen der Anfechtungsfrist führt zur Unanfechtbarkeit der Vaterschaft. Letztlich wird damit der Wille erklärt, nicht handeln zu wollen. Die Unanfechtbarkeit, die dieser Willensbetätigung folgt, wird dagegen nicht in dieser Weise kritisiert. Die Bedenken *Rauschers* sind daher wenig stichhaltig.

Verständlicher ist die immanent geäußerte Kritik an der derzeitigen Formlosigkeit der Einwilligung gemäß § 1600 V. Vielfach wird zur Beweiserleichterung eine Formvorschrift gefordert, mehrheitlich dabei eine notarielle Beurkundung

---

158 So aber Staudinger/*Rauscher*, § 1600 BGB, Rn. 68; *Rauscher*, Rn. 817.

159 Vgl. hierzu nachfolgende Ausführungen, S. 113 ff.

160 Vgl. auch MüKo/*Wellenhofer*, § 1600 BGB, Rn. 32.

161 MüKo/*Wellenhofer*, § 1600 BGB, Rn. 32.

162 Staudinger/*Rauscher*, § 1600 BGB, Rn. 68.

163 Staudinger/*Rauscher*, § 1600 BGB, Rn. 68, vgl. auch *Muscheler*, Rn. 562; *Gernhuber/Coester-Waltjen*, § 52 Rn. 16; *Huth*, S. 105 ff.

vorgeschlagen.[164] Eine solche ist nach dem hier vertretenen Reformvorschlag aber nicht zwingend notwendig. Zur Lösung des Problems der Anerkennungsunwilligkeit des Wunschvaters wird vorgeschlagen, dem Wunschvater künftig die Abgabe einer präkonzeptionellen Anerkennung neben der Einverständniserklärung in die Zeugung zu ermöglichen.[165] Die Anerkennung fiele unter den Formzwang des § 1597 I. Damit wäre die Einverständniserklärung im Sinne des § 1600 V zwar weiterhin nicht formbedürftig, in den meisten Fällen aber von einer formbedürftigen Erklärung flankiert. Damit sollte im Regelfall der Rechtssicherheit genüge getan sein.[166]

Eine zwingende Formvorschrift für das Einverständnis in die Zeugung ist im Abstammungsrecht hingegen nicht nötig.[167] Um effektiv zu sein, müsste der Anfechtungsausschluss nach § 1600 V nämlich auch im Falle einer Formnichtigkeit der Einwilligung greifen.[168] Ansonsten bliebe unter Umständen die Anfechtungsmöglichkeit der Eltern erhalten und das Kind könnte entgegen der Intention des Gesetzgebers gegen seinen Willen vaterlos werden. Es würde dabei auch die Gefahr der bewussten Missachtung der Form drohen, um spätere Anfechtungen zu ermöglichen. Im Rahmen von § 1600 V kann somit auf ein Formerfordernis der Einwilligung verzichtet werden, weil dann alle Fälle der konsentierten heterologen Insemination erfasst sind, selbst wenn die Befruchtung durch Selbstinsemination, im Ausland oder unter Missachtung der Form erfolgt.[169] Im Rahmen eines Fortpflanzungsmedizingesetzes wäre eine Formvorschrift bezüglich der Einwilligung als Behandlungsvoraussetzung aus Gründen der Rechtssicherheit dagegen durchaus sinnvoll.[170] Bei Einführung einer solchen Regelung würde § 1600 V aber selbst im Fall der Formnichtigkeit des Einverständnisses die Anfechtung ausschließen, da hiernach keine bestimmte Form vorausgesetzt wird.

Bereits vor Einführung des § 1600 V kam es zu nicht akzeptablen Fällen im Zusammenhang mit künstlichen Befruchtungen im Ausland. So hatte das *OLG Celle* über das Prozesskostenhilfegesuch eines Klägers zu entscheiden.[171] Im zugrunde lie-

---

164 MüKo/*Wellenhofer*, § 1600 BGB, Rn. 32; Erman/*Hammermann*, § 1600 BGB, Rn. 29; *Roth*, DNotZ 2003, 805, 813; *Schumacher*, FamRZ 1987, 313, 316; *Harder*, JuS 1986, 505, 507; vgl. ebenso den Gesetzesantrag der Länder Hamburg und Sachsen-Anhalt aus dem Jahr 1999, BR-Drucks. 369/99, Anlage S. 1.

165 Vgl. S. 72.

166 Speziell auf die mangelnde Rechtssicherheit durch die Möglichkeit einer formlosen Zustimmung verweist *Roth*, DNotZ 2003, 805, 813.

167 A.A. *Huth*, S. 110 f., die an das Einverständnis selbst jedoch zugleich eine Vaterschaftsvermutung anknüpfen möchte, dabei jedoch die Grenzen von Fortpflanzungsmedizin- und Abstammungsrecht verwischt.

168 Zum Problem an sich auch *Roth*, DNotZ 2003, 805, 813.

169 Dazu auch *OLG Hamm* NJW 2007, 3733, 3733; *Huth*, S. 183 f.

170 Bereits die zuständigen Ausschüsse des Bundesrats lehnten eine rein abstammungsrechtliche Formvorschrift ab, weil diese nicht zugleich Voraussetzung für die ärztliche Maßnahme sei, BR-Drucks. 369/1/99 S. 2; vgl. auch *Huth*, S. 180 f.

171 *OLG Celle* NJW 2001, 3419 f.

genden Sachverhalt ließen die ehelichen Wunscheltern in Dänemark eine künstliche Befruchtung mittels Samenspende vornehmen. Kurz nach der Geburt kam es zur Trennung des Paares, der Wunschvater begehrte jedoch weiterhin Umgang mit dem Kind, welchen die Mutter ablehnte. Als Erwiderung auf den Vorschlag, das Jugendamt zur Vermittlung heranzuziehen, focht die Mutter die Vaterschaft wenige Tage vor Fristablauf an und begehrte Prozesskostenhilfe. Die Vorinstanz lehnte diese wegen der Unzulässigkeit des Anfechtungsbegehrens ab, da durch die Anonymität des Spenders das Recht des Kindes auf Kenntnis seiner eigenen Abstammung nicht gewahrt werden könne und unterhalts- und erbrechtliche Ansprüche verloren gingen.[172] Unter Hinweis darauf, dass die fehlende Feststellungsmöglichkeit des genetischen Vaters keine spezifische Besonderheit der künstlichen Befruchtung sei und dem Wohl des Kindes durch einen Anfechtungsausschluss nicht gedient werden könne, hob das *OLG Celle* den Beschluss jedoch auf.[173]

Dieser Fall wäre im Ergebnis gleich zu entscheiden, wenn sich die Eltern zu einer Behandlung im Ausland entscheiden würden und deshalb bei einer formbedürftigen Einverständniserklärung nicht die nötige Form wahren (könnten). Würde § 1600 V selbst ein Formerfordernis voraussetzen, bliebe der Mutter, aufgrund der Formunwirksamkeit des Einverständnisses, das Anfechtungsrecht erhalten. Inhaltlich ist dieses Ergebnis gerade aus Sicht des Kindes aber nur schwer zu vertreten. Durch die Formlosigkeit der Erklärung im Sinne des § 1600 V wird dem vorgebeugt und eine wesentlich interessengerechtere Lösung ermöglicht. Da die Mutter auch bei einer Behandlung im Ausland der Verwendung von Spendersamen zuzustimmen hat, besteht für sie im Inland keine Anfechtungsberechtigung.

Da § 1600 V somit ohnehin sowohl formgerechte als auch formnichtige Einverständnisse erfassen müsste, ist für die abstammungsrechtliche Wirkung eine bestimmte Form des Einverständnisses unnötig. Trotz der Formlosigkeit ist aber eine gewisse Hürde für die Einverständniserklärung zu setzen. Konkludente Zustimmungen sollten weiterhin nicht wirksam sein, da die Beweisunsicherheit und die sich an die Erklärung knüpfenden Rechtsfolgen zu bedeutend sind.[174] Im Rahmen eines Fortpflanzungsmedizingesetzes ist eine Formvorschrift dagegen durchaus sinnvoll.[175]

e. Schutz des Samenspenders

Ein letzter Aspekt, der für eine Beibehaltung des Anfechtungsausschlusses ins Feld geführt wird, ist der Schutz des Samenspenders vor einer Inanspruchnahme durch das Kind. Auch der Samenspender trägt als Erzeuger jedoch eine gewisse

172 *OLG Celle* NJW 2001, 3419.

173 *OLG Celle* NJW 2001, 3419.

174 Zur derzeitigen Rechtslage: *Spickhoff* in: FS Schwab, S. 923, 935; bereits zuvor äußerte sich *ders.* in eine ähnliche Richtung, NJW 2002, 1758, 1759; auch das *OLG Karlsruhe,* FamRZ 2012, 1150, 1151, verweist auf eine sorgsame Prüfung des Rechtsbindungswillens.

175 So auch *Huth*, S. 181 ff.

Verantwortung für das Kind, wenn auch nur sekundär hinter der weit größeren Verantwortung des Wunschvaters. Nichtsdestotrotz kann der Samenspender als Vater festgestellt werden, wenn eine Zuordnung des Kindes zum Wunschvater nicht (mehr) besteht.[176] Dem Spender, der als Dritter den Wunscheltern bei der Erfüllung ihres Kinderwunschs hilft, müssen aber gewisse Zugeständnisse gemacht werden. Besteht die zu große Gefahr einer finanziellen Inanspruchnahme, könnte die Zahl der Spender sinken.[177] Durch den Anfechtungsausschluss des § 1600 V und die primäre Zuordnung des Kindes zu den Wunscheltern kann es für den Spender regelmäßig nur dann zu der „gefährlichen" Situation kommen, wenn das Kind selbst anficht. Die Gefahr für den Spender ist damit minimiert, da eine Anfechtung durch einen Elternteil ausgeschlossen ist. Lediglich das Kind hat die Rechtsmacht, die Zuordnung zum Wunschvater aufzulösen. Dieses wird aber tendenziell selten eine Anfechtung erwägen. In gewisser Weise dient ein Anfechtungsausschluss somit auch dem Schutzbedürfnis des Samenspenders vor Inanspruchnahme durch das Kind.[178] Ergänzend ist festzuhalten, dass trotz des nicht ganz lückenlosen Schutzes des Spenders in Deutschland kein Mangel an Spendern bzw. kein Absinken der Spenderzahl festgestellt werden kann.[179]

Als Ergebnis ist damit festzustellen, dass die geltende Fassung des § 1600 V zwar kontrovers diskutiert wird, allerdings durchaus überzeugt.

II. Reformbedarf des bestehenden Ausschlusses

Einige wenige Aspekte des § 1600 V bieten jedoch Anlass, den Reformbedarf der Norm zu diskutieren.

1. Bindungswirkung der nachträglichen Zustimmung

Es ist allgemein anerkannt, dass § 1600 V nur die vorherige Zustimmung zur heterologen Insemination erfasst.[180] Wird dagegen eine Insemination mit Spendersamen vorgenommen und erst nach der Zeugung die Zustimmung des Partners eingeholt, entfaltet diese keine Bindungswirkung im Sinne der Norm. Eine Anfechtung durch die rechtlichen Eltern bleibt dann möglich. Dies wurde vereinzelt kritisiert. Der Fall einer Schwangeren, die keinen Schwangerschaftsabbruch vornehmen lässt, weil ihr Partner die heterologe Insemination nachträglich billigt, sei vergleichbar mit dem Fall der heterologen Insemination im beidseitigen Einverständnis.[181] *Spickhoff* unterstreicht, dass aus rechtspolitischer Sicht auch bei nachträglicher

---

176 Dazu im Folgenden, S. 113 ff.

177 Dazu auch *Blauwhoff*, S. 340 f.; vgl. aber S. 141.

178 So schon *Schumacher*, FamRZ 1987, 313, 316 f, der hierin letztendlich aber keinen ausreichenden Schutz sieht.

179 *Wehrstedt*, Gutachten, S. 18.

180 Erman/*Hammermann*, § 1600 BGB, Rn. 30.

181 *Spickhoff* in: FS Schwab, S. 923, 940.

Zustimmung die Anfechtung des Vaters ausgeschlossen werden sollte, da diesem ebenfalls ein Rechtsmissbrauchseinwand gemacht werden könne.[182] Ließe man dagegen weiterhin die Anfechtung zu, bliebe dem Kind nur ein Rückgriff auf die alte *BGH*-Rechtsprechung, also auf einen vertraglichen Unterhaltsanspruch.[183]

Der Ansicht von *Spickhoff* ist entgegen zu halten, dass in den beiden Fällen ein bedeutender Unterschied besteht. Im Falle der Insemination mit beidseitiger Einwilligung kommt es erst durch die Einwilligung des Wunschvaters zur Zeugung des Kindes. Das erzeugte Vertrauen wirkt konstitutiv auf die Zeugung ein. Im zweiten Fall wurde das Kind bereits gezeugt. Das Einverständnis führt lediglich dazu, dass ein Schwangerschaftsabbruch unterbleibt. Das erzeugte Vertrauen wirkt daher nicht im selben Maße wie im ersten Fall. Insgesamt ist die Situation nicht anders, als wenn eine Frau auf natürlichem Wege von einem Dritten schwanger wird und ihr Partner zunächst seine Bereitschaft erklärt, das Kind als eigenes anzunehmen und eine Anerkennungserklärung abgibt. Diesem Mann bleibt in jedem Fall innerhalb der ersten zwei Jahre nach der Geburt des Kindes das Anfechtungsrecht erhalten.[184] Es leuchtet nicht ein, warum der Fall anders liegen soll, nur weil das Kind zuvor nicht auf natürlichem sondern künstlichem Wege gezeugt wurde. De lege ferenda ist damit weiterhin eine vorherige Zustimmung zu fordern. Eine nachträgliche Genehmigung darf nicht ausreichen, die Rechtsfolge des § 1600 V auszulösen.

2. Widerruflichkeit

Die Einverständniserklärung ist derzeit bis zum Zeitpunkt der Zeugung frei widerruflich.[185] Diese Abweichung von § 130 I ergibt sich aufgrund der besonderen Bedeutung der Erklärung für die Würde und das Persönlichkeitsrecht des Wunschvaters, Art. 1 I, 2 I GG.[186] Auch der Wortlaut der Norm („*[…] mit Einwilligung […] gezeugt worden*“) spricht für diese Auslegung.[187] Es ist rechtsethisch nichts daran auszusetzen, dass der Wunschvater seine Erklärung zur Verantwortungsübernahme so lange zurückziehen kann, wie keine unumkehrbaren Schritte zur Zeugung des Kindes unternommen worden sind. Im Zeitpunkt der Zeugung jedoch beginnt aus medizinischer Sicht bereits das Leben des Kindes, für das die Verantwortung übernommen wurde, so dass ein endgültiges Faktum geschaffen wird.[188] Ab diesem Zeitpunkt ist der Einwilligende daher auch an seiner Erklärung festzuhalten. Als

---

182 *Spickhoff* in: FS Schwab, S. 923, 940.
183 *Spickhoff* in: FS Schwab, S. 923, 940; MüKo/*Wellenhofer*, § 1600 BGB, Rn. 36; zur alten Rechtsprechung siehe oben S. 75.
184 Zur Diskussion, ob hier ein Rechtsmissbrauch vorliegt, vgl. S. 73 ff.
185 *BGH* NJW 2001, 1789, 1790; vgl. auch *Spickhoff* in: FS Schwab, S. 923, 937; *Helms/Kieninger/Rittner*, Rn. 63; *Huth*, S. 194 f.
186 *BGH* NJW 2001, 1789, 1790; Erman/*Hammermann*, § 1600 BGB, Rn. 33; *Roth*, DNotZ 2003, 805, 813 f.
187 *Eckersberger*, MittBayNot 2002, 261, 263.
188 *Roth*, DNotZ 2003, 805, 814.

actus contrarius der formlosen Zustimmung sollte auch der Widerruf weiterhin formlos möglich sein.

Der Empfänger des Widerrufs ist zurzeit nur der Partner, weil der Widerruf der actus contrarius zum Einverständnis ist, das grundsätzlich auch allein dem Partner gegenüber erklärt werden kann.[189] Das bereitet Probleme, wenn die Frau eine Behandlung fortsetzt, obwohl ihr Partner sein Einverständnis wirksam widerrufen hat.[190] Die Gefahr besteht insbesondere darin, dass ein behandelnder Arzt keine Kenntnis vom Widerruf hat. Eine Anfechtung durch den Vater wäre dann zwar grundsätzlich möglich, wenn er den Widerruf beweisen kann, was aber regelmäßig schwierig sein dürfte. Um solche Fälle zu vermeiden, sollte zukünftig der Widerruf der Erklärung gesetzlich geregelt werden und als Empfänger zugleich die Mutter und der behandelnde Arzt vorgesehen werden.[191] Nur dadurch wäre das erforderliche Maß an Rechtssicherheit zu erreichen. Insbesondere wird dem Wunschvater damit vor Augen geführt, dass ein Widerruf nur gegenüber Arzt oder Wunschmutter nicht ausreichend ist. Der Wunschvater ist demnach aus eigenem Interesse angehalten, auch gegenüber dem Arzt sein Einverständnis zu widerrufen, um zu verhindern, dass dieser in Unkenntnis des Widerrufs die Behandlung fortsetzt. Unterbleibt dieser Widerruf gegenüber dem Arzt, wäre der Widerruf zukünftig unwirksam. Demgegenüber sieht das *österreichische* Recht einen Widerruf nur gegenüber dem Arzt vor, § 8 IV FMedG, stimmt bezüglich des Zeitpunkts des Widerrufs aber mit dem hier vertretenen Vorschlag überein.[192]

---

189 Staudinger/*Rauscher*, § 1600 BGB, Rn. 87; *Roth*, DNotZ 2003, 805, 814; Spickhoff/*Spickhoff*, § 1600 BGB, Rn. 15; *Huth*, S. 199; auch der *BGH* lässt den Widerruf gegenüber der Mutter ausreichen, selbst wenn bereits ein Arzt eingeschaltet wurde, vgl. NJW 2001, 1789 ff.; a.A. *Roth*, DNotZ 2003, 805, 814, der auch den Arzt als Adressat des Widerrufs ansieht; ebenso *OLG Düsseldorf*, FamRZ 1988, 762, 764.

190 So der Fall im Urteil des *BGH* vom 21.02.2001, FamRZ 2001, 541-544.

191 So auch *Huth*, S. 114.

192 *„Die Zustimmung kann dem Arzt gegenüber von der Frau und vom Mann bis zur Einbringung von Samen oder Eizellen in den Körper der Frau widerrufen werden; bei der Vereinigung von Eizellen mit Samenzellen außerhalb des Körpers einer Frau kann die Zustimmung von der Frau bis zur Einbringung der entwicklungsfähigen Zellen in ihren Körper, vom Mann jedoch nur bis zur Vereinigung der Eizellen mit Samenzellen widerrufen werden. Der Widerruf bedarf keiner bestimmten Form; der Arzt hat den Widerruf schriftlich festzuhalten und hierüber auf Verlangen eine Bestätigung auszustellen.“* Demgegenüber ist eine Reform geplant, nach der der Widerruf einheitlich bis zum Einbringen des Samens, der Eizelle oder des Embryos in den Körper der Frau möglich ist, was den letztmöglichen Zeitpunkt eines Widerrufs leicht nach hinten verlagert, vgl. Begutachtungsentwurf Fortpflanzungsmedizinrechts-Änderungsgesetz 2015 (FMedRÄG 2015), abrufbar unter: http://www.justiz.gv.at/web2013/html/default/2c94848b48ac03fd0149a8a7389856c1.de.html, zuletzt abgerufen am 28.05.2015, 15:00 Uhr.

Grundsätzlich bleibt neben dem Widerruf auch eine Anfechtung der Einwilligung möglich, da es sich um eine Willenserklärung handelt.[193] Gerade im Hinblick auf Täuschungen und Drohungen wäre ein Ausschluss der Anfechtung der Willenserklärung nur schwer zu rechtfertigen.[194] Eine Anfechtung wegen eines Eigenschaftsirrtums (§ 119 II) bezüglich Eigenschaften des Kindes (z.B. wegen Hautfarbe oder Geschlecht des Kindes) muss aber ausscheiden, da ansonsten eine verfassungswidrige Diskriminierung, Art. 3 II, III GG, und ein Eingriff in die Menschenwürde, Art. 1 I GG, vorläge.[195] Unter Zugrundelegung der bisher geäußerten Reformvorschläge wäre de lege ferenda eine Anfechtung also praktisch nur möglich, wenn die Abgabe der Erklärung unter Zwang bzw. durch Täuschung erfolgte, § 123.[196] Die Rechtfertigung einer Anfechtung ist in einem solchen Fall offensichtlich. Sämtliche Inhalts- und Erklärungsirrtümer entfallen hingegen im Regelfall durch Belehrungen des Arztes und anderweitige Beratungen. Lediglich bei Selbstvornahme der Befruchtung sind diese noch – wenn auch schwer – denkbar.[197]

3. Bindungswirkung bei fehlender wirksamer Zustimmung eines Elternteils

Der Wunschvater ist nicht an der Anfechtung gehindert, wenn er der Befruchtung mit Spendersamen nicht wirksam zugestimmt hat. Das gilt auch für den Fall, dass in eine homologe Befruchtung eingewilligt wurde, versehentlich aber Spendersamen verwendet wurde.[198] § 1600 V ist jedoch so formuliert, dass unklar ist, ob in einem solchen Fall die Mutter, die wirksam eingewilligt hat, an der Anfechtung der Vaterschaft gehindert ist oder ob ihr gegenüber der Anfechtungsausschluss wirksam ist. Gleiches gilt für den Fall, in dem nur die Zustimmung des Vaters wirksam ist. Bleibt dann das Anfechtungsrecht des rechtlichen Vaters bestehen?

Ein vergleichbares Problem besteht im *österreichischen* Recht nicht, da § 152 ABGB nur an die Zustimmung des Ehemannes anknüpft und ein Anfechtungsrecht der Mutter ohnehin nicht besteht.[199]

Die Stimmen der deutschen Literatur sind geteilt, die Waage neigt sich aber in die Richtung, dass eine einseitige Zustimmung die Anfechtungsrechte beider Elternteile unberührt lässt, so dass sie ihr Anfechtungsrecht eigenständig ausüben

193 Vgl. dazu *Huth*, S. 200 ff.
194 Erman/*Hammermann*, § 1600 BGB, Rn. 34.
195 *Spickhoff* in: FS Schwab, S. 923, 938 f; *Roth*, DNotZ 2003, 805, 815; *Huth*, S. 208 ff.
196 So auch schon zum geltenden Recht *Roth*, DNotZ 2003, 805, 815 f.; *Huth*, S. 213 ff.
197 Vgl. dazu *Huth*, S. 204.
198 Verwechslungen solcher Art kommen auch in deutschen Reproduktionszentren durchaus vor, vgl. den Bericht von *Ludwig* im Magazin „Der Spiegel", Heft 27/2012, 42 ff.; eine Anfechtungsmöglichkeit wird in diesem Fall bedenkenlos angenommen, vgl. *Coester-Waltjen*, Gutachten 56. DJT, A 54.
199 *Ferrari* in: FS Schwab, 1333, 1336.

können.[200] Es lässt sich allerdings hinterfragen, ob nicht jeder Elternteil für sich an seine Erklärung gebunden sein sollte, unabhängig von der Wirksamkeit der Erklärung des anderen.[201]

Rechtfertigungsgrund für den Anfechtungsausschluss ist zum einen das erzeugte Vertrauen der Eltern in die Verantwortungsübernahme, zum anderen der Schutz der rechtlichen Beziehung des Kindes zum Vater. Das erzeugte Vertrauen wird aber nicht dadurch geschmälert, dass sich die Willenserklärung eines Elternteils als unwirksam erweist. Der andere Elternteil hat nämlich wirksam erklärt, in Zukunft für das Kind sorgen zu wollen. Das geschah zwar – zugegebenermaßen – mit der „Geschäftsgrundlage", dass auch der andere Teil für das Kind sorgt, dies ist indessen nie eine sichere Prognose, da auch eine Trennung der Eltern oder ein Todesfall eintreten könnte. Insofern trägt die „Geschäftsgrundlage" nicht als Argument, um den wirksam erklärenden Elternteil vom Anfechtungsausschluss auszunehmen. An der Tatsache, dass die nachträgliche Billigung einer heterologen Insemination die Rechtsfolge des § 1600 V (richtigerweise) nicht auslöst,[202] lässt sich verdeutlichen, dass elementarer Rechtfertigungsgrund für die Norm das Vertrauen ist, aufgrund dessen es zur Zeugung kommt. Dieses erzeugt aber jeder Elternteil selbstständig, ohne dass die Erklärung des anderen Elternteils dafür relevant ist. Selbst wenn das Einverständnis eines Teils rechtlich nichtig ist, hat es tatsächlich zur Geburt eines Kindes geführt, dessen Wohl zu schützen ist. Viel spricht somit dafür, jeden Elternteil für sich an der Anfechtung zu hindern.[203]

Auch die Einbeziehung der Schutzwürdigkeit eines geschäftsunfähigen Vaters rechtfertigt keine andere Beurteilung. Zwar könnte die Mutter nach geltendem Recht anstelle des geschäftsunfähigen Vaters anfechten, mit dem Ziel, diesen von der rechtlichen Vaterschaft zu befreien.[204] Indes ist es dem geschäftsunfähigen Vater ohnehin nicht verwehrt, durch seinen Betreuer eine Anfechtung aus eigenem Recht zu begehren. Dadurch besteht bereits ein ausreichender Schutz.

Es überzeugt daher, den einzelnen Erklärungen der Eltern jeweils die Wirkung des § 1600 V zuzusprechen und keine wirksamen gemeinsamen Erklärungen zu fordern. Auch wenn Fälle einer einseitigen unwirksamen Zustimmung eher selten sein werden, bietet es sich an, diesen Fall explizit zu regeln, sollte es zu der notwendigen

---

200 Erman/*Hammermann*, § 1600 BGB, Rn. 35; *Roth*, DNotZ 2003, 805, 816 f.; *Meier*, NZFam 2014, 337, 338; *Huth*, S. 167; a.A. MüKo/*Wellenhofer*, § 1600 BGB, Rn. 35; zweifelnd, aber grundsätzlich für eine Bindungswirkung: *Gernhuber/Coester-Waltjen*, § 52 Rn. 16; vgl. auch *AG Freiburg* BeckRS 2011, 24647.

201 MüKo/*Wellenhofer*, § 1600 BGB, Rn. 35.

202 Vgl. MüKo/*Wellenhofer*, § 1600 BGB, Rn. 36.

203 A.A. *Huth*, S. 168, die darauf verweist, dass es sich nach der Konzeption des Gesetzes um eine gemeinsame Behandlung des Wunschelternpaares handele und aus diesem Grund nur bei Wirksamkeit beider Einwilligungen ein Anfechtungsausschluss gerechtfertigt sei. Dabei erkennt sie zwar, dass dadurch der Schutzzweck des § 1600 V nicht erreicht werden kann, zieht daraus aber keine Konsequenz.

204 So aber *Roth*, DNotZ 2003, 805, 817.

umfangreichen Reform kommen. Dadurch wird die Rechtssicherheit geschaffen, dass alle Gerichte einheitlich entscheiden. Im sensiblen Bereich des Abstammungsrechts ist dies besonders erforderlich, da die Eltern-Kind-Zuordnung weitreichende Folgen hat. Weil es zu diesem Problem noch keine gefestigte Rechtsprechung gibt, empfiehlt sich eine knappe gesetzliche Regulierung.

4. *Anfechtungsausschluss bei natürlichen Zeugungen in vergleichbaren Situationen*

Zu überdenken ist ein Punkt, den *Rauscher* anspricht.[205] Ein Anfechtungsausschluss besteht immer, wenn eine konsentierte künstliche Befruchtung vorgenommen wird, gleich ob sie unter ärztlicher Betreuung geschieht oder durch Selbstvornahme.[206] Erfolgt die Zeugung aber auf natürlichem Wege, greift § 1600 V nicht ein, auch eine vergleichbare Regelung existiert nicht.[207] Dabei ist die Lage eines Paares, das zur Erfüllung des Kinderwunsches in die Verwendung einer Samenspende und die nachfolgende Befruchtung einwilligt, vergleichbar mit der eines Paares, das sich einen „Quasi-Spender" sucht, mit dem die Frau nur zum Zwecke der Zeugung eines Kindes Geschlechtsverkehr hat.[208] Selbst wenn der Wunschvater das Kind in der Folge anerkennt, fehlt im Fall der natürlichen Zeugung eine dem § 1600 V vergleichbare Regelung. Allenfalls könnte in Anlehnung an die überholte Rechtsprechung des *BGH* eine vertragliche Unterhaltspflicht des Wunschvaters angedacht werden, wobei ein Rechtsbindungswille klar hervortreten müsste.[209]

Im Gegensatz zur deutschen Regelung ist in der *Schweiz* nach Art. 256 III ZGB eine Anfechtung für den Ehemann bereits ausgeschlossen, wenn er *„der Zeugung durch einen Dritten zugestimmt hat"*. Davon erfasst sind künstliche und natürliche Zeugungen mit dem Samen eines Dritten.[210] Eine vergleichbare Rechtslage besteht auch in den *Niederlanden*.[211]

---

205 Staudinger/*Rauscher*, § 1600 BGB, Rn. 68; *Rauscher*, Rn. 817.

206 Vgl. *OLG Hamm* NJW 2007, 3733, 3733; MüKo/*Wellenhofer*, § 1600 BGB, Rn. 34; *Huth*, S. 175, 225.

207 *Spickhoff* in: FS Schwab, S. 923, 931; *Valentin*, S. 97; *Helms/Kieninger/Rittner*, Rn. 64; *Huth*, S. 226; der SPD-Antrag BT-Drucks. 13/1752 sah auf S. 4 eine Gleichbehandlung der beiden Fälle vor, auch der Ausschuss Familie und Jugend des Bundesrat empfahl eine Formulierung, die nicht explizit auf die künstliche Befruchtung, sondern nur auf die Verwendung fremden Samens abstellte, BR-Drucks. 180/1/96, S. 5 f.

208 „Papa Ed", ein holländischer „(Quasi-)Spender", soll auf diese Weise bereits 83 (!) Kinder u.a. in Deutschland gezeugt haben, *Hardinghaus*, Der Spiegel, Heft 15/2012, 52 ff.

209 *Spickhoff* in: FS Schwab, S. 923, 931; *Helms/Kieninger/Rittner*, Rn. 64.

210 Rieck/*Meyer*, Schweiz, Rn. 32.

211 *Huth*, S. 226.

Obgleich beide Situationen grundsätzlich vergleichbar sind, behandelt das deutsche Recht sie unterschiedlich. Das bedarf einer Begründung, zumal sich am Beispiel des schweizerischen und niederländischen Rechts zeigt, dass eine Regelung für beide Situationen möglich wäre. Ein gewichtiger Unterschied ergibt sich im Hinblick auf die Beweisbarkeit.[212] Während bei Samenspenden (in Deutschland) die Spenderidentität und die Vornahme einer künstlichen Befruchtung dokumentiert werden, sind Situationen mit „Quasi-Spendern" dazu prädestiniert, unter den Mantel des Schweigens gehüllt zu werden. Das Vorliegen der Situation der „Quasi-Spende" im Nachhinein zu beweisen, ist fast unmöglich. Schriftliche Aufzeichnungen wird es nicht geben, notarielle Beurkundungen erst recht nicht.[213] Als Beweismittel bleiben lediglich die Zeugenaussagen der (streitenden) Eltern, auf die nur schwerlich Verlass sein wird. Auch ergäbe sich die Notwendigkeit, zwischen einem „erlaubten" Seitensprung und der gezielten „Quasi-Spende" zu unterscheiden, was kaum möglich ist.[214] Dasselbe gilt folgerichtig für die Beweisführung, ob in der konkreten Situation ein Anfechtungsausschluss besteht oder nicht. Dies zeigt sich deutlich an einem Urteil des *OLG Karlsruhe*, in dem die Abgabe der Erklärung im Sinne von § 1600 V streitig war.[215] Letztlich blieb dem Gerichts nichts anderes übrig, als auf die Beweislast des Vaters zu verweisen, der sich gegen die Anfechtung der Mutter wehren wollte.[216]

Abgesehen von der Beweisproblematik besteht der Grundsatz, die Verantwortung im Abstammungsrecht den unmittelbar handelnden Personen zu übertragen. Das sind im Fall der „Quasi-Samenspende" aber die Sexualpartner.[217] Der Wunschvater ist hier von eher sekundärer Bedeutung, während bei einer künstlichen Befruchtung der anonym bleibende Samenspender im Hintergrund bleibt. Im Zweifel sollte die Verantwortung daher den Geschlechtspartnern zufallen.[218]

De lege ferenda ist der Anfechtungsausschluss des § 1600 V somit nicht auf natürliche Zeugungen, die einer Samenspende gleichkommen, zu erstrecken.[219]

---

212 Dazu auch *Spickhoff* in: FS Schwab, S. 923, 931; *Huth*, S. 227.

213 Eine Vorstellung, die für *Kirchmeier*, FamRZ 1998, 1281, 1284, *„geradezu grotesk"* wirkt; ebenso *Schumacher*, FamRZ 1987, 313, 316.

214 Dazu auch *Huth*, S. 228, die im Fall eines Seitensprungs vor der Gefahr eines kollusiven Zusammenwirkens der Mutter mit einem Dritten warnt, um den Scheinvater an der Vaterschaft festzuhalten.

215 *OLG Karlsruhe* FamRZ 2012, 1150.

216 *OLG Karlsruhe* FamRZ 2012, 1150, 1151.

217 *Roth*, DNotZ 2003, 805, 810 f.

218 *Schumacher*, FamRZ 1987, 313, 315 f., verweist ergänzend auf die ehegefährdende Wirkung des konsentierten Ehebruchs. Indes geht dieses Argument fehl, da die Gefährdung der Ehe der Eltern keinen Anfechtungsausschluss rechtfertigen kann. Das zeigt sich in besonderem Maße bei der Betrachtung des Anfechtungsrechts des Kindes. Dieses wird im nachfolgenden Kapitel untersucht.

219 So wohl auch *Huth*, S. 162 mit dem wenig überzeugenden Argument, dass bei einer natürlichen Zeugung stets „Gefühle und eine besondere Beziehung" vorlägen.

5. *Formulierungsvorschlag*

Es hat sich gezeigt, dass nur ein geringer Änderungsbedarf bezüglich des Anfechtungsausschlusses nach konsentierter heterologer Befruchtung mittels Samenspende besteht. Der Besonderheit der künstlichen Befruchtung wird durch § 1600 V bereits ausreichend Rechnung getragen. Sinnvoll wäre jedoch eine Umformulierung, um zu verdeutlichen, dass auch eine einseitig wirksame Einwilligung in die Befruchtung eine Bindungswirkung für den Erklärenden entfaltet, und zwar unabhängig von der Wirksamkeit der Erklärung des anderen Partners. Außerdem sollte klargestellt werden, dass der Widerruf der Einwilligung an den Arzt und den anderen Wunschelternteil zu richten ist. Damit würden die bestehenden Probleme beseitigt.

> **§ 1600 Anfechtungsberechtigte**
> [...]
> (5) Ist das Kind mit Einwilligung des Mannes und der Mutter durch künstliche Befruchtung mittels Samenspende eines Dritten gezeugt worden, so ist die Anfechtung der Vaterschaft durch den Mann oder die Mutter ausgeschlossen. *Ist eine der Einwilligungen unwirksam, bleibt die Anfechtung des anderen Teils ausgeschlossen. Der Widerruf der Einwilligung ist bis zur Zeugung des Kindes möglich und an den behandelnden Arzt und den anderen Elternteil zu richten.*

C. Das Anfechtungsrecht des Kindes

Sehr umstritten ist das Anfechtungsrecht des mittels einer Samenspende gezeugten Kindes. Während die rechtlichen Eltern an der Anfechtung der Vaterschaft wegen § 1600 V gehindert sind, kann das Kind sein Anfechtungsrecht nach geltendem Recht nahezu unbeschränkt ausüben.

I. Kein Ausschluss des Anfechtungsrechts des Kindes

Durch eine Anfechtung wird dem Kind die Möglichkeit eröffnet, die Vaterschaft des Wunschvaters aufzuheben und so gegebenenfalls den Samenspender als Vater feststellen zu lassen. Diese Möglichkeit besteht, da der Ausschlussgrund des § 1600 V nur die Anfechtungsberechtigung der Wunscheltern beseitigt, das Recht des Kindes aber unberührt lässt.[220] Das Kind kann die Vaterschaft des Wunschvaters grundsätzlich frei anfechten, jedenfalls mit Erreichen der Volljährigkeit steht dem nichts mehr entgegen.[221]

---

220 BT-Drucks. 14/2096, S. 7; Staudinger/*Rauscher*, § 1600 BGB, Rn. 92; MüKo/*Wellenhofer*, § 1600 BGB, Rn. 38; *Wanitzek*, FamRZ 2003, 730, 734; *Wehrstedt*, DNotZ 2005, 649, 652.

221 MüKo/*Wellenhofer*, § 1600 BGB, Rn. 38; *Helms* in: *Röthel/Löhnig/Helms*, S. 49, 58.

War zuvor vom Gesetzgeber und Stimmen der Literatur[222] die Meinung vertreten worden, dass das Anfechtungsrecht des ehelichen Kindes bereits hinter dem Schutz der Ehe zurücktreten müsse, schaffte der Gesetzgeber nach dem Urteil des *BVerfG* vom 31.01.1989[223] ein unbeschränktes Anfechtungsrecht des Kindes. Dieses nahezu unbeschränkte Anfechtungsrecht besteht bis heute und gilt auch bei künstlich gezeugten Kindern. Das Kind kann somit problemlos die rechtliche Beziehung zum Wunschvater beenden, ohne dass es in der Macht der Wunscheltern stünde, dies zu verhindern.

II. Rechtsvergleich

Das *österreichische* Recht sieht im Gegensatz zum deutschen Recht in § 152 ABGB auch für das Kind einen Anfechtungsausschluss vor. Da die Mutter gänzlich von der Anfechtung ausgeschlossen ist[224], bleibt die einmal begründete Vaterschaft des Wunschvaters unabänderlich bestehen, weil sowohl er als auch das Kind an der Anfechtung durch § 152 ABGB gehindert sind.[225]

Auch gegenüber anderen Staaten nimmt das deutsche Recht eine Sonderstellung ein.[226] So sehen die *Schweiz* (Art. 23 I FMedG, Art. 256 III ZGB)[227], *Frankreich* (Art. 311-20 II CC) und *Griechenland* (Art. 1471 II ZGB) einen Anfechtungsausschluss vor.[228] Andere Staaten schützen den Spender hingegen über dessen Anonymität, z.B. *Belgien, Spanien, Dänemark.*[229]

Insgesamt lässt sich feststellen, dass das Anfechtungsrecht des Samenspendekindes nach der deutschen Rechtsordnung in Europa einmalig ist.[230]

III. Beibehaltung des Anfechtungsrecht des Kindes

Das Anfechtungsrecht des Kindes könnte zukünftig ausgeschlossen werden, indem man den Anwendungsbereich des § 1600 V auch auf das Kind erstreckt. Die Frage ist, ob dies mit den Rechten des Kindes zu vereinbaren wäre.

1. Kritik an der verbleibenden Anfechtungsberechtigung des Kindes

Aus drohenden Gefahren des Kindeswohls heraus und unter Beachtung der positiven Wirkung auf die Statusklarheit wird häufig gefordert, auch das Anfechtungsrecht

---

222 Statt vieler: *Giesen*, JZ 1989, 364, 374.
223 *BVerfG* NJW 1989, 891 ff.
224 *Ferrari* in: FS Schwab, 1333, 1336.
225 Vgl. *Helms*, FamRZ 2010, 1, 4 Fn. 37; *Lurger*, DEuFamR 1999, 210, 217.
226 *Helms* in: *Duttge/Engel/Lipp/Zoll*, S. 37, 43 ff.; *Schumann* in: *Rosenau*, S. 155, 192.
227 *Valentin*, S. 145.
228 *Helms* in: *Duttge/Engel/Lipp/Zoll*, S. 37, 43 f.
229 *Helms* in: *Duttge/Engel/Lipp/Zoll*, S. 37, 43; *ders.* in: *Röthel/Löhnig/Helms*, S. 49, 59.
230 *Helms*, FamRZ 2010, 1, 4; *Wellenhofer*, FamRZ 2013, 825, 829.

des Kindes im Falle einer heterologen Insemination auszuschließen.[231] Die Pflicht des Gesetzgebers zur Wahrung des Rechts des Kindes auf Kenntnis seiner eigenen Abstammung sei durch das unbeschränkte Anfechtungsrecht des Kindes *„übererfüllt“*.[232] Bemängelt wird, dass die sozialen Beziehungen innerhalb der Familie keinerlei Berücksichtigung finden und das Recht des Kindes stets vorrangig behandelt wird.[233] Das Ziel des Gesetzgebers, mit dem Anfechtungsausschluss der Wunscheltern eine dauerhafte rechtliche Zuordnung des Kindes zu gewährleisten, werde durch das Anfechtungsrecht des Kindes zudem unterlaufen.[234] Gleichsam wird darauf verwiesen, dass auch in anderen Fällen der künstlichen Befruchtung, namentlich der Leihmutterschaft, kein Anfechtungsrecht des Kindes (bzgl. der Mutterschaft) bestehe.[235] *Helms* erkennt zudem eine gewisse Undankbarkeit des Kindes, das seine Existenz dem Wunschvater verdanke und dennoch das rechtliche Band zu diesem kappen könne.[236]

Es ist jedoch zu beachten, dass in der Praxis unabhängig von der Art der Zeugung weit häufiger der Fall auftaucht, dass die Eltern oder der genetische Vater ihr Anfechtungsrecht ausüben, als dass ein Kind die Anfechtung begehrt. Dies beruht auch auf der engen zeitlichen Grenze der Anfechtungsfrist.[237] Eine Anfechtung durch ein Samenspendekind ist in der Rechtsprechung bisher noch nicht aufgetaucht. Die Fälle, in denen ein natürlich gezeugtes Kind die Vaterschaft anfocht, hatten oft gemeinsam, dass das Kind nur durch Zufall nach Eintritt der Volljährigkeit von der fehlenden genetischen Abstammung vom rechtlichen Vater erfuhr. Eine frühzeitige Aufklärung unterblieb. Dass Kinder eher weniger dazu geneigt sind, die Vaterschaft

---

231 *Wanitzek*, FamRZ 2003, 730, 734; *Roth*, DNotZ 2003, 805, 816 f.; *Helms* in: *Duttge/Engel/Lipp/Zoll*, S. 37, 43 ff.; *Helms/Kieninger/Rittner*, Rn. 66; *Wellenhofer*, FamRZ 2013, 825, 829; *dies.*, GuP 2014, 127, 129; *Grziwotz*, Legal Tribune Online vom 06.02.2013; *Schumann* in: *Rosenau*, S. 155, 190 ff.; *Kaiser* in: FS Brudermüller, S. 357, 370; *Zypries/Zeeb*, ZRP 2014, 54, 54 f.; vgl. zum alten Recht bereits *Ramm*, JZ 1989, 861, 872; *Schlegel*, JuS 1996, 1067, 1069 f., votiert hingegen für ein eingeschränktes Anfechtungsrecht des Kindes analog den Vorschriften des Adoptionsrechts. Auch der 18. Deutsche Familiengerichtstag sprach sich gegen das Anfechtungsrecht des Kindes aus, Achtzehnter Deutscher Familiengerichtstag, S. 111.

232 *Wanitzek*, FamRZ 2003, 730, 734; in diese Richtung auch *Wehrstedt*, DNotZ 2005, 649, 652 f.; *Lurger*, DEuFamR 1999, 210, 216; *Frank*, StAZ 2003, 129, 131; *Muscheler/Beisenherz*, JR 1999, 407, 408 f.

233 *Wanitzek*, FamRZ 2003, 730, 734 f.; *Roth*, DNotZ 2003, 805, 816; *Kaiser* in: FS Brudermüller, S. 357, 370.

234 *Schumacher*, FamRZ 1987, 313, 316.

235 *Roth*, DNotZ 2003, 805, 816; *Wehrstedt*, DNotZ 2005, 649, 652 f.

236 *Helms* in: *Röthel/Löhnig/Helms*, S. 49, 58; aus Sicht der Eltern verweist auch *Rauscher*, Rn. 817, auf die Undankbarkeit des Kindes. Dadurch werde ein kindeswohlgefährdender Druck auf das Kind aufgebaut.

237 Ein paar wenige Urteile sind dennoch veröffentlicht worden: *BVerfG* NJW 1989, 891 ff.; *BVerfG* NJW 1994, 2475 ff.; *OLG Düsseldorf* NJW 1990, 1736 f.; *OLG Düsseldorf* NJW 1998, 999 f.

anzufechten, belegt auch der Fall eines Kindes, das sich weigerte, eine Anfechtung der Vaterschaft durchzuführen, obwohl ihm klar war, dass der rechtliche Vater nicht der genetische Vater war.[238] Letztlich versuchte der Vater erfolglos, das Kind auf gerichtlichem Wege zur Anfechtung zu zwingen.[239] Es half nichts, eine Anfechtung unterblieb.

Diese Tendenz ist nachvollziehbar, da der Anreiz für eine Anfechtung angesichts des Verlusts unterhalts- und erbrechtlicher Ansprüche gering ist. Gerade im Fall der Samenspende besteht die Gefahr des endgültigen Verlusts von Unterhaltsansprüchen, da die Feststellung des Spenders Schwierigkeiten bereiten kann. Außerdem müsste das Kind zunächst an der bestehenden Vaterschaft zweifeln. Diese Zweifel entstehen in vielen Fällen deshalb nicht, weil eine Aufklärung des Kindes über die Umstände der Zeugung unterbleibt. Ob das der richtige Weg ist, ist fraglich, da die wenigen vorhandenen Urteile den Schluss nahe legen, dass durch eine frühzeitige Aufklärung eher seltener mit einer Anfechtung zu rechnen ist, als wenn das Kind später durch Zufall von den Abstammungsverhältnissen erfährt. Im letzteren Fall hingegen belegen Studien, dass Kinder das Verschweigen der tatsächlichen Umstände der Zeugung vermehrt als Vertrauensbruch auslegen.[240] Demgegenüber scheint eine frühzeitige Aufklärung keine negativen Auswirkungen auf die familiäre Beziehung zu haben und die Paarbeziehung der Wunscheltern zu entlasten.[241] Nach der Studie von *Jadva, Freeman, Kramer* und *Golombok* war das vorherrschende Gefühl der Kinder gegenüber dem Scheinvater, der auf eine Samenspende zurückgreifen muss, gar ein mitfühlendes Verständnis („*sympathetic*").[242]

2. *Berücksichtigung des Rechts auf Kenntnis der eigenen Abstammung*

Die Kritiker des Anfechtungsrechts machen geltend, dass die Wunscheltern vor dem Verlust ihrer rechtlichen Bindungen geschützt werden müssten.[243] Dagegen spricht jedoch, dass eine solche „Statusbestandsgarantie" auf Kosten des Kindes ginge, dem jegliches Recht abgesprochen werden würde, seine rechtliche, wahrheitswidrige Zuordnung ändern zu lassen. Insoweit handelt es sich jedoch um ein Recht, das jedem natürlich gezeugten Kind ohne weiteres zusteht. Das Recht des künstlich

---

238 *AG Duisburg-Hamborn* FamRZ 2005, 291, 291.

239 *AG Duisburg-Hamborn* FamRZ 2005, 291, 291.

240 *Thorn/Daniels*, Geburtshilfe und Frauenheilkunde 2007, 993, 998; *Jadva/Freeman/Kramer/Golombok*, Human Reproduction 2009, 1909, 1915.

241 *A. Lalos/Gottlieb/O. Lalos*, Human Reproduction 2007, 1759, 1763.

242 *Jadva/Freeman/Kramer/Golombok*, Human Reproduction 2009, 1909, 1915.

243 Staudinger/*Rauscher*, § 1600 BGB, Rn. 92; für sinnig hält z.B. *Roth*, JZ 2002, 651, 653, einen Ausschluss, um die endgültige Zuordnung des Kindes zu den Wunscheltern zu gewährleisten. Gleichwohl erkennt er die Problematik des entgegenstehenden Rechts auf Kenntnis der eigenen Abstammung.

gezeugten Kindes wäre dagegen den Interessen der Eltern gänzlich untergeordnet.[244] Es bestünden erhebliche Bedenken, ob eine solche Ungleichbehandlung natürlich und künstlich gezeugter Kinder verfassungsrechtlich zu rechtfertigen wäre (Art. 3 GG).[245] Schließlich erkennt auch das *BVerfG*, dass *„es auch ein Interesse des Kindes geben* [kann], *seinen leiblichen Vater nicht nur zu kennen, sondern ihn auch als Vater rechtlich zugeordnet zu erhalten. Diesem Interesse dient das eigene Anfechtungsrecht des Kindes.“*[246]

Das Anfechtungsrecht des Kindes wurzelt in seinem Recht auf Kenntnis der eigenen Abstammung.[247] Diesem entspringt neben dem Recht, die Identität des genetischen Vaters zu erfahren, auch das Recht, wahrheitswidrige Zuordnungen anfechten zu können.[248] Dieses rechtlich geschützte Interesse ist bei künstlich gezeugten Kindern aber nicht in geringerem Umfang vorhanden als bei natürlich gezeugten.[249] Auch im Falle heterologer Insemination ist dem Recht des Kindes auf Kenntnis der eigenen Abstammung Rechnung zu tragen. Dies kann vor allem durch das Beibehalten des Anfechtungsrechts erreicht werden.[250] Im Fall einer künstlichen Zeugung tritt die Besonderheit hinzu, dass die Wunscheltern wegen § 1600 V an der Anfechtung der Vaterschaft grundsätzlich gehindert sind. Zudem ist es weit überwiegende Meinung, dass der (echte) Samenspender de lege lata wegen des Erfordernisses der eidesstattlichen Versicherung der Beiwohnung von der Anfechtung ausgeschlossen ist.[251] Damit ist das Kind die einzige Person, die rechtlich in der Lage ist, eine Kongruenz von Genetik und Recht herbeizuführen. Wollte man nun de lege ferenda auch das Kind von der Anfechtung ausschließen, wären unveränder-

244 So im Ergebnis *Roth*, JZ 2002, 651, 653; *Huth*, S. 236; vgl. dazu Staudinger/*Rauscher*, § 1600 BGB, Rn. 92.

245 *Huth*, S. 236 f.; in diese Richtung ebenfalls *Schumacher*, FamRZ 1987, 313, 316; *Marian*, JuS 1997, 671, 672; a.A. *Wehrstedt*, DNotZ 2005, 649, 652 f.

246 *BVerfG* FamRZ 2003, 816, 821. Im konkreten Fall ging es allerdings um ein natürlich gezeugtes Kind, das wahrheitswidrig dem Ehemann der Mutter zugeordnet war.

247 Maunz/Dürig/*Badura*, Art. 6 GG, Rn. 102; MüKo/*Wellenhofer*, Vorbem. zu § 1599 ff., Rn. 6.

248 MüKo/*Wellenhofer*, Vorbem. zu § 1599 ff. BGB, Rn. 6; *Weyrauch*, S. 183; *Coester-Waltjen*, Reproduktionsmedizin 2002, 183, 192; *Schwab* in: FS Steiner, S. 758, 762 differenziert insofern das Recht auf Kenntnis der eigenen Abstammung als Voraussetzung zum *„Recht auf die richtige, d.h. den wahren Abstammungsverhältnissen entsprechende personenrechtliche Zuordnung“*; a.A. *Frank*, StAZ 2003, 129, 131; *Schumann* in: *Rosenau*, S. 155, 187.

249 *Kirchmeier*, FamRZ 1998, 1281, 1284; *Marian*, JuS 1997, 671, 672; in diesem Sinne auch *Huth*, S. 236.

250 *Schwenzer*, Gutachten 59. DJT, A 31; *Coester-Waltjen*, Reproduktionsmedizin 2002, 183, 192; HK-BGB/*Kemper* § 1600 BGB, Rn. 16; daher fügen auch *Zypries/Zeeb*, ZRP 2014, 54, 56 an, dass Einwände der Spenderkinder selbst im Gesetzgebungsverfahren durchaus beachtet werden sollten, letztlich das Anfechtungsrecht aber dennoch ausgeschlossen werden sollte.

251 Dazu nachfolgend S. 101 ff.

liche Tatsachen geschaffen. Wunschvater und Kind wären auf alle Zeit durch das rechtliche Band der Vaterschaft verbunden, es bestünde keinerlei Möglichkeit, eine der Genetik entsprechende rechtliche Zuordnung des Kindes zu schaffen. Letztlich muss es aber eine Entscheidung des Kindes bleiben, ob es seinem eigenen Recht zur Geltung verhelfen will oder nicht.[252] Das muss auch unabhängig davon gelten, ob die Zuordnung zum Samenspender kindeswohlförderlich wäre.[253]

Die rechtsgeschäftliche Erklärung der Wunscheltern darf ein anerkanntes Grundrecht des Kindes nicht so sehr überlagern, dass dieses inhaltslos wird.[254] Schon im Schuldrecht gilt der Grundsatz, dass ein Vertrag zu Lasten Dritter keinerlei Wirkung für den Dritten erzeugt, diese Wertung schlägt sich auch im wesentlich sensibleren Abstammungsrecht nieder.[255] Hier besteht die Situation, dass eine Absprache zwischen den Wunscheltern kausal für die Zeugung des Kindes ist. Es leuchtet nicht ein, wieso diesen Willenserklärungen eine solche Macht zukommen sollte, dass sie Grundrechte des noch ungeborenen Kindes von vornherein ausschließen können sollten.[256] Der Anfechtungsausschluss der Wunscheltern selbst ist indes gerechtfertigt, weil beide ein zurechenbares Vertrauen in die Verantwortungsübernahme für das Kind gesetzt haben und vor der Zeugung erklärten, dauerhaft für das Kind sorgen zu wollen. Das Kind hingegen konnte vor seiner Geburt naturgemäß keinerlei Handlungen unternehmen, die einen Ausschluss des Anfechtungsrechts rechtfertigen und hat nicht zur Inkongruenz von genetischer und rechtlicher Vaterschaft beigetragen.[257] Gegen seine eigene Zeugung kann es sich nicht wehren, an die Erklärungen der Eltern kann es nicht gebunden sein.[258] Es muss ihm selbst überlassen bleiben, ob es auf die Ausübung seines Anfechtungsrechts verzichten möchte.

3. Keine Vergleichbarkeit mit einer Adoption

Für den Ausschluss des Anfechtungsrechts könnte ein Vergleich mit dem Adoptionsrecht sprechen. Auch hier kann sich das Kind gegen die Zuordnung kaum zur Wehr setzen. Dennoch ist die Situation mit einer Stiefkindadoption nur bedingt vergleichbar, so dass auch dieser Vergleich letztlich keinen Anfechtungsausschluss rechtfertigen kann.[259]

---

252 *Schwenzer*, Gutachten 59. DJT, A 31.
253 Zweifelnd dazu *Wanitzek*, S. 302 f.
254 *Gernhuber/Coester-Waltjen*, § 52 Rn. 14; in diese Richtung ebenfalls: *Weyrauch*, S. 183.
255 Diesen Vergleich zieht ebenfalls *Coester-Waltjen*, Reproduktionsmedizin 2002, 183, 192.
256 In diesem Sinne auch *Huth*, S. 236 f.
257 *Quantius*, FamRZ 1998, 1145, 1149; Staudinger/*Rauscher*, § 1600 BGB, Rn. 92.
258 *Kirchmeier*, FamRZ 1998, 1281, 1284; *Gaul*, FamRZ 2000, 1461, 1473.
259 Staudinger/*Rauscher*, § 1600 BGB, Rn. 92 f.; a.A. *Wehrstedt*, DNotZ 2005, 649, 653; *Wellenhofer*, FamRZ 2013, 825, 829; *dies.*, GuP 2014, 127, 129 f.; *Schumann* in: *Rosenau*, S. 155, 190.

Die Adoption erfolgt aufgrund gerichtlicher Entscheidung und hat stets die Förderung des Kindeswohls als Ziel (§ 1741).[260] Gesetzlich vorgesehen ist daher stets eine Prognose, ob die Annahme auch zukünftig förderlich für das Kindeswohl ist.[261] Die Zuordnung zum Vater im Falle einer heterologen Insemination erfolgt dagegen aufgrund der Ehe mit der Mutter oder einer Anerkennung. Eine gerichtliche Entscheidung, der eine Kindeswohlüberprüfung zu Grunde liegt, gibt es nicht. Darüber hinaus ist im Adoptionsverfahren regelmäßig das Jugendamt beteiligt. Ein Pendant dazu fehlt bei einer künstlichen Befruchtung mittels Samenspende vollends. Aus diesen Gründen sind die Situationen nur bedingt zu vergleichen. Dem künstlich gezeugten, durch Abstammungsrecht zugeordneten Kind ein Anfechtungsrecht zu gewähren, dem adoptierten Kind ein solches aber zu verwehren, führt folglich nicht zu einer verfassungswidrigen Ungleichbehandlung i.S.d. Art. 3 GG, weil die Sachverhalte nicht zu vergleichen sind.[262]

Die Zuordnung aufgrund Ehe oder Anerkennung kann nicht ebenso stark binden wie die Adoption, die eine gerichtliche Entscheidung voraussetzt. Anerkennung bzw. Eheschließung sind einmalige Willenserklärungen, denen nicht dieselbe abstammungsrechtliche Wirkung wie einer gerichtlichen Entscheidung zukommen kann, die zudem erst nach einer Probezeit (§ 1744) gefällt werden soll. Daneben sieht das Adoptionsrecht ein Mindestalter der Annehmenden vor (§ 1743), dass dem Abstammungsrecht logischerweise fremd ist.

Daneben steht die Tatsache, dass die Annahme als Kind nicht unabänderlich ist, §§ 1759 ff. Gefordert wird durch den Anfechtungsausschluss aber eine solche Unabänderlichkeit nach einer heterologen Insemination. Es bestünde dann bei der wahrheitswidrigen abstammungsrechtlichen Zuordnung eine größere Bindungswirkung als bei der Adoption. Ließe man dies zu, würden die Regelungen zur Stiefkindadoption umgangen werden, obwohl eine ähnliche Rechtsfolge eintreten würde. Auch der Vergleich mit der Adoption bietet somit kein tragfähiges Argument für einen Anfechtungsausschluss des Kindes.[263] Die Adoption ist nicht mit der Situation eines heterolog gezeugten Kindes vergleichbar. Bei einer Adoption ist es das Ziel, eine rechtliche Verbindung zu mindestens einer Person herzustellen, mit der das Kind nicht verwandt ist. Das Abstammungsrecht basiert hingegen auf der genetischen Abstammung. Nur in Ausnahmefällen soll eine Abweichung von der Statuswahrheit erfolgen. Insofern ist zu bedenken, dass im Fall einer natürlichen Zeugung allenfalls nach Ablauf der Anfechtungsfrist eine adoptionsähnliche Wirkung der abstammungsrechtlichen Zuordnungen eintritt. Ein sachlicher Grund, diesen Zeitpunkt bei einer künstlichen Befruchtung deutlich nach vorne zu verlagern, besteht nicht. Aufgabe des Abstammungsrecht ist es somit gerade nicht eine Situation zu schaf-

---

260 Staudinger/*Rauscher*, § 1600 BGB, Rn. 93; nach Meinung von *Wehrstedt*, DNotZ 2005, 649, 653 genügt dies aber nicht als Rechtfertigung.

261 MüKo/Maurer, § 1741 BGB, Rn. 14 ff.

262 So aber *Schumann* in: *Rosenau*, S. 155, 190.

263 Staudinger/*Rauscher*, § 1600 BGB, Rn. 92; a.A. *Zypries/Zeeb*, ZRP 2014, 54, 56.

fen, in der eine nahezu unaufhebbare Zuordnung zum nichtgenetischen Elternteil erfolgt. Dies ist vielmehr dem Adoptionsrecht immanent, das insofern ein Aliud zum Abstammungsrecht darstellt.

4. *Kein Ausschluss des Anfechtungsrechts aufgrund einer Gefährdung der Ehe der Eltern oder des Familienfriedens*

Ein Aspekt, der betont wird, aber eigentlich keine Rolle spielen darf[264], ist der Schutz der Ehe/Beziehung der Eltern, die durch eine Anfechtung belastet werden könnte.[265] Eine erhebliche Gefahr der Störung des Familienfriedens besteht ohnehin nicht.[266] Anders als bei einer natürlichen Zeugung liegt bei einer heterologen Insemination kein Treuebruch der Partner vor, der durch eine Anfechtung aufgedeckt wird. Stattdessen willigten beide Partner in die Zeugung mit Fremdsamen ein und sind sich somit von Anfang an bewusst, dass es sich nur um ein genetisches Kind der Mutter handelt. Ob gegebenenfalls vor der Befruchtung bereits ein Konfliktpotential innerhalb der Familie vorhanden war, weil nur die Mutter auf eine Behandlung drängte, fällt für die spätere Bewertung des Anfechtungsrechts des Kindes nicht ins Gewicht. Studien belegen sogar, dass eine frühzeitige Offenbarung der Zeugungsmethode gegenüber dem Kind positive Auswirkungen auf die Paarbeziehung der Wunscheltern hat, während die Geheimhaltung teils zu Konflikten zwischen den Eltern führt.[267] Eine größere Scheidungsrate von Paaren mit Samenspendekindern konnte nicht belegt werden[268], stattdessen ist die Rate sehr gering bei 2-3 %.[269]

Lediglich die familiäre Beziehung zum Kind könnte leiden. Diese Gefahr ist aber bei jeder Anfechtung, gleich ob das Kind natürlich oder künstlich gezeugt wurde, gegeben. Darüber hinaus ist es die autonome Entscheidung des Kindes, ob es eine Anfechtung in Erwägung zieht und so seine familiären Beziehungen gefährdet. Bei frühzeitiger Aufklärung ergaben sich laut der Studie von *Scheib, Riordan* und *Rubin* keine negativen Auswirkungen auf die Beziehung des Kindes zum genetisch nicht verwandten Elternteil[270], sodass auch eine Anfechtung unwahrscheinlich ist.

Ein Verweis nur auf ein Auskunftsrecht genügt aus Sicht des Kindes nicht, um einen effektiven Grundrechtsschutz zu gewährleisten.[271] Das Recht des Kindes auf

---

264 Vgl. *Coester-Waltjen*, Reproduktionsmedizin 2002, 183, 192.
265 *Lurger*, DEuFamR 1999, 210, 216.
266 *Coester-Waltjen*, Gutachten 56. DJT, B 62.
267 *A. Lalos/Gottlieb/O. Lalos*, Human Reproduction 2007, 1759, 1766; ebenfalls *Lycett/Daniels/Curson/Golombok*, Fertility and Sterility 2004, 172, 173.
268 *Lycett/Daniels/Curson/Golombok*, Fertility and Sterility 2004, 172, 175.
269 *Katzorke*, Der Gynäkologe 2007, 807, 809.
270 *Scheib/Riordan/Rubin*, Human Reproduction 2004, 239, 243.
271 So *Lurger*, DEuFamR 1999, 210, 216; a.A. *Helms* in: *Röthel/Löhnig/Helms*, S. 49, 63; *Dethloff/Gerhardt*, ZRP 2013, 91, 93; wohl auch *Coester-Waltjen*, Reproduktionsmedizin 2002, 183, 192 f.

Kenntnis der eigenen Abstammung überwiegt hier das Recht der Eltern auf ein ungestörtes Ehe- bzw. Familienleben. Da die Eltern selbst die potentielle Gefährdung des Familienlebens durch die Zeugung mit Spendersamen in die Familie gebracht haben, können sie gegenüber anderen Grundrechtsträgern nicht über die Maßen geschützt werden. Wer sich sehenden Auges in eine grundrechtsgefährdende Position bringt, kann nicht stärker geschützt werden als das Kind, das ungewollt in diesen Grundrechtskonflikt hineingezogen wird. Ein Ausschluss des Anfechtungsrechts würde bedeuten, dem Kind seine ureigensten Persönlichkeitsrechte abzusprechen, um das Vertrauen der Eltern am dauerhaften Erhalt der Beziehung zu schützen.[272] Das Kind droht dann zum rechtlosen Objekt zu werden, was sogar eine Menschenwürdeverletzung darstellen würde, Art. 1 I GG.[273]

5. Kein Ausschluss des Anfechtungsrechts aus Gründen des Kindeswohls

Ebenfalls kritisiert wird, dass das deutsche Abstammungsrecht der Statuswahrheit bzw. der genetischen Abstammung gegenüber der gelebten sozialen Beziehung einen zu hohen Stellenwert einräume.[274] Nachdem die Interessen der Eltern einen Anfechtungsausschluss des Kindes aber nicht rechtfertigen können, bleibt zu hinterfragen, ob das Wohl eben jenes Kindes als Argument für einen Ausschluss tragfähig ist. Für das volljährige Kind ist dies nicht der Fall, da der Volljährige grundsätzlich seines eigenen Glückes Schmied ist. Strebt das volljährige Kind eine Anfechtung an, ist dem nicht das Wohl des „Kindes" entgegenzusetzen. Die Anfechtung ist dann die Entscheidung einer voll geschäftsfähigen Person, die zu respektieren ist.

Das minderjährige Kind aber gilt es besonders zu schützen. Da in diesem Fall eine Anfechtung nur durch einen Vertreter erfolgen kann, ist das Kindeswohldienlichkeitserfordernis in § 1600a IV zu beachten. Damit ist bei konsequenter Anwendung des Gesetzes sichergestellt, dass die Anfechtung eines Minderjährigen nur Aussicht auf Erfolg hat, wenn sie dem Wohl desselben dient.[275] Dadurch sollte auch der Fall ausgeschlossen sein, dass ein Wunschelternteil den Ausschluss seines eigenen Anfechtungsrechts durch die Vertretung des Kindes zu umgehen versucht.[276] Darüber hinaus wird in vielen Fällen die Anfechtungsfrist für das minderjährige Kind bereits abgelaufen sein, weil die Wunscheltern/Vertreter keine Anfechtung erwägen.[277] Da für die Fristwahrung auch im Abstammungsrecht die Regelung des

---

272 Staudinger/*Rauscher*, § 1600 BGB, Rn. 92.
273 Staudinger/*Rauscher*, § 1600 BGB, Rn. 92.
274 *Helms*, FamRZ 2010, 1, 4.
275 Staudinger/*Rauscher*, § 1600 BGB, Rn. 93; *Wellenhofer* in: *Schwab/Vaskovics*, S. 173, 180.
276 Staudinger/*Rauscher*, § 1600 BGB, Rn. 93; *Wellenhofer*, FamRZ 2013, 825, 827; *dies.* in: *Schwab/Vaskovics*, S. 173, 180; vgl. *Coester-Waltjen*, Reproduktionsmedizin 2002, 183, 193; zweifelnd: *Meier*, NZFam 2014, 337, 338.
277 Staudinger/*Rauscher*, § 1600 BGB, Rn. 93.

§ 166 I maßgeblich ist, wonach die Kenntnis des gesetzlichen Vertreters entscheidend ist[278], läuft die erste Anfechtungsfrist regelmäßig im Kleinkindalter ab. Daher wird zumeist erst mit Volljährigkeit des Kindes die Anfechtung in Betracht gezogen werden können.[279]

Eine Gefahr für das Kindeswohl könnte sich lediglich mittelbar durch das verbleibende Anfechtungsrecht einstellen. Da das Anfechtungsrecht des Kindes nicht ausgeschlossen werden darf, bleibt den Wunscheltern nur eine Möglichkeit, um eine sichere rechtliche Zuordnung des Kindes zu ihnen zu schaffen: das Kind nicht über die Umstände seiner Zeugung aufzuklären.[280] Ein solches Verhalten ist aus entwicklungspsychologischer Sicht negativ zu bewerten.[281] Die Kindeswohlgefährdung beruht dann aber nicht auf dem Anfechtungsrecht an sich, sondern auf dem Verhalten der Eltern. Da sich das Anfechtungsrecht des Kindes als Verwirklichung des Rechts auf Kenntnis der eigenen Abstammung darstellt, würde der Sinn des Anfechtungsrechts durch das Handeln der Eltern in sein Gegenteil verkehrt. Gerade die genetische Herkunft stellt aber einen bedeutenden Teil der eigenen Identitätsfindung des Kindes dar, so dass gewährleistet werden sollte, dass das Kind von den Umständen seiner Zeugung erfährt. Wünschenswert ist daher eine ärztliche Beratungspraxis, welche die Eltern nicht davon abbringt, ihr Kind über die genetische Herkunft aufzuklären, sondern zum Wohle des Kindes einen offenen Umgang mit den Umständen der Zeugung anregt.[282] Dadurch können auch bestehende Unsicherheiten der Wunscheltern bezüglich der Art und des Zeitpunkts der Aufklärung verringert werden.[283] Im Zweifel ist das frühzeitig aufgeklärte Kind, das in einer intakten Familie lebt, weniger geneigt, sein Anfechtungsrecht auszuüben. Bereits zum Zeitpunkt der Aufklärung zeigten die Kinder in einer Studie wenig Interesse oder Neugier bezüglich des Themas, wobei dies auch dem jungen Alter der Kinder zugerechnet werden könnte.[284] Im Rahmen einer anderen Studie, die in diesem Punkt nur Angaben der Befragten wertete, die zur Zeit der Aufklärung über drei Jahre waren,

278 *OLG Brandenburg* FamRZ 2009, 59, 59; *OLG Celle* FamRZ 2012, 567, 567 f.

279 Staudinger/*Rauscher*, § 1600 BGB, Rn. 93; vgl. dazu auch *Meier*, NZFam 2014, 337, 338.

280 *Helms* in: *Röthel/Löhnig/Helms*, S. 49, 62; *Helms/Kieninger/Rittner*, Rn. 66; auch *Quantius*, FamRZ 1998, 1145, 1149, erkennt die Problemlage des Kindes, das mitunter von seinen Eltern nicht über die eigene Herkunft aufgeklärt wird; in diese Richtung ebenfalls *Wellenhofer*, FamRZ 2013, 825, 829; vgl. auch die Antworten aufklärungsunwilliger Eltern in der Studie von *A. Lalos/Gottlieb/O. Lalos*, Human Reproduction 2007, 1759, 1764.

281 Vgl. *Muscheler/Bloch*, FPR 2002, 339, 342; *Helms* in: *Röthel/Löhnig/Helms*, S. 49, 62.

282 Das scheint bisher nicht der Fall zu sein, vgl. Ergebnisse der Studie von *A. Lalos/Gottlieb/O. Lalos*, Human Reproduction 2007, 1759, 1764, bezüglich Schweden, zumal der Großteil der Eltern, denen eine Aufklärung durch das medizinische Personal nahegelegt wurde, später auch seine solche vornahmen.

283 Vgl. Angaben der Eltern in *Thorn/Daniels*, Geburtshilfe und Frauenheilkunde 2007, 993, 994; *A. Lalos/Gottlieb/O. Lalos*, Human Reproduction 2007, 1759, 1764.

284 *A. Lalos/Gottlieb/O. Lalos*, Human Reproduction 2007, 1759, 1766.

gaben rund 3/4 der Befragten „*Neugier*“ als vorherrschendes Gefühl nach der Aufklärung an.[285] Die (frühzeitige) Aufklärung des Kindes hatte insgesamt überwiegend neutrale oder gar positive Auswirkungen auf die Beziehung zu den Eltern, kaum ein Kind erhoffte sich eine echte Vater-Kind Beziehung zum Spender.[286] Es ist daher davon auszugehen, dass auch zukünftig das Anfechtungsrecht von nur wenigen Kindern ausgeübt werden wird, gerade wenn eine frühzeitige Aufklärung erfolgt.

Entscheidet sich ein Kind dennoch für die Anfechtung, ist das Entstehen eines gewissen Drucks auf das Kind nicht abzustreiten, da es mit dem elterlichen Vorwurf des Undanks konfrontiert werden könnte.[287] Ist das Kind aber bereits anfechtungsbereit, scheint die familiäre Situation ohnehin angespannt.[288] Da das Kind zum Zeitpunkt der Anfechtung aber regelmäßig volljährig sein wird, kann hierin keine unangemessene Gefährdung des Kindeswohls gesehen werden.

Das Anfechtungsrecht selbst gefährdet das Wohl des Kindes somit nicht, so dass es den Ausschluss des Anfechtungsrechts ebenfalls nicht rechtfertigen kann.

6. Vergleich mit der Rechtslage bei gespaltener Mutterschaft

Die Tatsache, dass bei Vorliegen einer gespaltenen Mutterschaft keine Mutterschaftsanfechtungsmöglichkeit des Kindes besteht, ist als Argument für einen Vaterschaftsanfechtungsausschluss nicht brauchbar.[289] Zwar werden zwei ähnliche Sachverhalte unterschiedlich behandelt, das zwingt aber keinesfalls dazu, auch das Vaterschaftsanfechtungsrecht des künstlich gezeugten Kindes auszuschließen. Um die vermeintliche Ungleichbehandlung zu beseitigen, ist ebenso die Schaffung einer Anfechtungsmöglichkeit der Mutterschaft denkbar.[290] Jedenfalls ist es wegen des fehlenden Mutterschaftsanfechtungsrechts nicht zwingend notwendig, auch die Vaterschaftsanfechtung durch das Kind auszuschließen.

7. Schutz des Samenspenders

Letztes Argument für einen Anfechtungsausschluss ist die Schutzbedürftigkeit des Samenspenders.[291] Der Gedanke erwächst aus den Besonderheiten des deutschen Abstammungsrechts: Da der Samenspender de lege lata im Rahmen eines Vater-

---

285 *Jadva/Freeman/Kramer/Golombok*, Human Reproduction 2009, 1909, 1912; ebenso *Scheib/Riordan/Rubin*, Human Reproduction 2004, 239, 240.

286 *Scheib/Riordan/Rubin*, Human Reproduction 2004, 239, 248.

287 *Rauscher*, Rn. 817.

288 Weswegen es auch nicht sinnig ist, das Anfechtungsrecht von einer „*Auflösung*“ der Familie abhängig zu machen, wie *Lurger* anregt, DEuFamR 1999, 210, 216.

289 So aber *Schumann* in: *Rosenau*, S. 155, 190; *Wehrstedt*, RNotZ 2005, 109, 114.

290 Was sodann auch *Schumann* in: *Rosenau*, S. 155, 191 erkennt.

291 *Spickhoff* in: FS Schwab, S. 923, 943 ff.; *ders.*, NJW 2002, 1758, 1759; *Wehrstedt*, DNotZ 2005, 649, 654; *Coester-Waltjen*, Reproduktionsmedizin 2002, 183, 192; vgl. auch *Helms* in: *Duttge/Engel/Lipp/Zoll*, S. 37, 41.

schaftsfeststellungsverfahrens gegen seinen Willen als rechtlicher Vater zugeordnet werden kann, müsse gewährleistet sein, dass die Situation der Vaterlosigkeit des Kindes nicht eintritt und somit keine Feststellung ermöglicht wird.[292] Wegen der Einschränkung der Anfechtungsrechte der Wunscheltern würde ein ergänzender Ausschluss des Anfechtungsrechts des Kindes die Möglichkeit der Feststellung des Samenspenders ausschließen. Das finanzielle Risiko einer Inanspruchnahme des Spenders ist dann äußerst gering. Es leuchtet aber nicht ein, wieso das finanzielle Interesse des Samenspenders das Persönlichkeitsrecht des Kindes in solcher Weise überlagern sollte, dass das Recht auf Kenntnis der eigenen Abstammung des Kindes dahinter zurück zu treten hat.[293] Selbst wenn eine Vaterschaftsanfechtung und anschließende Feststellung des Spenders durch das Kind nur aus finanziellen Interessen erfolgt, kann darin kein Rechtsmissbrauch gesehen werden.[294] Denn wo sollte die Grenze gezogen werden? Im Fall einer natürlichen Zeugung – selbst wenn es sich um eine „Quasi-Spende"[295] handelt – ist ein solches Vorgehen ebenfalls nicht rechtsmissbräuchlich.

Im Fall einer langjährigen Beziehung zum Vater werden zudem sämtliche Anfechtungsfristen bereits verstrichen sein, so dass Anfechtungen kaum die Regel werden können. Daneben ist das Interesse an der Anfechtung der Vaterschaft so gering, dass die Feststellung des Samenspenders die absolute Ausnahme bleiben wird. Der Zweck, den Samenspender zu schützen, kann die Interessen des Kindes an der Anfechtung letztlich nicht verdrängen. Insbesondere ist die Anfechtung auf die Aufhebung der bestehenden Vaterschaft gerichtet, in die der Spender nicht involviert ist. Lediglich mittelbar kann er aufgrund der Anfechtung in Anspruch genommen werden.

8. Ergebnis

Das Recht des Kindes auf Anfechtung der Vaterschaft ist folglich im Falle einer heterologen Insemination mit Spendersamen notwendig und interessengerecht. Bereits de lege lata wird dem Kind ein weitgehend unbeschränktes Anfechtungsrecht gewährt. De lege ferenda ist hieran trotz aller Kritik nichts zu ändern. Eine Gesetzesänderung ist damit nicht notwendig.

D. Das Anfechtungsrecht des Samenspenders

Fraglich ist zudem, ob auch dem Samenspender das Anfechtungsrecht zusteht bzw. zustehen sollte.

---

292 In diesem Sinne: *Wehrstedt*, DNotZ 2005, 649, 654.
293 Staudinger/*Rauscher*, § 1600 BGB, Rn. 92.
294 A.A. *Wehrstedt*, DNotZ 2005, 649, 654.
295 Der Begriff des „Quasi-Spenders" wurde bereits zuvor erläutert, S. 88.

I. Grundsätzlich kein Anfechtungsrecht des Spenders de lege lata

Bereits im Rahmen einer natürlichen Zeugung spaltet das Anfechtungsrecht des genetischen – im Wortlaut des Gesetzes: leiblichen – Vaters die juristischen Gemüter. In etwas abgeschwächter Form trifft das auch auf ein mögliches Anfechtungsrecht des Samenspenders zu.

1. *Fallbeispiel*

S ist der Bruder von M. M ist mit F verheiratet und möchte ein Kind mit ihr haben. Da er zeugungsunfähig ist, überredet er S, dass dieser seinen Samen für eine ärztlich assistierte Befruchtung der F zur Verfügung stellt. Bereits ein Jahr nach Geburt des Kindes verlässt M aber die Familie. S möchte daher die Vaterschaft des M anfechten, um die rechtliche Vaterschaft für sein genetisches Kind zu übernehmen.

2. *Ausschluss des Spenders durch § 1600 Nr. 2 BGB*

Im Gegensatz zum genetischen Vater, der ein Kind auf natürlichem Wege zeugt, ging man bisher davon aus, dass der Samenspender in jedem Fall von der Anfechtung ausgeschlossen ist. Das ergibt sich grundsätzlich aus dem Erfordernis der eidesstattlichen Versicherung der Beiwohnung (§ 1600 I Nr. 2).[296] Zuletzt schränkte der *BGH* diese Ansicht jedoch auf konsentierte heterologe Befruchtungen ein, bei denen von Beginn der Behandlung an ein Wunschvater existiert, der die rechtliche Vaterschaft zu übernehmen bereit ist, während der Spender auf eine Übernahme der Vaterschaft (konkludent) verzichtet.[297] Bestehe jedoch zu Beginn der Behandlung kein Wunschvater, der die Vaterschaft übernehmen wolle, sei eine Anfechtung durch den Spender möglich, falls zuvor ein Dritter das Kind anerkannt hat (oftmals werden die Spender in einem solchen Fall als „offene Spender“ oder „Becherspender“ bezeichnet)“.[298] Entscheidend ist damit, dass *„keine auf die (ausschließliche) Vaterschaft eines Dritten als Wunschvater gerichtete Vereinbarung* [...] *vorausgegangen ist“*.[299]

Der *BGH* teilt Samenspender damit in zwei Kategorien ein. Entscheidend ist dabei nicht, ob die Befruchtung durch ärztliche Unterstützung erfolgt, sondern vielmehr, ob der Spender als „reiner“ Spender auftreten will, dem bewusst ist, dass ein Dritter

---

296 *BGH* NJW 2005, 1428, 1429; MüKo/*Wellenhofer*, § 1600 BGB, Rn. 7; Staudinger/*Rauscher*, § 1600 BGB, Rn. 94; BeckOK BGB/*Hahn*, § 1591 BGB, Rn. 12; *Höfelmann*, FamRZ 2004, 745, 749; *Will*, FPR 2005, 172, 175; *Wellenhofer*, FamRZ 2013, 825, 826; *Schumann* in: *Rosenau*, S. 155, 189; *Büttner* in: FS Schwab, S. 735, 736; *Helms/Kieninger/Rittner*, Rn. 51; zweifelnd: *Gernhuber/Coester-Waltjen*, § 53 Rn. 15.

297 *BGH* FamRZ 2013, 1209, 1210, Rz. 14 f.; Palandt/*Brudermüller*, § 1600 BGB, Rn. 12; vgl. auch *Remus/Liebscher*, NJW 2013, 2558, 2559 f.; kritisch zur Begründung, nicht zum Ergebnis: *Heiderhoff*, FamRZ 2013, 1212 ff.

298 *BGH* FamRZ 2013, 1209, 1210, Rz. 14 f.

299 *BGH* FamRZ 2013, 1209, 1210, Rz. 15.

die rechtliche Vaterschaft i.S.v. § 1600 V übernehmen will. Ob man dem so folgen kann, ist indes höchst fraglich, geht die Gesetzesbegründung doch ausdrücklich davon aus, dass dadurch, *„dass sich die eidesstattliche Versicherung auf die Tatsache der Beiwohnung erstreckt,* [...] *zugleich verhindert* [wird], *dass ein samenspendender Dritter als „biologischer Vater" ein Anfechtungsrecht erhält.* [...] *Unabhängig von der Frage, inwieweit der Samenspender als genetischer Vater in den Schutzbereich des Artikels 6 Abs. 2 GG einbezogen ist, ist jedenfalls seine erklärte Bereitschaft zur Teilnahme an einer Samenspende als konkludenter Verzicht auf die rechtliche Vaterschaft und damit auf ein entsprechendes Anfechtungsrecht zu deuten. Durch die Regelung eines Anfechtungsausschlusses über die Anforderungen an die Anfechtungsberechtigung bedarf es keiner eigenständigen Ausschlussvorschrift, wie sie vom Bundesrat vorgeschlagen ist."* Eine Beschränkung gerade auf Fälle des § 1600 V, wie sie der *BGH* vornimmt, ist darin nicht zu erkennen.[300] Vielmehr war intendiert, jeglichen Spender an der Anfechtung zu hindern. Verfassungsrechtliche Bedenken ließen den Gesetzgeber letztlich davon absehen, einen expliziten Ausschluss zu normieren.[301] Durch das Erfordernis der eidesstattlichen Versicherung und das Bestehen einer sozial-familiären Beziehung zwischen Kind und Wunschvater sei die Anfechtung aber ohnehin ausgeschlossen.[302] Allein deshalb sei auf eine ausdrückliche eigene Regelung verzichtet worden.[303]

Durch die neue Auslegung des *BGH* wird dieses eindeutig formulierte Ziel des Gesetzgebers unterlaufen.[304] Zudem wird die Norm des § 1600 V über den Wortlaut hinaus ausgedehnt.[305] Selbst bei großzügiger Auslegung kann unter den Wortlaut *„Beiwohnung"* keine Samenspende gefasst werden.[306] Der Duden definiert „beiwohnen" als *„1. (gehoben) bei etwas anwesend, zugegen sein; etwas miterleben"* sowie *„(veraltend, gehoben verhüllend) Geschlechtsverkehr mit einer Frau haben"*.[307] Eine Erklärung, wie darunter eine Samenspende gefasst werden kann, bei der gerade

300 So aber der *BGH* FamRZ 2013, 1209, 1211, Rz. 21; a.A. auch *Heiderhoff*, FamRZ 2013, 1212, 1213. Die Entscheidung des *BGH* begrüßt hingegen *Coester-Waltjen*, FamRZ 2013, 1693, 198 f., mit dem Hinweis, dass sie noch zu kurz greife.

301 BT-Drucks. 15/2253, S. 20.

302 BT-Drucks. 15/2253, S. 20.

303 Wegen der *„etwas bemühten"* Begründung des *BGH* spricht sich daher *Wellenhofer*, JuS 2013, 1038, 1039, für eine Neuregelung des Anfechtungsrechts aus.

304 Dennoch begrüßen *Remus/Liebscher*, NJW 2013, 2558, 2559, die Entscheidung mit einem Verweis auf die Grundrechte des leiblichen Vaters.

305 *Siede*, FamRB 2013, 244, 244.

306 So auch *Löhnig*, JA 2014, 69, 70.

307 http://www.duden.de/rechtschreibung/beiwohnen (zuletzt abgerufen am 28.05.2015, 11:19 Uhr). Auch *Helms/Kieninger/Rittner*, Rn. 51, definiert die Beiwohnung als *„jede sexuelle Handlung [...], welche nach medizinischer Erfahrung geeignet ist, eine Befruchtung herbeizuführen"*.

kein Geschlechtsverkehr stattfindet, bleibt der *BGH* schuldig.[308] Stattdessen beruft er sich darauf, dass das Erfordernis der eidesstattlichen Versicherung nicht wahrheitsgemäß zu erfolgen habe.[309] Überzeugend ist dies jedoch nicht. Letztlich war die Entscheidung eine Einzelfallentscheidung, die deutlich davon geprägt war, dass der *BGH* einen Rechtsmissbrauch der (in einer homosexuellen Partnerschaft lebenden) Mutter darin sah, dass sie einen Dritten die Vaterschaft anerkennen ließ, nur um den Spender an der Feststellung seiner Vaterschaft zu hindern.[310] Wieso der *BGH* sich entschied, den Fall über die Anfechtungsbefugnis des Spenders zu regeln, anstatt bei dem vermeintlichen Rechtsmissbrauch der Mutter anzusetzen, bleibt unbeantwortet.[311] Gleichwohl ist das gefundene Ergebnis in diesem Einzelfall zu befürworten. Der *BGH* sah sich dabei aber offensichtlich gezwungen, das gewünschte Ergebnis in irgendeiner Form mit den bestehenden Vorschriften begründen zu können.

In der Masse der Fälle, insbesondere wenn der Spendersamen aus einer Samenbank bezogen wird, liegt abweichend von dem der Entscheidung zu Grunde liegenden Sachverhalt jedoch gerade die Situation eines typischen, echten Spenders vor. Diesem gewährt auch die neue Rechtsprechung des *BGH* kein Anfechtungsrecht.[312]

Die gesetzliche Grundidee des Ausschlusses des Samenspenders leuchtet ein. Das Anfechtungsrecht des genetischen Vaters ist durch den Gesetzgeber auf andere Fälle als die Samenspende zugeschnitten worden[313]: Der genetische Vater soll in Situationen, in denen ihn keine Schuld daran trifft, dass ein anderer Mann rechtlicher Vater geworden ist, in seinem Interesse geschützt werden, selbst die rechtliche Verantwortung für das Kind zu übernehmen. Spricht nichts gegen eine Anfechtung, weil keine sozial-familiäre Beziehung des Kindes zum rechtlichen Vater besteht, soll ihm die Möglichkeit gegeben werden, das bestehende rechtliche Band zu durchtrennen und sich selbst als Vater feststellen zu lassen. Dem typischen, echten Samenspender ist demgegenüber von vornherein klar, dass ein anderer Mann rechtlicher Vater des Kindes werden wird. Er ist nach der ausdrücklichen Meinung des Gesetzgebers daher weniger schutzbedürftig. Auch der *BGH* spricht diesem Samenspender kein Anfechtungsrecht zu. Dennoch ist es vom Ergebnis her zu begrüßen, in Situationen wie der im dargestellten *BGH* Urteil vom 15.05.2013 dem untypischen (offenen Becher-)Spender ein Anfechtungsrecht zuzugestehen, weil dieser gerade nicht wie

---

308 Für eine Neuauslegung des Begriffs: *Wellenhofer*, JuS 2013, 1038, 1039; vgl. auch *Gernhuber/Coester-Waltjen*, § 53 Rn. 15.

309 *BGH* FamRZ 2013, 1209, 1211 Rz. 22; dazu bereits *Büttner* in: FS Schwab, S. 735, 737.

310 Vgl. *BGH* FamRZ 2013, 1209, 1212, Rz. 30.

311 *Löhnig*, JA 2014, 69, 70, plädiert insofern für eine analoge Anwendung des § 1600 I Nr. 2.

312 Vgl. *BGH* FamRZ 2013, 1209, 1211, Rz. 24; Palandt/*Brudermüller*, § 1600 BGB, Rn. 12; dazu auch *Heiderhoff*, FamRZ 2013, 1212, 1213. Bezieht man (die im Rahmen dieser Bearbeitung außen vor gelassenen) gleichgeschlechtliche Lebenspartnerinnen in die Betrachtung mit ein, ist die Fallgestaltung deutlich relevanter, *Wellenhofer*, JuS 2013, 1038, 1040.

313 *Taupitz/Schlüter*, AcP 2005, 591, 619.

der Samenspender von vornherein eine Verantwortungsübernahme für das Kind abgelehnt hat.

Dem „Quasi-Spender“, der auf natürlichem Wege das Kind zeugt[314], steht daneben das Anfechtungsrecht nach den geltenden Regeln zu. Er hat der Mutter sogar im Wortsinne beigewohnt, so dass das Anfechtungsrecht besteht. Er wird demnach nicht anders behandelt als jeder andere Mann auch, der auf natürlichem Wege ein Kind zeugt. Bereits Beweisprobleme machen es hier nötig, dem „Quasi-Spender“ das Anfechtungsrecht zu gewähren. Ansonsten bliebe stets die Schutzbehauptung der Mutter, dass es sich nicht um einen Seitensprung oder ähnliches sondern um eine gezielte „Quasi-Spende“ gehandelt habe, die der genetische Vater nur schwer entkräften könnte.[315]

3. Geringe praktische Relevanz

Der Fall eines anfechtungswilligen Samenspenders wird jedoch selten eintreten, so dass die praktische Relevanz äußerst gering ist.[316] Zumeist besteht kein Interesse des Spenders an der Anfechtung, zudem liegt regelmäßig eine sozial-familiäre Beziehung zwischen Wunschvater und Kind vor.[317] Das Interesse ist gering, da sich ein Samenspender eher selten als Vater des Kindes ansieht.[318] In der (veröffentlichten) Rechtsprechung tauchte lediglich ein Fall auf, in dem ein Samenspender tatsächlich die Vaterschaft des rechtlichen Vaters anfocht.[319] In dem bereits geschilderten Fall bestand zudem die Besonderheit, dass der Spender direkten Kontakt mit der (in einer lesbischen Partnerschaft lebenden) Wunschmutter hatte und nicht über eine Samenbank gefunden wurde. Dennoch zeigt der Fall, dass die Anfechtung durch den Samenspender nicht gänzlich auszuschließen ist und künftig die Gerichte beschäftigen könnte. Motivationen hierfür kann es verschiedene geben: Es kann finanziell für den Spender vorteilhaft sein, sich als Vater feststellen zu lassen, wenn er selbst unterhaltsberechtigt ist oder ein lukratives Erbe lockt.[320] Neben diesem ethisch fragwürdigen Fall, dem regelmäßig ein Fristablauf entgegensteht, können auch rein persönliche Motive des Spenders eine Anfechtungsbereitschaft erzeugen, wie dies im *BGH*-Urteil oder im eingangs erwähnten Beispiel der Fall ist. Die Motivation der Wunscheltern, einen Verwandten des Wunschvaters als Spender heranzuziehen,

---

314 Vgl. S. 88.

315 Vgl. dazu S. 89.

316 So auch *Taupitz/Schlüter*, AcP 2005, 591, 619.

317 Zu beachten ist, dass nach hier vertretenem Reformvorschlag de lege ferenda die sozial-familiäre Beziehung nur „in der Regel“ einen Anfechtungsausschluss bedeuten sollte. Dass von vornherein Kontakt zwischen Spender und Kind besteht und dadurch eine „konkurrierende“ familiäre Beziehung gepflegt wird, ist unwahrscheinlich und nur in seltenen Ausnahmesituationen der Fall.

318 *Daniels/Thorn*, Human Reproduction 2001, 1792, 1794.

319 *BGH* FamRZ 2013, 1209-1212.

320 In diese Richtung auch Staudinger/*Rauscher*, § 1600 BGB, Rn. 94.

ist nachvollziehbar: Durch die Verwendung dieses Samens ist das Kind genetisch „näher“ an einem eigenen Kind, als wenn der Samen eines völlig Fremden verwendet wird. Sollte es dann zu einem Bruch zwischen den Wunscheltern kommen und der Wunschvater sich von der Familie abwenden, kann ein Interesse des Spenders bestehen, sich selbst als Vater feststellen zu lassen, um so die Verantwortung für sein genetisches Kind zu übernehmen, gerade wenn er das Kind bereits seit Geburt kennt.

Auch wenn die praktische Relevanz gering ist, gibt es somit Fallkonstellationen, in denen das Interesse an einem Anfechtungsrecht nicht pauschal verneint werden kann. So hatte das *OLG Celle* einmal über das Umgangsrecht eines Samenspenders zu entscheiden.[321] Der in einer gleichgeschlechtlichen Partnerschaft lebende Spender hatte einer französischen Frau, die ebenfalls in einer gleichgeschlechtlichen Beziehung lebte, seinen Samen zur Verfügung gestellt.[322] Besonders an dem Fall war, dass der Spender entgegen der vorherigen Absprache regelmäßigen Umgang mit dem Kind begehrte und letztlich sogar die Vaterschaft (in Frankreich) anerkannte.[323] In einer weiteren Entscheidung des *OLG Hamm* verlangte der offene Samenspender von der Mutter (wiederum abredewidrig) Auskunft über das Kind.[324] Die Fälle zeigen, dass Samenspender entgegen der ursprünglichen Intention durchaus ein besonderes Interesse an ihren genetischen Kindern entwickeln können. Nicht auszuschließen ist dann, dass ein solcher Spender auch eine Anfechtung in Betracht zieht.

4. Kritische Betrachtung der geltenden Rechtslage

An dem Ausschluss des Samenspenders von der Vaterschaftsanfechtung wird vereinzelt Kritik geäußert. Das Anfechtungsrecht sei unverzichtbar, deswegen müsse jedem Samenspender dieses Recht erhalten bleiben.[325] Die Kritik gründet auf der überholten Rechtsprechung des *BGH*[326] zum Anfechtungsrecht der Wunscheltern. Diese erging aber vor dem Hintergrund des damals geltenden Abstammungsrechts, das keinen dem § 1600 V vergleichbaren gesetzlichen Ausschluss der Anfechtung bei konsentierter heterologer Insemination vorsah und darüber hinaus nicht disponibel war:[327] *„Das geltende Recht* [...] *stellt für die Frage, ob der Ehemann die Ehelichkeit eines während der Ehe geborenen Kindes anfechten kann, ausschließlich darauf ab,*

321 *OLG Celle* FamRB 2010, 236 f; dazu *Leipold*, FamFR 2010, 453.

322 *OLG Celle* FamRB 2010, 236 f.

323 Vgl. *Leipold*, FamFR 2010, 453.

324 *OLG Hamm*, Beschluss vom 07. März 2014, Az.: II-13 WF 22/14, 13 WF 22/14.

325 Vgl. *Wehrstedt*, DNotZ 2005, 649, 651; *Rauscher*, Rn. 817b; *Löhnig/Preisner*, FamFR 2013, 340, 341; NK-BGB/*Gutzeit*, § 1600 BGB, Rn. 31; Palandt/*Brudermüller*, § 1600 BGB, Rn. 12.

326 Z.B. *BGH* NJW 1983, 2073 ff.

327 *Wehrstedt*, DNotZ 2005, 649, 651 f. sowie *ders.* in: *Spickhoff/Schwab/Henrich/Gottwald*, 73, 75 f.

ob er der biologische Vater des Kindes ist oder nicht. Es stellt nicht darauf ab, ob das Kind mit dem Einverständnis des Ehemannes in die Ehe hineingeboren worden ist."[328]

Mittlerweile ist ausdrücklich der Fall geregelt, dass bei der Zustimmung zu einer heterologen Befruchtung das Anfechtungsrecht der Wunscheltern entfällt.[329] Die Zulässigkeit der (rechtsgeschäftlichen) Verzichtbarkeit ist wegen der neuen Ausgangslage für den Fall der Samenspende also nicht von vornherein ausgeschlossen, wenn auch mit Rechtsunsicherheiten behaftet.[330] Auffallend ist, dass sich kein höherinstanzliches Gericht seit dem Inkrafttreten des § 1600 V im Jahr 2002 mehr auf die Unverzichtbarkeit des Anfechtungsrechts beruft. Stattdessen bestätigte der *BGH* kürzlich die Auffassung des Gesetzgebers, dass der Samenspender durch die Bereitschaft zur Teilnahme an einer künstlichen Befruchtung auf die Möglichkeit verzichte, die rechtliche Vaterschaft zu erlangen.[331] Die Behauptung der Unverzichtbarkeit des Anfechtungsrechts ist damit kein überzeugendes Argument, das für die Anfechtungsmöglichkeit des Samenspenders spricht.[332] Durch die neue Rechtslage ist eine Disponibilität über das Anfechtungsrecht jedenfalls im Fall der Samenspende ermöglicht.

Ergänzend werden verfassungsrechtliche Bedenken an dem Ausschluss geäußert. Das Grundrecht des Vaters aus Art. 6 II GG werde verletzt, wenn eine Anfechtung der Vaterschaft generell ausgeschlossen sei.[333] Bereits die Beschlussempfehlung des Rechtsausschusses zum Anfechtungsrecht des leiblichen Vaters nahm hierzu Stellung. Eine Verletzung des Art. 6 II GG sei durch den Ausschluss des Samenspenders nicht gegeben, da *„unabhängig von der Frage, inwieweit der Samenspender als genetischer Vater in den Schutzbereich des Artikels 6 Abs. 2 GG einbezogen ist, [...] seine erklärte Bereitschaft zur Teilnahme an einer Samenspende als konkludenter Verzicht auf die rechtliche Vaterschaft und damit auf ein entsprechendes Anfechtungsrecht zu deuten [ist].*"[334] Wie die Rechtsprechung zum Anfechtungsrecht des leiblichen Vaters nach natürlicher Zeugung darlegt, besteht verfassungsrechtlich kein Recht des genetischen Vaters, stets Vorrang vor der Vaterschaft des bestehenden rechtlichen Vaters zu erhalten.[335] Dieser Gedanke zeigt sich in § 1600 II. Die Rechtsprechung des *BVerfG* besagt aber ebenso, dass für den Fall, dass keine schützenswerte Vater-Kind-Beziehung besteht, das Elternrecht aus Art. 6 II GG auch ein Recht auf Anfechtung

328 *BGH* FamRZ 1995, 1272, 1273 f.

329 *Wehrstedt*, DNotZ 2005, 649, 652.

330 Staudinger/*Rauscher*, § 1600 BGB, Rn. 94; *Meier*, NZFam 2014, 337, 340; zweifelnd *Löhnig/Preisner*, FamFR 2013, 340, 342; Palandt/*Brudermüller*, § 1600 BGB, Rn. 12.

331 *BGH* FamRZ 2013, 1209, 1211, Rz. 21.

332 Unter der Prämisse der Beibehaltung des heutigen § 1600 V BGB ebenfalls in diese Richtung: *Rauscher*, Rn. 817b; a.A. *Löhnig/Preisner*, FamFR 2013, 340, 343; wohl auch *Huth*, S. 242.

333 In diese Richtung NK-BGB/*Gutzeit*, § 1600 BGB, Rn. 31.

334 BT-Drucks. 15/2492, S. 9.

335 *BVerfG* NJW 2009, 423, 423; vgl. zudem *Wehrstedt*, DNotZ 2005, 649, 652.

gewährleistet.[336] Müsste also de lege ferenda eine Anfechtungsmöglichkeit für den Samenspender geschaffen werden, wenn keine sozial-familiäre Beziehung des rechtlichen (Wunsch-)Vaters zum Kind besteht?

II. Beibehaltung des Ausschlusses und Schaffung von Ausnahmeregelungen

Rechtlich wäre es möglich, dem Samenspender die gleiche Anfechtungsmöglichkeit zu gewähren, die dem natürlich zeugenden Mann zusteht. Es ist aber fraglich, ob dies interessengerecht wäre.

1. Rechtfertigung des Anfechtungsausschlusses

Der Anfechtungsausschluss des Samenspenders ist grundsätzlich gerechtfertigt. Dem rechtlichen Vater wird nach erfolgter künstlicher Befruchtung durch § 1600 V insbesondere aufgrund des erzeugten Vertrauens das Anfechtungsrecht versagt.[337] Diese Situation weist Parallelen zur Situation des Samenspenders auf. Der Spender stellt seinen Samen zur Verfügung, damit ein Kind gezeugt wird, das planmäßig einem anderen Mann rechtlich zugeordnet werden soll. Er erklärt vor der Zeugung des Kindes das Einverständnis, künftig keine Ansprüche gegen das Kind geltend zu machen und die rechtliche Bindung zu den Wunscheltern dauerhaft unberührt zu lassen.[338] Dabei ist ihm die Rolle, die er bei der Zeugung und im späteren Leben des Kindes spielen wird, bewusst.[339] Wenn die spiegelbildliche Erklärung des Wunschvaters eine anfechtungsausschließende Wirkung hat, sollte der Erklärung des Samenspenders die gleiche Wirkung beigemessen werden.[340] Beide erklären sich gleichermaßen vor der Zeugung bereit, später eine Anfechtung zu unterlassen.[341] Die Interessenlage ist insofern vergleichbar. Der rechtliche Wunschvater „verzichtet“ auf sein Anfechtungsrecht, obwohl das Kind genetisch nicht sein eigenes ist, der genetische, nicht rechtliche Vater „verzichtet“ auf sein Anfechtungsrecht, obwohl das Kind genetisch sein eigenes ist.

Da der Ausschluss des Anfechtungsrechts des rechtlichen Vaters nicht gegen das Grundgesetz verstößt, kann dies auch dem Anfechtungsausschluss des typischen

---

336 *BVerfG* FamRZ 2003, 816, 821.

337 Vgl. S. 77.

338 In diese Richtung bereits *Wolf*, FuR 1998, 392, 395 (rechtsmissbräuchliche Anfechtung); *Weyrauch*, S. 172.

339 *Wohn*, S. 94 f.

340 Staudinger/*Rauscher*, § 1600 BGB, Rn. 94; in diese Richtung auch *Wehrstedt*, DNotZ 2005, 649, 652.

341 A.A. NK-BGB/*Gutzeit*, § 1600 BGB, Rn. 31 und Palandt/*Brudermüller*, § 1600 BGB, Rn. 12, die das Anfechtungsrecht für unverzichtbar halten bzw. in der Teilnahme an der Samenspende nicht zugleich einen Verzicht auf das Anfechtungsrecht sehen.

Samenspenders nicht vorgeworfen werden. Verfassungsrechtliche Zweifel sind ausgeräumt, da der Spender von vornherein erklärt, sein etwaiges Grundrecht aus Art. 6 II GG nicht ausüben zu wollen.[342] Es geht ihm nicht um die Gründung einer eigenen Familie; vielmehr handelt er aus altruistischen oder finanziellen Motiven.[343] Ein Verstoß gegen Art. 6 II GG liegt in diesem Fall nicht vor.[344] Der Spender verzichtet auf die Rechte aus seinem Grundrecht, unbeschadet der Pflichten, derer er sich nicht entledigen kann. Diese Situation unterscheidet sich dadurch deutlich vom Fall des genetischen Vaters, der nach natürlicher Zeugung nicht weiß, dass er Vater eines Kindes ist.

Ergänzend spricht auch das Kindeswohl dafür, dem Kind die rechtlichen Bande zu seiner sozialen Familie im Fall der heterologen Insemination grundsätzlich zu belassen.[345] Auch im Fall der natürlichen Zeugung stünde einer Anfechtung des genetischen Vaters das sozial-familiäre Band entgegen.

Die Rechtsprechung äußert ebenfalls keine verfassungsrechtlichen Bedenken, dem Spender kein Anfechtungsrecht zu gewähren. So stellte der *BGH* die geltende Rechtslage ohne Bedenken in seiner Rechtsprechung erläuternd dar.[346] Lediglich im bereits dargestellten Fall, dass kein Fall des § 1600 V vorliegt, weil kein Wunschvater vorhanden ist, sieht der *BGH* den Spender *„näher"* am *„leiblichen Vater nach einer homologen Insemination [...] als dem bloßen Samenspender im Fall des § 1600 Abs. 5 BGB."*[347] Dem typischen Spender hingegen steht nach der Rechtsprechung kein Anfechtungsrecht zu.[348]

Die Parallele zum Adoptionsrecht räumt verbleibende Bedenken endgültig aus: Denn § 1748 ermöglicht es dem Familiengericht, die notwendige Einwilligung des genetischen Vaters in eine Adoption zu ersetzen, wenn dieser gezeigt hat, dass ihm das Kind gleichgültig ist.[349] Durch die Bereitstellung des Samens zur Befruchtung einer fremden Frau erklärt der Spender schon vor Zeugung, dass er kein Interesse an dem Kind hat. Er drückt damit seine Gleichgültigkeit gegenüber dem Kind aus.

---

342 *Wehrstedt*, DNotZ 2005, 649, 652; Staudinger/*Rauscher*, § 1600 BGB, Rn. 94; *Weyrauch*, S. 172; *Wellenhofer*, FamRZ 2013, 825, 827; vgl. auch *Schumann* in: *Rosenau*, S. 155, 177; letztlich geht auch der *BGH* davon aus, da dieser nur dann ein Anfechtungsrecht des Spenders für gegeben hält, wenn kein anderer Mann die Vaterschaft zum Zeitpunkt der Zeugung übernehmen wollte und stattdessen eine gewisse Bereitschaft zur Verantwortungsübernahme des Spenders erkennbar war, vgl. *BGH* FamRZ 2013, 1209, 1210 f., Rz. 18 ff.

343 *Wohn*, S. 95.

344 Im Ergebnis ebenso: *Lehmann*, S. 185.

345 *Weyrauch*, S. 172.

346 *BGH* NJW 2005, 1428, 1429.

347 *BGH* FamRZ 2013, 1209, 1211, Rz. 22.

348 *BGH* FamRZ 2013, 1209, 1211, Rz. 24.

349 *Wehrstedt*, DNotZ 2005, 649, 652; *ders.* in: *Spickhoff/Schwab/Henrich/Gottwald*, 73, 76.

Es ist ihm daher zuzumuten, die Zuordnung des Kindes zukünftig nicht mehr beeinflussen zu können, wie dies auch im Adoptionsrecht der Fall ist.[350]

Der grundsätzliche Ausschluss ist daher interessengerecht. Zwar wird dadurch die Statuswahrheit eingeschränkt, ausnahmsweise muss diese aber hinter der Statusklarheit und -beständigkeit sowie dem Kindeswohl zurücktreten. Gänzlich vereitelt wird das Erreichen der Statuswahrheit ohnehin nicht, da die Anfechtungsberechtigung des Kindes bestehen bleibt. Es ist somit nicht ausgeschlossen, dass die Kongruenz von Recht und Genetik hergestellt wird.

2. *Ausnahmeregelungen*

Durch den Anfechtungsausschluss des Spenders können aber Härtefälle auftreten. Im eingangs ausgeführten Fallbeispiel kann der Bruder die Vaterschaft nicht anfechten, was eine nur bedingt zufriedenstellende Situation ist. Auch wenn dem Samenspender bei Abgabe der Spende klar ist, dass er keinen Einfluss auf die statusrechtliche Zuordnung des Kindes nehmen kann, können sich unerwartete Wendungen ergeben, die diese Situation ungerecht erscheinen lassen.

Für diese seltenen Fallkonstellationen bietet es sich an, eine Ausnahmeregelung einzuführen. Sind sich Samenspender, die Wunscheltern und das Kind einig, dass eine Vaterschaftsanfechtung sinnvoll ist, sollte die Gesetzeslage die Herstellung genetisch wahrer Abstammungsverhältnisse nicht ausschließen.[351] Es sollte daher eine Ausnahmeregelung geschaffen werden, die eine fristunabhängige Anfechtung durch den genetischen Vater zulässt, wenn die übrigen Beteiligten zustimmen.[352] Zwar kann das Kind jedenfalls nach Erreichen der Volljährigkeit auch aus eigenem Recht eine Anfechtung anstreben, die Anfechtung des leiblichen Vaters hat aber den Vorteil, dass er im gleichen Verfahren als rechtlicher Vater festgestellt wird und das Kind somit nicht von Vaterlosigkeit bedroht ist. Zudem kann das Anfechtungsrecht des Kindes bereits verfristet sein. Eine Erstreckung der Ausnahmeregelung auch auf Fälle der natürlichen Zeugung scheint sinnvoll.

Als weiterer Ausnahmefall regelungsbedürftig ist die Verwendung von Samen ohne die Zustimmung des „Spenders" („Samenraub"). Die Relevanz dieses Falls ist als gering anzusehen, dennoch sollte im Zuge einer umfassenden Reform auch dafür eine Regelung geschaffen werden. Wird Samen eines Mannes verwendet, ohne dass dieser darin eingewilligt hat, dass sein Samen zur Befruchtung eines anderen Paares verwendet wird, sollte eine Anfechtung grundsätzlich möglich sein. Das betrifft insbesondere Fälle, in denen der Samen im Labor vertauscht wird und so versehentlich der Samen eines Mannes zur Befruchtung einer anderen Frau verwendet wird, obwohl der Mann nur in die homologe Befruchtung seiner Partnerin

350 *Wehrstedt*, DNotZ 2005, 649, 652.

351 *Wellenhofer*, FamRZ 2013, 825, 829.

352 So argumentierte bereits *Schwenzer*, Gutachten 59. DJT, A 37, in Bezug auf das Anfechtungsrecht des leiblichen Vaters; vgl. zudem *Wellenhofer*, FamRZ 2013, 825, 829.

eingewilligt hatte. Einzige Grenze muss dabei ähnlich § 1600a IV das Kindeswohl sein, um nachteilige Statusänderungen zu vermeiden. Darüber können auch die Interessen rechtlichen Vaters ausreichend berücksichtigt werden. Zudem ist in diesem Fall § 1600 II zu beachten, so dass beim Bestehen einer sozial-familiären Beziehung zwischen Scheinvater und Kind eine Anfechtung ausscheiden muss.

Zuletzt ist an den Fall des untypischen (offenen Becher-)Spenders zu denken, wie er im Urteil des BGH vom 15.05.2013 auftrat.[353] Zunächst spricht nichts dagegen, den Becherspender, der lediglich seinen Samen zur Verfügung stellt, ohne die Vaterrolle einnehmen zu wollen, wie den typischen Samenspender zu behandeln und von der Anfechtung auszuschließen. Einziger Unterschied zu einer typischen Samenspende in einer Samenbank ist hier, dass keine ärztliche Assistenz erfolgt. Das rechtfertigt aber keine Ungleichbehandlung. Täuscht die Wunschmutter den ihr bekannten Spender jedoch bei Abgabe der Spende darüber, dass er die Vaterschaft für das Kind erhalten soll oder verhindert sie später abredewidrig und rechtsmissbräuchlich dessen Feststellung durch Zustimmung zur Anerkennung eines anderen Mannes, sollte der Spender zur Anfechtung der Vaterschaft berechtigt sein. Er ist dann eher wie ein Mann zu behandeln, der ein Kind auf natürlichem Wege gezeugt hat. Die oben vorgeschlagene erste Ausnahmeregelung hilft dem Spender in einem solchen Fall nicht, da es der Wunschmutter gerade darauf ankommt, den Spender an der Anerkennung bzw. Feststellung der Vaterschaft zu hindern. Sie wird seiner Anfechtung daher nicht zustimmen. Zwar wäre es möglich, durch eine Auslegung des Begriffs „Samenspender" dem Becherspender ein Anfechtungsrecht zu gewähren, weil der Begriff einer teleologischen Reduktion auf echte, typische Samenspender offensteht. Ein solcher Vorschlag ist jedoch sehr vage. Zudem besteht ohne eine gefestigte Rechtsprechung die Gefahr, dass verschiedene Gerichte unterschiedlich beschließen könnten. Vorzugswürdig ist es daher, in solchen Fällen beim Rechtsmissbrauch der Mutter anzusetzen, die grundlos einer anderweitigen Anerkennung zustimmt, nur um den genetischen Vater von der Vaterschaft auszuschließen. Der *BGH* betonte, dass entscheidend für ein Anfechtungsrecht des Spenders sei, dass *„keine auf die (ausschließliche) Vaterschaft eines Dritten als Wunschvater gerichtete Vereinbarung* [...] *vorausgegangen ist"*.[354] Dies ist in der Sache richtig, weil der Becherspender in diesem Fall im Gegensatz zum typischen Spender gerade nicht den Verzicht bezüglich der Ausübung seiner Vaterrechte erklärt und ein Ausschluss der Anfechtung somit nicht gerechtfertigt ist.[355] Die geltende Rechtslage gibt eine solche Ausnahme jedoch eigentlich nicht her. Daher ist ein weiterer Ausnahmetatbestand zu schaffen, der dem Spender in diesem Fall ein Anfechtungsrecht gewährt. Dabei sollte der Spender zugleich nicht mehr die Beiwohnung an Eides statt versichern, weil er der Mutter gerade nicht im Wortsinne beigewohnt hat. Stattdessen sollte

353 *BGH* FamRZ 2013, 1209 ff.
354 *BGH* FamRZ 2013, 1209, 1210, Rz. 15.
355 Vgl. 130 ff.

die Samenspende an sich versichert werden. Dadurch werden Anfechtungen ins Blaue ausgeschlossen.

3. *Formulierungsvorschlag*

a. *Der Anfechtungsausschluss des Samenspenders*

Da der Ausschluss des (echten) Samenspenders durch § 1600 I Nr. 2 vereinzelt verneint wird[356], weil entgegen der herrschenden Auslegung unter „*Beiwohnung*" auch die Samenspende gefasst werden könne, empfiehlt es sich aus Gründen der Rechtssicherheit, den Samenspender in die Regelung des § 1600 V aufzunehmen und so eindeutig festzulegen, dass dieser grundsätzlich nicht zur Anfechtung berechtigt ist.[357] § 1600 I Nr. 2 ist in der geltenden Form beizubehalten. Der Zweck der Vorschrift beschränkt sich dann darauf, Anfechtungen „ins Blaue hinein" zu unterbinden.

> **§ 1600 Anfechtungsberechtigte**
> [...]
> (5) [...] *Das Anfechtungsrecht gemäß Absatz 1 Nr. 2 ist im Fall einer Samenspende ausgeschlossen.*

b. *Ausnahmeregelungen*

Die Ausnahmeregelung, nach der der Samenspender mit Zustimmung der Beteiligten ausnahmsweise anfechten kann, ist komplizierter zu regeln. Zum einen muss sie unbeschadet der Fristbestimmung des § 1600b gelten um effektiv zu sein, zum anderen darf sie nicht an die Voraussetzungen des § 1600 I Nr. 2, II, IV anknüpfen. Es empfiehlt sich daher folgende Formulierung:

> **§ 1600 Anfechtungsberechtigte**
> (1) Berechtigt, die Vaterschaft anzufechten, sind:
> [...]
> 2.
> der Mann, der an Eides statt versichert, der Mutter des Kindes während der Empfängniszeit beigewohnt zu haben,
> [...]
> *(2a) In den Fällen des Absatz 1 Nr. 2 ist eine eidesstattliche Versicherung der Beiwohnung nicht erforderlich, wenn der Vater im Sinne von Absatz 1 Nr. 1, die Mutter und das Kind der Anfechtung zustimmen und der Anfechtende leiblicher Vater des Kindes ist. Die Regelungen des Absatz 2 und des § 1600b finden keine Anwendung. Erfolgte die Verwendung des Samens zur Befruchtung ohne oder gegen den Willen des Mannes, ist eine Anfechtung*

356 Vgl. *BGH* FamRZ 2013, 1209-1212.
357 So auch Staudinger/*Rauscher*, § 1600 BGB, Rn. 94; differenzierend *Löhnig/Preisner*, FamFR 2013, 340, 343.

> *nach Satz 1 ohne Zustimmung der Mutter, des Vaters und des Kindes möglich, falls diese dem Wohl des Kindes nicht widerspricht.*
> [...]

Um dem untypischen (offenen Becher-)Spender ein Anfechtungsrecht zu gewähren, wie dies der *BGH* in seinem Urteil vom 15.05.2013[358] bereits de lege lata in nur schwer zu begründender Art und Weise getan hat, ist § 1600 V um einen weiteren Satz zu ergänzen:

> **§ 1600 Anfechtungsberechtigte**
> [...]
> (5) [...] *Das Anfechtungsrecht gemäß Absatz 1 Nr. 2 ist im Fall einer Samenspende ausgeschlossen; dies gilt nicht, wenn bei der künstlichen Befruchtung die Übernahme der Vaterschaft durch einen Dritten zwischen der Mutter und dem Mann nicht vereinbart wurde. In diesem Fall muss der Mann an Eides statt versichern, der Mutter seinen Samen gespendet zu haben.*

In typischen Situationen erklärt der Spender bereits mit der Abgabe der Spende an den Arzt bzw. das Behandlungszentrum (jedenfalls konkludent), dass er mit der Übernahme der Vaterschaft durch einen anderen Mann einverstanden ist. Die Wunscheltern, insbesondere die Mutter, nehmen diese Erklärung mit Entgegennahme der Spende auch an. Auch ein Becherspender kann dies – so er denn möchte – unproblematisch erklären, wobei die tatsächliche Abgabe der Erklärung unter Umständen einer genauen Untersuchung bedarf. In diesem Fall bleibt die Anfechtung ausgeschlossen. Wurde dagegen ursprünglich vereinbart, dass das Kind zwar auf künstlichem Wege gezeugt werden soll, der Spender aber dennoch die Vaterschaft übernehmen soll[359], findet die Ausnahme Anwendung, wenn die Mutter abredewidrig der Anerkennung eines anderen Mannes zustimmt. Der Samenspender ist dann zur Anfechtung der Vaterschaft berechtigt, wenn zwischen Kind und Scheinvater keine sozial-familiäre Beziehung besteht. Er steht dann berechtigterweise dem Mann gleich, der auf natürlichem Wege ein Kind gezeugt hat. Demnach gelten für ihn auch dieselben Fristen des § 1600b.

E. Die Feststellungsmöglichkeit des Samenspenders

Kontrovers diskutiert wird die Möglichkeit der Vaterschaftsfeststellung des Spenders.

I. Vaterschaftsfeststellungmöglichkeit des Spenders

Im Verfahren nach §§ 1592 Nr. 3, 1600d wird der genetische Vater als rechtlicher Vater festgestellt, im Falle der Samenspende also der Samenspender. Besteht keine

358 *BGH* FamRZ 2013, 1209, 1210, Rz. 15.
359 So vermeintlich im Urteil des *BGH*.

anderweitige Vaterschaft (mehr), kann der Spender de lege lata somit gegen seinen Willen als rechtlicher Vater festgestellt werden.[360]

1. Fallbeispiel

Samenspender S gibt bei einer Samenbank eine Samenspende ab. Unter Verwendung dieser wird eine Schwangerschaft bei Wunschmutter M herbeigeführt. Wunschvater V weigert sich jedoch, eine Anerkennung abzugeben. Um unterhaltsrechtlich abgesichert zu sein, stellt M einen Antrag beim Familiengericht, dass S als rechtlicher Vater festgestellt werden soll.

2. Kritik an der Feststellungsmöglichkeit

Die Motivation für die Abgabe der Samenspende, sei sie altruistischer oder finanzieller Natur, spielt für das Feststellungsverfahren keine Rolle.[361] Problematisch ist dabei, dass der Samenspender zumeist keinerlei Interesse an dem Kind hat und von den rechtlichen Folgen einer Feststellung überrascht werden würde. Er möchte grundsätzlich keinerlei Beziehung zu dem Kind aufbauen und sieht seine Rolle mit der Abgabe der Spende als beendet an. Es stellt sich daher die Frage, ob der Samenspender vor einer Vaterschaftsfeststellung geschützt werden sollte.

Die Relevanz des Problems ist eher gering, da eine Feststellung nur erfolgen kann, wenn keine anderweitige Vaterschaft besteht.[362] Das ist vor allem dann der Fall, wenn eine Anerkennung des mit der Mutter nicht verheirateten Wunschvaters ausbleibt. Bereits de lege lata ist diese Situation selten. Wird zukünftig eine präkonzeptionelle Anerkennung ermöglicht, verringert sich die Relevanz weiter. Der Zustand der Vaterlosigkeit tritt unabhängig davon aber auch nach Anfechtung der bestehenden Vaterschaft auf. Wegen § 1600 V ist eine solche nur durch das Kind selbst möglich. Zudem tritt die Vaterlosigkeit stets dann auf, wenn entgegen der geltenden standesrechtlichen Vorschriften die Befruchtung einer alleinstehenden oder in gleichgeschlechtlicher Beziehung lebenden Wunschmutter erfolgt.[363]

Die Forderung, den Samenspender vor der Vaterschaftsfeststellung zu schützen, scheint vor allem vor dem Hintergrund des altruistisch handelnden Spenders

---

360 Staudinger/*Rauscher*, Anh. zu § 1592 BGB, Rn. 14; *Valentin*, S. 91; *Wellenhofer*, FamRZ 2013, 825, 827; *Spickhoff* in: *Spickhoff/Schwab/Henrich/Gottwald*, S. 13, 55, spricht von einem *„fatalen Risiko"*.

361 Staudinger/*Rauscher*, Anh. zu § 1592 BGB, Rn. 14.

362 *Wanitzek*, S. 340.

363 So berichtete zu Beginn des Jahres 2013 „Spiegel Online" von einem lesbischen Pärchen in Kansas, das mittels eines Samenspenders ein Kind bekam, ohne hierzu ärztliche Behandlungen in Anspruch zu nehmen. Der Staat Kansas sah bezüglich des Unterhalts den Spender in der Pflicht und strebte einen Prozess gegen diesen an, um ihm offiziell die Vaterschaft zuzuordnen. Vgl. *aar/AP*, Spiegel Online vom 02.Januar 2013.

begründet zu sein. Dieser könnte durch die Forderung von Unterhaltszahlungen „rechtsmissbräuchlich“ benachteiligt werden. Daneben besteht allgemein die Befürchtung, die mangelnde rechtliche Absicherung des Samenspenders könnte zu einer nachlassenden Spenderbereitschaft führen.[364] Stünden deswegen nicht genügend Spender zur Verfügung, müsste unfruchtbaren Paaren die fortpflanzungsmedizinische Hilfe in Form einer Samenspende im Inland versagt werden. Einzige Alternative wäre dann eine Befruchtung mit Spendersamen aus dem bzw. im Ausland, wobei wegen mangelnder medizinischer Kontrolle erhebliche Risiken für Mutter und Kind bestehen könnten.[365] Um ein Absinken des Anreizes der Samenspende zu hemmen sind daher vertragliche Freistellungsvereinbarungen mit den Wunscheltern üblich.[366] Inhaltlich regeln diese, dass der Samenspender für sämtliche finanzielle Verpflichtungen, die ihn nach Feststellung seiner Vaterschaft treffen, Regress bei den Wunscheltern nehmen kann.[367] Insofern trägt er „lediglich“ das Insolvenzrisiko der rechtlichen Eltern.[368] Ansprüche im Rahmen eines Scheinvaterregresses nach § 1607 III 2 bestehen aufgrund einer solchen Vereinbarung von vornherein nicht.[369]

II. Beibehaltung der Vaterschaftsfeststellungsmöglichkeit

Kernpunkt der Diskussion ist die Frage, ob der Samenspender tatsächlich als so schutzwürdig anzusehen ist, dass seine Vaterschaftsfeststellung unter allen Umständen gesetzlich verhindert werden muss.

1. Zwei Modelle zur Absicherung des Samenspenders

Um eine Absicherung des Spenders zu erreichen, sind zwei Modelle denkbar: die Anonymisierung des Spenders und der Ausschluss der (statusrelevanten) Vaterschaftsfeststellungsmöglichkeit.

a. Anonymisierung

Der Samenspender wäre effektiv geschützt, wenn er gegenüber Kind und Eltern anonym bliebe. Eine Anonymitätszusicherung wäre aber nicht mehr nur

364 *Schumacher*, FamRZ 1987, 313, 317 f.; *Frommel/Taupitz/Ochsner/Geisthövel*, Journal für Reproduktionsmedizin und Endokrinologie 2010, 96, 103; *Grziwotz*, Legal Tribune Online vom 06.02.2013.

365 *Wehrstedt*, FPR 2011, 400, 403; *Spickhoff* in: FS Schwab, S. 923, 944 f.; *Blauwhoff*, S. 340 f.

366 Vgl. *Meier*, NZFam 2014, 337, 341.

367 *Coester-Waltjen*, Reproduktionsmedizin 2002, 183, 192.

368 Vgl. *Frommel/Taupitz/Ochsner/Geisthövel*, Journal für Reproduktionsmedizin und Endokrinologie 2010, 96, 103; *Helms* in: *Duttge/Engel/Lipp/Zoll*, S. 37, 41; *Wellenhofer*, FamRZ 2013, 825, 827; *Meier*, NZFam 2014, 337, 341.

369 *Wellenhofer*, FamRZ 2013, 825, 827.

„*verfassungsrechtlich* [...] *bedenklich*“[370] sondern aufgrund der Anerkennung des Rechts auf Kenntnis der eigenen Abstammung unstreitig verfassungswidrig[371] und ein unzulässiger Vertrag zulasten Dritter[372], obgleich sie in anderen europäischen Rechtsordnungen weit verbreitet ist.[373] Dazu gehören unter anderem *Spanien, Griechenland, Frankreich, Dänemark* und *Belgien.*[374] Die anonyme Samenspende kann in Deutschland jedoch nicht in Erwägung gezogen werden.

Interessant ist an dieser Stelle, dass selbst Samenspender angaben, dass es ihnen wichtig sei, Spenderkindern die Möglichkeit zu geben, die Identität des Spenders zu erfahren.[375] Auch häufen sich Fälle, in denen Spender selbst Informationen über die Kinder erfragen und Kontakt aufbauen möchten.[376]

Ein zweigleisiges System (anonymer oder identifizierbarer Spender nach Wunsch der Eltern), wie von *Blauwhoff* diskutiert und letztlich abgelehnt, ist wegen der eindeutigen Rechtsprechung des *BVerfG* nicht möglich.[377]

b. Ausschluss der Vaterschaftsfeststellungsmöglichkeit

Als Alternative zur Anonymisierung bietet sich der Ausschluss der Vaterschaftsfeststellungsmöglichkeit des Spenders an, der vor einer finanziellen Inanspruchnahme schützen würde.[378] Dies wurde bereits von der Bund-Länder-Arbeitsgruppe „Fortpflanzungsmedizin“ im Rahmen des Kindschaftsrechtsreformgesetzes gefordert.[379] Der Verein *Spenderkinder* schlägt jedenfalls einen Ausschluss von Unterhalts- und Erbansprüchen des Kindes vor.[380]

---

370 *Schumacher*, FamRZ 1987, 313, 318.

371 Staudinger/*Rauscher*, Anh. zu § 1592 BGB, Rn. 26; MüKo/*Wellenhofer*, Vorbem. zu § 1591 ff. BGB, Rn. 34; *Weyrauch*, S. 108 ff.; *Wanitzek*, S. 343; *Helms* in: *Duttge/Engel/Lipp/Zoll*, S. 37, 42.

372 *OLG Hamm* FamRZ 2013, 637-642.

373 Vgl. *Helms*, FamRZ 2010, 1, 4, Fn. 37.

374 *Helms*, FamRZ 2010, 1, 4, Fn. 37; vgl. dazu die Ausführungen auf S. 140 ff.

375 *Kirkman*, Australian Journal of Emerging Technologies and Society 2004, 1, 7 und 13.

376 *Daniels/Thorn*, Human Reproduction 2001, 1792, 1794.

377 *Blauwhoff*, S. 345; a.A. *Katzorke*, Der Gynäkologe 2007, 807, 812, der eine „*double track policy*“ vorschlägt, bei der die Eltern zwischen einer anonymisierten und einer nicht anonymisierten Spende wählen könnten.

378 *Thorn/Daniels*, Geburtshilfe und Frauenheilkunde 2007, 993, 1000; *Marian*, S. 153 f; *Schumacher*, FamRZ 1987, 313, 318; *Helms* in: *Röthel/Löhnig/Helms*, S. 49, 63; *Wehrstedt*, FPR 2011, 400, 403; *Wellenhofer*, FamRZ 2013, 825, 829; *Blauwhoff*, S. 359; *Kreß*, FPR 2013, 240, 241; wohl auch *Taupitz*, ZRP 2011, 161, 163, der eine gesetzliche Freistellung von unterhalts- und erbrechtlichen Ansprüchen fordert; *Coester-Waltjen*, Reproduktionsmedizin 2002, 183, 192, erwähnt die Möglichkeit, lediglich statusfolgenlose Feststellungen zu ermöglichen, denen aber keine statusrechtliche Relevanz zukommen soll.

379 Vgl. BT-Drucks. 13/4899, S. 52.

380 Vgl. *Spenderkinder*, Politische Forderungen.

Im ABGB *Österreichs* ist ein solcher Ausschluss normiert. So heißt es in § 148 IV ABGB, dass der Samenspender *„nicht als Vater des mit seinem Samen gezeugten Kindes festgestellt werden [kann].“*[381] Gleiches gilt in der *Schweiz* gemäß Art. 23 II FMedG[382] sowie in *Schweden*, Kap. 1 § 5 Abs. 2 ElternG[383]. Auch *Frankreich*, *Belgien*, *Portugal* und *Spanien* wählen diesen Weg, obgleich Spenden in diesen Ländern ohnehin anonym erfolgen.[384] Unter Geltung einer solchen Norm drohen dem Samenspender keinerlei rechtliche Konsequenzen.[385] Er kann sich damit sicher sein, niemals finanziell in Anspruch genommen zu werden.

2. Bedenken bezüglich eines Ausschlusses der Vaterschaftsfeststellungsmöglichkeit

Obwohl das deutsche Recht eine Sonderstellung gegenüber ausländischen Rechtsordnungen einnimmt, ist die Möglichkeit, den Samenspender als Vater festzustellen, weiterhin beizubehalten.

a. Systemwidrigkeit des Ausschlusses

Als Argument ist zunächst die Systemwidrigkeit anzuführen, die ein Ausschluss der Feststellungsmöglichkeit begründen würde. Im Rahmen des Vaterschaftsfeststellungsverfahrens wird stets der genetische Vater ermittelt und als rechtlicher Vater festgestellt. Dies beruht auf dem Grundprinzip des Abstammungsrechts, der Statuswahrheit. Ein Ausschluss des Samenspenders hätte zur Folge, dass eine Konstellation geschaffen würde, bei der eine Feststellung der Vaterschaft i.S.d. § 1600d nicht erfolgen könnte, obwohl die Identität des Erzeugers bekannt ist und keine anderweitige Zuordnung besteht. Da das Abstammungsrecht in diesen Fällen stets die Möglichkeit vorsieht, den Erzeuger des Kindes als rechtlichen Vater zuzuordnen, wäre eine Ausnahme systemwidrig. Da das Abstammungsrecht jedoch bereits Ausnahmevorschriften anderer Art vorsieht,[386] rechtfertigt das Argument der Systemwidrigkeit des Ausschlusses alleine nicht die Beibehaltung der Feststellungsmöglichkeit.

b. Kindeswohlgefährdung durch Ausschluss der Feststellungsmöglichkeit

Es drängt sich deshalb die Frage auf, ob es dem Wohl des Kindes zuträglich wäre, im Zweifel vaterlos gestellt zu sein anstatt auf den Spender zurückgreifen zu können. Aus finanzieller Sicht würde dies den Verlust eines oder – unter Einbeziehung von

---

381 Vgl. *Schwimann*, StAZ 2005, 33, 42.

382 *Valentin*, S. 154.

383 *Helms*, FamRZ 2010, 1, 4, Fn. 37.

384 *Helms* in: *Röthel/Löhnig/Helms*, S. 49, 60, Fn. 47.

385 *Helms* in: *Röthel/Löhnig/Helms*, S. 49, 60.

386 Insbesondere den Ausschluss der Vaterschaftsanfechtung in den Fällen des § 1600 V BGB.

Großeltern und anderen Verwandten väterlicherseits – mehrerer Unterhaltsschuldner bedeuten, die zur Unterstützung des Kindes verpflichtet wären, § 1601 ff.[387] Daneben gingen erbrechtliche Vorteile verloren.

Statt auf den Spender zurückzugreifen, könnte die finanzielle Lücke im Fall der Vaterlosigkeit zwar von anderen Personen geschlossen werden. Bei Vaterlosigkeit des Kindes wäre es so ggf. möglich, den Arzt deliktsrechtlich in Anspruch zu nehmen.[388] Dies wäre jedoch nur erfolgsversprechend, wenn das Verhalten des Arztes eine Pflichtverletzung darstellt. Das ist dann denkbar, wenn ohne Einwilligung des Wunschvaters eine Befruchtung der Mutter vorgenommen würde.[389] Bei einem Ausschluss der Feststellungsmöglichkeit des Samenspenders würde der Arzt in diesem Fall das Risiko tragen, dass es zur Vaterlosigkeit des Kindes kommt. Ein solcher Fall dürfte aber nur selten vorliegen. Den Samenspender selbst träfen dann jedenfalls keinerlei Verpflichtungen, weil er nicht festgestellt werden könnte.[390]

Dieses Gedankenspiel hilft jedoch nicht weiter, wenn die behandelnden Ärzte rechtmäßig handeln und dennoch ein Zustand der Vaterlosigkeit entsteht.[391] Dies tritt beispielsweise ein, wenn zunächst die Vaterschaft vom Wunschvater anerkannt wurde, das Kind diese aber später erfolgreich anficht.[392] Auch wenn laut *Schumacher* kein nachvollziehbarer Grund bzw. kein Bedürfnis für eine Anfechtung durch das Kind bestehe[393], ist dies rechtlich möglich. In diesem Fall wäre das Kind bei einem Feststellungsausschluss des Spenders dauerhaft vaterlos gestellt, mithin bestünde kein Unterhaltsschuldner auf väterlicher Seite. Ein Rückgriff auf die behandelnden Ärzte scheidet ebenfalls aus. Um diese Lücke zu schließen, sind auf Basis der alten *BGH*-Rechtsprechung vertragliche Ansprüche gegen den Wunschvater auch nach Anfechtung der Vaterschaft denkbar.[394] So griff das *OLG Stuttgart* auf diese Rechtsprechung zurück und sprach dem Kind einen vertraglichen Unterhaltsanspruch gegen den Wunschvater zu, der das Kind nicht anerkannt hatte.[395] Dieser Gedanke könnte auch auf die Zeit nach einer Anfechtung übertragen werden. Bereits im

---

387 In diese Richtung auch *Coester-Waltjen*, Reproduktionsmedizin 2002, 183, 191.

388 *Schumacher*, FamRZ 1987, 313, 318.

389 *Schumacher*, FamRZ 1987, 313, 318.

390 Dies befürwortet *Schumacher*, FamRZ 1987, 313, 318, da der Samenspender im Gegensatz zum Arzt *„der künftigen Entwicklung ‚machtlos‘ gegenübersteht“*.

391 Neben dem nachfolgend dargestellten Sachverhalt wäre diese Situation auch immer dann gegeben, wenn eine alleinstehende Frau oder eine Frau in gleichgeschlechtlicher Partnerschaft behandelt würde und dieses Vorgehen rechtlich gedeckt wäre. De lege ferenda ist dies zumindest denkbar.

392 Gleichsam könnte sie auch nicht helfen, wenn zwei Frauen, ob verpartnert oder nicht, die Möglichkeit zu einer künstlichen Befruchtung mittels Samenspende gegeben würde.

393 *Schumacher*, FamRZ 1987, 313, 318.

394 *Roth*, DNotZ 2003, 805, 817 mit Verweis auf die mittlerweile überholte Rechtsprechung des *BGH* NJW 1995, 2028-2031, *Gernhuber/Coester-Waltjen*, § 53 Rn. 10.

395 OLG Stuttgart BeckRS 2014, 17927.

erbrechtlichen Bereich erwachsen allerdings Probleme bezüglich einer Teilhabe am Erbe. Auch ist nach Anfechtung der Vaterschaft durch das Kind eine Störung der Geschäftsgrundlage (§ 313) nicht auszuschließen, was den Verlust der vertraglichen Unterhaltsansprüche bedeuten würde.[396]

Es hilft dabei wenig, dass das minderjährige Kind sein Anfechtungsrecht nur mit Hilfe eines Stellvertreters ausüben kann und eine Anfechtung somit unwahrscheinlich ist.[397] Denn auch das volljährige Kind ist vielfach noch unterhaltsbedürftig und gerade erbrechtliche Fragen stellen sich zumeist erst nach Erreichen der Volljährigkeit. Es ist nur schwer zu begründen, wieso künstlich gezeugte Kinder nach einer Anfechtung vaterlos gestellt werden sollten, während natürlich gezeugte Kinder ihren genetischen Vater jederzeit feststellen lassen können, sofern ihnen dieser bekannt ist.[398] Man kann dem Kind zudem nicht in jedem Fall vorwerfen, für seine missliche Lage durch die Anfechtung selbst verantwortlich zu sein, da neben der Anfechtung auch weitere Möglichkeiten bestehen, die zur Vaterlosigkeit des Kindes führen. Insbesondere sei hier auf die Situation verwiesen, dass mangels einer Anerkennung zu keinem Zeitpunkt eine Vaterschaft bestand. *Wehrstedt* differenziert deswegen nach der ursprünglichen familiären Situation des Kindes. Danach gebe es keinen Grund, einem Kind Unterhalts- und Erbrechte zu verwehren, wenn die Mutter als alleinstehende Frau behandelt wurde; in anderen Konstellationen sei dies aber anders zu beurteilen.[399] Insgesamt fordert er dennoch einen weitgehenden Ausschluss der Feststellungsmöglichkeit des Samenspenders.[400]

Für die Rechte des Kindes darf es aber bereits aus gleichheitsrechtlichen Gesichtspunkten keinen Unterschied machen, ob die Mutter zur Zeit der Behandlung alleinstehend oder in einer ehelichen/nichtehelichen/gleichgeschlechtlichen Lebensgemeinschaft lebte. Zwar gibt es unzählige Familiensituationen, in die das Kind hineingeboren werden kann, eine Differenzierung nach diesen Umständen ist aber abzulehnen. Sofern der Fall der Vaterlosigkeit eintritt und tatsächlich eine Feststellung des genetischen Vaters erfolgen kann[401], ist allen Kindern einheitlich die Möglichkeit zu geben, den genetischen Vater auch statusrelevant feststellen zu lassen.

Bereits aus finanzieller Sicht läge bei einem generellen Feststellungsausschluss des Samenspenders somit eine Kindeswohlgefährdung vor, da dem Kind trotz

---

396 *BGH* NJW 1995, 2031, 2032; *OLG Karlsruhe* FamRZ 2014, 313, 314; *Roth*, DNotZ 2003, 805, 817 ff.; *Lurger*, DEuFamR 1999, 210, 216; *Taupitz/Schlüter*, AcP 2005, 591, 598 f.; differenzierend: *Wellenhofer*, FamRZ 2013, 825, 827; *Többen*, NZFam 2014, 960 f.

397 So aber *Schumacher*, FamRZ 1987, 313, 318, bezüglich der damals erforderlichen Vertretung und Genehmigung durch das Familiengericht.

398 *Wohn*, S. 93.

399 *Wehrstedt*, FPR 2011, 400, 401.

400 *Wehrstedt*, FPR 2011, 400, 403.

401 Der Vater also gerade nicht unbekannt oder verstorben ist und auch kein anderes Hindernis einer Feststellung entgegensteht.

Vaterlosigkeit und tatsächlicher Möglichkeit die rechtlich relevante Feststellung des Spenders als Vater verwehrt wird.[402] Ob der Samenspender tatsächlich auch einen solventen Schuldner darstellt, ist dabei eine Frage des Einzelfalls.

Doch auch die gegenteilige Rechtslage, nach der die Feststellung des Samenspenders möglich ist, könnte mittelbar als kindeswohlgefährdend angesehen werden.[403] Die Wunscheltern müssten stets fürchten, dass das Kind die Anfechtung der bisherigen Vaterschaft und Feststellung des Samenspenders wünscht.[404] Auch wenn es praktisch kaum zu solchen Situationen kommen wird, vermindert sich dadurch das Interesse der Eltern, das Kind über seine genetische Herkunft aufzuklären.[405] Solange es von der genetischen Vaterschaft des rechtlichen Vaters ausgeht, wird es keine Anfechtung in Betracht ziehen. Diese Situation könnte so weit führen, dass behandelnde Ärzte den Wunscheltern (inoffiziell) den Ratschlag geben, ihr Kind nicht über die Umstände der Zeugung aufzuklären.[406] Die Möglichkeiten der Anfechtung und Feststellung des Spenders beinhalten somit die Gefahr, dass die betroffenen Eltern aus Angst vor einer Zurücksetzung durch das Kind eine Aufklärung über die genetische Herkunft unterlassen.[407] Diese Geheimhaltung innerhalb der Familie würde die gesamte Familiensituation jedoch in besonderem Maße belasten.[408] Dies ging vereinzelt so weit, dass sich Paare sogar einredeten, dass keine genetische Verbindung des Kindes zum Spender bestehe.[409]

Sowohl ein Ausschluss als auch die Feststellungsmöglichkeit sind somit nicht nur vorteilhaft für das Kindeswohl. Jedenfalls mittelbare Beeinträchtigungen müssen beachtet werden. Es sollte daher besonderer Wert darauf gelegt werden, die Eltern über die Bedeutung der Kenntnis der eigenen Abstammung für das Kind zu informieren und ihnen zugleich die Angst vor einer Zurückweisung zu nehmen, da verschiedene Studien belegen, dass ein offener Umgang mit der Zeugungsmethode das Eltern-Kind-Verhältnis stärkt.[410]

c. *Grundrechtliche Probleme des Ausschlusses*

Bereits angemerkt wurde, dass aus grundrechtlicher Sicht ein Ausschluss der Feststellungsmöglichkeit fraglich erscheint.[411] Spricht man dem Vater aus Art. 6 II GG

---

402 In diese Richtung auch *Huth*, S. 73.

403 Vgl. insofern die Ausführungen zum Anfechtungsrecht des Kindes, S. 98 ff.

404 *Thorn/Daniels*, Geburtshilfe und Frauenheilkunde 2007, 993, 997.

405 *Helms* in: *Röthel/Löhnig/Helms*, S. 49, 62 f.; *Thorn/Daniels*, Geburtshilfe und Frauenheilkunde 2007, 993, 997.

406 *Helms* in: *Röthel/Löhnig/Helms*, S. 49, 63.

407 *Helms* in: *Röthel/Löhnig/Helms*, S. 49, 63; vgl. auch *A. Lalos/Gottlieb/O. Lalos*, Human Reproduction 2007, 1759, 1763 und *Blauwhoff*, S. 340.

408 Eingehend dazu S. 126 ff.

409 Vgl. *Kirkman*, Australian Journal of Emerging Technologies and Society 2004, 1, 8.

410 Vgl. S. 98 ff.

411 Vgl. *Riedel*, Der Gynäkologe 2009, 495, 498.

ein Recht zu, die genetische Vater-Kind-Beziehung rechtlich abbilden zu lassen[412], muss man auch dem Kind ein spiegelbildliches Recht (etwa aus dem Recht auf Kenntnis der eigenen Abstammung[413]) zugestehen. Das wird umso deutlicher, als ihm die Umstände seiner Zeugung nicht zur Last gelegt werden können, da es hierauf naturgemäß keinen Einfluss nehmen kann. Zudem läge eine mit Art. 3 GG nur schwer zu vereinbarende Diskriminierung bei einem Ausschluss vor, da natürlich gezeugte vaterlose Kinder zweifelsfrei die Möglichkeit haben, ihren genetischen Vater als rechtlichen Vater feststellen zu lassen, während Kindern, die aus einer künstlichen Befruchtung hervorgegangen sind, dieser Weg versperrt würde.[414]

Denkbar ist daneben auch der Fall des Samenspenders, der selbst die Feststellung seiner Vaterschaft wünscht.[415] Wenn keine anderweitige rechtliche Vaterschaft besteht, könnte es im Interesse des Spenders liegen, als Vater festgestellt zu werden. Ihm könnte jedoch entgegengehalten werden, dass er auf die Ausübung seiner Rechte aus Art. 6 II GG verzichtet hat.[416] Die Verfassung spricht in Art. 6 II GG vom *„natürlichen“* Recht der Eltern und macht damit deutlich, dass grundsätzlich die genetischen Eltern dazu berufen sind, die Sorge für das Kind zu übernehmen.[417] Es besteht danach jedoch keine Freiheit, das grundrechtlich geschützte Elternrecht nicht auszuüben, da mit dem Recht auch zugleich die Pflicht der Eltern verbunden ist, für das Kind zu sorgen.[418] Vom Elternbegriff des Art. 6 II GG umfasst ist im Ergebnis auch der Samenspender.[419] Im Gegensatz zum Verzicht auf seine Rechte aus Art. 6 II GG ist ein Verzicht auf die sich daraus ergebenden Pflichten nicht möglich.

---

412 *BVerfG* NJW 2003, 2151, 2152; *Löhnig*, FamRZ 2009, 1798, 1799; Maunz/Dürig/*Badura*, Art. 6 GG, Rn. 101.

413 Vgl. insofern *BVerfG* FamRZ 2010, 1879-1880 und *OLG Saarbrücken* NJW-RR 2005, 1672-1674, die im Rahmen des Feststellungsverfahrens das Recht auf Kenntnis der Abstammung des Kindes entscheidend hervorheben. Dazu führt das OLG Saarbrücken aus, dass das *„Gebot der Abstammungssicherung und das Ziel der Vaterschaftsermittlung* [...] *die jederzeitige Möglichkeit der Vaterschaftsfeststellung gem. § 1600d BGB* [erfordern], *es sei denn, eine Vaterschaft besteht bereits“*, NJW-RR 2005, 1672, 1674.

414 *Wohn*, S. 93; so auch *Huth*, S. 75; unverständlicherweise geht *Meier*, NZFam 2014, 337, 342, dagegen sogar von einer derzeit bestehenden Begünstigung von Samenspendekindern aus.

415 Vgl. den Fall des *BGH* FamRZ 2013, 1209 ff.

416 Zum Elternrecht des Samenspenders aus Art. 6 II GG auch: *Lehmann*, S. 184 f.

417 Maunz/Dürig/*Badura*, Art. 6 GG, Rn. 101.

418 *BVerfG* NJW 2008, 1287, 1288.

419 v. Mangoldt/Klein/Starck/*Robbers*, Art. 6 GG, Rn. 174.

d. Gänzliche Verantwortungslosigkeit des Spenders

Neben systematischen und grundrechtlichen Bedenken erscheint es inkonsequent, den Samenspender von jeglicher Verantwortung für das Kind zu befreien.[420] Das Kind wurde durch den Samen des Spenders gezeugt wie natürliche gezeugte Kinder durch den Samen des genetischen Vaters, lediglich der Weg zur Zeugung unterscheidet sich. Insofern sollte der Spender auch eine gewisse Verantwortung für das Kind übernehmen.[421] Bereits *Mutschler* stellte mit einfachen Worten fest: *„Natürlich gehört auch der Samenspender zum Kreis der Personen, die im Abstammungsrecht Verantwortung tragen.“*[422] Selbst wenn der Spender keinen konkreten Kinderwunsch mit einer bestimmten Frau teilt[423], ist ihm bei Abgabe der Spende klar, dass die hohe Wahrscheinlichkeit besteht, dass Kinder mit seinen Keimzellen gezeugt werden. Ihm fehlt nach Abgabe der Spende lediglich die Kontrollmöglichkeit über die spätere Verwendung der Keimzellen.[424] Damit verfügt er über mehr Wissen als Männer, die ungewollt auf natürlichem Weg ein Kind zeugen. Diese vertrauen immerhin darauf, dass kein Kind gezeugt wurde, werden aber dennoch in die Pflicht genommen. Nicht einmal diese „Verteidigung“ steht dem Samenspender zu.

Eine andere Frage ist, ob das Zusammentreffen des Samenspende-Kindes mit einer eventuell bestehenden Familie des Spenders negative Auswirkungen hätte.[425] Festzuhalten ist dabei, dass eine Familie nie davor geschützt ist, von der Vergangenheit eines Partners eingeholt zu werden.[426] Die Samenspende gehört zu der Vergangenheit des Spenders, mit der dessen Familie umgehen muss. Sie wäre auch nicht vor dem plötzlichen Auftreten eines Kindes aus einem Seitensprung oder einer früheren Beziehung geschützt. Ein Ausschluss der Feststellungsmöglichkeit wird in letzterem Fall berechtigterweise nicht gefordert. Umso überraschender ist es, mit demselben Argument den Spender schützen zu wollen. Darüber hinaus scheint die Gefahr, dass das Kind plötzlich an die Tür des Spenders klopft, eher gering, da Samenspendekinder dazu tendieren, zunächst über Ärzte und Samenbanken Kontakt zu knüpfen.[427]

Aufgrund der Zeugungsmethode die Feststellungsmöglichkeiten unterschiedlich auszugestalten wäre demnach ungerechtfertigt. Für die Rechte und das Wohl des Kindes darf es keinen Unterschied machen, auf welche Art es gezeugt wurde.

---

420 *„Rechtspolitisch fragwürdig“*, *Coester-Waltjen*, Reproduktionsmedizin 2002, 183, 191; a.A. *Katzorke*, Der Gynäkologe 2007, 807, 811 mit dem Hinweis auf die Nachbarrechtsordnungen.

421 In diesem Sinne auch *Wanitzek*, S. 341; *Huth*, S. 68; a.A. *Meier*, NZFam 2014, 337, 342.

422 *Mutschler*, FamRZ 1996, 1381, 1385.

423 *Ramm*, JZ 1989, 861, 871 bezeichnet die Spende als eine zur Verfügung Stellung für die Allgemeinheit.

424 *Schumacher*, FamRZ 1987, 313, 317 mit Hinweis auf die unterschiedlichen familiären Situationen der Wunscheltern, für deren Behandlung das Sperma eingesetzt werden kann.

425 *Blauwhoff*, S. 340; *Katzorke*, Der Gynäkologe 2007, 807, 812.

426 Vgl. dazu auch *Mayer*, S.72.

427 *Scheib/Riordan/Rubin*, Human Reproduction 2004, 239, 248.

Es wird soweit erkennbar nicht diskutiert, den rechtlichen Schutz vor einer Inanspruchnahme des „Quasi-Spenders“[428] zu erhöhen, der ein Kind auf natürlichem Wege gezeugt hat.[429] Wieso sollte das Kind des „Quasi-Spenders“ besser gestellt sein als das des „echten“ Samenspenders? Liegt der natürlichen Zeugung etwa solch eine Magie inne, dass daraus hervorgehende Kinder ohne Einschränkung Rechte geltend machen können, die künstlich gezeugten Kindern verwehrt bleiben sollten? Die Art der Zeugung kann und darf hier keinen Unterschied machen. *Strätz* formulierte dies treffend mit folgenden Worten: *„Wenn ein Kind erst einmal geboren ist, spielen die Umstände seiner Zeugung keine Rolle mehr – aber etwas anderes darf man von einem modernen deutschen Familienrecht zu Recht auch nicht erwarten.“*[430]

e. Zugeständnisse an den Samenspender

Es ist allerdings richtig, berechtigte Interessen des Samenspenders angemessen zu berücksichtigen. Eine primäre Zuordnung der rechtlichen Vaterschaft zu ihm ist, wenn möglich, zu vermeiden, da aus Sicht des Kindes die Zuordnung zum Wunschvater vorteilhafter ist. Es ist der Wunsch dieses Mannes, die soziale und rechtliche Vaterrolle zu übernehmen. Daher erfordern es die Interessen des Kindes, ihm die primäre Zuordnung zukommen zu lassen. Aus diesem Grund wurde zuvor die Schaffung der Möglichkeit einer präkonzeptionellen Anerkennung befürwortet.[431] Nur wenn das rechtliche Band zum Wunschvater nicht (mehr) besteht, sollte der Samenspender als rechtlicher Vater festgestellt werden können.

Festzustellen ist auch, dass die Befürchtung, dass das Fortbestehen der Feststellungsmöglichkeit zu einem Absinken der Spenderzahl führe[432], ungerechtfertigt ist. Immerhin ist den Spendern die geltende Rechtslage hinlänglich bekannt, wollte man nicht durchweg sämtlichen Spendeanstalten eine fehler- bzw. lückenhafte Belehrung unterstellen. Dies ist jedoch ein unrealistisches Szenario, da die Richtlinien des Arbeitskreises für Donogene Insemination – in dem viele behandelnde Mediziner Mitglied sind – in Punkt 8.1.2. die explizite Aufklärung des Spenders vorsehen.[433]

---

428 Ein Mann, der nur zum Zwecke der Zeugung eines Kindes mit der Mutter Geschlechtsverkehr hat, wobei sich beide genetischen Elternteile darüber einig sind, dass der Mann keinerlei Elternverantwortung für das Kind übernehmen wird, etwa weil ein anderer Mann oder eine andere Frau diese stattdessen mit der Mutter übernimmt. Insoweit sind die Motive mit denen im Rahmen einer echten Samenspende vergleichbar. Vgl. S. 88 f.

429 Auch wenn *Gernhuber/Coester-Waltjen*, § 52 Rn. 108, diese Ungleichbehandlung im Rahmen des Anfechtungsausschlusses nach § 1600 V BGB erkennt.

430 *Strätz* in: *Lorenz*, S. 164, 172.

431 Vgl. S. 64 ff.

432 Vgl. *Katzorke*, Der Gynäkologe 2007, 807, 811.

433 Die Richtlinien in der Fassung vom 08. Februar 2006 stehen auf http://donogene-insemination.de/downloads/Richtl_Druckfassung.pdf zum Abruf bereit (zuletzt abgerufen am 28.05.2015, 14.20 Uhr).

Trotz dieser Situation können in Deutschland derzeit ausreichend Spender gefunden werden.[434]

3. Ergebnis

Die Gefahr, dass eine Aufklärung des Kindes über die Zeugung unterbleibt, weil die Eltern sich vor einer Anfechtung des Kindes und nachfolgender Feststellung des Spenders fürchten, ist relativ gering und rechtfertigt daher nicht den Ausschluss der Vaterschaftsfeststellungsmöglickeit. In einer Familie, die intakt ist, wird auch die Offenbarung der genetischen Herkunft das Kind nicht dazu bewegen, die Vaterschaft anzufechten. Gerade bei frühzeitiger Aufklärung des Kindes über die Tatsache, dass der rechtliche/soziale Vater nicht der genetische Vater ist, wird kaum ein Kind die Gefahr der Zerstörung der funktionierenden Beziehung zum Vater eingehen.[435] Da für das Kind durch Auskunftsansprüche auch andere Wege bestehen, seine Herkunft zu ergründen, ist die Motivation für eine Anfechtung der Vaterschaft äußerst gering. Das zeigt sich auch daran, dass bereits de lege lata die Anfechtungsmöglichkeit des Kindes besteht. Dennoch ist bisher kein Fall bekannt geworden, in dem ein Kind die Vaterschaft des Wunschvaters anfocht, obwohl bereits einige Samenspendekinder volljährig geworden sind. Vielmehr waren es bisher die Wunschväter oder -mütter, die die Vaterschaft anfochten. Das ist nicht überraschend, denn durch die Offenlegung der genetischen Herkunft wird dem Kind vermittelt, dass es ein eindeutiges und unbedingtes Wunschkind ist.[436] Daher tendiert die Wahrscheinlichkeit, dass dennoch eine Anfechtung der Vaterschaft erfolgt, gegen Null. Das Risiko der Feststellung des Spenders ist somit sehr gering.[437]

Besteht aber keine intakte Familie mehr, spielt es weder für das Kindeswohl noch für den Familienfrieden eine Rolle, ob eine Anfechtung der Vaterschaft möglich ist. Genau so wenig ist es dann entscheidend, ob der Samenspender im Nachhinein als Vater festgestellt werden kann. Hier besteht ein höheres, im Ergebnis aber immer noch geringes Risiko für den Spender. Letztlich ist in Deutschland kein Spender gerichtlich bekannt geworden, der auf Unterhalt in Anspruch genommen werden sollte.[438] Lediglich das Magazin „Der Spiegel" berichtete 2011 von einem Samenspender, der für das Kind eines lesbischen Paares Unterhalt zahlen sollte, zuvor allerdings bereits Kontakt mit dem Kind pflegte.[439] Ob der Fall jemals die Gerichte erreicht hat, ist fraglich, da sich kein vergleichbares Urteil finden lässt, obwohl ein solches sicherlich ein breiteres Echo erzeugt hätte. Mittlerweile ist nicht einmal mehr der

---

434 Ebenso *Huth*, S. 69.

435 Vgl. die Ausführungen zum Anfechtungsrecht des Kindes, S. 91 f.; 99 f.

436 *Lehmann*, S. 186; dazu ebenfalls *Meyer*, S. 73; *Kaiser* in: *Schwab/Vaskovics*, S. 239, 259.

437 *Helms* in: *Duttge/Engel/Lipp/Zoll*, S. 37, 41 f.

438 Ebenfalls mit Stand 2000: *Günther/Fritzsche*, Reproduktionsmedizin 2000, 249, 250. Auch dem Verein *Spenderkinder* ist kein Fall der Feststellung des Samenspenders bekannt, vgl. *Spenderkinder*, Politische Forderungen.

439 *Ludwig*, Der Spiegel, Heft 09/2011; vgl. *Taupitz*, ZRP 2011, 161, 161.

ursprüngliche Artikel im Archiv des Spiegels abrufbar. Auch *Sarah P.*, deren Auskunftsverlangen zum viel beachteten Urteil des *OLG Hamm* vom 06.02.2013[440] führte, gab explizit übereinstimmend mit den meisten anderen Samenspendekindern an, dass sie den Spender nicht finanziell in Anspruch nehmen möchte, sondern rein individuelle, persönliche Interessen an der Identität des Spenders habe.[441]

Einige potentielle Spender werden sich dennoch von der Feststellungsmöglichkeit abschrecken lassen und eine Spende unterlassen. Ein Rückgang in einer Größenordnung, dass nicht genügend Spender gefunden werden könnten, ist aber nicht zu erwarten. Das ist nicht zuletzt auch dem Auskunftsanspruch des § 1598a zu verdanken. Durch den Anspruch auf eine statusfolgenlose Abstammungsfeststellung ist das Kind nicht gezwungen, eine Vaterschaftsanfechtung durchzuführen, um die Abstammungsverhältnisse überprüfen zu können.[442] Stattdessen kann es unter Beibehaltung des Status quo eine statusfolgenlose Abstammungsfeststellung anstreben und sein Recht auf Kenntnis der eigenen Abstammung geltend machen. Selbst wenn aber der Spender als Vater festgestellt werden sollte, führen die regelmäßig vorliegenden Freistellungsvereinbarungen mit den Wunscheltern dazu, dass das finanzielle Risiko minimiert wird.

Im Ergebnis ist primär die rechtliche Elternschaft der Wunscheltern zu betonen und möglichst aufrecht zu erhalten. Entsteht aber die Situation der Vaterlosigkeit, gebieten es die Rechte des Kindes und das Grundprinzip des Abstammungsrechts, eine statusrelevante Feststellung des Spenders zu ermöglichen.[443] Einer Gesetzesänderung bedarf es dafür nicht, da bereits de lege lata der Samenspender als Vater festgestellt werden kann. Freistellungsvereinbarungen zwischen Spender und Wunscheltern sind weiterhin zu ermöglichen. Diese sollten aber nicht gesetzlich vorgeschrieben werden, sondern im Ermessen der Beteiligten stehen.[444]

F. Auskunftsansprüche des Kindes auf Nennung des genetischen Vaters

Das Anfechtungsrecht des Kindes ist nicht die einzige Möglichkeit, das Recht auf Kenntnis der eigenen Abstammung zu verwirklichen. Denn das würde für das Kind bedeuten, sich von der rechtlichen Bindung zum Vater lösen zu müssen, um die genetischen Wurzeln ergründen zu können.[445] Dabei bestünde die große Gefahr des Bruchs der familiären Beziehung sowie des Verlusts von Unterhaltsansprüchen

---

440 Vgl. *OLG Hamm* FamRZ 2013, 637-642.
441 *Grziwotz*, Legal Tribune Online vom 06.02.2013.
442 *Taupitz*, ZRP 2011, 161, 163.
443 *Lehmann*, S. 187; *Huth*, S. 76.
444 Vgl. *Roth*, DNotZ 2003, 805, 820 f.; eingehend dazu *Taupitz/Schlüter*, AcP 2005, 591, 599 ff.
445 Vgl. dazu *Coester-Waltjen*, Gutachten 56. DJT, B 62 f.

und Erbrechten, was dem Kind in diesem Maß nicht zumutbar ist.[446] Zudem ist eine Anfechtung risikoreich, da der potentielle Erzeuger sich nicht als genetischer Vater erweisen könnte, was im Zweifel Vaterlosigkeit zur Folge hätte. Daher bestehen in gewissem Maße Auskunftsrechte des Kindes bezüglich seines genetischen Vaters. Diese sind auf ihre Reformbedürftigkeit zu überprüfen.

I. Anerkannte Auskunftsansprüche ohne sachadäquate Anspruchsgrundlagen

Gerade im Fall der Samenspende kann für das Kind ein großes Interesse bestehen, die Identität seines genetischen Vaters zu erfahren. Durch das Auseinanderfallen von genetischer und sozialer/rechtlicher Elternschaft entsteht eine psychologische Lücke, die Kinder oftmals füllen möchten.[447] Neben medizinischen Aspekten, die nicht zwingend die Herausgabe der Personalien erfordern, spielen entwicklungspsychologische Interessen des Kindes die entscheidende Rolle.[448] Während die Mutter bei einer natürlichen Zeugung auch ohne Preisgabe der Identität des Vaters meist Informationen über diesen hat, die sie an das Kind weitergeben kann, ist ihr der Samenspender in der Regel unbekannt. Das Kind kann deswegen ein gesteigertes Interesse haben, sich selbst über seinen Erzeuger zu informieren. Dafür ist es auf die Mithilfe derer angewiesen, die bei der Zeugung beteiligt waren. Erst Recht gilt dies, wenn das Kind den Spender als rechtlichen Vater feststellen lassen möchte.

1. *Fallbeispiel*

K erfährt durch Aufzeichnungen in den Unterlagen ihrer Eltern, dass sie mittels Samenspende gezeugt wurde. Sie ist zunächst erschüttert, möchte in der Folge aber wissen, wer ihr genetischer Vater ist und verlangt von ihren Eltern Auskunft darüber.

2. *Bedeutung der Kenntnis der eigenen Abstammung*

Das Motiv der Suche nach den wahren Eltern ist seit jeher bekannt und in Sagen und Fiktion ein Leitgedanke vieler Geschichten. Ein besonders einprägsames Beispiel hierfür ist die Ödipus-Sage.[449] *„Von der ‚Odyssee' bis zu ‚Star Wars' erscheint die Vatersuche als ein Leitnarrativ unserer Kultur […]"*.[450] Aber auch im realen Leben ist das Interesse der Kinder an der Kenntnis der Vorfahren längst bekannt. Bereits in den 60er Jahren belegten Studien, dass Adoptivkinder oft ein Gefühl von Ver-

446 *Coester-Waltjen*, Gutachten 56. DJT, B 62 f; *Giesen*, JZ 1989, 364, 374.
447 *Ravitsky*, Minnesota Journal of Law, Science & Technology 2010, 665, 677 f.
448 *Muscheler/Bloch*, FPR 2002, 339, 342; *Rotax*, Praxis der Kinderpsychologie und Kinderpsychiatrie 2007, 148, 154; *Ravitsky*, Minnesota Journal of Law, Science & Technology 2010, 665, 672.
449 Darauf verweist auch *Blauwhoff*, S. 17.
450 *Bernard*, Von einer, die auszog […], SZ vom 02./03.02.2013, S. 6.

lust und Aussetzung verspüren, wenn der Vater unbekannt ist.[451] Dagegen führen Begegnungen mit den leiblichen Eltern zu einer gesteigerten Selbstsicherheit und verminderten Identitätskonflikten.[452] Vor allem in der Pubertät entsteht vermehrt ein Bedürfnis der Kinder, ihre genetischen Wurzeln zu ergründen, insbesondere wenn eine Unzufriedenheit bezüglich der sozialen Familie besteht.[453] Dieses Bedürfnis wird auch bei Samenspendekindern vermutet. Durch Spendersamen gezeugte Kinder gaben dabei selbst an, dass in ihren Familien ein generelles Misstrauen herrsche.[454]

Noch Ende des letzten Jahrhunderts wurde aber die Geheimhaltung einer Zeugung mittels Samenspende favorisiert, um eine Stigmatisierung der Wunscheltern und des Kindes zu vermeiden und befürchteten psychologischen Traumata vorzubeugen.[455] Tatsächlich ist deutschsprachige Ratgeberliteratur, die Eltern Hinweise über die Aufklärung des Samenspendekindes gibt, erst seit 2006 erhältlich.[456] Mittlerweile setzen sich jedoch vermehrt Mediziner und Psychologen für die Aufklärung der Kinder ein[457], daneben machte auch die Rechtsprechung eine Kehrtwende.[458]

Eine Geheimhaltung der Zeugungsumstände birgt die erhebliche Gefahr der unbeabsichtigten Offenbarung und ist geeignet, die Vertrauensbasis innerhalb der Familie zu zerrütten. Überdies kann die Belastung mit dem Geheimnis zu Angstzuständen führen, weil die Befürchtung der Aufdeckung durch einen Dritten oder der Entdeckung durch das Kind selbst besteht.[459] Der Gedanke, dass ein *„Identitätsbruch"* adoptierter Kinder durch eine frühzeitige Aufklärung vermieden werden kann, wird folgerichtig seit einiger Zeit auch auf Samenspendekinder ausgedehnt.[460] Die Kenntnis der eigenen Abstammung ist als (psychologische) Verknüpfung zwischen der eigenen Vergangenheit und Zukunft essentieller Teil der Persönlichkeitsfindung und -entwicklung.[461] Dementsprechend besteht die Erwartung der Kinder, durch

---

451 *Blauwhoff*, S. 18.

452 *Meyer*, S. 69.

453 *Blauwhoff*, S. 18.

454 *Blauwhoff*, S. 19; vgl. auch *Kreß*, FPR 2013, 240, 241.

455 *Thorn/Daniels*, Geburtshilfe und Frauenheilkunde 2007, 993, 994; *Walper/Wendt* in: *Schwab/Vaskovics*, S. 211, 215; dazu auch *Meyer*, S. 72.

456 *Thorn/Daniels*, Geburtshilfe und Frauenheilkunde 2007, 993, 994; auf die allgemeine Problemlage der Eltern diesbezüglich weißt auch *Blauwhoff*, S. 339, hin.

457 *Thorn/Daniels*, Geburtshilfe und Frauenheilkunde 2007, 993, 994.

458 Siehe unten.

459 *Thorn/Daniels*, Geburtshilfe und Frauenheilkunde 2007, 993, 994 sowie 997; *Blauwhoff*, S. 19 und 341; vgl. ebenfalls *A. Lalos/Gottlieb/O. Lalos*, Human Reproduction 2007, 1759, 1762; *Jadva/Freeman/Kramer/Golombok*, Human Reproduction 2009, 1909, 1915; *Kirkman*, Australian Journal of Emerging Technologies and Society 2004, 1, 15; *Daniels/Thorn*, Human Reproduction 2001, 1792, 1792; *Turner/Coyle*, Human Reproduction 2000, 2041, 2049; *Helms*, FamRZ 2010, 1, 6 f.; *Meyer*, S. 72.

460 *Thorn/Daniels*, Geburtshilfe und Frauenheilkunde 2007, 993, 994; *Jadva/Freeman/Kramer/Golombok*, Human Reproduction 2009, 1909, 1917; *Walper/Wendt* in: *Schwab/Vaskovics*, S. 211, 222.

461 *Blauwhoff*, S. 19.

ein Treffen mit dem Spender mehr über das eigene Ich zu erfahren und gegebenenfalls eine (freundschaftliche) Beziehung zu ihm aufzubauen[462], selbst wenn sie sich oft als besonders geliebt und gewünscht von den Eltern ansehen.[463] Aber auch bei Personen, deren Identität bereits gefestigt ist, kann die Kenntniserlangung der genetischen Herkunft Auswirkungen auf die Psyche haben.[464] So gibt es Berichte von erwachsenen, mittels Samenspende gezeugten Kindern, die gegenüber ihren Halbgeschwistern (Kindern vom selben Spender) eine besondere Verbindung fühlen, teils größer als zu Adoptivgeschwistern, mit denen sie aufgewachsen sind.[465] Gerade Erwachsene, die mittels anonymer Samenspende gezeugt wurden, berichten von Frustrationen wegen mangelnder Informationen über den Spender und negativen Gefühlen ihrer (sozialen) Familie und dem unbekannten Spender gegenüber.[466]

Das gänzliche Verschweigen der Samenspende kann ebenfalls zu psychologischen Problemen führen.[467] Vereinzelt fällt es diesen Kindern schwerer, Vertrauen zu fassen.[468] Dennoch wiesen in der Studie von *Lycett, Daniels, Curson* und *Golombok* in England nicht aufgeklärte Kinder keine Häufung von psychologischen Problemen im Gegensatz zu aufgeklärten Kinder auf.[469] Interessanterweise gaben die nicht aufklärenden Mütter selbst aber vermehrt Probleme bzgl. des Verhaltens des Kindes an.[470] Eine Aufklärung scheint sich also positiv auf die Mutter-Kind-Beziehung auszuwirken, wobei auch eine unterschiedliche Grundeinstellung zur Erziehung das Studienergebnis begründen könnte.[471]

Neben der unterlassenen birgt auch eine verspätete Aufklärung Gefahren. Eine solche kann zu Unsicherheiten und Irritationen des Kindes führen, die eine längere Verarbeitungsphase nach sich ziehen.[472]

---

462 *Scheib/Riordan/Rubin*, Human Reproduction 2004, 239, 247; *Meyer*, S. 69, weißt daraufhin, dass Adoptivkinder nach der Begegnung mit ihren leiblichen Eltern keinesfalls diese als „wahre" Eltern ansahen, sondern die Beziehung zu den Adoptiveltern gestärkt wurde.

463 *Scheib/Riordan/Rubin*, Human Reproduction 2004, 239, 243.

464 *Blauwhoff*, S. 23.

465 *Kirkman*, Australian Journal of Emerging Technologies and Society 2004, 1, 7.

466 *Scheib/Riordan/Rubin*, Human Reproduction 2004, 239, 240.

467 *Turner/Coyle*, Human Reproduction 2000, 2041, 2049.

468 *Turner/Coyle*, Human Reproduction 2000, 2041, 2049.

469 *Lycett/Daniels/Curson/Golombok*, Fertility and Sterility 2004, 172, 176 f.

470 *Lycett/Daniels/Curson/Golombok*, Fertility and Sterility 2004, 172, 176 f.

471 *Lycett/Daniels/Curson/Golombok*, Fertility and Sterility 2004, 172, 178; zu ähnlichen Ergebnissen bereits *Meyer*, S. 72.

472 *A. Lalos/Gottlieb/O. Lalos*, Human Reproduction 2007, 1759, 1766; das belegt auch die Studie von *Jadva/Freeman/Kramer/Golombok*, Human Reproduction 2009, 1909, 1912; vgl. auch *Günther/Fritzsche*, Reproduktionsmedizin 2001, 214, 218; vgl. auch den Fall von *Sarah P.*, siehe dazu: *Bernard*, Von einer, die auszog [...], SZ vom 02./03.02.2013, S. 6.

Das Interesse der Kinder am Spender ist groß und geht über reine Daten und Fakten hinaus.[473] Nach einer Studie von *Scheib*, *Riordan* und *Rubin* ist die meistgestellte Frage der Kinder, wie Charakter und Verhalten des Spenders sind.[474] Auch der Grund für bzw. das Gefühl bei der Samenspende war für die Befragten von besonderem Interesse.[475] Diese Informationen können nur durch eine entanonymisierte Spende gewährleistet werden.

Ergänzend zu den psychologischen Aspekten weisen Mediziner darauf hin, dass die genetischen Informationen der Vorfahren stetig an Bedeutung gewinnen, weshalb auch Samenspendekindern diese nicht vorenthalten werden sollten.[476] Bezüglich genetischen Erkrankungen ist zwar zu beachten, dass der Samenspender (in Deutschland) intensiv untersucht wird und über Krankheiten in der Familie berichten muss, so dass das Risiko der Vererbung einer Erkrankung auf das Kind gering sein sollte, letztlich aber nicht auszuschließen ist.[477] Da die Spender nicht auf sämtliche Krankheiten untersucht werden können und die Spende meist in jungen Jahren stattfindet, besteht durchaus die Gefahr, dass sich erst im späteren Leben eine Generkrankung zeigt, die für das Spenderkind von Bedeutung in Bezug auf einen eigenen Kinderwunsch oder vorsorgende medizinische Maßnahmen sein kann.[478] Letztlich ist auch die Gefahr des Inzests unter unbekannten Halbgeschwistern latent vorhanden.[479]

Eine Umfrage von *Thorn* und *Daniels* in Deutschland bestätigte, dass die Angst der Eltern vor einer Stigmatisierung aufgrund der Zeugungsmethode nicht beseitigt ist, wobei sowohl eine Ablehnung des Kindes als auch des unfruchtbaren Partners durch die Gesellschaft befürchtet wurde.[480] Auch bestand bei den meisten Befragten eine Verwirrung bezüglich der juristischen Lage, selbst unter Hinzuziehung eines Anwalts oder Notars.[481] Ein Großteil nannte die Unsicherheit, ob überhaupt Informationen über den Samenspender vorhanden sind, als Grund für die Nichtaufklärung des Kindes.[482] Eine gesetzliche Klarstellung wurde deswegen von den Befragten gewünscht, mit der zudem eine Enttabuisierung vorangetrieben werden

---

473 Vgl. *Ravitsky*, Minnesota Journal of Law, Science & Technology 2010, 665, 678.
474 *Scheib/Riordan/Rubin*, Human Reproduction 2004, 239, 245.
475 *Scheib/Riordan/Rubin*, Human Reproduction 2004, 239, 246.
476 *Thorn/Daniels*, Geburtshilfe und Frauenheilkunde 2007, 993, 994; *Kreß*, FPR 2013, 240, 241; vgl. auch *Mayer*, S. 46.
477 *Blauwhoff*, S. 22.
478 *Ravitsky*, Minnesota Journal of Law, Science & Technology 2010, 665, 673.
479 Vgl. *Blauwhoff*, S. 22 f.; *Katzorke*, Der Gynäkologe 2007, 807, 808, betont die geringe Gefahr aufgrund der geographischen Verteilung der Spendenempfängerinnen.
480 *Thorn/Daniels*, Geburtshilfe und Frauenheilkunde 2007, 993, 996; ebenso manche Angaben in der Studie von *A. Lalos/Gottlieb/O. Lalos*, Human Reproduction 2007, 1759, 1764; vgl. auch *Blauwhoff*, S. 339.
481 *Thorn/Daniels*, Geburtshilfe und Frauenheilkunde 2007, 993, 996.
482 *Thorn/Daniels*, Geburtshilfe und Frauenheilkunde 2007, 993, 996.

könne.[483] Immerhin war über die Hälfte der befragten Paare geneigt, ihr Kind über die Umstände der Zeugung aufzuklären, wobei die Umfrage nicht repräsentativ ist.[484] Eine in Schweden durchgeführte Studie ergab aber ebenfalls eine Quote von etwa 50 % bezüglich der (beabsichtigten) Aufklärung, dabei waren weitere knapp 30% unsicher oder beantworteten die Frage nicht.[485] In fast allen Fällen wusste aber zumindest ein Freund oder Verwandter der Eltern über die Samenspende Bescheid.[486] Besteht keine Möglichkeit, die Identität des Spenders festzustellen, nimmt die Aufklärungsquote ab.[487] Die schwedische Studie zeigt, dass ein Großteil der Eltern von einem Recht des Kindes auf Kenntnis von der Samenspende ausgeht und nannte dies als ein Leitmotiv, warum das Kind informiert wurde.[488] Wenige dagegen meinten, dass diese Tatsache keinen Einfluss auf das Kind habe und offenbarten diesem die Zeugungsmethode daher nicht.[489] Die deutsche Studie lässt weitergehend vermuten, dass das gesellschaftliche Stigma weniger groß zu sein scheint, als die Befragten befürchteten, obwohl eine Vielzahl der behandelnden Ärzte die Behandlungsmethode nur zu dulden scheint ohne diese fördern zu wollen.[490] Gerade auch um das vermeintliche Stigma zu beseitigen sehen manche Paare es als wichtig an, offen mit der heterologen Insemination umzugehen.[491]

Losgelöst von sämtlichen medizinischen und psychologischen Faktoren fasste *Warnock* bereits 1987 die Thematik schön zusammen: *„The child is being used as a means to the parents' ends, namely to have or seem to have a 'normal' family; and I do not think that using one person as a means to another's ends can ever be right, unless the person has consented to be so used. As the AID children grow towards adulthood, then, I think they are being more and more made an object of contempt... even to their parents. I could not bear to associate with a grown-up child of my own from whom I had hidden the secret of his or her birth. I cannot argue that children who are told their origins, if they are AID children are necessarily happier, or better off in any way that can be estimated. But I do believe that if they are not told, they are being wrongly treated.“*[492]

---

483 *Thorn/Daniels*, Geburtshilfe und Frauenheilkunde 2007, 993, 996.
484 *Thorn/Daniels*, Geburtshilfe und Frauenheilkunde 2007, 993, 995 f. sowie 998.
485 *A. Lalos/Gottlieb/O. Lalos*, Human Reproduction 2007, 1759, 1759, wie bei der deutschen Studie war die Anzahl der Teilnehmer jedoch relativ klein.
486 *A. Lalos/Gottlieb/O. Lalos*, Human Reproduction 2007, 1759, 1761.
487 *A. Lalos/Gottlieb/O. Lalos*, Human Reproduction 2007, 1759, 1760.
488 *A. Lalos/Gottlieb/O. Lalos*, Human Reproduction 2007, 1759, 1762.
489 *A. Lalos/Gottlieb/O. Lalos*, Human Reproduction 2007, 1759, 1764.
490 *Thorn/Daniels*, Geburtshilfe und Frauenheilkunde 2007, 993, 999 und *Daniels/Thorn*, Human Reproduction 2001, 1792, 1794; auch *Scheib/Riordan/Rubin*, Human Reproduction 2004, 239, 243 lässt vermuten, dass die Stigmatisierung bei weitem nicht das befürchtete Ausmaß hat. Hingegen zeigt *Lewitscharoff*, S. 11, deutlich, dass das Stigma längst noch nicht vollends beseitigt wurde.
491 *Daniels/Thorn*, Human Reproduction 2001, 1792, 1792.
492 *Warnock*, Bioethics 1987, 141, 151.

[(Teils freie) Übersetzung: „*Das Kind wird letztlich als Hilfsmittel der Eltern benutzt, eine normale Familie zu haben bzw. eine solche vorzuspiegeln. Meiner Ansicht nach kann es nie richtig sein, eine Person für die Zwecke eines anderen zu benutzen, wenn diese nicht zuvor darin eingewilligt hat. Je älter die Kinder werden, desto mehr werden sie selbst gegenüber den Eltern zu einem Objekt der Geringschätzung. Ich selbst könnte meinem erwachsenen Kind, dem ich die Wahrheit über seine Zeugung vorenthalten habe, nicht gegenübertreten. Ich kann nicht behaupten, dass Kinder, denen die Umstände ihrer Zeugung bekannt sind, zwingend glücklicher sind oder in irgendeiner Weise besser stehen als andere, aber ich denke, dass sie falsch behandelt werden, wenn man ihnen die Wahrheit verschweigt.*"]

Als Ergebnis ist festzuhalten, dass das Recht des Kindes auf Kenntnis der eigenen Abstammung sowohl von Psychologen als auch von Medizinern als wichtig für die Entwicklung des Kindes angesehen wird.[493] Studien der Adoptionsforschung und zur Entwicklung von Samenspendekindern belegen diese Haltung.

3. *Juristische Grundlage: Das Recht auf Kenntnis der eigenen Abstammung*

In juristischer Hinsicht schuf das *BVerfG* das bereits erwähnte Recht auf Kenntnis der eigenen Abstammung. Jeder natürlichen Person steht es danach grundsätzlich zu, Kenntnis von den eigenen genetischen Wurzeln zu erlangen.[494]

Im Fall einer natürlichen Zeugung konnte schon immer das Problem auftauchen, dass die Mutter dem Kind den wahren genetischen Vater verschweigt. Motive dafür lassen sich reichlich finden, zu denken ist beispielsweise an die Unkenntnis der Mutter selbst oder an egoistische Motive, z.B. dass die Mutter unter allen Umständen vermeiden möchte, wieder in Kontakt zum Vater treten zu müssen. Schon zu Beginn des letzten Jahrhunderts kam daher die Frage auf, ob das uneheliche Kind gegen seine Mutter einen Anspruch auf Nennung des Namens seines Erzeugers unter Umständen auch im Klageweg geltend machen kann.[495]

a. Nationale Anerkennung des Rechts auf Kenntnis der eigenen Abstammung

Nach einem Urteil des *LG Passau*[496] bestätigte das angerufene *BVerfG*, dass einem volljährigen nichtehelichen Kind gemäß § 1618a ein Anspruch gegen die Mutter auf Nennung der Identität des genetischen Vaters zusteht.[497] Nur so könne ein Kind in Kontakt mit dem genetischen Vater treten und etwaige Ansprüche geltend

493 Auch wenn einzelne Mediziner den Wert der biologischen Beziehungen dennoch für überschätzt halten, vgl. *Katzorke*, Der Gynäkologe 2007, 807, 812.

494 Vgl. im Folgenden.

495 Vgl. *Giesen*, JZ 1989, 364, 365; *Luh*, S. 32 f.

496 *LG Passau*, NJW 1988, 144-146; gelungene Übersicht der Rechtsprechung bis zur Entscheidung des *BVerfG* vom 31.01.1989 bei *Giesen*, JZ 1989, 364-377.

497 *BVerfG* NJW 1988, 3010 ff.

machen.[498] Das *BVerfG* entwickelte den Anspruch in der Folge in einer Reihe von Entscheidungen weiter und sprach den Anspruch grundsätzlich jedem Kind zu.[499] Es bestehe jedoch kein genereller Vorrang der Grundrechte des Kindes gegenüber den Rechten und Interessen der Mutter, daher sei stets eine konkrete Abwägung im Rahmen des Anspruchs erforderlich.[500] Ein *pauschaler* Vorrang der Kindesinteressen besteht damit nicht.

Der Anspruch gründet in dem Recht des Kindes auf Kenntnis seiner eigenen Abstammung, das dem Persönlichkeitsrecht (Art. 2 I i.V.m. 1 I GG) erwächst.[501] Die *„Möglichkeit, sich als Individuum nicht nur sozial, sondern auch genealogisch in eine Beziehung zu anderen zu setzen,* [ist] *vom Schutz des Persönlichkeitsrechts mit umfasst und begründet aus Art. 2 I i.V. mit Art. 1 I GG ein Recht des Kindes auf Kenntnis der eigenen Abstammung, ebenso wie es einem Mann das Recht auf Kenntnis einräumt, ob ein Kind von ihm abstammt.“*[502]

Der Gesetzgeber unterließ es im Rahmen des Kindschaftsrechtsreformgesetzes trotz einer Anregung des Bundesrates[503], das Recht auf Kenntnis der eigenen Abstammung explizit zu regeln, da dieses durch die erweiterten Anfechtungsrechte und bestimmte Auskunftsansprüche ausreichend gesichert sei.[504] Es ist aber als solches gefestigt und auch in der Literatur anerkannt.[505]

b. Internationale Anerkennung des Rechts auf Kenntnis der eigenen Abstammung

Auch international wird das Recht mittlerweile an verschiedenen Stellen genannt. Im Fall *Jäggi./. Schweiz* konstatierte der *EGMR*, dass ein Interesse des Einzelnen an der Kenntnis der eigenen Abstammung bestehe.[506] Die Unkenntnis über die eigenen

---

498 *BVerfG* NJW 1988, 3010, 3010.

499 *BVerfG* NJW 1989, 891 ff.; *BVerfG* NJW 1997, 1769 ff.; *BVerfG* FamRZ 2003, 816 ff.; *BVerfG* NJW 2007, 753 ff.; vgl. auch *Mayer*, S. 30 f.

500 *BVerfG* NJW 1997, 1769, 1769 f.; zur Entwicklung der Rechtsprechung: *Mayer*, S. 80 ff.

501 *BVerfG* FamRZ 2003, 816, 820.

502 *BVerfG* NJW 2007, 753, 754, siehe dazu auch die Ausführungen zu § 1598a BGB.

503 BT-Drucks. 13/4899, S. 147.

504 BT-Drucks. 13/4899, S. 166; BeckOK BGB/*Hahn*, § 1591 BGB, Rn. 16; Erman/*Hammermann*, Vor § 1598a BGB, Rn. 1.

505 Vgl. Spickhoff/*Spickhoff*, Vorbem. zu §§ 1591 ff. BGB, Rn. 6; *Muscheler/Bloch*, FPR 2002, 339, 341 ff.; MüKo/ *Wellenhofer*, Vorbem. zu § 1599 BGB, Rn. 6 ff.; Staudinger/*Rauscher*, Einl. zu §§ 1589 BGB ff., Rn. 110 ff.; Maunz/Dürig/*Di Fabio*, Art. 2 GG, Rn. 212; *Eidenmüller*, JuS 1998, 789 ff.; *Gernhuber/Coester-Waltjen*, § 52 Rn. 17; *Schwab*, Rn. 597 ff.; *Badenberg*, S.22 ff; *Luh*, S. 59 f; *Wehrstedt*, Gutachten, S. 16; *Mansees*, NJW 1988, 2984 ff.; *Mayer*, S. 27.

506 *EGMR* FamRZ 2006, 1354, 1355, vgl. auch Staudinger/*Rauscher*, Einl. zu §§ 1589 BGB ff., Rn. 113.

Wurzeln könne zu psychischen Belastungen führen.[507] Im Fall selbst sah der Gerichtshof gar in der Verweigerung der Exhumierung eines Verstorbenen zwecks Abstammungsuntersuchung einen Verstoß gegen Art. 8 EMRK.[508]

Auch das UN-Übereinkommen über die Rechte des Kindes vom 20.11.1989 sieht in Art. 7 I das Recht des Kindes vor, *„soweit möglich"*[509] seine Eltern kennen zu lernen.[510]

Auf EU-Ebene garantiert Art. 24 III der Grundrechtecharta dem Kind das Recht auf regelmäßige persönliche Beziehungen und direkten Kontakt zu beiden Elternteilen.[511]

4. *Möglichkeit der Kenntniserlangung de lege lata*

Das Recht auf Kenntnis der eigenen Abstammung steht jedem Individuum zu, gleich ob es aus künstlicher oder natürlicher Befruchtung hervorgegangen ist.[512] Um dieses Recht zu verwirklichen, benötigt das Kind Auskunftsansprüche gegen die Personen, die Informationen bezüglich der genetischen Vaterschaft haben. Obwohl mittlerweile vermehrt ein offenerer Umgang über die Zeugungsmethode gefordert und gefördert wird, bilden sich häufig zwei Fronten innerhalb der Familie. Daher muss dem auskunftsverlangenden Kind die Möglichkeit gegeben werden, sein Recht durchsetzen zu können.

a. *Im Fall der natürlichen Zeugung*

Bei natürlichen Zeugungen ist in der Regel die genetische und biologische Mutter bekannt, die Identität des Vaters dem Kind jedoch oft unbekannt. Bejaht man das Recht auf Kenntnis der eigenen Abstammung, muss es dem Kind in dieser Situation grundsätzlich möglich sein, Auskunft von seiner Mutter über die Person des Vaters zu verlangen. Dieser Anspruch wird auf § 1618a gestützt, vereinzelt in Verbindung mit Grundrechten des Kindes.[513] Notwendig ist danach eine grundrechtlich

---

507 *EGMR* FamRZ 2006, 1354, 1355

508 *EGMR* FamRZ 2006, 1354, 1355.

509 Zunächst war gefordert worden, das Recht unbeschränkt zu gewähren. Erst unter Einfügung der Worte *„as far as possible"* (soweit möglich) war aber ein Konsens zu erreichen, dem zuvor auch Deutschland entgegenstand, vgl. *Blauwhoff*, S. 50 f.

510 Dazu *Muscheler/Bloch*, FPR 2002, 339, 344; *Frommel/Taupitz/Ochsner/Geisthövel*, Journal für Reproduktionsmedizin und Endokrinologie 2010, 96, 101; *Rotax*, Praxis der Kinderpsychologie und Kinderpsychiatrie 2007, 148, 150; ausführlich *Blauwhoff*, S. 44 ff.

511 Vgl. *Muscheler/Bloch*, FPR 2002, 339, 344.

512 Staudinger/*Rauscher* Anh. zu § 1592 BGB, Rn. 15; *Muscheler/Bloch*, FPR 2002, 339, 345.

513 Vgl. *BVerfG* NJW 1997, 1769 ff.; *OLG Hamm*, FamRZ 1991, 1229-1230; *LG Münster* NJW 1999, 726 ff.; *AG Lüdinghausen* NJW-RR 2012, 1412-1413; *Wanitzek*, S. 403; Staudinger/*Rauscher*, Einl. zu §§ 1589 BGB ff., Rn. 119; MüKo/*v. Sachsen Gessaphe*, § 1618a BGB, Rn. 14; Erman/*Hammermann*, Vor § 1598a BGB, Rn. 2 ff.; *Gernhuber/*

geschützte Interessenlage, die zumeist schon aus persönlichen oder finanziellen Interessen des Kindes gegeben sein wird.[514] Die Mutter kann sich nach der Rechtsprechung des *BVerfG* gegen das Auskunftsverlangen mit Hinweis auf den Schutz ihrer Intimsphäre und das Recht auf informationelle Selbstbestimmung wehren.[515] Entscheidend für das Bestehen des Auskunftsanspruchs ist nach der Rechtsprechung damit, dass die Interessen und Rechte des Kindes die der Mutter überwiegen, was nicht generell angenommen werden könne.[516] Teils wird der Anspruch daher bei einer bestehenden rechtlichen (ehelichen) Vaterschaft verneint.[517] Indes stellt der Anspruch eine Facette des Persönlichkeitsrechts des Kindes dar, so dass er unabhängig von der Möglichkeit einer Statusänderung immer bestehen muss, wenn die vom *BVerfG* geforderte, grundrechtlich geschützte Interessenlage besteht.[518] Das zeigt gerade die Möglichkeit eines adoptierten Kindes,[519] die Identität seiner Eltern zu erfahren, sowie die Einführung des § 1598a, der vor allem aufgrund des Persönlichkeitsrechts des Kindes eingeführt wurde und statusunabhängige Klärungen ermöglicht.[520] Darüber hinaus kann der Anspruch zur Vorbereitung eines Anfechtungsverfahrens hilfreich sein.[521]

Gerichtlich kann der Auskunftsanspruch vor dem Familiengericht geltend gemacht werden. Lediglich die Einordnung als Abstammungssache, § 169 I 1 FamFG, oder sonstige Familiensache, §§ 112 Nr. 3, 266 I Nr. 4 FamFG, ist streitig.[522] Ein titulierter Anspruch ist regelmäßig vollstreckbar, da der Grundrechtseingriff gegenüber

---

Coester-Waltjen, § 54 Rn. 67; Spickhoff/*Spickhoff*, Vorbem. zu §§ 1591 ff. BGB, Rn. 6; *Valentin*, S. 127 ff.; *Mayer*, S. 106 f.; *Rotax*, Praxis der Kinderpsychologie und Kinderpsychiatrie 2007, 148, 155; *Wolf*, NJW 2005, 2417, 2418; *Helms/Kieninger/Rittner*, Rn. 180.

514 MüKo/*v. Sachsen Gessaphe*, § 1618a BGB, Rn. 14; Erman/*Hammermann*, Vor § 1598a BGB, Rn. 3; *Mayer*, S. 116.

515 *BVerfG* NJW 1997, 1769 ff.; *OLG Hamm* FamRZ 1991, 1229-1230; MüKo/*v. Sachsen Gessaphe*, § 1618a BGB, Rn. 14; Erman/*Hammermann*, Vor § 1598a BGB, Rn. 3; *Mayer*, S. 51 ff.

516 Vgl. dazu *BVerfG* NJW 1997, 1769, 1769 f.; *Mayer*, S. 116.

517 *OLG Oldenburg*, FamRZ 1992, 351-352; *Valentin*, S. 128 f.; BeckOK BGB/*Hahn*, § 1591 BGB, Rn. 19; *Eidenmüller*, JuS 1998, 789, 793; zweifelnd: *Lorenz*, JuS 1995, 569, 572; vgl. auch *Rotax*, Praxis der Kinderpsychologie und Kinderpsychiatrie 2007, 148, 157; *Grziwotz*, Legal Tribune Online vom 06.02.2013.

518 *AG Lüdinghausen* NJW-RR 2012, 1412-1413 (Anspruch gegen Vater auf Nennung der Großmutter); Staudinger/*Rauscher*, Einl. zu §§ 1589 ff., Rn. 125; *Gernhuber/Coester-Waltjen*, § 52 Rn. 9; *Mayer*, S. 30; in diese Richtung ebenfalls Erman/*Hammermann*, Vor § 1598a BGB, Rn. 4; a.A. *Valentin*, S. 129.

519 Dazu im Folgenden.

520 Staudinger/*Rauscher*, Einl. zu §§ 1589 ff. BGB, Rn. 125; *Gernhuber/Coester-Waltjen*, § 52 Rn. 9.

521 MüKo/*Wellenhofer*, Vorbem. zu § 1591 ff. BGB, Rn. 31.

522 MüKo/*Wellenhofer*, Vorbem. zu § 1591 ff. BGB, Rn. 36; Staudinger/*Rauscher*, Einl. zu §§ 1589 ff. BGB, Rn. 129 f.; *Mayer*, S. 231.

der Verpflichtung zur Auskunft selbst nicht vertieft wird. Dies beruht darauf, dass bereits bei Prüfung des Auskunftsanspruches eine umfassende Interessenabwägung erfolgt.[523] Da die Vollstreckung nach § 120 I FamFG i.V.m. § 888 I ZPO erfolgt, sind Zwangsgeld und -haft möglich.[524]

b. Im Fall der Adoption

Adoptivkinder haben die Möglichkeit, nach Erreichen des 16. Lebensjahres Einsicht in das Personenstandsregister zu nehmen, §§ 62, 63 I PStG.[525] Da dort die rechtlichen Eltern vor der Adoption des Kindes eingetragen sind, können die Kinder regelmäßig die Identität ihrer (Geburts-)Mutter, gegebenenfalls auch die des Vaters erfahren. Dadurch wird dem Recht auf Kenntnis der eigenen Abstammung Rechnung getragen, auch wenn dies nicht ursprüngliches Ziel des Einsichtsrechts war.[526] Selbst im Fall einer Inkognitoadoption kann das Kind, entgegen anderer Rechtsordnungen[527], die Namen der leiblichen Eltern auf diese Weise in Erfahrung bringen.[528] Einsicht werden adoptierte Kinder aber nur verlangen, wenn Zweifel an der genetischen Elternschaft der Annehmenden bestehen oder die positive Kenntnis von der Adoption vorliegt. Deswegen sind sie stets darauf angewiesen, über die Annahme durch die rechtlichen Eltern aufgeklärt zu werden. Es bleibt dabei aber den Annehmenden überlassen, wann und ob sie ihr Kind über die Adoption informieren.[529]

Letztlich besteht aber selbst bei Einsichtnahme in den Geburteneintrag keine Gewissheit über die genetischen Eltern. Es besteht zwar die hohe Wahrscheinlichkeit, dass die dort eingetragene Geburtsmutter wegen der geringen Anzahl an Eizellen- und Embryonenspenden auch die genetische Mutter ist, eine hundertprozentige Sicherheit besteht aber nicht. Die Ungewissheit bezüglich des genetischen Vaters ist umso größer. Selbst wenn ein Vater eingetragen ist, belegt dies nicht dessen genetische Vaterschaft, da die ursprüngliche Zuordnung wahrheitswidrig kraft Ehe oder Anerkennung erfolgen konnte.

---

523 Vgl. *BGH* NJW 2008, 2919-2922, zum Auskunftsanspruch des Scheinvaters; MüKo/*v. Sachsen Gessaphe*, § 1618a BGB, Rn. 14; MüKo/*Wellenhofer*, Vorbem. zu § 1591 ff. BGB, Rn. 37; Staudinger/*Rauscher*, Einl. zu §§ 1589 ff. BGB, Rn. 132; Erman/*Hammermann*, Vor § 1598a BGB, Rn. 12; BeckOK BGB/*Hahn*, § 1591 BGB, Rn. 21; Spickhoff/*Spickhoff*, Vorbem. zu §§ 1591 ff. BGB, Rn. 6; *Valentin*, S. 130 f.; *Rotax*, Praxis der Kinderpsychologie und Kinderpsychiatrie 2007, 148, 158.

524 MüKo/*v. Sachsen Gessaphe*, § 1618a BGB, Rn. 14; MüKo/*Wellenhofer*, Vorbem. zu § 1591 ff. BGB, Rn. 37; *BGH* NJW 2008, 2919-2922; Staudinger/*Rauscher*, Einl. zu §§ 1589 ff. BGB, Rn. 132; *Valentin*, S. 131; *Mayer*, S. 241 ff.

525 Vgl. *Bartsch*, NJW-Spezial 2009, 199, 199; BeckOK BGB/*Hahn*, § 1591 BGB, Rn. 24; *Valentin*, S. 126 f.

526 *OLG München* NJW 2005, 1667, 1667; *Muscheler/Bloch*, FPR 2002, 339, 345; NK-PStG/*Rhein*, § 63 PStG, Rn. 2 f.

527 *Frank*, FamRZ 1988, 113, 117; Staudinger/*Frank* (2007), § 1747 BGB, Rn. 35.

528 Staudinger/*Frank* (2007), § 1747 BGB, Rn. 35.

529 *Frank*, FamRZ 1988, 113, 117.

c. *Im Fall der heterologen Insemination mit Spendersamen*

Im Fall der künstlichen Befruchtung tritt mit dem behandelnden Arzt regelmäßig eine weitere Person hinzu, die Auskunft über die Person des genetischen Vaters/Spenders geben kann. Oftmals wird er allein die Identität des Samenspenders offenbaren können.

aa. Auskunftsanspruch gegen die Eltern

Dennoch besteht wie im Fall der natürlichen Zeugung ein Auskunftsanspruch gegen die Mutter und den rechtlichen Wunschvater nach § 1618a.[530] Bei der heterologen Befruchtung können die Eltern dem Anspruch regelmäßig keine Einwände entgegengehalten. Durch den technisierten Vorgang der Befruchtung unter Beteiligung Dritter reduziert sich die Intimität des Zeugungsaktes auf ein Minimum, was regelmäßig nicht ausreicht, um das Recht des Kindes auf Kenntnis der eigenen Abstammung zu überwiegen.[531] Da der Spender den Wunscheltern gegenüber meist anonym bleibt[532], richtet sich der Auskunftsanspruch des Kindes aber regelmäßig nicht auf die Benennung des genetischen Vaters, sondern auf Benennung des behandelnden Arztes bzw. der behandelnden Einrichtung, es ergibt sich dann eine *„Auskunftskette"*.[533]

Ob und wann die Eltern das Kind über die Umstände der Zeugung aufklären, bleibt als erhebliche Erziehungsfrage den Eltern selbst überlassen.[534] Eine gerichtliche Geltendmachung und anschließende Vollstreckung des Anspruchs ist jedoch ebenso möglich wie nach einer natürlichen Zeugung.

Ungeklärt ist bisher die Frage, ob dem Kind neben dem Anspruch auf Kenntnis der Identität des leiblichen Vaters auch ein Anspruch auf Kenntnis der angewandten Zeugungsmethode zusteht. Die Kenntnis der Abstammung hat tiefgreifende und anerkannte entwicklungspsychologische Auswirkungen auf das Kind. Ob dies in gewissem Maß auch für die Kenntnis der Zeugungsmethode gilt, ist soweit ersichtlich bisher nicht erforscht. Es liegt allerdings nahe, dem Kind nicht nur einen Anspruch auf Kenntnis des leiblichen Vaters zuzusprechen, sondern auch auf Kenntnis der

---

530 *Wehrstedt*, Gutachten, S. 30; *Rotax*, Praxis der Kinderpsychologie und Kinderpsychiatrie 2007, 148, 158; Erman/*Hammermann*, Vor § 1598a BGB, Rn. 7.

531 In diese Richtung bereits *Coester-Waltjen*, Gutachten 56. DJT, B 62; ebenfalls MüKo/*Wellenhofer*, Vorbem. zu § 1591 ff. BGB, Rn. 32; *Wolf*, FuR 1998, 392, 396; *Rotax*, Praxis der Kinderpsychologie und Kinderpsychiatrie 2007, 148, 158; *Schneider*, S. 153; a.A. *Wanitzek*, S. 406 mit wenig überzeugenden Hinweis auf die Geheimhaltungspflicht des Arztes zum Schutz der Intimsphäre der Eltern.

532 So auch im – sogar medial – viel beachteten Urteil des *OLG Hamm* FamRZ 2013, 637-642.

533 *Wehrstedt*, Gutachten, S. 27; *Muscheler/Bloch*, FPR 2002, 339, 345; Erman/*Hammermann*, Vor § 1598a BGB, Rn. 7.

534 *Wehrstedt*, Gutachten, S. 25; *Günther/Fritzsche*, Reproduktionsmedizin 2001, 214, 219; *Rotax*, Praxis der Kinderpsychologie und Kinderpsychiatrie 2007, 148, 155.

angewandten Zeugungsmethode. Der Anspruch auf Auskunft über die Zeugungsmethode kann als Vorstufe und „Minus“ zum Anspruch auf Kenntnis der eigenen Abstammung angesehen werden und ist demnach schon de lege lata in § 1618a verankert. Dafür spricht, dass die Grundrechte der Eltern dabei sogar weniger beeinträchtigt werden als durch den Auskunftsanspruch bezüglich der Identität selbst. Die Auskunft über den technisierten Zeugungsvorgang berührt kaum die Intimsphäre der Eltern. Ohnehin wird dem Kind die Identität des Spenders nicht überzeugend genannt werden können, ohne dabei auf die Zeugungsmethode der Samenspende selbst hinzuweisen.[535] Dies gilt erst recht, wenn nur auf den behandelnden Arzt verwiesen werden kann. Im Gegensatz zur Identität des Spenders können die Eltern aber meist selbst die Auskunft über die Zeugungsmethode geben. Unter Umständen genügt dem Kind aus entwicklungspsychologischer Sicht bereits diese Auskunft, aus einer Samenspende hervorgegangen zu sein, um die Frage nach der eigenen Herkunft zur eigenen Zufriedenheit beantwortet zu bekommen. Ist dem nicht so, steht es dem Kind frei, weitergehend nach der Identität des Samenspenders zu fragen.

bb. Auskunftsanspruch gegen den Arzt

Die nächste Frage ist, ob der Befruchtungsarzt zur Preisgabe von Spenderinformationen verpflichtet ist. Für ihn besteht eine grundsätzliche Dokumentationspflicht über die Personalien des Spenders. Anonyme Samenspenden sind – wenn auch nicht ausdrücklich gesetzlich verboten – rechtswidrig.[536]

Die Dokumentationspflicht ergab sich zunächst allein aus standesrechtlichen Vorschriften, vgl. Punkt 5.3.3.2 AssRepRL.[537] Danach hat der Befruchtungsarzt die Identität des Spenders sowie die Einwilligungen der Wunscheltern und des Spenders in die Auskunftserteilung an das Kind bei späterer Anfrage an den Arzt zu dokumentieren. Explizit darf diese Dokumentationspflicht nicht auf die Samenbank, von der der Samen bezogen wurde, delegiert werden. Darüber hinaus lassen sich Samenbanken bereits jetzt regelmäßig explizit die Einwilligung des Spenders erteilen, im Fall eines Auskunftsverlangens des Kindes die Identitätsdaten preisgeben zu dürfen.[538]

Selbst in aktueller Kommentarliteratur[539] wird hingegen übersehen, dass auch das Transplantationsgesetz (TPG) seit der Neufassung im Jahr 2007 die Samenspende

---

535 Als Alternative bliebe nur, dem Kind einen Ehebruch bzw. Seitensprung vorzutäuschen. Naheliegender, weil weniger ehrrührig, ist es dabei aus Sicht der Eltern jedoch, die Wahrheit über die Zeugung erzählen.

536 *OLG Hamm* FamRZ 2013, 637-642; vgl. auch: *Wanitzek*, S. 400 f.; *Ratzel/Ulsenheimer*, Reproduktionsmedizin 1999, 428, 431; Staudinger/*Rauscher* Anh. zu § 1592 BGB, Rn. 15.

537 (Muster-)Richtlinie zur Durchführung der assistierten Reproduktion, Dt. Ärzteblatt 2006, A 1392-A 1398; vgl. Staudinger/*Rauscher* Anh. zu § 1592 BGB, Rn. 15; *Muscheler/Bloch*, FPR 2002, 339, 345; *Wehrstedt*, Gutachten, S. 29.

538 *Wendehorst* in: *Bockenheimer-Lucius/Thorn/Wendehorst*, S. 103, 120.

539 Vgl. Staudinger/*Rauscher*, Anh. zu § 1592 BGB, Rn. 15; MüKo/*Wellenhofer*, § 1600 BGB, Rn. 42.

erfasst.[540] Nach § 1 I 1 TPG gilt das TPG für die Spende von menschlichen Organen und Geweben, der Begriff *„Gewebe“* umfasst nach § 1 a Nr. 4 TPG alle aus Zellen bestehenden Bestandteile des menschlichen Körpers, die keine Organe sind, einschließlich einzelner menschlicher Zellen. Vom Gewebebegriff des TPG umfasst sind damit (mittlerweile) auch Keimzellen.[541] §§ 13a, 16a TPG i.V.m. §§ 5, 6 TPG-GewV ordnet daher eine Dokumentation auch bezüglich der Keimzellen an.[542] Aus dieser Pflicht ergibt sich folgerichtig das Anonymitätsverbot bezüglich des Samenspenders, vgl. bereits §§ 8b II, 14 III 1 TPG.[543] Dokumentiert werden von der Entnahmeeinrichtung, im Regelfall also der Samenbank, insbesondere die Spenderidentität (Familienname, Vorname, Geschlecht und Tag der Geburt) sowie die Ergebnisse der medizinischen Untersuchung (beachte § 6 II TPG-GewV) und Anamnese, §§ 6 I 3 i.V.m. 5 I TPG-GewV.[544] An die be- oder verarbeitende Gewebeeinrichtung werden diese Daten weitestgehend übermittelt, vor allem die Daten zur Individualisierung des Spenders sind weiterzugeben, §§ 6 I 3 i.V.m. 5 II TPG-GewV. Werden die Samenzellen nicht in einer Entnahmeeinrichtung *„entnommen“*, ist die Spenderidentität dennoch zu dokumentieren, § 6 I 4 TPG-GewV. Eine Dokumentation ist damit in jedem Fall vorgeschrieben. Nach § 15 II TPG sind die so erlangten Daten mindestens 30 Jahre aufzubewahren.[545]

Einen expliziten Anspruch oder ein Verfahren, wie das Kind die Auskunft über die Spenderidentität bzw. über die Zeugungsmethode vom Arzt bzw. der Samenbank verlangen kann, gibt aber weder die Richtlinie der Bundesärztekammer noch das TPG.[546] Das Kind kann sich dennoch an den Befruchtungsarzt wenden und Auskunft über die Identität des Spenders verlangen. Mangels expliziter Anspruchsgrundlage ist insoweit auf § 810 i.V.m. mit dem allgemeinen Persönlichkeitsrecht des Kindes zurückzugreifen.[547] Die vertragliche Anspruchstheorie, die einen Vertrag (mit Schutzwirkung) zu Gunsten des Kindes zwischen dem behandelnden Arzt und der Wunschmutter konstruiert und dem Kind darauf basierend einen Anspruch auf

---

540 BT-Drucks. 16/3146, S. 23; *Revermann/Hüsing*, S. 203; *Deutsch/Spickhoff*, Rn. 1088; vgl. auch Thorn/*Müller*, S. 108 ff; *Riedel*, Der Gynäkologe 2009, 495, 496.

541 *Riedel*, Der Gynäkologe 2009, 495, 496; *Huth*, S. 29.

542 Vgl. *Müller-Terpitz/Ruf* in: Aktuelle Herausforderungen der Life Sciences, S. 33, 54 ff; vgl. auch *Revermann/Hüsing*, S. 214; *Wehrstedt*, Gutachten, S. 25; *Wendehorst* in: *Bockenheimer-Lucius/Thorn/Wendehorst*, S. 103, 119.

543 *Schmidt-Recla/Noack*, Der Gynäkologe 2011, 482, 482; *Huth*, S. 29.

544 *Wehrstedt*, Gutachten, S. 28.

545 Vgl. *Mayer*, S. 223; *Huth*, S. 29.

546 *Wehrstedt/Thorn/Werdehausen/Katzorke*, Journal für Reproduktionsmedizin und Endokrinologie 2012, 225, 226; *Wehrstedt*, Gutachten, S. 30.

547 *Muscheler/Bloch*, FPR 2002, 339, 345; *Wehrstedt/Thorn/Werdehausen/Katzorke*, Journal für Reproduktionsmedizin und Endokrinologie 2012, 225, 227; *Wehrstedt*, Gutachten, S. 31; BeckOK BGB/*Hahn*, § 1591 BGB, Rn. 22; *Valentin*, S. 132; *Rotax*, Praxis der Kinderpsychologie und Kinderpsychiatrie 2007, 148, 159; *Helms/Kieninger/Rittner*, Rn. 184; *Schneider*, S. 153; vgl. auch: *Wellenhofer*, FamRZ 2013, 825, 825; zweifelnd: *Wanitzek*, S. 413 ff.

Nennung des Spenders verleiht, ist durch die neueren Gesetze überholt.[548] Das *OLG Hamm* argumentierte davon abweichend in seiner Entscheidung dennoch in diese Richtung und sprach den Anspruch daher gem. § 242 zu.[549] Dem schloss sich im Jahr 2015 auch der *BGH* an.[550] Im Ergebnis spielt dieser Unterschied jedoch keine Rolle. Die Dokumentationspflichten der Richtlinie der Bundesärztekammer und des TPG sind ausdrücklich (auch) zur Durchsetzung des Rechts auf Kenntnis der eigenen Abstammung erlassen worden, so dass die tatbestandlichen Voraussetzungen des § 810 gegeben sind.[551] Eines Rückgriffs auf ein vertragliches Modell bedarf es daher jedenfalls für Kinder, die nach der Änderung des TPG mittels Samenspende gezeugt wurden, nicht. In den Fällen, die der *BGH* und das *OLG Hamm* zu entscheiden hatten, fanden die Behandlungen jedoch jeweils vor der Reform des TPG statt.

Zwar besteht auch im Rahmen einer Samenspende die grundsätzliche Schweigepflicht des Arztes (vgl. §§ 14, 19 TPG und § 9 I MBO-Ä[552]), explizit bleibt gemäß § 14 Abs. 3 TPG aber das Recht des Kindes auf Kenntnis der eigenen Abstammung davon unberührt, so dass eine straflose Auskunftserteilung erfolgen kann, vgl. ebenfalls § 9 II MBO-Ä.[553] Zum gleichen Ergebnis kommt das *OLG Hamm* zur alten Rechtslage vor Änderung des TPG, weil dem Kind ein Auskunftsanspruch zustehe.[554] Der behandelnde Arzt muss *„alles Zumutbare unternommen haben, um die geschuldete Leistung zu erbringen. Erst wenn hiernach feststeht, dass er die Auskunft nicht erteilen kann, ist sie unmöglich* [...].“[555]

Kommt der Arzt dem Auskunftsverlangen schuldhaft nicht nach, etwa weil er die betreffenden Unterlagen vernichtet hat, macht er sich schadensersatzpflichtig (auch bzgl. Unterhalts- und Erbansprüchen) gem. § 823 I wegen Verletzung des allgemeinen Persönlichkeitsrechts des Kindes.[556]

---

548 So vertreten von *Coester-Waltjen*, Gutachten 56. DJT, B 59 f., *Giesen*, JR 1984, 221, 227; *Rütz*, S. 57 ff.; vgl. auch *Wanitzek*, S. 412 f.

549 *OLG Hamm* FamRZ 2013, 637-642, wobei ein Anspruch auf Einsicht in die Behandlungsunterlagen analog § 810 BGB zusätzlich zum Auskunftsanspruch nach § 242 BGB zugesprochen wurde (*OLG Hamm* FamRZ 2013, 637, 640); vgl. auch *Mayer*, S. 218 ff.; kritisch bzgl. der Interessenabwägung des Urteils: *Fink/Grün*, NJW 2013, 1913, 1915 f.

550 *BGH* FamRZ 2015, 642-648, der insofern das *OLG Hamm* korrigierte, das noch von einem echten Vertrag zu Gunsten Dritter ausging. Der *BGH* stellte nunmehr klar, dass es sich lediglich um einen Vertrag mit Schutzwirkung zu Gunsten Dritter handelt, vgl. *Wellenhofer*, NZFam 2015, 261, 261.

551 *OLG Hamm* FamRZ 2013, 637, 640; *Wehrstedt*, Gutachten, S. 31.

552 (Muster-)Berufsordnung für die deutschen Ärztinnen und Ärzte.

553 *Wehrstedt/Thorn/Werdehausen/Katzorke,* Journal für Reproduktionsmedizin und Endokrinologie 2012, 225, 226; *Wehrstedt*, Gutachten, S. 8 ff. und 16 ff.; *Wellenhofer*, FamRZ 2013, 825, 825 f.; vgl. auch *Schneider*, S. 153 in Bezug auf die überwiegenden Grundrechte des Kindes.

554 *OLG Hamm* FamRZ 2013, 637, 640.

555 *OLG Hamm* FamRZ 2013, 637, 640 f.

556 *Muscheler/Bloch*, FPR 2002, 339, 345; *Helms* in: *Duttge/Engel/Lipp/Zoll*, S. 37, 42; *Rotax*, Praxis der Kinderpsychologie und Kinderpsychiatrie 2007, 148, 159; *Spickhoff*,

Wird ohne Hinzuziehung eines Arztes oder im Ausland eine Befruchtung mittels Samenspende vorgenommen, ist es für das Kind ungleich schwerer eine Auskunft zu erlangen.[557] In diesem Fall bleibt dem Kind nichts anderes übrig, als die Mutter bzw. die rechtlichen Eltern auf Auskunft in Anspruch zu nehmen. Anspruchsgrundlage ist dann wiederum § 1618a. Das Kind muss in diesen Fällen darauf hoffen, dass die Eltern selbst die Identität des Spenders kennen oder der behandelnde ausländische Arzt diese dokumentiert hat. Bedenkt man, dass viele ausländische Rechtsordnungen die Anonymität des Samenspenders vorschreiben[558], ist die Erfolgswahrscheinlichkeit eher gering.[559] Eine nationale Regelung kann dem Kind im Ergebnis zwar nicht in jedem Fall helfen, sein Recht durchzusetzen, ermöglicht dies aber bei Behandlungen im Inland.[560]

d. Rechtsvergleich

Ein Rechtsvergleich mit *Österreich* offenbart, dass ein explizites Einsichtsrecht des Kindes in die Behandlungsunterlagen auch in weiteren europäischen Rechtsordnungen existiert. In § 20 I FMedG wird festgelegt, dass *„dem mit dem Samen eines Dritten gezeugten Kind [...] auf dessen Verlangen nach Vollendung des vierzehnten Lebensjahrs Einsicht in die Aufzeichnungen nach § 15 Abs. 1 zu gewähren und daraus Auskunft zu erteilen* [ist]“.[561] § 15 I FMedG ordnet Aufzeichnungen über Identität und Untersuchungsergebnisse des Spenders an. Die Interessen der Eltern und des Spenders selbst spielen dabei keine Rolle, ein Widerspruchsrecht gegen das Auskunftsverlangen steht ihnen nicht zu. Ein Auskunftsanspruch gegenüber den Eltern besteht hingegen nicht, explizit steht der Mutter gar ein *„Schweigerecht“* zu, § 149 I ABGB.[562] Das lässt die Regelung lückenhaft wirken, da die Dokumentations- und Auskunftspflicht die *„Krankenanstalt“* betrifft, in der die Insemination vorgenommen wurde, vgl. §§ 11, 15 FMedG. Erfährt das Kind nicht von den Umständen seiner Zeugung oder von der zuständigen Klinik, ist das Auskunftsrecht nutzlos.

In der *Schweiz* besteht gemäß Art. 254 ZGB eine Mitwirkungspflicht der Parteien und Dritter im Rahmen einer Statusklage, aus der ein (wohl uneingeschränktes) Auskunftsrecht des Kindes gegen rechtliche und leibliche Eltern erwächst.[563] Sa-

---

VersR 2006, 1569, 1572; *Valentin*, S. 133, verweist als Anspruchsgrundlage auf § 826 BGB.

557 Ebenso *Valentin*, S. 134.

558 Dazu sogleich.

559 Vgl. dazu auch *Ratzel/Ulsenheimer*, Reproduktionsmedizin 1999, 428, 431.

560 Ebenso *Muscheler/Bloch*, FPR 2002, 339, 345.

561 Vgl. *Ferrari*, in: *Spickhoff/Schwab/Henrich/Gottwald*, 183, 196. Voraussichtlich ab dem 01.01.2015 wird der Wortlaut ergänzt um Kinder, die mit gespendeten Eizellen gezeugt worden sind.

562 *Ferrari*, in: *Spickhoff/Schwab/Henrich/Gottwald*, 183, 197 (noch zu § 163a I ABGB), die verfassungsrechtliche Bedenken unter Hinweis auf Art. 8 EMRK, der in Österreich Verfassungsrang genießt, äußert.

563 *Aebi-Müller/Jaggi* in: *Spickhoff/Schwab/Henrich/Gottwald*, 343, 375.

menspendekindern steht ein – ab Volljährigkeit uneingeschränkter – expliziter, sogar verfassungsrechtlich ausdrücklich abgesicherter Anspruch auf Auskunft über die eigene Abstammung zu, vgl. Art. 119 II g) der Bundesverfassung i.V.m. Art. 27 FMedG.[564] Interessen der Wunscheltern werden nicht berücksichtigt, ein Interesse des Spenders an der Geheimhaltung kann durch Erklärung des Kindes übergangen werden, Art. 27 III FMedG.[565] Der Anspruch richtet sich stets gegen das Eidgenössische Amt für das Zivilstandswesen, welchem gemäß Art. 25 FMedG die erforderlichen Spenderdaten übermittelt werden müssen.

Auch *Schweden* ist mittlerweile von der anonymen Samenspende abgekommen und gibt dem Kind einen Anspruch gegen das Krankenhaus auf Preisgabe der bekannten Informationen, die auch die Identität des Spenders umfassen.[566] Wie in Deutschland besteht hier das Dilemma, dass das Kind sich explizit an die medizinische Anstalt wenden muss, in der die Behandlung vorgenommen wurde.[567] Besteht keine Kenntnis vom Ort der Insemination, z.B. weil die Eltern dem Kind dies verschweigen, geht der Anspruch ins Leere. Die Problematik ist dann ähnlich der im deutschen Recht. Deswegen wird in Schweden diskutiert, eine zentrale Dokumentationsstelle zu schaffen oder einen Vermerk im Geburtenbuch anlegen zu lassen, wobei die Diskussion bisher ergebnislos verlief.[568] Immerhin besteht aber die Möglichkeit, sich bei Unkenntnis über das entsprechende Krankenhaus an den Sozialausschuss („*social welfare committee*") zu wenden, der verpflichtet ist, bei der Suche nach den entsprechenden Informationen mitzuwirken.[569] Solch eine Möglichkeit besteht in Deutschland derzeit nicht. Obwohl nach der Abschaffung der Anonymisierung im Übrigen zunächst ein Rückgang an Spendern zu verzeichnen war, hielt dieser nur kurze Zeit an.[570] Die Gefahr, dass die Möglichkeit des Kindes die Identität des Spenders zu erfahren eine ausreichende Anzahl an Spendern gefährde, scheint daher nicht so groß zu sein, wie vielerorts befürchtet wird.[571]

---

564 *Aebi-Müller/Jaggi* in: *Spickhoff/Schwab/Henrich/Gottwald*, 343, 375; *Büchler*, AJP 2004, 1175, 1180 f.; *Valentin*, S. 160.

565 Vgl. *Aebi-Müller/Jaggi* in: *Spickhoff/Schwab/Henrich/Gottwald*, 343, 375.

566 Chapter 6, Section 5 sowie Chapter 7, Section 7 des Genetic Integrity Acts; vgl. *Singer* in: *Spickhoff/Schwab/Henrich/Gottwald*, 139, 148.

567 *Singer* in: *Spickhoff/Schwab/Henrich/Gottwald*, 139, 148.

568 *Singer* in: *Spickhoff/Schwab/Henrich/Gottwald*, 139, 148.

569 Chapter 6, Section 5 sowie Chapter 7, Section 7 des Genetic Integrity Acts; vgl. *Singer* in: *Spickhoff/Schwab/Henrich/Gottwald*, 139, 148.

570 *Daniels/Thorn*, Human Reproduction 2001, 1792, 1794; zugleich war aber ein Anstieg des Fortpflanzungstourismus nach Finnland verzeichnet worden, dazu *Blauwhoff*, S. 341, Fn. 192.

571 Vgl. zum Gedanken der Anonymitätszusicherung zur Sicherung einer ausreichend großen Anzahl an Spendern *Wehrstedt*, Gutachten, S. 15 und *Blauwhoff*, S. 340; auch *Ravitsky*, Minnesota Journal of Law, Science & Technology 2010, 665, 680, äußert die Vermutung, dass nur kurzzeitig ein Rückgang an Spendern zu erwarten sei.

In *Großbritannien* verschafften die Human Fertilisation and Embryology Authority (Disclosure of Donor Information) Regulations 2004 dem Kind ab einem Alter von 18 Jahren die Möglichkeit, Informationen über seine genetischen Eltern/den Spender zu erlangen.[572] Auch hier war, wie in Schweden, ein Rückgang an Spendern zu verzeichnen, die *Human Fertilisation & Embryology Authority* verweist aber auf eine seit 2006 steigende Zahl an Spendern.[573] Die Möglichkeit, die Identität des Spenders festzustellen, birgt daher nicht die Gefahr der dauerhaften Abschreckung der Spender.[574] Das belegen auch Berichte, die nach dem Urteil des *OLG Hamm* vom 06.02.2013 bezüglich des Auskunftsanspruchs des Kindes auf Nennung des (anonymen) Spenders ergangen sind.[575] So berichtet die Berliner Samenbank, dass das Interesse an einer Spende nach dem Urteil sogar eher zu- als abgenommen habe.[576]

Im *niederländischen* Recht steht dem Kind ab dem 16. Lebensjahr ein Anspruch auf Nennung der Spenderdaten zu, wenn der Spender der Offenlegung zustimmt.[577] Um seine eigenen Interessen zu wahren, kann der Spender der Offenlegung widersprechen, wodurch eine Interessenabwägung durch die Stiftung notwendig wird, die die Daten verwahrt.[578] Regelmäßig überwiegen dabei die Interessen des Kindes und die Auskunft wird erteilt.[579]

Im *griechischen* Recht besteht nach h.M. eine *Pflicht* der Eltern, das Kind zu gegebener Zeit über seine Abstammung in Kenntnis zu setzen, die aus Art. 2, 5 I und 21 I der griechischen Verfassung erwächst.[580] Zudem steht dem Kind ein einklagbares Recht auf Auskunft über prozessrelevante Informationen zu, in diesem Fall die Identität des festzustellenden genetischen Vaters, falls ein Feststellungsprozess angestrebt wird; ein ausdrücklicher Anspruch auf Nennung des Vaters besteht aber nicht.[581] Ein Einsichtsrecht in die Daten des Spenders besteht nur für das Kind und nur aus gesundheitlichen Gründen, die Identität des Spenders wird dabei nicht preisgegeben, Art. 1460 ZGB.[582]

---

572 *Lowe* in: in: *Spickhoff/Schwab/Henrich/Gottwald*, 319, 339; *Scherpe*, FamRZ 2010, 1513, 1515 f.

573 *Scherpe*, FamRZ 2010, 1513, 1515 f.

574 Ebenso *Kentenich/Wohlfahrt* in: *Duttge/Engel/Lipp/Zoll*, S. 51, 59, mit Verweis auf Erfahrungen in Berlin.

575 *OLG Hamm* FamRZ 2013, 637-642.

576 *Nolte*, Der Tagesspiegel Online vom 21.02.2013. Auch das Hamburger IRC verzeichnete nach dem Urteil keinen Einbruch an Samenspendern, vgl. *Maas*, Spiegel Online vom 10. Mai 2013.

577 Vgl. Art. 2 und 3 Wet donorgegevens kunstmatige bevruchting, siehe: *Breemhaar* in: *Spickhoff/Schwab/Henrich/Gottwald*, 149, 166; *Blauwhoff*, S. 352 f.

578 *Breemhaar* in: *Spickhoff/Schwab/Henrich/Gottwald*, 149, 166; *Blauwhoff*, S. 354.

579 *Blauwhoff*, S. 354.

580 *Koutsouradis* in: *Spickhoff/Schwab/Henrich/Gottwald*, 205, 223.

581 *Koutsouradis* in: *Spickhoff/Schwab/Henrich/Gottwald*, 205, 223 f.

582 Vgl. auch *Helms* in: *Röthel/Löhnig/Helms*, S. 49, 59 f.

Wie im griechischen Recht ist auch im *französischen* Recht der Spender anonym, vgl. Art. 16-8 CC.[583] Ein Auskunftsrecht besteht damit nicht.

Letztlich ist in Europa keine einheitliche Linie zu erkennen. Der Vergleich zeigt, dass Deutschland im Gegensatz zu anderen europäischen Staaten auf einem Mittelweg zwischen der Anonymität des Spenders und der Transparenz über seine Identität stehen geblieben ist. Da die Anonymität des Spenders nach deutschem Verfassungsrecht richtigerweise ausgeschlossen ist, muss der Gesetzgeber schnellstmöglich einen expliziten, einheitlichen und verständlichen Anspruch des Kindes auf Auskunftserteilung schaffen, bestenfalls in Verbindung mit einem zentralen Register, wie in der *Schweiz*. Derzeit wird zwar die Anonymität des Spenders verneint, die Wege zur Identitätsfeststellung sind aber oft unbekannt, verworren oder nur schwer gangbar. Der Vergleich belegt, dass die Rechtsordnungen der Länder, in denen der Spender nicht anonym ist, einen expliziten Anspruch des Kindes vorsehen, den das deutsche Recht bisher vermissen lässt.

II. Normierung expliziter Auskunftsansprüche

Die Problemdarstellung zeigt, dass der Auskunftsanspruch des Kindes auf Nennung des genetischen Vaters bisher nicht ausgereift ist. Es existiert keine explizite Regelung des Anspruchs im BGB, stattdessen wird der Anspruch gegen die Eltern auf die allgemeine Norm des § 1618a und der Anspruch gegen den Arzt auf § 810 (bzw. § 242) gestützt. Die Regelung der Dokumentationspflicht des Befruchtungsarztes ist zudem verbesserungswürdig. Das ist in mehrfacher Hinsicht ungünstig. Durch die unklare Gesetzeslage besteht die Gefahr, dass der Auskunftsanspruch gegen die Mutter bzw. die Eltern nicht einheitlich gewährt wird. Dadurch entsteht in einem Bereich, der von erheblicher Bedeutung für das Kind ist, eine große Rechtsunsicherheit.[584]

Die fehlende Regelung bezüglich des Auskunftsanspruchs gegen den Arzt ist der Furcht des Gesetzgebers vor der Schaffung eines Fortpflanzungsmedizingesetzes geschuldet. Gerade die Samenspende ist allerdings gesellschaftlich so weit anerkannt, dass unabhängig von der Schaffung eines solchen Gesetzes zeitnah eine Regelung erfolgen sollte.

1. Dokumentationspflicht des Befruchtungsarztes

Am vorteilhaftesten wäre es, die Dokumentationspflicht innerhalb eines (Bundes-) Fortpflanzungsmedizingesetzes zu regeln. Die notwendige Gesetzgebungskompetenz ist bereits seit dem 15.11.1994 (!) in Art. 74 I Nr. 26 GG vorhanden.[585] Aufgrund der bestehenden Schutzpflicht des Staates ist der Gesetzgeber dazu angehalten,

---

583 Vgl. *Helms* in: *Röthel/Löhnig/Helms*, S. 49, 59 f.

584 Ebenso *Mayer*, S. 223.

585 Durch Gesetz vom 27.10.1994, BGBl. I Nr. 75, 3146-3148; vgl. *Riedel*, Der Gynäkologe 2009, 495, 495; *Weyrauch*, S. 7.

diese Befugnis zeitnah zu nutzen, um so zu verhindern, dass Informationen über die genetische Herkunft verloren gehen.[586] Da ein erheblicher Grundrechtsbezug vorliegt, reicht die bisherige Regelung in den Richtlinien der Bundesärztekammer nicht aus.[587] Immerhin ordnet das TPG mittlerweile ergänzend eine Dokumentationspflicht an. Da aber zu befürchten ist, dass der Gesetzgeber in naher Zukunft keine umfassende gesetzliche Regelung über die fortpflanzungsmedizinischen Maßnahmen vornehmen wird, ist eine Regelung im BGB denkbar.

a. Schaffung einer zentralen Behörde versus Auskunftsanspruch gegen den Arzt

Verschiedentlich wurde – in Anlehnung an ausländische Rechtsordnungen – die Schaffung einer zentralen Behörde vorgeschlagen, deren Aufgabe es unter anderem sein sollte, ein Dokumentationsregister zu führen.[588] Das bereits bestehende *Deutsche IVF-Register e.V.* erfüllt diese Aufgabe nicht, sondern dokumentiert nur aus Gründen der Qualitäts-, nicht der Identitätssicherung.[589] Das Bedürfnis einer identitätssichernden Dokumentation kann aber nicht abgestritten werden. Selbst in den *USA*, wo die Anonymitätszusicherung für den Spender an der Tagesordnung ist, zeigen sich Tendenzen, dass Familien, alleinerziehende Mütter und die künstlich gezeugten Kinder selbst im Internet auf die Suche nach Informationen über den genetischen Erzeuger gehen.[590] Einige Samenbanken sind außerdem dazu übergegangen, vereinzelt die Daten des Spenders offen zu legen.[591] Nach einer US-amerikanischen Studie von *Scheib, Ruby* und *Benward* aus dem Jahr 2008 verlangten etwa 30% der erwachsenen Kinder, denen die Möglichkeit der Informationserlangung gegeben wurde, tatsächlich Auskunft über die Identität des Spenders.[592] Das Durchschnittsalter der Anfragenden war dabei 18 Jahre, lediglich 20 % der Anfragenden wuchsen

586 *Riedel*, Der Gynäkologe 2009, 495, 498; *Zypries/Zeeb*, ZRP 2014, 54, 55.

587 *Riedel*, Der Gynäkologe 2009, 495, 498.

588 *Riedel*, Der Gynäkologe 2009, 495, 498; *Helms* in: *Röthel/Löhnig/Helms*, S. 49, 63; *Kingreen*, FamRZ 2013, 641, 642; *Coester-Waltjen*, Reproduktionsmedizin 2002, 183, 198; *Schumann* in: *Rosenau*, S. 155, 172; *Neumann*, ZRP 1999, 142, 143; *Zypries/Zeeb*, ZRP 2014, 54, 57; vgl. auch Gesetzesentwurf der SPD Bundestagsfraktion, BT-Drucks. 11/5710 (insbesondere § 10 des Entwurfes).

589 Staudinger/*Rauscher*, Anh. zu § 1592 BGB, Rn. 15.

590 *Gelinsky*, FAS vom 02.07.2006, S. 66; vgl. auch einen ähnlichen Bericht von Wunscheltern in der Studie von *Kirkman*, Australian Journal of Emerging Technologies and Society 2004, 1, 13; dennoch widerspricht beispielsweise *Kearney*, Journal of Law & Family Studies 2011, 215 ff., mit wenig überzeugender Begründung unter Hinweis auf die Häufigkeit anonymer genetischer Eltern bei der Adoption deutlich einer Entanonymisierung der Spender.

591 *Gelinsky*, FAS vom 02.07.2006, S. 66; vgl auch *Scheib/Riordan/Rubin*, Human Reproduction 2004, 239, 239; *Ravitsky*, Minnesota Journal of Law, Science & Technology 2010, 665, 680.

592 *Scheib/Ruby/Benward*, Fertility & Sterility 2008, S8, S9.

bei einem heterosexuellen Paar auf, etwa 31% bei alleinerziehenden Müttern.[593] Etwa 50% derjenigen, die die Identität des Spenders erfuhren, nahmen auch Kontakt zu diesem auf, wobei die Erfahrung als *„overwhelmingly positive"* (überwältigend positiv) bezeichnet wird.[594] In einer vergleichbaren Studie äußerten sich gar über 80% der Kinder offen gegenüber einem möglichen zukünftigen Treffen mit dem Spender.[595] Dagegen scheinen vergebliche Suchen nach Informationen über den Spender zu Selbstbewusstseinsproblemen und Frustration zu führen.[596]

Auch in Deutschland kommt es vermehrt zu Anfragen der künstlich gezeugten Kinder bei den Samenbanken.[597] Insgesamt scheint sich in verschiedenen Ländern ein Trend dahingehend zu entwickeln, dass nicht-anonyme Spender vorgezogen werden und das Kind über die Umstände seiner Zeugung informiert wird.[598]

Die Dokumentation wird bisher durch das TPG geregelt. Darin ist eine Aufbewahrungsfrist der erhobenen Daten von 30 Jahren vorgesehen, § 15 II TPG. Für Daten bzgl. einer heterologen Befruchtung wird aber berechtigterweise eine längere Zeitspanne gefordert worden[599], auch wenn die derzeitige Fristregelung der EU-Richtlinie 2004/23/EG entspricht. Die 30-jährige Frist bedeutet für das Kind den Verlust sämtlicher Nachforschungsmöglichkeiten zum Zeitpunkt, als der eigene 30. Geburtstag näher rückt. Auch wenn die Bedeutung der genetischen Abstammung mit zunehmendem Alter abnehmen oder gar vollends verloren gehen kann[600], kann durchaus erst nach Erreichen dieser Altersgrenze das Interesse an den genetischen Wurzeln entstehen, sei es aus genetischer Sicht in Bezug auf Erbkrankheiten, die auf eigene Kinder übertragen werden könnten, oder aus persönlichen Gründen.[601] Es besteht darüber hinaus die Gefahr, dass eine Aufklärung durch die Eltern unterbleibt und das „Kind" erst nach Fristablauf Kenntnis von den Umständen der eigenen Zeugung erlangt. Es besteht dann jedoch die Gefahr, dass die entsprechenden Spenderunterlagen vernichtet wurden. Vermittlungsakten bei der Adoption sind 60 Jahre lang aufzubewahren, § 9b I AdVermiG, die Geburtenregister sogar 110 Jahre,

593 *Scheib/Ruby/Benward*, Fertility & Sterility 2008, S8, S9.
594 *Scheib/Ruby/Benward*, Fertility & Sterility 2008, S8, S9.
595 *Scheib/Riordan/Rubin*, Human Reproduction 2004, 239, 247.
596 *Turner/Coyle*, Human Reproduction 2000, 2041, 2049 f.
597 *Hucklenbroich/Schindele*, FAS vom 11.03.2007, S. 71.
598 *A. Lalos/Gottlieb/O. Lalos*, Human Reproduction 2007, 1759, 1760; *Daniels/Thorn*, Human Reproduction 2001, 1792, 1792.
599 *Riedel*, Der Gynäkologe 2009, 495, 498; *Kingreen*, FamRZ 2013, 641, 642; *Wellenhofer*, FamRZ 2013, 825, 830.
600 Das hebt *Schwab* in: FS Steiner, S. 758, 766, hervor.
601 Gleichwohl ist der Einwand nicht unberechtigt, dass in Bezug auf Erbkrankheiten auch die Generation der Großeltern von Interesse sein kann, vgl. *Schwab* in: FS Steiner, S. 758, 767. Das Recht auf Kenntnis der eigenen Abstammung auch so weit zu strecken und dabei unter Umständen die Interessen der Elterngeneration zu umgehen scheint jedoch zu ausufernd.

§ 5 PStG[602]. Ein ähnlicher Zeitrahmen muss erst recht für die Daten des Samenspenders gelten.[603] Auch die an einer Studie teilnehmenden Wunscheltern sprachen sich gegen eine Benachteiligung künstlich gezeugter Kinder gegenüber adoptierten Kindern aus.[604] In der *Schweiz* besteht gar eine Aufbewahrungsfrist von 80 Jahren, vgl. Art. 26 FMedG, in *Schweden* von wenigstens 70 Jahren, vgl. Chapter 6, Section 4 Genetic Integrity Act, während in *Österreich* eine 30-jährige Aufbewahrungsfrist gilt, § 18 III FMedG.

aa. Probleme bei Auskunftsverlangen gegen den Befruchtungsarzt

Das größte Problem ist allerdings, dass der behandelnde Arzt als Auskunftspflichtiger ausfindig gemacht werden muss. Erst über ihn können die nötigen Informationen gesammelt werden, um die Daten des Spenders offen legen zu lassen. Haben die Eltern bewusst oder unbewusst die Dokumente über die Behandlung vernichtet, kann das Kind sich nicht an die entsprechende Arztpraxis wenden.[605] Seine Wurzeln bleiben im Verborgenen. Praktisch stellt sich außerdem das Problem, dass über Jahrzehnte hinweg eine sichere Datenspeicherung beim Arzt selbst erfolgen muss, die *„höchste Ansprüche"* an die Organisation der Praxis stellt.[606] Erst Recht ist ein möglicher Anspruch des Kindes nutzlos, wenn eine Praxis keinen Nachfolger findet und die Daten daher praktisch kaum in Erfahrung zu bringen sind.[607] Gerade weil Samenspendekinder regelmäßig erst ab der Pubertät in Erwägung ziehen, Nachforschungen bezüglich des Spenders anzustellen, ist es aber erforderlich, eine sichere und dauerhafte Datenspeicherung zu gewährleisten.

Darüber hinaus verlangt das derzeitige Recht vom Arzt, eine juristische Mammutaufgabe zu lösen, weil kein unbeschränktes Auskunftsrecht des Kindes besteht.[608] Nach der Rechtsprechung des *BVerfG* ist es erforderlich, eine Abwägung der einzelnen Interessen vorzunehmen.[609] Auf Seiten der Wunscheltern besteht oftmals ein Interesse an der Verschwiegenheit des Arztes, vor allem aus einem vermeintlichen

---

602 *Grziwotz*, Legal Tribune Online vom 06.02.2013.

603 So auch *Kingreen*, FamRZ 2013, 641, 642 (60 Jahre); der Verein *Spenderkinder* fordert demgegenüber eine 100-jährige Aufbewahrungsfrist, vgl. *Spenderkinder*, Politische Forderungen.

604 *Thorn/Daniels*, Geburtshilfe und Frauenheilkunde 2007, 993, 1000.

605 *Wehrstedt/Thorn/Werdehausen/Katzorke*, Journal für Reproduktionsmedizin und Endokrinologie 2012, 225, 230; *Wehrstedt*, Gutachten, S. 27; *Coester-Waltjen*, Gutachten 56. DJT, B 64.

606 *Wehrstedt/Thorn/Werdehausen/Katzorke*, Journal für Reproduktionsmedizin und Endokrinologie 2012, 225, 229.

607 *Wehrstedt/Thorn/Werdehausen/Katzorke*, Journal für Reproduktionsmedizin und Endokrinologie 2012, 225, 229.

608 *Wehrstedt/Thorn/Werdehausen/Katzorke*, Journal für Reproduktionsmedizin und Endokrinologie 2012, 225, 226.

609 *BVerfG* NJW 1997, 1769, 1770; MüKo/*Wellenhofer*, Vorbem. zu § 1591 ff. BGB, Rn. 33.

Schamgefühl heraus und dem Interesse am Erhalt des Familienfriedens.[610] Auf Seiten der Mutter steht zudem ihr Selbstbestimmungsrecht.[611] Gleichsam schützt das allgemeine Persönlichkeitsrecht den Samenspender vor seiner Offenbarung, wobei allein das Interesse, Unterhalts- und Erbansprüche zu vermeiden, nicht schützenswert ist.[612] Diese (schützenswerten) Interessen sind mit dem Recht des Kindes auf Kenntnis abzuwägen. Die Abwägung erfolgt nach derzeitiger Rechtslage durch den behandelnden Arzt selbst: Unter Rückgriff auf die zu § 810 ergangene Rechtsprechung über Auskunftsverlangen von Patienten hat der Arzt daher darüber zu entscheiden, ob ein Auskunftsverlangen schlüssig vorgetragen wurde (keine Auskunftsverlangen „ins Blaue hinein"). Er muss bestenfalls alle Beteiligten (Wunscheltern, Spender, Kind) anhören, ein Abstammungsgutachten anfertigen lassen, um sicher zu stellen, dass der Spender auch wirklich der genetische Vater ist, und psychologische Betreuung leisten.[613] Dabei steht ihm ein gewisser Beurteilungsspielraum zu, der einer gerichtlichen Kontrolle nicht zugänglich ist.[614] Selbst Zentren für künstliche Befruchtungen dürften mit einer solchen Abwägung überfordert sein, zumal eine einmal erteilte Einwilligung des Spenders und der Wunscheltern in die Offenbarung der Daten jederzeit formlos widerrufen werden kann.[615] Dieses Problem würde beseitigt bzw. abgemildert, schüfe man einen ausdrücklichen Anspruch auf Auskunft, der die genauen Abwägungskriterien und die Vorgehensweise normiert. Ein solches einheitliches Verfahren ist bereits geboten, um für die interessierten Samenspende-Kindern gleiche Ausgangsbedingungen zu schaffen. Das gilt insbesondere, weil ein Anstieg der Auskunftsanfragen zu erwarten ist[616].

Dennoch bliebe das Hauptproblem der dezentralen Speicherung bestehen. Informationen drohen aus den verschiedensten Gründen verloren zu gehen. Eine zentrale Dokumentationsstelle mit einer sicheren Datenspeicherung wäre demgegenüber ein sichererer und einfacherer Anlaufpunkt. Durch geeignetes Personal innerhalb der Dokumentationsstelle könnte zudem sichergestellt werden, dass eine

---

610 *Rütz,* S. 40; *Wehrstedt,* Gutachten, S. 14 f.; *Blauwhoff,* S. 340.

611 *Rütz,* S. 40; *Wehrstedt,* Gutachten, S. 14 f.; *Blauwhoff,* S. 340.

612 *Rütz,* S. 39; *Wehrstedt,* Gutachten, S. 15; *Giesen,* FamRZ 1981, 413, 417, spricht dem Samenspender gar jegliches schützenswerte Interesse ab; das *OLG Hamm,* FamRZ 2013, 637, 639 f., spricht allen genannten Rechten des Spenders zwar nicht die Schutzwürdigkeit ab, lässt sie aber ohne ausführliche Begründung hinter dem Recht und den gewichtigeren Interessen des Kindes zurücktreten.

613 Sehr übersichtlich dargestellt bei *Wehrstedt/Thorn/Werdehausen/Katzorke,* Journal für Reproduktionsmedizin und Endokrinologie 2012, 225, 227 f, ausführlicher *Wehrstedt,* Gutachten, S. 34 ff.

614 *BGH* NJW 1983, 2627, 2629; *Wehrstedt,* Gutachten, S. 11.

615 *Wehrstedt/Thorn/Werdehausen/Katzorke,* Journal für Reproduktionsmedizin und Endokrinologie 2012, 225, 227; *Wehrstedt,* Gutachten, S. 11.

616 Vgl. *Wehrstedt/Thorn/Werdehausen/Katzorke,* Journal für Reproduktionsmedizin und Endokrinologie 2012, 225, 226.

psychologische Betreuung gewährleistet wird.[617] Weiterhin würden willkürliche Ablehnungen über Auskunftsersuche, von denen teils berichtet wird[618], zukünftig unterbleiben.

Letztlich ist auch die Kostentragungspflicht gem. § 811 II bei dem Anspruch gegen den Arzt selbst nur bedingt interessengerecht, da grundsätzlich der Auskunftsbegehrende sämtliche Kosten (auch die Kosten Sachverständiger) zu tragen hat.[619] Das erscheint dann ungerecht, wenn ein Abstammungsgutachten in Auftrag gegeben werden soll, obwohl unstreitig nur der Samenspender der Vater sein kann.

Es bleibt festzuhalten, dass die Schaffung einer zentralen Behörde wünschenswert, wenn nicht gar notwendig ist.[620] Solange dies nicht der Fall ist, muss das Kind die Ärzte(-zentren) und Samenbanken ausfindig machen und aufsuchen.

bb. Widerspruchsmodell des Auskunftsanspruchs

Angesichts der bestehenden Rechtsunsicherheit ist es angebracht, den Auskunftsanspruch explizit zu regeln.[621] Erfolgversprechend erscheint dabei ein Widerspruchsmodell.[622] Das Interesse des Kindes an der Kenntnis der Identität des Samenspenders und seine anerkannt große Bedeutung für die Persönlichkeitsentwicklung überragen die Interessen der Wunscheltern und des Spenders regelmäßig. Dies ist insbesondere der Fall, weil durch die Hinzuziehung eines Arztes der Zeugungsvorgang von seiner Intimität befreit wird und der bestehende Status zum Wunschvater unberührt bleibt.[623] Zudem können sich Spender und Wunscheltern auf ein Auskunftsverlangen des Kindes und die vermeintlichen Folgen einstellen.[624] Ihnen ist klar, dass nach geltender Rechtslage das Kind die Vaterschaft des Wunschvaters anfechten könnte und damit auch ein Recht auf Feststellung der Vaterschaft des Spenders hat.[625]

Verlangt das Kind bereits Auskunft über den leiblichen Vater, sei es von den Eltern oder dem Arzt, ist die Scheinvaterschaft eine bereits bekannte Tatsache, so dass auch das Interesse am Erhalt des Familienfriedens geschmälert ist. Ohnehin gibt § 1598a bereits die Möglichkeit, eine Scheinvaterschaft auch ohne vorherige Verdachtspunkte feststellen zu lassen. Auch aus rechtlicher Sicht ist das Interesse

617 Ähnlich auch *Blauwhoff*, S. 357, zu den Vorzügen des niederländischen Rechts; vgl. *Revermann/Hüsing*, S. 226.

618 *Helms* in: *Röthel/Löhnig/Helms*, S. 49, 62 f.

619 Dazu *Wehrstedt*, Gutachten, S. 42 f.

620 Vgl. auch Staudinger/*Rauscher*, Anh. zu § 1592 BGB, Rn. 15.

621 So im Ergebnis auch der 18. Deutsche Familiengerichtstag, Achtzehnter Deutscher Familiengerichtstag, S. 111; vgl. auch die Forderung des Vereins *Spenderkinder*, *Spenderkinder*, Politische Forderungen.

622 Einen ähnlichen Weg geht nunmehr auch der Gesetzesentwurf zur Regelung der vertraulichen Geburt, vgl. dazu ausführlich S. 259 f.

623 *OLG Hamm* FamRZ 2013, 637, 639; so auch *Wehrstedt*, Gutachten, S. 17 ff.

624 *OLG Hamm* FamRZ 2013, 637, 639.

625 *OLG Hamm* FamRZ 2013, 637, 639 f.

an der Geheimhaltung der Scheinvaterschaft somit kaum schützenswert. Es liegt daher nahe, einen ausdrücklichen Anspruch so auszugestalten, dass das Kind grundsätzlich von Eltern und Ärzten bzw. einer zentralen Behörde die Auskunft über die Identität des Samenspenders verlangen kann.

Dabei mag es zu Ausnahmefällen kommen, die es rechtfertigen können, dem Kind die erwünschten Informationen (noch) nicht auszuhändigen. Da die Grundrechte verschiedener Personen betroffen sind, verlangt es das Kriterium der Angemessenheit dann, dass das Recht auf Kenntnis hinter den anderen Rechten (vorerst) zurücktritt.[626] Im Gegensatz zur Rechtslage in *Österreich* müssen die Interessen der Eltern und des Spenders daher in gewissem Umfang berücksichtigt werden. Am praktikabelsten wäre es, dem Kind den Auskunftsanspruch grundsätzlich zuzugestehen, für Eltern und Samenspender aber ein Widerspruchsrecht einzuführen. Vergleichbar wäre eine solche Regelung mit dem *niederländischen* Recht, das dem Kind ab dem 16. Lebensjahr einen Anspruch auf Nennung der Spenderdaten gibt, wenn der Spender der Offenlegung zustimmt.[627] Der Spender kann der Auskunftserteilung zwar widersprechen, wodurch jedoch lediglich eine Interessenabwägung durch die Stiftung notwendig wird, die die Daten verwahrt.[628] Regelmäßig überwiegen hier aber die Interessen des Kindes.[629]

Gegenüber einem Verfahren, das eine Anhörung bzw. Zustimmung (wie im niederländischen Recht) zwingend vorsieht,[630] ist eine Widerspruchslösung einfacher, schneller und kostengünstiger, stellt zugleich jedoch sicher, dass die Rechte und Interessen der Beteiligten gewahrt werden. Bei bereits verstorbenen Beteiligten muss das Interesse dieser ohnehin hinter dem Interesse des lebenden Kindes zurücktreten,[631] ein Widerspruch durch die Erben muss ausgeschlossen bleiben.[632]

Praktisch könnte der Fall wie folgt aussehen: Das erwachsene Samenspendekind wendet sich an die zentrale Behörde oder den Arzt, um die Identität seines genetischen Vaters zu erfahren. Der Auskunftsverpflichtete schreibt daraufhin sowohl Spender als auch die rechtlichen Eltern des Kindes an und teilt ihnen mit, dass dem Kind die gewünschte Auskunft erteilt wird, falls nicht innerhalb einer angemessenen Frist ein begründeter Widerspruch erfolgt (in den *Niederlanden* ist die Frist

---

626 *Wehrstedt*, Gutachten, S. 19 f; in diese Richtung ebenfalls *Blauwhoff*, S. 359.

627 Vgl. Art. 2 und 3 Wet donorgegevens kunstmatige bevruchting, siehe: *Breemhaar* in: *Spickhoff/Schwab/Henrich/Gottwald*, 149, 166; *Blauwhoff*, S. 352 f.

628 *Breemhaar* in: *Spickhoff/Schwab/Henrich/Gottwald*, 149, 166; *Blauwhoff*, S. 354.

629 *Blauwhoff*, S. 354.

630 Dazu *Wehrstedt*, Gutachten, S. 36 ff.

631 *Wehrstedt*, Gutachten, S. 37 f.

632 Anders im niederländischen Recht. Art. 3 III Wet donorgegevens kunstmatige bevruchting sieht vor, dass der Ehe- oder Lebenspartner bzw. Lebensgefährte des Spenders oder hilfsweise ein Verwandter ersten oder zweiten Grades die Zustimmung erteilen oder begründet verweigern kann. Im letzteren Fall erfolgt eine wiederum Interessenabwägung. Vgl. *Blauwhoff*, S. 355.

für die Zustimmung zur Offenlegung der Daten 30 Tage lang)[633]. Wird ein solcher eingelegt, hat der Auskunftsverpflichtete eine (gerichtlich überprüfbare) konkrete Interessenabwägung vorzunehmen. Grundsätzlich ist diese in generalisierender Weise vorweggenommen.

Im eigenen Interesse der Parteien ist es erforderlich, dass jede Adressänderung an den Auskunftsverpflichteten weitergeben wird, um sicherzustellen, im Falle eines Auskunftsverlangens Widerspruch einlegen zu können. Dem Kind dagegen die Pflicht aufzuerlegen, bei Auskunftserteilung aktuelle Adressen der Eltern oder ggfs. Sterbeurkunden vorzulegen,[634] erscheint ungerecht, da es im eigenen Interesse der Eltern ist, Kenntnis von der Anfrage des Kindes zu erhalten. Eine Anfrage darf nicht bereits dann scheitern, wenn einem Kind die aktuelle Adresse der Eltern unbekannt ist. Um Ausforschungsanfragen zu vermeiden, ist es aber gerechtfertigt, eine schlüssige Darlegung zu fordern, warum das Kind davon ausgeht, mittels Samenspende gezeugt worden zu sein.[635]

Der Samenspender seinerseits kann vor Auskunftserteilung ein Abstammungsgutachten (auf seine Kosten) verlangen, um sicherzugehen, dass er nicht fälschlicherweise als Erzeuger des Kindes genannt wird.[636] Letztlich wird nur die Nennung des wirklichen genetischen Vaters vom Grundrecht des Kindes gedeckt[637]. Der Arzt ist aber nicht stets dazu verpflichtet, den oder die in Betracht kommenden Spender auf ihre Vaterschaft zu untersuchen.[638]

Konkret geregelt werden sollte zudem das Alter, ab dem Auskunft verlangt werden kann. In Anlehnung an das Adoptionsrecht (§ 63 PStG) ist es vertretbar, dem Kind ab Erreichen des 16. Lebensjahres den Anspruch zuzugestehen.[639] Ab diesem Zeitpunkt ist in der Regel die nötige Reife gegeben, um mit dem erlangbaren Wissen umgehen zu können. Der *BGH* spricht sich zwar grundsätzlich gegen eine (generelle) Altersgrenze aus, verweist jedoch darauf, dass die durch das Erziehungsrecht gesicherte individuelle Entscheidung der Eltern maßgeblichen Einfluss darauf habe, wann das Kind den Anspruch geltend machen könne.[640] Für die Regelung einer grundsätzlichen Altersgrenze spricht jedoch, dass dadurch sowohl Eltern als auch Kindern, Ärzten und Spendern ein gewisses Maß an Rechtssicherheit gegeben

633 Vgl. Art 3 IV Wet donorgegevens kunstmatige bevruchting, siehe: *Blauwhoff*, S. 354.

634 So *Wehrstedt*, Gutachten, S. 34 f.

635 Dazu ebenfalls *Wehrstedt*, Gutachten, S. 35.

636 Vgl. auch *Fink/Grün*, NJW 2013, 1913, 1916, die die Schaffung gesetzlicher Regelungen befürworten, die die Anonymität der Spender sichern, die gerade nicht genetischer Vater des Kindes geworden sind.

637 *Wehrstedt*, Gutachten, S. 22.

638 *OLG Hamm* FamRZ 2013, 637, 640.

639 Vgl. *Wehrstedt*, Gutachten, S. 23; *Grziwotz*, NZFam 2014, 1065, 1069; *Riedel*, Der Gynäkologe 2009, 495, 498; so auch im niederländischen Recht, s.o.; a.A. *BGH* FamRZ 2015, 642, 644.

640 *BGH* FamRZ 2015, 642, 644.

wird. Weiterhin sollte es sich um keine starre Regelung für alle Fälle handeln. In Ausnahmefällen, in denen ein schutzwürdiges Interesse besteht (bspw. bei einer benötigten Knochenmarkspende des Kindes), sollte bereits vor Erreichen der Altersgrenze unter Hinzuziehung der gesetzlichen Vertreter ein Auskunftsverlangen möglich sein.[641] Dies trägt auch der Ansicht des *BGH* Rechnung, nach der eine generelle Altersgrenze abzulehnen sei. Ein eigenes Auskunftsrecht der Wunscheltern ist dagegen abzulehnen, hier besteht kein schützenswertes Interesse.[642] Auch der *BGH* betont, dass das Auskunftsrecht nur durch die Eltern geltend gemacht werden könne, wenn dies ausdrücklich mit der Zweckbestimmung erfolgt, die Auskunft zur Information des Kindes zu verlangen und diese Information an das Kind weiterzugeben.[643]

b. Festhalten der genetischen Elternschaft im Geburtenregister

Abweichend hiervon gibt es den Vorschlag, die Identität genetischer Elternteile, die nicht rechtlich mit dem Kind verwandt sind, durch einen Randvermerk im Geburtenregister festzuhalten.[644] Angelehnt ist dies an die Regelungen für adoptierte Kinder. *Rauscher* sieht darin die Gefahr, der Trennung von rechtlicher und genetischer Elternschaft ein *„feststellungsähnliches Gewicht"* zu verleihen, was vermieden werden sollte.[645] Das Personenstandsregister dokumentiert personenstandsrelevante Vorgänge, zu denen die genetische Elternschaft jedoch nicht zählt. Für einen solchen Vermerk ist das Register somit der falsche Ort.[646] Erst durch ein Statusverfahren wird die genetische Beziehung auch personenstandsrechtlich relevant.[647] Im Gegensatz dazu sind die eingetragenen Eltern eines Adoptivkindes zu einem Zeitpunkt in der Vergangenheit auch rechtliche Eltern gewesen, so dass der Eintrag eine andere Bedeutung hat.[648] Auch bestehen praktische Probleme, da dem meldenden Geburtskrankenhaus die Tatsache der künstlichen Befruchtung nicht bekannt sein muss.[649]

---

641 *Wehrstedt*, Gutachten, S. 24.

642 *Wehrstedt*, Gutachten, S. 24.

643 *BGH* FamRZ 2015, 642, 645.

644 *Coester-Waltjen*, Gutachten 56. DJT, B 66; MüKo/*Wellenhofer*, Vorbem. zu § 1591 ff. BGB, Rn. 35; *Coester-Waltjen*, FamRZ 1992, 369, 373; *Neumann*, ZRP 1999, 142, 144; *Zypries/Zeeb*, ZRP 2014, 54, 57; auch der Verein *Spenderkinder* fordert dies, vgl. *Spenderkinder*, Politische Forderungen; vgl. zudem *Wanitzek*, S. 417 f.; ähnliche Diskussionen wurden auch in Schweden und Großbritannien geführt, letztlich wurde ein Vermerk abgelehnt, vgl. *Blauwhoff*, S. 343 und *Ravitsky*, Minnesota Journal of Law, Science & Technology 2010, 665, 683 f.

645 Staudinger/*Rauscher*, Anh. zu § 1592 BGB, Rn. 25.

646 *Schumacher*, FamRZ 1984, 313, 320; *Wanitzek*, S. 419.

647 *Schumacher*, FamRZ 1984, 313, 320; *Wanitzek*, S. 419.

648 Vgl. *Blauwhoff*, S. 343.

649 *Schumacher*, FamRZ 1984, 313, 321.

Zudem besteht die Möglichkeit, dass der angegebene genetische Vater nicht zwingend auch tatsächlich der Erzeuger ist.[650] Trotz der Behandlung mit Spendersamen kann das Kind nämlich auf natürlichem Wege von einem Dritten bzw. dem Wunschvater selbst gezeugt worden sein.[651] Um sicherzugehen, dass der Eintrag mit der Wirklichkeit übereinstimmt, müsste daher stets ein Gentest erfolgen, der die genetische Vaterschaft des Spenders feststellt. Das wäre zum einen zeitaufwendig, zum anderen würde dem Interesse des Kindes ebenso geholfen, wenn die Identität des Spenders ärztlich dokumentiert wird. Gegebenenfalls könnte die Klinik bzw. eine zentrale Dokumentationsstelle sogar weitergehende Informationen über die Identität des Spenders hinaus preisgeben, z.B. Erkrankungen innerhalb der Familie. Diese Möglichkeit besteht bei einer Eintragung ins Personenstandsbuch nicht. Zwar ist auch bei ärztlicher Dokumentation das Risiko vorhanden, dass der Spender nicht der Erzeuger des Kindes ist, dem Kind wird wie beim Eintrag aber zumindest nicht vorgetäuscht, dass der Spender sicher der genetische Vater sei.

Weiterhin obliegt es zunächst den rechtlichen Eltern, ihr Kind über die Samenspende aufzuklären und den Zeitpunkt hierfür auszuwählen. Ein Vermerk könnte daher als staatlicher Eingriff in das Erziehungsrecht gewertet werden.[652] Zwar würde durch den Vermerk ein Anreiz zur Aufklärung geschaffen, weil das Kind mit großer Wahrscheinlichkeit einmal Einsicht in das Geburtenregister nehmen wird.[653] Da die Aufklärungsrate ansteigt und ein Trend zur Offenheit erkennbar wird[654], scheint es jedoch unverhältnismäßig, in einem solchen Maße in die Elternrechte einzugreifen.[655] Eine gute psychologische Betreuung der Eltern und Hilfestellungen bei der Aufklärung der Kinder sind in jedem Fall sinnvoller.[656]

Die Idee, jeder Geburtsurkunde (auch denen natürlich gezeugter Kinder) den Vermerk hinzuzufügen, dass die angegebenen Eltern nicht zwingend die genetischen Eltern sind[657], ist dagegen nicht direkt zu verwerfen, wobei ein Zusatz im Sinne „alle Angaben ohne Gewähr" auf den ersten Blick deplatziert zu sein scheint. Ob durch einen solchen Hinweis letztlich Verdachtsmomente erweckt werden könnten, ist jedoch höchst zweifelhaft.

Im Ergebnis ist eine Dokumentation durch eine zentrale Behörde oder zumindest durch den behandelnden Arzt also einem Vermerk im Geburtenbuch vorzuziehen.

---

650 Ebenso *Wanitzek*, S. 418 f.

651 *Wanitzek*, S. 418.

652 *Blauwhoff*, S. 344, 358 und 360; *Ravitsky*, Minnesota Journal of Law, Science & Technology 2010, 665, 683; in diese Richtung ebenfalls *Neumann*, ZRP 1999, 142, 144.

653 So der Verein *Spenderkinder*, Politische Forderungen.

654 Vgl. *Schindele*, FAS vom 11.03.2007, S. 70.

655 *Blauwhoff*, S. 359.

656 So auch *Blauwhoff*, S. 358; *Ravitsky*, Minnesota Journal of Law, Science & Technology 2010, 665, 683 f.

657 So *Blauwhoff*, S. 359 f.

2. Formulierungsvorschlag des Auskunftsanspruchs gegen die rechtlichen Eltern

Es hat sich gezeigt, dass der Anspruch gegen die Eltern auf Nennung des rechtlichen Vaters stets Grundvoraussetzung für das Kind ist, die Identität des Samenspenders zu erfahren. Erst wenn die Wunscheltern ihr Kind über die Umstände der Zeugung aufgeklärt haben, worunter auch die Zeugungsmethode selbst fällt, kann es sich im zweiten Schritt an eine Dokumentationsstelle oder den behandelnden Arzt wenden. Bleibt eine Aufklärung aus, kann regelmäßig nur eine Zufallsentdeckung den nötigen Verdacht beim Kind erzeugen.[658]

De lege lata wird in § 1618a der Auskunftsanspruch gegen die Eltern verankert. Wegen der großen Bedeutung, die dem Recht auf Kenntnis der eigenen Abstammung durch Rechtsprechung, Medizin und Psychologie zugesprochen wird, ist es erforderlich, einen expliziten Anspruch zu schaffen.[659] Nur so kann Samenspendekindern deutlich vor Augen geführt werden, welche Rechte sie haben. Und nur durch einen ausdrücklichen Anspruch können Wunscheltern, die ihr Kind nicht aufklären möchten, eventuell vom Gegenteil überzeugt werden. Der Anspruch kann so gefasst werden, dass er den Anspruch natürlich gezeugter Kinder mit umfasst. Insofern sind keine wesentlichen Unterschiede erkennbar. Auch hier sollte, wegen der vergleichbaren Interessenlage, der Anspruch grundsätzlich bestehen. Möchten die Eltern bzw. die Mutter diesen aber nicht erfüllen, muss das Kind einen Antrag beim Familiengericht stellen, um die Eltern zur Auskunft zu verpflichten. In diesem Verfahren müssten die Eltern ihr Interesse vortragen. Liegt dabei ausnahmsweise der Fall vor, dass das Interesse der Eltern an einer Geheimhaltung des Erzeugers überwiegt, was eher bei natürlichen als bei künstlichen Zeugungen der Fall sein wird, wird der Antrag des Kindes abgelehnt werden müssen. Wegen der Nähe zum Abstammungsrecht ist eine Regelung innerhalb dessen angebracht. Der Auskunftsanspruch kann eine Vorstufe für ein beabsichtigtes Statusverfahren darstellen und ist von seinem Regelungsziel dem § 1598a nicht unähnlich. Daher ist die Einfügung eines § 1598b zu forcieren. Die bisherige Stellung im Sorgerecht begründet sich in dem Umstand, dass die Generalklausel mangels Alternativen herangezogen werden musste und ist zukünftig aufzugeben.

Der Wortlaut des neu zu schaffenden § 1598b könnte wie folgt lauten:

§ 1598b BGB Anspruch auf Nennung des leiblichen Vaters
(1) Das Kind hat gegen seine Eltern einen Anspruch auf Nennung des leiblichen Vaters. Ist den Eltern die Identität des leiblichen Vaters unbekannt, steht dem Kind ein Anspruch auf Nennung aller Umstände zu, die Aufschluss über dessen Identität geben können.
(2) Dies gilt nicht, wenn die Eltern schutzwürdige Interessen vortragen, die es rechtfertigen, dem Kind die Auskunft zu verweigern.

---

658 *A. Lalos/Gottlieb/O. Lalos*, Human Reproduction 2007, 1759, 1759.
659 MüKo/*Wellenhofer*, Vorbem. zu § 1591 ff. BGB, Rn. 29.

Durch diesen § 1598b I 1 würde dem Kind der grundsätzliche Anspruch zugesprochen, von den Eltern die Identität des Erzeugers zu erfahren. Gleichsam als „Minus" davon umfasst ist der Anspruch auf Kenntnis der Zeugungsmethode. Der Anspruch wäre nur dann ausgeschlossen, wenn ausnahmsweise die Interessen der Eltern überwiegen (§ 1598b II). Im Fall der Samenspende ist das regelmäßig nicht der Fall, eigene Bedeutung erlangt die Vorschrift aber bei natürlichen Zeugungen. Mit dem expliziten Anspruch könnte im Einzelfall eine interessengerechte Entscheidung erzielt werden, gleichzeitig würde festgehalten, dass der Anspruch grundsätzlich besteht. § 1598b I 2 wäre immer dann relevant, wenn die Identität des Erzeugers selbst den Eltern unbekannt ist, was vor allem bei der Zeugung mit Spendersamen häufig der Fall ist. Hier können die Eltern keine Auskunft über die Identität des Spenders geben, dem Kind aber mitteilen, wann, bei welchem Arzt und in welcher medizinischen Einrichtung die Behandlung mit Spendersamen vorgenommen wurde. Das hilft dem Kind, einen Anspruch gegen den Arzt oder vergleichbare Stellen geltend zu machen.

Flankierend wäre im FamFG festzuhalten, dass das Familiengericht für Anträge bezüglich des § 1598b zuständig ist. Es bietet sich eine Einordnung des Auskunftsverfahrens als Abstammungssache an:

§ 169 FamFG Abstammungssachen
Abstammungssachen sind Verfahren
[...]
5. auf Auskunftserteilung über die leibliche Vaterschaft.

Die Vollstreckbarkeit sollte wie bisher im Rahmen des § 1618a möglich sein.

3. Formulierungsvorschlag des Auskunftsanspruchs gegen Arzt, Krankenhaus etc.

Da es (bisher) an einer zentralen Dokumentationsstelle fehlt, muss zudem ein expliziter Anspruch gegen den behandelnden Arzt bzw. die behandelnde Arztpraxis kreiert werden. Zwar gibt es mit § 810 derzeit eine allgemeine Anspruchsgrundlage, die herangezogen wird, um einen solchen Anspruch zu konstruieren, diese wird wie aufgezeigt aber keinesfalls den Interessen gerecht. Da das Interesse des Kindes an der Kenntnis der eigenen Abstammung regelmäßig höher einzustufen ist, als die Interessen der übrigen Beteiligten an der Geheimhaltung der Spenderidentität, vermag es § 810 nicht, die Situation interessengerecht zu regeln. Darüber hinaus ist die konkrete Abwägung, die § 810 fordert, für den Arzt derzeit schlicht nicht zu bewältigen. Daher muss ein neuer, expliziter Anspruch geschaffen werden. Wegen der Nähe zum Statusverfahren und der vorgeschlagenen Vorschrift des § 1598b ist dabei ein Standort im Abstammungsrecht anzudenken, alternativ ist auch eine Lösung in einem zu schaffenden Fortpflanzungsmedizingesetz denkbar. Da ein solches aber bisher nicht besteht, wäre die Regelung gut in einem neuen § 1598c aufgehoben. Der Wortlaut könnte sich an den Rechtsordnungen, die bereits einen expliziten Anspruch kennen (bspw. *Schweiz*, *Österreich*, *Schweden*), orientieren, insbesondere an der Vorschrift des Art. 27 des schweizerischen FMedG. Wegen der besonderen Interessenlage liegt dies näher als eine Orientierung an § 9b AdVermiG.[660]

§ 1598c BGB Auskunftsansprüche bei Zeugung mittels Samenspende

(1) Hat ein Kind, das aus einer künstlichen Befruchtung mittels Samenspende hervorgegangen ist, das 16. Lebensjahr vollendet, so kann es vom behandelnden Arzt, der medizinischen Anstalt, in der die Befruchtung durchgeführt wurde und von der Entnahmestelle Auskunft über die in § 5 I TPG-GewV gespeicherten Daten, insbesondere die Identität des Spenders, verlangen.

(2) Sofern ein schutzwürdiges Interesse besteht, kann das Kind auch schon vor Vollendung des 16. Lebensjahres Auskunft über alle Daten des Spenders nach § 5 TPG-GewV verlangen.

(3) Bevor Auskunft über die Daten erteilt wird, informiert der Auskunftsverpflichtete nach Absatz 1 soweit möglich den Spender und die Eltern des Kindes und belehrt diese über die Möglichkeit des Widerspruchs. Lehnen diese die Auskunft über die Daten innerhalb von zwei Wochen ab, so ist das Kind zu informieren und auf den Widerspruch hinzuweisen. Allen Beteiligten ist die Gelegenheit zur Stellungnahme zu geben. Der Auskunftsverpflichtete nach Absatz 1 hat daraufhin die Interessen der Beteiligten abzuwägen und eine Auskunft zu erteilen oder zu verweigern. Gegen das Ergebnis der Abwägung steht dem Kind, den Eltern und dem Spender das Recht zu, die Entscheidung gerichtlich überprüfen zu lassen.

§ 169 FamFG Abstammungssachen

Abstammungssachen sind Verfahren
1. […]
2. auf Ersetzung der Einwilligung in eine genetische Abstammungsuntersuchung und Anordnung der Duldung einer Probeentnahme,
2a. auf Überprüfung des Ergebnisses der Abwägung nach § 1598c Abs. 3,
[…]

§ 178a FamFG Interessenabwägung
(1) Auf Antrag hat eine Überprüfung des Ergebnisses der Abwägung nach § 1598c Abs. 3 BGB stattzufinden. Überwiegen die Interessen des Kindes, ist die Auskunftserteilung anzuordnen, überwiegen die Interessen des Spenders oder der Eltern, ist die Auskunftserteilung zu versagen.
(2) Im Verfahren ist die Anonymität des Spenders zu wahren.

§ 1598c I begründet den Anspruch gegen die behandelnden Ärzte oder entsprechende Stellen. Die Altersgrenze orientiert sich am Adoptionsrecht, das an dieser Stelle ausnahmsweise als Bezugspunkt dienen kann. Sollte in Zukunft eine zentrale

660 Die analoge Anwendung dieser Norm für ein vertragliches Auskunftsrecht wird vorgeschlagen von Thorn/*Müller*, S. 113.

Dokumentationsstelle geschaffen werden, die sicherstellt, dass alle bestehenden Daten registriert sind, wäre der Anspruch (allein oder ergänzend) gegen die Dokumentationsstelle zu regeln.

Abs. 2 stellt die Möglichkeit dar, in Ausnahmefällen den Anspruch auch vor Erreichen des 16. Lebensjahres geltend machen zu können. Ein solcher Fall könnte insbesondere bei Krankheiten vorliegen, die eine Spende von Knochenmark oder Organen erforderlich machen. Auch zu denken ist an den Fall eines Kindes, das nach hoher Wahrscheinlichkeit vor seinem 16. Lebensjahr sterben wird, seinen genetischen Vater aber zuvor kennen lernen möchte. Nach dem Sinn und Zweck der Vorschrift muss eine Vertretung durch die rechtlichen Eltern beim Anspruch nach Absatz 2 möglich sein.

Abs. 3 verkörpert das vorgeschlagene Widerspruchsmodell. Im Zweifel kann der Anspruchsverpflichtete bei einem Widerspruch die Auskunft verweigern und das Kind so zu einem Antrag auf Überprüfung der Abwägung beim Familiengericht zwingen. Dafür ist ein entsprechendes Verfahren in den Normen des FamFG einzufügen. Dieses Verfahren wird in §§ 169 Nr. 2a, 178a FamFG geregelt. Werden lediglich nicht oder eindeutig weniger schützenswerte Interessen der Eltern oder des Spenders an der Geheimhaltung vorgetragen, kann der Verpflichtete eigenmächtig eine Abwägung vornehmen, gegen deren Ergebnis sich Eltern und Spender wiederum gerichtlich wehren könnten. Als Ergänzung ist hier an anleitende Richtlinien der Bundesärztekammer zu denken, die den Auskunftsverpflichteten die Abwägung erleichtern könnten. § 178a II FamFG würde sicherstellen, dass die Auskunft nicht bereits mittelbar im gerichtlichen Verfahren durch Benennung der Verfahrensbeteiligten, insbesondere des Spenders, erfolgt.

Eine Vollstreckung sollte nach allgemeinen Grundsätzen ermöglicht werden.

Durch die Norm würde dem Recht des Kindes auf Kenntnis der Abstammung Rechnung getragen, gleichzeitig aber die Rechtsprechung des *BVerfG* beachtet, wonach die Interessen des Kindes vereinzelt hinter denen der Eltern zurückzutreten haben.

G. Auskunftsanspruch des Samenspenders über die Identität des Kindes

Spiegelbildlich zum Auskunftsanspruch des Kindes auf Nennung des genetischen Vaters stellt sich die Frage, ob auch der Samenspender einen Anspruch auf Kenntnis über die Identität seiner genetischen Kinder hat. Dieser Frage wird, gerade im Vergleich mit dem Auskunftsanspruch des Kindes, wenig bis gar keine Beachtung geschenkt.[661]

661 Vgl. *Marian*, S. 241; *Rotax*, Praxis der Kinderpsychologie und Kinderpsychiatrie 2007, 148, 159.

I. Grundsätzlich kein Auskunftsanspruch des Spenders

Tatsächlich wäre eine Auskunft aufgrund der lückenlosen Dokumentation über die Verwendung des Samens bei Abgabe der Spende in einer Samenbank möglich. Regelmäßig ist der Samenspender aber nicht an Informationen über mögliche Kinder sondern an weitgehender Anonymität interessiert. Es kann aber zu Situationen kommen, in denen der Spender doch Auskunft über mögliche genetische Nachkommen begehrt.

1. Fallbeispiel

Der frühere Samenspender S hat mittlerweile ein eigenes Kind, das an Leukämie erkrankt ist und eine Knochenmarkspende benötigt. Da er selbst nicht als Spender in Frage kommt, möchte er herausfinden, ob Kinder aus seinen Samenspenden hervorgegangen sind, die gegebenenfalls als Spender geeignet sind. Dafür wendet er sich an die Samenbank, bei der er zuvor gespendet hat, und bittet um Auskunft über die Verwendung seines Samens.

Darüber hinaus ist es in Fällen, in denen der Samenspender selbst keine Familie gründete, nicht abwegig, dass dieser ein Interesse an den genetisch eigenen Kindern entwickeln könnte und mehr über diese erfahren möchte.[662]

Auch unter Beachtung des dargestellten Reformvorschlags könnte ein Auskunftsrecht des Samenspenders nötig sein, um sein Anfechtungsrecht im Ausnahmefall geltend machen zu können.

2. Grundrechtlich geschütztes Interesse an der Kenntnis eigener Nachkommen

Auffällig ist, dass dieser Seite des Problems weder aus juristischer noch aus psychologischer oder medizinischer Sicht größere Beachtung geschenkt wird. In der Entscheidung vom 09.04.2003 erkannte das *BVerfG* jedoch die Problemlage des spiegelbildlichen Rechts zum Recht des Kindes auf Kenntnis der eigenen Abstammung. Das Interesse des genetischen Vaters *„Kenntnis und Gewissheit über die Abstammung eines Kindes“* zu erlangen sei jedoch nicht vom Elternrecht des Art. 6 II GG erfasst, weil kein Bezug zur Elternverantwortung vorliege.[663] Geschützt werde dieses aber, wie das Recht auf Kenntnis der eigenen Abstammung, durch das allgemeine Persönlichkeitsrecht. Ob daraus ein Anspruch erwachse, in jedem Fall die Abstammung eines möglichen Nachkommens gerichtlich klären zu lassen, ließ das *BVerfG* zunächst offen.[664] Später verneinte es diese Frage ausdrücklich für den Fall, dass bereits die

662 *Marian*, S. 241; dies könnte sogar finanziell für das Kind von Vorteil sein. Denn ist es abwegig, dass ein ansonsten familienloser Samenspender sein Erbe lieber seinem genetischen Kind zukommen lässt als dem Staat?

663 *BVerfG* FamRZ 2003, 816, 820.

664 *BVerfG* FamRZ 2003, 816, 820.

rechtliche Vaterschaft eines anderen Mannes besteht.[665] Weiterhin zu beachten ist zudem die Entscheidung des *BVerfG* vom 13.02.2007. Darin bestätigte das Gericht das Interesse an der Kenntnis möglicher Nachkommen:

> *„Die Möglichkeit, sich als Individuum nicht nur sozial, sondern auch genealogisch in eine Beziehung zu anderen zu setzen, wird* [...] *vom Schutz des Persönlichkeitsrechts mit umfasst und begründet aus Art. 2 I i.V. mit Art. 1 I GG ein Recht des Kindes auf Kenntnis der eigenen Abstammung, ebenso wie es einem Mann das Recht auf Kenntnis einräumt, ob ein Kind von ihm abstammt* [...]. *Dies betrifft sowohl die Annahme eines Mannes, er könnte Erzeuger eines ihm rechtlich nicht zugeordneten Kindes sein, als auch* [...]. *Beide Interessen berühren das Verhältnis, in das sich ein Mann zu einem Kind und seiner Mutter setzt, und die emotionalen wie sozialen Beziehungen, die er zu diesen entwickelt. Das Wissen um die Abstammung des Kindes hat auch maßgeblichen Einfluss auf das Selbstverständnis des Mannes sowie die Rolle und Haltung, die er dem Kind und der Mutter gegenüber einnimmt.“*[666]

Klargestellt wurde damit, dass das Interesse des Erzeugers an der Kenntnis der Identität möglicher Nachkommen grundrechtlich durch das Persönlichkeitsrecht geschützt ist.[667] Das Urteil behandelt allerdings nicht konkret die Situation eines Samenspenders. Unter der Prämisse der Bedeutung des Rechts auf Kenntnis der eigenen Nachkommen ist es jedoch denkbar, auch dem Spender dieses grundrechtlich geschützte Interesse zuzusprechen.[668] In eine ähnliche Richtung geht das bereits zuvor grundrechtlich anerkannte Interesse des genetischen Vaters, die Stellung des rechtlichen Vaters einzunehmen.[669]

Dies ist jedenfalls für den natürlich zeugenden Vater überzeugend. Spricht man der Kenntnis der genetischen Wurzeln eine prägende Rolle für die Entwicklung einer eigenen Identität zu, muss dies ebenso für die Kenntnis eigener Nachfahren gelten. Auch wenn in diesem Fall regelmäßig ein Alter erreicht wurde, in dem die Persönlichkeit bereits ausgeprägt ist, hat die Kenntnis von eigenen Nachfahren einen erheblichen Einfluss auf die Persönlichkeit und kann diese ändern oder weiterentwickeln.[670]

---

665 *BVerfG* NJW 2009, 423, 424.
666 *BVerfG* NJW, 2007, 753, 754.
667 Vgl. *Schwab* in: FS Steiner, S. 758, 760 f.; Erman/*Hammermann*, Vor § 1598a BGB, Rn. 13 f.; *Mayer*, S. 36 f.
668 Vgl. in Bezug auf den potentiellen Vater *Schwab* in: FS Steiner, S. 758, 771.
669 Vgl. *BVerfG* FamRZ 2003, 816, 821.
670 *Marian*, S. 242.

3. Derzeitige Rechtslage

a. Anspruch gegen die Eltern

Im Falle natürlicher Zeugung wird ein Anspruch des genetischen Vaters gegen die Mutter auf Auskunft über Namen und Geburtsdatum des Kindes bejaht.[671] Begründet wird der Auskunftsanspruch mit der Befugnis des genetischen Vaters, eine Vaterschaftsfeststellung zu beantragen, die genaue Anspruchsgrundlage ist dabei jedoch unklar.[672] Der Anspruch erwächst aus dem allgemeinen Persönlichkeitsrecht des Erzeugers.[673] Entgegen stehen ihm allerdings Rechte der Mutter und des Kindes.[674] Indes spielen diese nur eine untergeordnete Rolle, so dass der Anspruch zumeist bejaht werden muss, im Ausnahmefall jedoch eine Abwägung zu erfolgen hat.[675] Selbst bei Bestehen einer anderweitigen Vaterschaft besteht der Anspruch regelmäßig und erstreckt sich auch auf die Daten des rechtlichen Vaters, da nur so eine Vaterschaftsanfechtung durchgeführt werden kann.[676] Derselbe Auskunftsanspruch muss folgerichtig nunmehr bereits de lege lata auch dem Becherspender zugesprochen werden, der mit Billigung der Mutter ursprünglich intendierte, selbst die Vaterschaft zu übernehmen. Da der *BGH*[677] diesem ein Anfechtungsrecht einräumt, falls die Mutter abredewidrig der Anerkennung eines Dritten zugestimmt hat, ist ihm folgerichtig auch der Anspruch auf Auskunft über die Daten des Kindes (und des rechtlichen Vaters) zuzusprechen. Er ist dabei dem natürlich zeugenden genetischen Vater gleichzustellen.

Indes ist die Situation im Fall einer natürlichen Zeugung und einer Becherspende eine andere als bei einer Zeugung mittels einer typischen Samenspende, bei der der Spender keine Vaterrolle einnehmen soll. Im Fall der heterologen Insemination sind die Wunscheltern dem Spender meist gänzlich unbekannt, ein persönlicher Kontakt fand nie statt. Allerdings besteht die Möglichkeit, den Samenspender als rechtlichen Vater feststellen zu lassen. Dieser hat neben der Passiv- aber auch die Aktivlegitimation, so dass er auf eigenes Bestreben hin seine Feststellung beantragen könnte. Daraus könnte theoretisch auch der Anspruch auf Auskunft erwachsen, wie dies bei

---

671 *LG Gera* FamRZ 2006, 1221 ff.; MüKo/*Wellenhofer*, Vorbem. zu §§ 1591 ff. BGB, Rn. 41; Staudinger/*Rauscher*, Anh. zu § 1600d BGB, Rn. 15; *Helms/Kieninger/Rittner*, Rn. 183; *Mayer*, S. 204 ff.

672 *LG Gera* FamRZ 2006, 1221, 1222; Staudinger/*Rauscher*, Anh. zu § 1600d BGB, Rn. 15; *Mayer*, S. 204, zieht insoweit § 242 heran.

673 *LG Gera* FamRZ 2006, 1221, 1222; *Mayer*, S. 38.

674 *LG Gera* FamRZ 2006, 1221, 1222; Staudinger/*Rauscher*, Anh. zu § 1600d BGB, Rn. 15.

675 MüKo/*Wellenhofer*, Vorbem. zu §§ 1591 ff. BGB, Rn. 41; in diese Richtung auch *LG Gera* FamRZ 2006, 1221, 1222, da keine persönlichen Lebenssachverhalte offenbart werden müssen.

676 *OLG Oldenburg* NJOZ 2011, 585 f.; MüKo/*Wellenhofer*, Vorbem. zu §§ 1591 ff. BGB, Rn. 42.

677 *BGH* FamRZ 2013, 1209-1214.

natürlicher Zeugung der Fall ist. Im Fall einer anderweitig bestehenden Vaterschaft ist dies wiederum fraglich.

Das *OLG Hamm* gewährte einem Samenspender zuletzt Verfahrenskostenhilfe, um einen Auskunftsrecht gegen die Mutter über das Kind gerichtlich geltend machen zu können.[678] Da der Samenspender im konkreten Fall aber zugleich rechtlicher Vater des Kindes war, ist dies wenig überraschend. Der Anspruch wurde folgerichtig auf § 1686 gestützt.[679] Eine Kindeswohlgefährdung wurde explizit abgelehnt, zumal die Auskunft auch über Mittelspersonen erfolgen könne.

Das Gesetz zur Stärkung der Rechte des leiblichen, nicht rechtlichen Vaters vom 4. Juli 2013[680] statuiert zudem ein Auskunftsrecht im Rahmen des Umgangsrecht gem. § 1686a I Nr. 2 für den genetischen, nicht rechtlichen Vater, schließt den Samenspender nach dem Willen des Gesetzgebers jedoch von dem Anspruch aus. Nach dem expliziten Willen ist der Weg für die Klärung der Abstammungsverhältnisse für den Samenspender versperrt. Die Gesetzesbegründung stellt klar, dass das *„Erfordernis der eidesstattlichen Versicherung der Beiwohnung* [gem. § 167a I FamFG] *verhindert, dass ein Mann, der durch künstliche Befruchtung mittels heterologer Samenspende biologischer Vater geworden ist, ein Umgangs- oder Auskunftsrecht begehren kann“.*[681] Selbst unter Berücksichtigung des Urteils des *BGH* vom 15.05.2013[682], wird man wegen des geforderten „ernsthaften Interesses“ im Rahmen des § 1686a regelmäßig die Geltendmachung des Auskunftsanspruchs durch den typischen Samenspender verneinen müssen, wenn dieser sich erst Jahre nach der Abgabe der Spende nach „seinem“ Kind erkundigen möchte.[683] Dem sog. Becherspender[684] hingegen steht dieser Weg als Folge des *BGH*-Urteils offen, wenn er sich direkt nach der Geburt darum bemüht, Umgang mit dem Kind zu erhalten.

b. Anspruch gegen den Arzt

Nach der derzeitigen Rechtslage kann dem Samenspender allenfalls aus § 810 ein Anspruch auf Nennung der Identität leiblicher Kinder zustehen. Indes fordert die

---

678 *OLG Hamm*, Beschluss vom 07. März 2014, Az.: II-13 WF 22/14, 13 WF 22/14; vgl. dazu *Wellenhofer*, JuS 2014, 1039 ff.

679 Vgl. zu diesem Anspruch auch *Mayer*, S. 133 ff.

680 BGBl. I S. 2176.

681 BT-Drucks. 17/12163, S. 14.

682 *BGH* FamRZ 2013, 1209-1212; der *BGH* sprach dem privaten Samenspender (in einer Sondersituation) entgegen dem Willen des Gesetzgebers trotz des Erfordernisses der eidesstattlichen Versicherung der Beiwohnung in § 1600 I Nr. 2 das Anfechtungsrecht zu.

683 Ebenso: *Löhnig/Preisner*, FamFR 2013, 340, 342; unklar insofern *Hoffmann*, FamRZ 2013, 1077, 1078, die den Spender nach dem Urteil des *BGH* vom 15.05.2013, FamRZ 2013, 1209-1212, in einer solchen Konstellation als „leiblichen“ Vater im Sinne der Vorschrift ansieht, jedoch nicht klarstellt, ob in diesem Fall ebenfalls ein ernsthaftes Interesse zu bejahen wäre.

684 Vgl. S. 102.

Norm, dass die Urkunde im Interesse des Einsichtsbegehrenden errichtet wurde. Wie bereits dargestellt, begründet sich die Dokumentationspflicht aber aus dem Recht des Kindes auf Kenntnis der eigenen Abstammung und nicht aus dem Recht des Samenspenders auf Kenntnis eigener Nachkommen. De lege lata besteht damit kein Anspruch des Samenspenders aus § 810.[685] Auch eine vertragliche Auskunftspflicht ist in Samenspendeverträgen oder der Richtlinie zur Durchführung der assistierten Reproduktion nicht vorgesehen.[686] Der Samenspender einer Samenbank hat damit keinerlei Möglichkeit zu erfahren, ob aus seinem Samen Kinder hervorgegangen sind. Ähnlich ist dies im Adoptionsrecht, das den genetischen Eltern ebenfalls ein Auskunftsanspruch verwehrt, vgl. § 1758.[687]

4. *Rechtsvergleich*

Im internationalen Vergleich zeigt sich, dass selbst die Rechtsordnungen, die ein Auskunftsrecht des Kindes explizit vorsehen und die Anonymität des Samenspenders verbieten, kein Auskunftsrecht des Spenders selbst kennen. So ist zwar in den Rechtsordnungen der *Schweiz, Österreichs* und *Schwedens* ein explizites Auskunftsrecht des Kindes vorgesehen[688], ein Anspruch des Samenspenders besteht jedoch nicht. Das zeigt, dass selbst in Rechtsordnungen, die das Persönlichkeitsrecht des Kindes in besonderem Maße achten, die Rechte des Samenspenders wenig ausgeprägt sind.

5. *Grundrechtliche Abwägung*

Aus grundrechtlicher Sicht ist dies im Ergebnis unproblematisch. Dem Persönlichkeitsrecht des typischen Samenspenders stehen überwiegende Rechte des Kindes und der Wunscheltern gegenüber.[689] Der Becherspender ist dagegen bereits de lege lata dem natürlichen Erzeuger gleichgestellt.

Zunächst ist festzuhalten, dass die praktische Relevanz der Fragestellung ebenso gering ist wie die Frage des Anfechtungsrechts des Samenspenders. Vor deutschen Gerichten ist bisher kein Verfahren eines Spenders bekannt geworden, der die Identität seiner genetischen Kinder in Erfahrung bringen wollte. Dass zukünftig solche Fälle eintreten könnten, ist jedoch nicht ausgeschlossen, zumal in einer

---

685 Im Ergebnis ebenso *Marian*, S. 244 ff.

686 Vgl. Angaben verschiedener Samenbanken, u.a. http://www.berliner-samenbank.de/spender/rechtliche-situation/ (zuletzt abgerufen am 28.05.2015, 10:59 Uhr) und http://www.cryobank-muenchen.de/Samenspende/Rechtliche-Grundlagen (zuletzt abgerufen am 28.05.2015, 11:00 Uhr), ebenso Thorn/*Müller*, S. 115.

687 *Marian*, S. 243.

688 Vgl. oben S. 140 ff.

689 Zweifelnd zu einem Auskunftsrecht des Spenders auch *Rotax*, Praxis der Kinderpsychologie und Kinderpsychiatrie 2007, 148, 159.

deutschen Studie nur 35 % der 63 Spender explizit keine Kontaktaufnahme zum Kind wünschten.[690]

Auf Seiten des Kindes und der Wunscheltern bestehen gewisse Rechte und Interessen, die Daten des Kindes vor dem Spender geheim zu halten. Wunscheltern und Kind können sich auf das Recht auf ungestörten Fortbestand der Familie aus Art. 6 I GG berufen, den Eltern steht zudem das Erziehungsrecht zur Seite.[691] Im Ergebnis überwiegen diese Rechte das Grundrecht des Spenders, die Identität seiner Nachkommen zu erfahren.

Anders als das Interesse, die rechtliche Elternstellung einzunehmen, ist das Recht des Mannes auf Kenntnis seiner Nachkommen lediglich auf das Persönlichkeitsrecht (Art. 1 I i.V.m. Art. 2 I GG) gestützt und nicht vom Schutzbereich des Art. 6 GG erfasst. Während betreffend Art. 6 II GG umstritten ist, ob ein Verzicht auf das Grundrecht möglich ist, ist diese Frage beim Persönlichkeitsrecht eindeutig zu bejahen. Eine Verletzung des Persönlichkeitsrechts ist regelmäßig ausgeschlossen, wenn der Grundrechtsträger in die Beeinträchtigung des Grundrechts eingewilligt hat, insbesondere wenn dies vor der Beeinträchtigung erfolgt.[692] Das Recht ist disponibel, lediglich ein genereller Verzicht scheidet aus. Eine Einwilligung muss immer einen konkreten Einzelfallbezug aufweisen.[693] Trotz Vorliegens einer Einwilligung kann eine Verletzung nur vorliegen, wenn der Einwilligende entweder die Reichweite seiner Erlaubnis nicht erkannt hat oder aufgrund einer Zwangslage keine freie Entscheidung möglich war.[694] Überträgt man diese Grundsätze auf den Samenspender, der seine Spende in einer Samenbank abgibt, ist die Grundrechtslage unproblematisch. Vor seiner Samenspende wird der Spender rechtlich aufgeklärt, dass ihm zukünftig keine Informationen über die Verwendung seiner Keimzellen zugänglich gemacht werden. Der Spender willigt darin jedenfalls konkludent ein, wenn er der Samenbank seine Keimzellen anvertraut. Er ist sich über seine (fehlende) Rolle im Leben des Kindes im Klaren.[695] Damit verzichtet er nicht generell auf sein Persönlichkeitsrecht, sondern genehmigt die Beeinträchtigung in Bezug auf die konkrete Verwendung der gespendeten Keimzellen. Er erklärt, auf eine spätere Einwirkung auf die Familie und das Verlangen von Informationen über das Kind zu verzichten.[696] Daher liegt stets eine einzelfallbezogene wirksame Einwilligung in die Beschränkung seines Grundrechts vor. Wendet er sich später mit einem Auskunftsverlangen an die Samenbank, um die Identität der behandelten Frau oder des gezeugten Kindes zu erfahren, kann ihm diese Auskunft folgerichtig ohne Grundrechtsverletzung verwehrt werden. Daher ist eine Grundrechtsabwägung mit den

---

690 *Kentenich/Wohlfahrt* in: *Duttge/Engel/Lipp/Zoll*, S. 51, 58.
691 Vgl. Thorn/*Müller*, S. 114 f.; *Marian*, S. 243.
692 Maunz/Dürig/*Di Fabio*, Art. 2 GG, Rn. 228; *Jarass*, NJW 1989, 857, 860.
693 Maunz/Dürig/*Di Fabio*, Art. 2 GG, Rn. 229; *Jarass*, NJW 1989, 857, 860.
694 *BVerfG* NJW 1982, 375; Maunz/Dürig/*Di Fabio*, Art. 2 GG, Rn. 229; *Jarass*, NJW 1989, 857, 860.
695 In diese Richtung auch *Marian*, S. 245.
696 So auch Thorn/*Müller*, S. 115.

betroffenen Rechten der Wunscheltern und des Kindes entbehrlich, obwohl diese im Regelfall auch zu Gunsten der Geheimhaltung ausgehen würde. Die Wunscheltern gehen zu Beginn der Behandlung davon aus, dass der Spender in ihrem Leben keine weitere Rolle einnehmen wird, was letztlich auch der Spender erklärt. Es ist daher nicht zu rechtfertigen, dass der Spender später doch gegen den Willen der Eltern auf das Kind und die Familie einwirkt und so den Familienfrieden gefährdet. Auch wenn die Entwicklung einer Vater-Kind Beziehung zwischen Kind und Spender, die das Potential hätte, eine über Jahre gewachsene Beziehung zwischen Kind und Wunscheltern zu gefährden, unwahrscheinlich ist[697], ist die Familie hier zu schützen. Andernfalls würde das Erziehungsrecht der Eltern unterlaufen. Ihnen muss die Entscheidung überlassen werden muss, ob und wann sie das Kind über die Umstände der Zeugung aufklären.[698] Das rechtfertigt es, dem Samenspender ein Auskunftsrecht über Samenspendekinder zu verwehren.

Auch bei Volljährigkeit des Kindes ist nicht anders zu entscheiden. Zwar fallen elterliche Erziehungsrechte dann grundsätzlich nicht mehr ins Gewicht, dennoch besteht die Gefahr, dass eine Aufklärung des Kindes unterblieben ist.[699] Würde man dem Spender dann ermöglichen, unvorbereitet in das Leben des Kindes zu treten, könnte dies den Familienfrieden und die Persönlichkeit des Kindes stark beeinträchtigen. Die Wirkung auf den Familienfrieden würde in diesem Fall von außen erfolgen, während die Geltendmachung des Auskunftsanspruchs durch das Kind von innen wirkt.[700] Äußere Einwirkungen, sind aber möglichst zu vermeiden, was auch den grundsätzlichen Anfechtungsausschluss des Samenspenders rechtfertigt. Dazu zählt auch der vollständige Verzicht darauf, auf Erziehungsfragen einzuwirken, worunter die Aufklärung des Kindes über die Zeugungsumstände fällt. Letztlich ist es nicht Aufgabe einer Samenbank oder eines Spenders, als zweite Instanz die Aufklärung des Kindes zu übernehmen. Unterbleibt diese, ist dies trotz der möglichen negativen Auswirkungen zu respektieren.

Samenbanken, Wunscheltern und Spendern bleibt es gleichwohl überlassen, eine vollständig offene Variante der Samenspende zu regeln, um dem Spender die Möglichkeit zu geben, die Identität seiner genetischen Kinder zu erfahren. Ein allgemeines generelles Auskunftsrecht des Samenspenders sollte aber nicht geschaffen werden.

II. Normierung einer Ausnahmeregelung

Auch wenn die Ablehnung eines Auskunftsrechts des typischen Samenspenders rechtlich unbedenklich ist, kann es in einem Fall wie dem eingangs ausgeführten,

---

697 *Marian*, S. 244.

698 A.A. wohl *Zypries/Zeeb*, ZRP 2014, 54, 55, die fordern, dass zukünftig Eltern nicht nur verpflichtet sein sollten, Auskunft zu geben, wenn das Kind selbst fragt, sondern eine diesbezügliche Pflicht zur Aufklärung über die Zeugung haben sollten.

699 *Marian*, S. 244 f.

700 *Marian*, S. 244.

ethische und moralische Bedenken geben. Man könnte daher eine Regelung einführen, die dem Samenspender in vergleichbaren Fällen die Möglichkeit gibt, sich an die medizinische Einrichtung zu wenden. Dort sollte ein „Recht“ auf Einsicht bestehen, wenn die Wunscheltern des Kindes ausdrücklich darin einwilligen; bei voller Geschäftsfähigkeit des Kindes müsste zudem dessen Einwilligung vorliegen.[701] Die Schweigepflicht des Arztes würde dann nicht verletzt, da eine konkrete Einwilligung in die Preisgabe der Informationen vorliegen würde. Bereits jetzt kann ein Dritter Einsicht in die ärztlichen Unterlagen nehmen, wenn die betroffenen Personen einwilligen. Eine Klarstellung würde die Rechtssicherheit jedoch fördern und Samenspendern deutlicher ihre Möglichkeiten aufzeigen.

Diese Ausnahmeregelung könnte an den zu schaffenden § 1598c angehängt werden.

> ***§ 1598c BGB Auskunftsansprüche bei Zeugung mittels Samenspende***
> *(1) [...]*
> *(2) [...]*
> *(3) [...]*
> *(4) Der Samenspender kann Auskunft über die Verwendung seiner gespendeten Zellen und über die Daten der Eltern und des Kindes nur verlangen, wenn die Eltern und das Kind oder dessen gesetzlicher Vertreter der Auskunftserteilung zustimmen.*

Darüber hinaus sollten Samenspendeeinrichtungen angesichts des steigenden Bedürfnisses nach Offenlegung von Daten eine Möglichkeit schaffen, offene Samenspenden durchzuführen. Dies würde auch ein vertragliches Auskunftsrechtrecht des Samenspenders über die Verwendung seiner Keimzellen umfassen. Ob ein solches Angebot auf Akzeptanz stoßen würde, ist schwer zu prognostizieren. Die zunehmenden Tendenzen, die Anonymität des Samenspenders aufzuheben, könnten aber darauf hindeuten, dass auch eine solche Vertragskonstellation angenommen würde. Jedenfalls würde eine solche Variante viele der geschilderten Probleme beheben.

H. Die statusfolgenlose Abstammungsfeststellung

Durch das Auskunftsrecht[702] wird es dem Kind ermöglicht, in Kontakt mit seinem Erzeuger bzw. dem Samenspender zu treten. Problematisch ist, dass keine Überprüfung stattfindet, ob der dokumentierte Samenspender wirklich der genetische Vater

701 Ähnlich *Marian*, S. 246, die aber nur die Einwilligung des Kindes voraussetzt. Das führt aber dann wiederum zu Problemen, wenn der Brief der medizinischen Einrichtung das Kind völlig unvorbereitet erreicht. Dabei tritt die medizinische Einrichtung wiederum als Ersatz-Erzieher auf und zwingt die Eltern, ihr Kind über die Umstände der Zeugung aufzuklären, was nicht gewollt sein kann. Daher ist auch eine Einwilligung der Eltern erforderlich. Zumindest sollten sie einige Zeit vor dem Kind über das Auskunftsbegehren informiert werden, um so das Kind auf die Kontaktaufnahme vorzubereiten.

702 Vgl. S. 125 ff.

des Kindes ist. Es besteht die Möglichkeit, dass das Kind nicht mit dem gespendeten Samen gezeugt wurde, sondern aus einer natürlichen Befruchtung mit einem anderen Mann hervorgegangen ist oder eine Verwechslung des Samens stattgefunden hat. In diesem Fall hätte der dokumentierte Spender keine genetische Beziehung zum Kind. Derzeit ist es nicht möglich, eine statusfolgenlose Abstammungsfeststellung zu betreiben, die diese Ungewissheit beseitigt, wenn der Samenspender sich einer solchen verweigert.

I. Keine Überprüfungsmöglichkeit der genetischen Verwandtschaft zum Samenspender de lege lata

Dieses Problem der statusfolgenlosen Feststellung der Vaterschaft besteht bei künstlichen wie bei natürlichen Zeugungen. Immer wenn das Kind eine Antwort auf die Frage erhält, wer mutmaßlich der genetische Vater ist, besteht eine Unsicherheit, ob die auskunftserteilende Person die Wahrheit gesagt oder (un-)bewusst eine Falschauskunft gegeben hat. Im geltenden Abstammungsrecht besteht grundsätzlich nur im Rahmen der Vaterschaftsfeststellung gem. § 1600d die Möglichkeit, den potentiellen Erzeuger auch gegen seinen Willen zu einem Vaterschaftstest zu verpflichten. Fehlt jedoch die Möglichkeit der Feststellung, weil noch eine andere Vaterschaft besteht oder eine statusrelevante Feststellung nicht gewünscht ist, besteht keine Möglichkeit, auf legalem Wege ein Abstammungsgutachten einzuholen, ohne zuvor die Einwilligung aller Beteiligten eingeholt zu haben.

1. Fallbeispiel

K, rechtliche Tochter von M und V, erfährt durch Aufzeichnungen, dass sie mittels Samenspende gezeugt wurde. Sie erhält daraufhin die Auskunft, dass bei der Insemination der Samen des Spenders S verwendet wurde. Da sie aber keinerlei Gemeinsamkeiten mit S erkennt, möchte K Gewissheit und ggf. auch gegen den Willen von S eine Abstammungsuntersuchung vornehmen lassen, allerdings ohne dabei die Vaterschaft zu ihrem sozialen und rechtlichen Vater V anfechten zu müssen.

2. Die Neuregelung des Sorgerechts des nichtehelichen Vaters

Durch die Neuregelung des Sorgerechts nichtehelicher Väter besteht aufgrund des Gesetzes zur Stärkung der Rechte des leiblichen, nicht rechtlichen Vaters vom 4. Juli 2013[703] nunmehr ergänzend im Rahmen des Umgangsrechts des genetischen Vaters gem. § 1686a die Möglichkeit, eine statusfolgenlose Abstammungsklärung durchführen zu lassen.[704] Insofern hat *„jede Person Untersuchungen, insbesondere die Entnahme von Blutproben, zu dulden, es sei denn, dass ihr die Untersuchung nicht zugemutet werden kann“* soweit es *„zur Klärung der leiblichen Vaterschaft erforderlich*

703 BGBl. I S. 2176.
704 Vgl. *Keuter*, FamRZ 2014, 518, 519.

ist", vgl. § 167a II FamFG. Danach könnte grundsätzlich der Spender eine Überprüfung der Abstammungsverhältnisse erzwingen, nach dem Willen des Gesetzgebers ist dieser aber vom Kreis der Berechtigten ausgeschlossen.[705] Wie im Rahmen des Auskunftsrechts[706] kann der Spender – selbst unter Berücksichtigung des Urteils des *BGH* vom 15.05.2013[707] – jedenfalls wegen des Tatbestandsmerkmals des ernsthaften Interesses diesen Weg meist nicht gehen. Eine Ausnahme muss auch hier als Folge der *BGH*-Rechtsprechung wiederum der Becherspender darstellen. Bemüht sich dieser nach Geburt des Kindes ernsthaft darum, Umgang mit dem Kind zu erhalten, ist ihm nach der Rechtsprechung des *BGH* der Weg einer Abstammungsklärung über den Umweg des § 1686a möglich.

3. *Die Regelung des § 1598a BGB*

§ 1598a gibt dagegen grundsätzlich keine Möglichkeit, eine statusfolgenlose Abstammungsfeststellung des potentiellen genetischen Vaters vornehmen zu lassen. Das *BVerfG* erkannte das grundlegende Problem der fehlenden statusfolgenlosen Abstammungsfeststellungsmöglichkeit in seinem Urteil vom 13.02.2007[708] und entschied, dass ein geeignetes Verfahren zur Abstammungsfeststellung geschaffen werden muss: *„Eine Verletzung des Grundrechts auf freie Entfaltung der Persönlichkeit liegt auch dann vor, wenn der Gesetzgeber es unterlässt, die Verwirklichung des Grundrechts auf Kenntnis der Abstammung in einem dafür geeigneten Verfahren zu ermöglichen.*"[709]

Diesem Auftrag des *BVerfG* kam der deutsche Gesetzgeber mit Erlass von § 1598a, der mit Wirkung zum 01.04.2008 in Kraft trat, nach. Nach dem Wortlaut können Vater, Mutter oder Kind von den jeweils anderen beiden Personen verlangen, dass diese an einer genetischen Abstammungsuntersuchung mitwirken. Wechselseitig sind sie dazu verpflichtet, die Entnahme von genetischen Proben (in der Regel Blutproben[710], seltener Speichel- und Schleimhautproben[711]) zu dulden und in eine Abstammungsuntersuchung einzuwilligen. Gegenstand des Verfahrens bildet dann nicht die eigentliche Abstammungsfeststellung, die im Rahmen von § 1598a stets auf privatem Wege erfolgt, sondern die Ersetzung der verweigerten Einwilligung eines Beteiligten.[712] Mit der Vorschrift sollte zum einen der Entscheidung des *BVerfG* vom 13.02.2007[713] Rechnung getragen werden. Zugleich sollte aber auch heimlichen Vaterschaftstests entgegen gewirkt werden und ein gerechter Ausgleich zwischen

705 BT-Drucks. 17/12163, S. 14.
706 Vgl. S. 160.
707 *BGH* FamRZ 2013, 1209-1212.
708 *BVerfG* NJW 2007, 753-758.
709 *BVerfG* NJW 2007, 753, 754.
710 BT-Drucks. 16/6561, S. 29; MüKo/*Wellenhofer*, § 1598a BGB Rn. 12; Palandt/*Brudermüller*, § 1598a BGB, Rn. 5.
711 Staudinger/*Rauscher*, § 1598a BGB, Rn. 20.
712 *Helms* in: *Schwab/Vaskovics*, S. 105, 114.
713 *BVerfG* NJW 2007, 753-758.

dem Recht auf informationelle Selbststimmung und dem der Kenntnis der eigenen Abstammung geschaffen werden.[714] Darüber hinaus soll ein *„Dialog* [...] *in der Familie* [gefördert werden]*“*[715]. Aus dem Sinn der Norm folgt daher, dass kein Anspruch auf eine nachträgliche Genehmigung einer heimlich durchgeführten Abstammungsuntersuchung besteht.[716]

a. Anspruchsberechtigte und -verpflichtete

Berechtigt sind jeweils wechselseitig der *rechtliche* Vater, die *rechtliche* Mutter und das Kind selbst. Nicht berechtigt sind davon abweichende genetische Elternteile, sei es der genetische Vater oder die genetische Mutter.[717] Im Gegensatz zur Anfechtung der Vaterschaft hat die Norm keine weiteren Tatbestandsvoraussetzungen als die rechtliche Eltern-Kind Beziehung, insbesondere wird auf einen begründeten Anfangsverdacht verzichtet.[718] Die jeweiligen Verpflichteten, die die Probeentnahme zu dulden haben[719] und in die Erstellung des Gutachtens einwilligen[720] müssen, haben aber ein berechtigtes Interesse am Ergebnis der Untersuchung. Demnach gibt ihnen § 1598a IV, als *„Gegenleistung“*[721] für ihre Mitwirkung, einen Anspruch auf Einsichtnahme in die Untersuchungsergebnisse.[722]

b. Fehlender Anspruch des Samenspenders gegen das Kind

Dem genetischen Vater, insbesondere dem Samenspender, hilft die Norm bei der Frage, ob ein Kind von ihm abstammt, nicht weiter, da er nicht zum Kreis der Anspruchsberechtigten gehört.[723] Ihm ist es nach der Gesetzesbegründung ausdrücklich zuzumuten, den statusrelevanten Weg der Anfechtung zu wählen, da nur so gesichert sein könne, dass er auch Verantwortung für das Kind übernehme.[724] Zwar ist dem potentiellen Erzeuger *„ein Interesse an der Gewissheit über die Vaterschaft nicht abzusprechen“*[725], allerdings sei seinem Interesse an der Überprüfung der

---

714 MüKo/*Wellenhofer*, § 1598a BGB, Rn. 1; BT-Drucks. 16/6561, S. 12.

715 BT-Drucks. 16/6561, S. 10; *Wellenhofer*, JuS 2009, 673, 678; lesenswert und sehr kritisch dazu: *Schwab*, FamRZ 2008, 23-27.

716 Staudinger/*Rauscher*, § 1598a BGB, Rn. 20.

717 Vgl. dazu auch *OLG Karlsruhe* FamRZ 2010, 221-222.

718 *Schwab*, FamRZ 2008, 23, 25; *Muscheler*, FPR 2008, 257, 261.

719 Zur Ungenauigkeit des Begriffs „dulden“: *Muscheler*, FPR 2008, 257, 259 f.

720 Im Sinne einer vorherigen Zustimmung, *Muscheler*, FPR 2008, 257, 259; *Borth*, FPR 2007, 381, 382.

721 *Borth*, FPR 2007, 381, 382.

722 MüKo/*Wellenhofer*, § 1598a BGB, Rn. 19.

723 *Gernhuber/Coester-Waltjen*, § 51 Rn. 6; *Muscheler*, FPR 2008, 257, 258; *Frank/Helms*, FamRZ 2007, 1277, 1278; *Kaiser* in: FS Brudermüller, S. 357, 359.

724 BT-Drucks. 16/6561, S. 12, 17; *Borth*, FPR 2007, 381, 382; Palandt/*Brudermüller*, § 1598a BGB, Rn. 7; kritisch zu dieser Begründung *Frank/Helms*, FamRZ 2007, 1277, 1279; MüKo/*Wellenhofer*, § 1598a BGB, Rn. 10.

725 BT-Drucks. 16/6561, S. 12.

genetischen Bande zwischen ihm und dem Kind über die Vaterschaftsfeststellung ausreichend Rechnung getragen, insofern keine anderweitige Vaterschaft besteht.[726] Liegt dagegen eine solche vor, sei die Wertung des § 1600 II BGB i.V.m. § 640h II ZPO (jetzt: § 182 I FamFG) zu beachten, weswegen es *„verhindert werden* [müsse], *dass der vermeintlich leibliche Vater allein mit seinem Klärungsinteresse Zweifel in eine funktionierende soziale Familie hineinträgt"*[727]. Zweifel an der bestehenden Vaterschaft sollen folglich nur geäußert werden, wenn der Zweifelnde auch bereit ist, die rechtliche Verantwortung des Vaterseins zu übernehmen.[728] Der Samenspender und potentiell genetische Vater hat somit keine Möglichkeit, die Abstammung statusunabhängig eigenmächtig klären zu lassen, auch nicht bei Fehlen einer sozial-familiären Beziehung oder einer anderweitigen Zuordnung.[729] Angesichts der eindeutigen Gesetzesbegründung muss auch eine Analogie ausscheiden.[730] Das *BVerfG* hat die geltende Fassung des § 1598a für verfassungskonform erklärt.[731]

c. Fehlender Anspruch des Kindes gegen den Samenspender

Das Kind kann lediglich in Erfahrung bringen, ob die Zuordnung zum rechtlichen Vater der genetischen Abstammung entspricht. Ihm fehlt aber die Möglichkeit, bei Nichtvorliegen dieser Kongruenz, die genetische Vaterschaft eines Dritten überprüfen zu lassen. Dafür hätte der potentielle genetische Vater in den Kreis der Anspruchsverpflichteten aufgenommen werden müssen.[732] Weiß das Kind zwar, dass keine genetische Abstammung zwischen ihm und dem rechtlichen Vater besteht[733], hilft § 1598a der Verwirklichung des Rechts auf Kenntnis der eigenen Abstammung also nicht weiter, da keine Überprüfung der vermuteten genetischen Vaterschaft des Samenspenders möglich ist.

4. Rechtsvergleich

In diesem Fall erzeugt ein Rechtsvergleich kaum neue Erkenntnisse. Vielmehr zeigt sich, dass das deutsche Recht mit § 1598a eine Pionierstellung innehat. Weltweit ist Deutschland wohl das erste und einzige Land, das ein Verfahren zur isolierten Klärung der Abstammung eingeführt hat.[734]

726 BT-Drucks. 16/6561, S. 12.
727 BT-Drucks. 16/6561, S. 12.
728 BT-Drucks. 16/6561, S. 12.
729 Staudinger/*Rauscher*, § 1598a BGB, Rn. 17.
730 BT-Drucks. 16/6561, S. 12, 17; Staudinger/*Rauscher*, § 1598a BGB, Rn. 17; *Mayer*, S. 142 ff.
731 *BVerfG* NJW 2009, 423-424.
732 *Borth*, FPR 2007, 381, 382; Palandt/*Brudermüller*, § 1598a BGB, Rn. 6; *Mayer*, S. 148 ff.
733 Sei es nach Durchsetzung des Anspruchs aus § 1598a BGB oder durch vorheriges Inkenntnissetzen durch die Beteiligten selbst.
734 *Helms*, FamRZ 2010, 1, 7 f.; *Schneider*, S. 1.

II. Normierung eines Klärungsanspruchs des Kindes gegen den potentiellen genetischen Vater

Der Rahmen der Anspruchsverpflichteten des § 1598a sollte um den potentiellen leiblichen Vater erweitert werden, wodurch ein Anspruch des Kindes gegen den Samenspender auf Einwilligung in eine genetische Abstammungsuntersuchung geschaffen würde.

1. *Die Situation des Kindes*

Will das Kind de lege lata eine Überprüfung vornehmen, ist es bei Bestehen einer anderweitigen Vaterschaft gezwungen, ein Anfechtungsverfahren durchzuführen und damit die Zuordnung zum rechtlichen Vater zu beseitigen, was den Familienfrieden erheblich gefährden, wenn nicht sogar zerstören könnte.[735] (Erst) bei Vaterlosigkeit des Kindes kann ein Vaterschaftsfeststellungsverfahren durchgeführt werden.[736] Das Gesetz zwingt das Kind damit zu einer Überreaktion.[737] Gefordert wird daher ein Recht auf *„positive Klärung der Abstammung"*, was sich bereits aus Gleichheitsgesichtspunkten ergebe.[738] Schließlich seien die Interessen des rechtlichen Vaters durch § 1598a *„vollauf befriedigt"*, die des Kindes jedoch nicht.[739] Die Existenz eines rechtlichen Vaters dürfe den Klärungsanspruch des Kindes nicht verhindern.[740] Darüber hinaus sei durch die fehlende Möglichkeit einer statusfolgenlosen Klärung das Recht auf Kenntnis der eigenen Abstammung des Kindes verletzt.[741]

Die Ambivalenz der Rechtsprechung und des Gesetzgebers in diesem Fall ist erdrückend offensichtlich. Einerseits wird auf die enorme Bedeutung des Rechts auf Kenntnis der eigenen Abstammung hingewiesen, andererseits mutet man dem Kind zu, Auskünften der Mutter bzw. des Arztes uneingeschränkt Glauben zu schenken. Die Rechtsentwicklung ist hier auf halbem Wege stehen geblieben. Die Bedeutung des Rechts auf Kenntnis der eigenen Abstammung muss dazu führen, de lege ferenda eine Überprüfungsmöglichkeit auch in Bezug auf den vermuteten genetischen Vater bzw. den Samenspender zu schaffen.[742] Das Recht kann derzeit weder durch die Auskunft der Mutter noch durch die des behandelnden Arztes effektiv gewahrt werden. Die einzige Möglichkeit, Gewissheit über die Abstammungsverhältnisse zu erlangen, stellt eine Abstammungsuntersuchung dar, wie sie durch § 1598a bean-

---

735 *Muscheler*, FPR 2007, 389, 391 f.; *Frank/Helms*, FamRZ 2007, 1277, 1278 f.

736 Vgl. *OLG Frankfurt* ZKJ 2010, 72, 72.

737 *Meyer*, S. 158.

738 *Frank/Helms*, FamRZ 2007, 1277, 1279; vgl. auch *Wellenhofer*, FamRZ 2013, 825, 829; *Zypries/Zeeb*, ZRP 2014, 54, 56.

739 *Frank/Helms*, FamRZ 2007, 1277, 1278; in diesem Sinne ebenfalls: MüKo/*Wellenhofer*, § 1598a BGB, Rn. 11.

740 *Zimmermann*, FuR 2008, 374, 378.

741 *Ostermann*, S. 273; in diese Richtung *Wellenhofer*, FamRZ 2013, 825, 829.

742 So auch *Zypries/Zeeb*, ZRP 2014, 54, 56.

sprucht oder im Verfahren des § 1600d angeordnet werden kann. Letzteres zwingt das Kind aber dazu, eine bestehende Vaterschaft zunächst zu beseitigen, was durch Fristablauf unmöglich sein kann.[743] Darüber hinaus wird als Folge der Feststellung nicht nur eine gesicherte Kenntnis erlangt, sondern der genetische Vater zugleich als neuer rechtlicher Vater etabliert. Das wäre für beide Seiten ein meist unerwünschtes Ergebnis. Diese unglückliche Situation wird das Kind dazu verleiten, die Abstammungsverhältnisse nicht näher untersuchen zu lassen, um so die Beziehung zum rechtlichen und sozialen Vater nicht zu gefährden und keine finanziellen Nachteile (Unterhaltsverlust, etc.) zu erleiden.[744] Im Ergebnis läuft das Recht auf Kenntnis der eigenen Abstammung damit ins Leere.[745] Erschwerend kommt hinzu, dass durch eine Geltendmachung von § 1598a dem Kind im Zweifel vor Augen geführt wird, dass es nicht von seinem rechtlichen Vater abstammt, ihm aber die Möglichkeit der Überprüfung der Abstammung von einem Dritten verwehrt bleibt, falls dieser nicht zustimmt.[746]

2. Grundrechtliche Abwägung

Für die geforderte Möglichkeit der Abstammungsuntersuchung müssen vom leiblichen Vater bzw. dem Samenspender und bestenfalls auch von der Mutter regelmäßig Blutproben entnommen werden, so dass deren Grundrecht auf körperliche Unversehrtheit berührt ist (Art. 2 I GG). Zudem wird in das informationelle Selbstbestimmungsrecht (als Ausfluss des Persönlichkeitsrechts, Art. 2 I GG i.V.m. Art. 1 I GG) eingegriffen; ebenfalls sind Auswirkungen auf die Familie des leiblichen Vaters bzw. des Spenders nicht ausgeschlossen (Art. 6 I GG).[747]

Der Eingriff in die körperliche Unversehrtheit ist dabei so gering, dass er vor dem bedeutenden Interesse der Kenntnis der eigenen Abstammung zurücktreten muss.[748] Ein kurzer „Pieks", mitunter sogar nur ein einfacher Mundschleimhautabstrich[749], steht einem Leben in Ungewissheit über die eigene Abstammung gegenüber. Misst man der Kenntnis der Abstammung eine erhebliche Bedeutung zu, darf der geringe Eingriff in die körperliche Unversehrtheit die Kenntniserlangung nicht verhindern. Nach Ansicht des *BVerfG* stehen in der Situation, dass der rechtliche Vater gegen

743 *Ostermann*, S. 275; *Wellenhofer*, NJW 2008, 1185, 1189.
744 *Ostermann*, S. 275.
745 *Ostermann*, S. 275.
746 *Ostermann*, S. 275.
747 *Ostermann*, S. 332; *Schneider*, S. 140 ff.
748 Vgl. *Ostermann*, S. 187 f. bezüglich der Grundrechtspositionen der Mutter.
749 Vgl. § 23 GenDG i.V.m. der Richtlinie der Gendiagnostik-Kommission (GEKO) für die Anforderungen an die Durchführung genetischer Analysen zur Klärung der Abstammung und an die Qualifikation von ärztlichen und nichtärztlichen Sachverständigen, abrufbar unter http://www.rki.de/DE/Content/Kommissionen/GendiagnostikKommission/Richtlinien/RL_Qualifikation_Abstammungsbegutachtung.pdf (zuletzt abgerufen am 28.05.2015, 11:01 Uhr)

das Kind einen Anspruch geltend macht, weitere Grundrechtspositionen der Mutter neben dem Recht auf informationelle Selbstbestimmung dem Recht auf Kenntnis nicht entgegen,[750] und das obwohl auch ihr eine Blutprobe abverlangt wird. Es kann sich kein anderes Ergebnis ergeben, wenn der Anspruch gegen den potentiellen Vater geltend gemacht wird. Es ist unerheblich, ob die rechtliche Mutter oder der potentielle Vater zur Abgabe der Blutprobe verpflichtet wird.[751] Beide müssen den Grundrechtseingriff dulden. Sowohl im Verfahren der Vaterschaftsfeststellung als auch der Vaterschaftsanfechtung werden DNA-Untersuchungen vorgenommen und dafür Blutproben entnommen. Durchgreifende Grundrechtsbedenken bestehen in diesem Fall nicht. Dies ist auf das Verfahren nach § 1598a zu übertragen.

In Bezug auf das informationelle Selbstbestimmungsrecht differenziert *Ostermann*, ob das Kind den Anspruch aus immateriellen oder materiellen Beweggründen erhebt.[752] Nur bei immateriellen Motiven überwiege das Interesse des Kindes das des potentiellen Vaters. Gegen diesen Ansatz spricht indes die Praktikabilität einer solchen Regelung. § 1598a ist ein Anspruch, der nur im Ausnahmefall gerichtlich durchgesetzt werden sollte. Wäre eine Abwägung über die Motive des Kindes erforderlich, würde diese Ausnahme aber zur Regel werden, da eine auslegungsbedürftige Tatbestandsvoraussetzung geschaffen würde. Überdies ist ein Vorgehen aus rein materiellen Gründen unwahrscheinlich, da das Verfahren lediglich ein statusfolgenloses Ergebnis erzielen kann. Eine finanzielle Besserstellung findet dadurch gerade nicht statt. Das Verfahren könnte allenfalls der Absicherung dienen: Ist das Kind grundsätzlich dazu bereit, die bestehende Vaterschaft anzufechten, könnte so überprüft werden, ob der potentielle Vater wirklich der genetische Vater ist. Dagegen ist jedoch nichts einzuwenden. Im Ergebnis muss der Anspruch unabhängig von den Motiven des Kindes bestehen. In jedem Fall wiegt das Recht des Kindes auf Kenntnis der eigenen Abstammung schwerer als das Grundrecht des Vaters auf informationelle Selbstbestimmung. Dieses wird nicht über Gebühr beansprucht. Gegen eine Vaterschaftsfeststellung könnte der Spender sich ebenfalls nicht wehren, ein *„Recht auf Nichtkenntnis der eigenen Abstammung"* ist zu Recht nicht anerkannt.[753] Somit steht dieses Grundrecht einem Anspruch des Kindes nicht entgegen.

Selbst der Schutz der Familie des genetischen Vaters vermag das Interesse des Kindes an der Kenntnis der Abstammung nicht zu überwiegen. Bereits im Rahmen der Feststellungsmöglichkeit des Samenspenders wurde darauf hingewiesen, dass eine Familie nie davor geschützt sein kann, von der Vergangenheit eines Familienmitglieds eingeholt zu werden.[754] Das gilt auch hier. Zudem ist die Auswirkung auf den Familienfrieden gering. Unstreitig besteht in Deutschland ein Anspruch

750 *BVerfG* NJW 2007, 753, 756.
751 In diesem Sinne auch *Ostermann*, S. 332.
752 *Ostermann*, S. 332.
753 Wohl *BVerfG*, NJW 2007, 753, 755; darauf bezugnehmend sodann *BGH* NJW 2008, 2433, 2434; vgl. ebenso *Maurer*, NJW 2008, 2436, 2436.
754 Vgl. S. 122 f.; in diese Richtung argumentiert auch *Schneider*, S. 142.

auf Kenntnis der Identität des genetischen Vaters, so dass das Kind ohnehin eigenmächtig in das Leben dessen treten kann. Ein darüberhinausgehender Anspruch auf eine genetische Untersuchung greift dann nicht wesentlich intensiver in das Familienleben ein. Eher noch sorgt er für Klarheit und bildet damit die Grundlage der Aufarbeitung innerhalb der Familie. Das Grundrecht aus Art. 6 I GG wird damit nicht verletzt. Gleichsam spielt auch der Schutz der Ehe und der Familie der Wunscheltern, wie beim Anfechtungsrecht des Kindes, keine Rolle. Gerade bei einer heterologen Insemination haben sie die Situation bewusst herbeigeführt und daher auch die Konsequenzen zu tragen.

Zuletzt kommt der Schutz der Privatsphäre der Mutter in Betracht. Indes spielt dies bei der Samenspende keine Rolle, da – wie bereits dargelegt – der Befruchtungsvorgang unter Einbeziehung Dritter der Intimität entzogen ist. Allenfalls könnte aufgedeckt werden, dass das Kind nicht aus der Samenspende stammt, sondern aus einer natürlichen Zeugung mit einer anderen Person. Allein diese Tatsache vermag jedoch keinen erheblichen Eingriff in die Intimsphäre der Mutter darzustellen. Anders könnte es sich lediglich bei rein natürlichen Zeugungen verhalten. In diesem Fall ist aber bereits auf Ebene des Auskunftsanspruchs eine Interessenabwägung vorzunehmen, deren Ergebnis ebenso für die Feststellung gälte.

Im Ergebnis überwiegen damit in jedem Fall die Grundrechte des Kindes. Grundsätzlich muss demnach eine Möglichkeit für das Kind geschaffen werden, seine Abstammung vom genetischen Vater – insbesondere vom Samenspender – statusfolgenlos feststellen zu lassen bzw. Einwilligungen in eine Abstammungsuntersuchung ersetzen zu lassen, auch wenn bereits eine rechtliche Vaterschaft besteht. Es liegt dabei nahe, den Anspruch als generellen Anspruch gegen den potentiellen genetischen Vater auch im Fall einer natürlichen Zeugung auszugestalten.[755]

Aufgrund dieses Ergebnisses überrascht es, dass das *BVerfG* die Norm des § 1598a als verfassungsgemäß erachtet.[756] Das *BVerfG* geht aber scheinbar nur von der Anspruchsrichtung potentieller Vater gegen Kind aus, ein Anspruch des Kindes gegen selbigen bleibt unbeachtet.[757] Käme es in Zukunft zu einer Verfassungsbeschwerde eines Kindes, wäre ein anderes Urteil jedenfalls denkbar. Auch der Achtzehnte Deutsche Familiengerichtstag (2009) sprach sich eindeutig für eine Erweiterung des § 1598a und damit für einen Anspruch des Kindes gegen den potentiellen genetischen Vater aus.[758] Explizit wurde zudem ein Anspruch gegen den Samenspender gefordert.[759] Einzige Voraussetzung sollte nach Auffassung des Arbeitskreises sein, dass eine legal durchgeführte DNA-Untersuchung die Nichtabstammung vom rechtlichen Vater bewiesen hat.[760] Teilweise wurden zudem *„hinreichende Anhaltspunkte“* verlangt, die

755 Vgl. *Mayer*, S. 150 f.
756 *BVerfG* NJW 2009, 423-424.
757 Vgl. *BVerfG* NJW 2009, 423-424.
758 Achtzehnter Deutscher Familiengerichtstag, S. 112.
759 Achtzehnter Deutscher Familiengerichtstag, S. 112.
760 Achtzehnter Deutscher Familiengerichtstag, S. 112.

für die Abstammung vom Dritten sprechen.[761] Für einen Anspruch gegen den potentiellen Erzeuger sind jedoch höchstens im Fall einer natürlichen Zeugung zusätzliche Voraussetzungen erforderlich. Für einen Anspruch gegen den Samenspender muss es ausreichen, dass nach den Behandlungsunterlagen Sperma des Spenders für die Befruchtung verwendet wurde. Ein aussagekräftigeres Indiz für die genetische Vaterschaft gibt es nicht. Da das Kind zunächst seinen Auskunftsanspruch gegen Eltern und Ärzte geltend machen muss, stellt diese Voraussetzung keine große Hürde dar.

3. *Keine Anspruchsberechtigung der rechtlichen Eltern*

Die Idee, den Samenspender bzw. den potentiellen biologischen Vater in den Kreis der Anspruchsverpflichteten aufzunehmen, wurzelt im Recht des Kindes auf Kenntnis der eigenen Abstammung, also im Persönlichkeitsrecht des Kindes selbst. Insofern muss beachtet werden, dass die rechtlichen Eltern selbst kein geschütztes Interesse daran haben, die genetische Vaterschaft des potentiellen Erzeugers überprüfen zu lassen.[762] Es gibt kein Recht auf Kenntnis des anderen genetischen Elternteils. Der rechtliche Vater könnte allenfalls finanzielle Interessen daran haben, die Vaterschaft des möglichen Erzeugers überprüfen zu lassen. Das würde aber ohnehin eine statusrelevante Feststellung erfordern.

Ohne den Umweg über das Auskunftsrecht des Kindes besteht keine Möglichkeit der Eltern, die Identität des Spenders zu erfahren. Daher ist auch ein Anspruch der Eltern auf eine Abstammungsuntersuchung aus eigenem Recht zu verneinen.

4. *Formulierungsvorschlag*

Es bietet sich an, den § 1598a um einen fünften Abschnitt zu erweitern, der den Anspruch des Kindes gegen den Samenspender regelt.[763] Wegen der Vergleichbarkeit der Interessenslagen und insbesondere, weil bereits auf Ebene des vorgeschlagenen Auskunftsanspruchs nach § 1598b II (derzeit ebenso nach § 1618a) eine Interessenabwägung zu erfolgen hat, ist der Anspruch auch auf natürliche Zeugungen auszuweiten.

> **§ 1598a BGB Anspruch auf Einwilligung in eine genetische Untersuchung zur Klärung der leiblichen Abstammung**
> [...]
> *(5) Das Kind kann von dem Mann, der laut Auskunft nach § 1598b oder § 1598c als leiblicher Vater in Betracht kommt, verlangen, dass dieser in eine genetische Abstammungsuntersuchung einwilligt und die Entnahme einer für die Untersuchung geeigneten genetischen Probe duldet. Absatz 1 Satz 2 sowie die Absätze 2 bis 4 gelten entsprechend.*

---

761 Achtzehnter Deutscher Familiengerichtstag, S. 112.

762 Anders *Ostermann*, S. 330 f., die zumindest der rechtlichen Mutter ein grundrechtlich geschütztes Recht auf Kenntnis der Abstammung des Kindes einräumt.

763 Ebenso *Wellenhofer*, FamRZ 2013, 825, 829.

III. Einführung eines Anspruchs des Samenspenders gegen das Kind nur in Ausnahmefällen

Neben der Anspruchsverpflichtung wäre es möglich, auch dem Spender eine Anspruchsberechtigung einzuräumen. Das *BVerfG* führt zur möglichen Anspruchsberechtigung des potentiellen Erzeugers aus, dass *„es das Fehlen einer rechtlichen Zuordnung des Kindes zu ihm rechtfertigen* [kann], *strengere Anforderungen zu stellen. Von ihm kann der Vortrag von Umständen verlangt werden, die es möglich erscheinen lassen, dass er der biologische Vater des Kindes sein könnte, um das Kind und die Mutter vor der Preisgabe persönlicher Daten und der Offenlegung intimer Begebenheiten in grundlos von Männern angestrengten Verfahren zu schützen, zu denen sie in keiner rechtlichen oder sozialen Beziehung stehen.“*[764]

1. *Alternativer Gesetzesvorschlag*

Der von Bayern initiierte Entwurf des Bundesrates enthielt als Ergebnis einer Interessenabwägung einen Anspruch des potentiellen Vaters, der aber auf Fälle beschränkt war, in denen eine Anfechtung möglich wäre, insbesondere also eine sozial-familiäre Beziehung zum rechtlichen Vater nicht besteht.[765] Ohne nähere Begründung sprach sich auch der Achtzehnte Deutsche Familiengerichtstag (2009) für die Anspruchsberechtigung des potentiellen genetischen Vaters unter bestimmten (ungenannten) Voraussetzungen aus.[766]

2. *Grundrechtliche Abwägung*

Trotz des obiter dictums des *BVerfG* entschied sich der Gesetzgeber gegen die Erstreckung des Kreises der Anspruchsberechtigten auf den potentiellen genetischen Vater. Das überzeugt nur bedingt, da das Verfahren nach § 1598a gerade dazu geschaffen wurde, neben den statusrelevanten Verfahren ein Instrument zur Abstammungsuntersuchung zu schaffen, das den bestehenden Status unberührt lässt und so das persönlichkeitsrechtliche Interesse der beteiligten Personen an der Gewissheit der Abstammungsverhältnisse wahrt.[767] In der Folge schränkte das *BVerfG* den oben genannten Grundsatz ein: Zwar rechtfertige das Persönlichkeitsrecht auch *„die Möglichkeit eröffnet zu bekommen, in einem rechtsförmigen Verfahren die Abstammung klären zu lassen“*[768], daraus ergebe sich aber kein Anspruch für den potentiellen

764 *BVerfG* FamRZ 2007, 441, 446.
765 BR-Drucks. 193/07, S. 6.
766 Achtzehnter Deutscher Familiengerichtstag, S. 112.
767 *Helms*, FamRZ 2010, 1, 7; *Frank/Helms*, FamRZ 2007, 1277, 1278 f.; in diesem Sinne ebenfalls: MüKo/*Wellenhofer*, § 1598a BGB, Rn. 10; *Sonnenfeld*, RPfleger 2010, 57, 58; *Ostermann*, S. 229 ff. und 240 f.
768 *BVerfG* NJW 2009, 423, 424.

Erzeuger, *„die Abstammung des Kindes von ihm in jedem Fall klären zu lassen.“*[769] Mit dem Interesse des potentiellen Erzeugers konkurrierten in diesem Fall das Interesse des Kindes an einer stabilen rechtlichen und sozialen Zuordnung und das Interesse der Mutter am Schutz ihrer Intimsphäre.[770] Der Gesetzgeber habe zum Ausgleich dieser Interessen mit der geltenden Fassung des § 1598a in verfassungsmäßiger Weise von seinem Gestaltungsspielraum Gebrauch gemacht.[771]

Der rigorose Ausschluss des Erzeugers wird von der Literatur dennoch als Systembruch und als verfassungswidrig angesehen, da dem Erzeuger jedenfalls nach Ablauf der zweijährigen Anfechtungsfrist jegliche Klärungsmöglichkeit fehlt, selbst wenn keine schützenswerte sozial-familiäre Beziehung vorliegt.[772] Selbst bei Vorliegen einer solchen ergäben sich Fälle, in denen es ungerechtfertigt erscheint, dem potentiellen Erzeuger das Klärungsrecht zu verweigern.[773]

Der Neunzehnte Deutsche Familiengerichtstag (2010) forderte daher die Anspruchsberechtigung des potentiellen Erzeugers gleichlaufend zum Anfechtungsverfahren.[774] Erforderlich sollte demnach eine eidesstattliche Versicherung der Beiwohnung sein.[775] Das würde den typischen Samenspender allerdings vom Kreis der Klärungsberechtigten ebenso ausschließen, wie dies im Rahmen der Anfechtungsberechtigung der Fall ist.

Den Rechten des genetischen Vater gegenüber stehen Rechte und Interessen der Wunschfamilie. Die Konsequenzen eines Vorgehens des Spenders für diese Familie müssen daher beachtet werden. Unabhängig davon, wie das Ergebnis einer Abstammungsuntersuchung aussehen mag, ist bereits die Geltendmachung des Anspruchs durch einen Außenstehenden geeignet, die Familie in ihrer sozialen Struktur zu gefährden.[776] Ähnlich entschied das *BVerfG* bezüglich des (verfassungswidrigen) behördlichen Anfechtungsrechts. Bereits die behördliche und gerichtliche Ausforschung im Rahmen des Anfechtungsrechts belaste das tatsächliche Familienleben

769 *BVerfG* NJW 2009, 423, 424.
770 *BVerfG* NJW 2009, 423, 424.
771 *BVerfG* NJW 2009, 423, 424.
772 *Helms*, FamRZ 2010, 1, 7; in diesem Sinne auch: *Wellenhofer*, JuS 2009, 460, 461, *dies.*, NJW 2008, 1185, 1188; *Gernhuber/Coester-Waltjen*, § 52 Rn. 20; *Muscheler*, FPR 2007, 389, 391; *Zimmermann*, JuS 2009, 423, 424, *ders.*, FuR 2008, 374, 378; *Frank/Helms*, FamRZ 2007, 1277, 1278 f.; *Ostermann*, S. 235 ff.; *Heiderhoff*, FamRZ 2010, 8, 8 f.; a.A. *Wagner/Albers*, FPR 2007, 416, 416. *Schneider*, S. 116 ff., hält die Regelung zwar für verfassungskonform, argumentiert dennoch für eine Einbeziehung des Vaterschaftsprätendenten.
773 Vgl. dazu *Helms*, FamRZ 2010, 1, 7; *Frank/Helms*, FamRZ 2007, 1277, 1279; *Zimmermann*, FuR 2008, 374, 378; *Sonnenfeld*, RPfleger 2010, 57, 58, fordert gerade für diesen Fall das Klärungsrecht.
774 *Brudermüller/Schürmann*, FamRZ 2011, 1921, 1923.
775 *Brudermüller/Schürmann*, FamRZ 2011, 1921, 1923.
776 *Ostermann*, S. 250 f.; *Heiderhoff*, FamRZ 2010, 8, 9; *Schneider*, S. 81 ff.

in verfassungsrechtlich bedenklicher Weise.[777] Bei natürlicher Zeugung wird der Verdacht der Untreue in die Familie getragen, der geeignet ist, gewachsene Bindungen zu zerstören.[778] Unstreitig ist damit der Schutzbereich von Art. 6 I GG berührt. Dies gilt vor allem für die Fälle, in denen dem Kind seine genetischen Wurzeln zunächst verborgen geblieben sind. Besteht ohnehin allgemeines Wissen über die Identität des Erzeugers, vermag es auch die Geltendmachung des Anspruchs gem. § 1598a hingegen nicht, die soziale Familie zu gefährden.[779] Dennoch kann man dem potentiellen genetischen Vater aus Gründen der Gleichheit das Recht auf Kenntnis der Vaterschaft nicht vollständig absprechen, wenn man es dem rechtlichen Vater zuspricht.[780] Ihm ist daher grundsätzlich ein Anspruch gegen die Mutter und das Kind auf Einwilligung in eine Abstammungsuntersuchung zu gewähren.

3. Normierung eines Anspruchs des potentiellen genetischen Vaters

Im Rahmen eines solchen Anspruchs ist es angebracht, wie im Rahmen einer Anfechtung eine eidesstattliche Versicherung der Beiwohnung zu fordern, um eine Geltendmachung des Auskunftsrechts ins Blaue hinein zu vermeiden. Ebenso ist es zu vermeiden, dass die Geltendmachung des Anspruchs eine zu starke Gefährdung der gelebten Familie zur Folge hätte. Das Bestehen einer sozial-familiären Beziehung des rechtlichen Vaters zum Kind schließt zum Schutz der Familie eine statusrelevante Anfechtung aus. Zwar hat § 1598a gerade keine Auswirkungen auf die statusrechtliche Zuordnung, dennoch kann eine Geltendmachung des Anspruchs auch in diesem Fall die gelebte Familie erheblich gefährden. Auch im Rahmen einer Vaterschaftsanfechtung wird zunächst untersucht, ob eine sozial-familiäre Beziehung der Anfechtung entgegensteht, bevor eine Abstammungsuntersuchung vorgenommen wird. Dies muss ebenso gehandhabt werden, wenn allein eine statusfolgenlose Abstammungsfeststellung begehrt wird. Die Vermutungen des § 1600 IV können dabei entsprechend angewandt werden. Der Anspruch sollte demnach wie folgt gefasst werden.

> **§ 1598a BGB Anspruch auf Einwilligung in eine genetische Untersuchung zur Klärung der leiblichen Abstammung**
>
> [...]
>
> *(6) Der Mann, der an Eides statt versichert, der Mutter des Kindes während der Empfängniszeit beigewohnt zu haben, kann von der Mutter und dem Kind, verlangen, dass diese in eine genetische Abstammungsuntersuchung einwilligen und die Entnahme einer für die Untersuchung geeigneten genetischen Probe dulden. Dies setzt voraus, dass zwischen dem Kind und seinem Vater keine sozial-familiäre Beziehung besteht oder im Zeitpunkt seines Todes bestanden hat. Absatz 1 Satz 2 sowie die Absätze 2 bis 4 und § 1600 Absatz 4 gelten entsprechend.*

---

777 *BVerfG* FamRZ 2014, 449, 457.

778 *Ostermann*, S. 251; *Schneider*, S. 84; vgl auch *Mayer*, S. 58 zum Auskunftsanspruch.

779 *Ostermann*, S. 252.

780 *Heiderhoff*, FamRZ 2010, 8, 9; *Schneider*, S. 137.

4. Anspruch des Samenspenders nur im Fall einer Becherspende

Für den Samenspender stellt sich die Situation dagegen grundsätzlich anders als für den natürlichen Erzeuger dar. Die Ausführungen zum Auskunftsanspruch des Samenspenders gelten insoweit analog.[781] Dem Persönlichkeitsrecht des Spenders stehen der Schutz der Familie sowie das Erziehungsrecht der Eltern gegenüber. Zum Auskunftsanspruch des Samenspenders wurde darüber hinaus ausgeführt, dass er in diesem Fall wirksam auf sein Persönlichkeitsrecht verzichtet hat.[782] Dies ist auch auf die Wertung des § 1598a zu übertragen. Es ist damit gerechtfertigt, dem typischen Samenspender keinen Auskunftsanspruch bezüglich der Identität des Kindes zuzugestehen und folgerichtig auch keinen Anspruch auf eine genetische Untersuchung zu ermöglichen.[783]

Dagegen steht dem Becherspender, der bei Abgabe der Spende vereinbart hatte, die rechtliche Vaterschaft für das Kind zu übernehmen, bereits de lege lata ein Auskunftsanspruch bezüglich der Identität des Kindes zu.[784] Als Folge ist er auch im Rahmen von § 1598a dem natürlichen Erzeuger gleichzustellen. Bestand bei Abgabe der Spende keine Vereinbarung, dass ein Dritter die rechtliche Vaterschaft des Kindes übernehmen soll, ist dem (Becher-)Spender somit die Möglichkeit der statusfolgenlosen Abstammungsklärung zu ermöglichen. Die vorgeschlagene Regelung ist demnach in Anlehnung den Reformvorschlag zur Regelung des Anfechtungsrechts des Samenspenders wie folgt zu ergänzen[785]:

§ 1598a BGB Anspruch auf Einwilligung in eine genetische Untersuchung zur Klärung der leiblichen Abstammung

[...]

(6) Der Mann, der an Eides statt versichert, der Mutter des Kindes während der Empfängniszeit beigewohnt zu haben, kann von der Mutter und dem Kind, verlangen, dass diese in eine genetische Abstammungsuntersuchung einwilligen und die Entnahme einer für die Untersuchung geeigneten genetischen Probe dulden. Dies setzt voraus, dass zwischen dem Kind und seinem Vater keine sozial-familiäre Beziehung besteht oder im Zeitpunkt seines Todes bestanden hat. Absatz 1 Satz 2 sowie die Absätze 2 bis 4 und § 1600 Absatz 4 gelten entsprechend. *Ist das Kind durch künstliche Befruchtung mittels Samenspende des Mannes gezeugt worden, so ist der Anspruch nach Satz 1 ausgeschlossen; dies gilt nicht, wenn bei der künstlichen Befruchtung die Übernahme der Vaterschaft durch einen Dritten zwischen der Mutter und dem Mann nicht vereinbart wurde. In diesem Fall muss der Mann an Eides statt versichern, der Mutter seinen Samen gespendet zu haben.*

---

781 Vgl. S. 156 ff.

782 Vgl. S. 161 ff.

783 A.A. *Schneider*, S. 137 f.

784 Vgl. dazu S. 159.

785 Änderungen zum vorangegangen Vorschlag sind *kursiv* hervorgehoben.

6. Kapitel: Abstammungsrechtliche Probleme nach Eizellspende

Im folgenden Abschnitt werden die Probleme behandelt, die entstehen, wenn sich ein Wunschelternpaar zur Überwindung der Sterilität der Wunschmutter zur Inanspruchnahme einer Eizellspende entschließt. Zur Befruchtung der fremden Eizelle wird dabei der Samen des Wunschvaters selbst verwendet. Genetische Eltern sind somit der Wunschvater und die Eizellspenderin.

A. Zuordnung, Anfechtung und Feststellung der Mutterschaft

Das Kernproblem ist spiegelbildlich zur Zeugung mittels Samenspende die Zuordnung zum Wunschelternteil, der mit dem Kind nicht genetisch verwandt ist, in diesem Fall die Wunschmutter. Die Zuordnung der Mutterschaft erfolgt de lege lata über § 1591 und ist nicht anfechtbar.

I. Die Unabänderlichkeit der Mutterschaft

Für den Fall der Eizellspende sieht das deutsche Recht noch weniger Regelungen als für den Fall der Samenspende vor, obwohl ein enormer Regelungsbedarf besteht. Tatsächlich sind die derzeitigen Regelungen zur Mutterschaft nicht mehr geeignet, das heute medizinisch Mögliche angemessen zu erfassen. Da aufgrund der Eizellspende genetische und biologische Mutterschaft auseinanderfallen, stellt sich die Frage, ob die strikte Zuordnung der rechtlichen Mutterschaft zur biologischen Mutter nach § 1591 gerechtfertigt ist. Hier ist gegebenenfalls eine Novellierung nötig, um der *Abstammungswahrheit*, vor allem aber den Interessen der Beteiligten Rechnung zu tragen.

1. *Fallbeispiel*

Die volljährige K erfährt durch Zufall, dass sie mittels Eizellspende gezeugt wurde. Da sie sich ohnehin von ihren Eltern distanziert hat, möchte sie sich nun auch rechtlich von ihrer Mutter trennen und wegen der fehlenden genetischen Abstammung zu ihr eine Aufhebung der rechtlichen Mutterschaft durchsetzen.

2. *Motivation des Gesetzgebers bei Schaffung des § 1591*

Die Festlegung der biologischen Mutter als rechtliche Mutter folgt dem ausdrücklichen Ziel, im Interesse des Kindes das Entstehen gespaltener Mutterschaften zu verhindern: *„In § 1591 BGB-E wird für die Fälle der Ei- oder Embryonenspende klargestellt, daß* [sic] *Mutter des Kindes im Rechtssinne allein die Frau ist, die das Kind* *geboren hat. Diese Regelung ist im Interesse der Vermeidung einer „gespaltenen" Mutterschaft, insbesondere von Leihmutterschaften in der Form der „Ammenmutterschaft", geboten."*[1] Trotz des Verbots der Eizellspende in ESchG und AdVermiG kommt es aber zu Fällen, in denen genetische und biologische Mutterschaft auseinanderfallen. Obwohl der Gesetzgeber dies erkannt hat, sah er bewusst von einer umfangreichen Regelung der Materie ab. Zwar sei eine Mutterschaftszuordnungsnorm erforderlich, um die abstammungsrechtlichen Verhältnisse bei Fällen illegaler Eizellspenden im Inland oder Behandlungen im Ausland klarzustellen, die Regelung dürfe aber *„nicht dahin mißverstanden* [sic] *werden* [...], *daß* [sic] *das Zivilrecht eine öffentlich-rechtlich verbotene Methode der künstlichen Befruchtung billigt oder gar praktikabel macht [...]."*[2]

Für die Zuordnung der Mutterschaft zur biologischen Mutter spreche entscheidend, dass zwischen ihr und dem Kind durch Schwangerschaft und Geburt eine besondere Verbindung entstehe, die sich auf die emotionale Entwicklung von Kind und Mutter auswirke.[3] Diese *„körperliche und psychosoziale Beziehung"* rechtfertige es, die Mutterschaft nicht als Scheinmutterschaft auszugestalten, sondern unabänderlich an die Geburtsmutter zu knüpfen.[4]

3. Die Lage der Beteiligten

Zur Verdeutlichung der Probleme, die durch das geltende Abstammungsrecht im Fall der Eizellspende entstehen, werden im Folgenden kurz die Lagen der einzelnen Beteiligten skizziert.

a. Die Lage der Wunscheltern

Als Wunscheltern erweisen sich der genetische Vater und die Wunschmutter, die das Kind austrägt. An der Vaterschaft des Wunschvaters bestehen keine Zweifel, da das Kind mit seinem Samen gezeugt wurde. Ist er mit der Mutter verheiratet, wird er unabänderlich Vater des Kindes, andernfalls kann er durch Anerkennung oder durch Feststellung die rechtliche Vaterrolle erhalten. Die Wunschmutter hingegen ist genetisch nicht mit dem Kind verwandt. Sie trägt ein Kind aus, das durch Befruchtung einer fremden Eizelle entstanden ist. Durch § 1591 ist ihre rechtliche Mutterschaft dennoch unabänderlich festgeschrieben, da sie das Kind gebiert. Letztlich ist das in den meisten Fällen unproblematisch, da gerade die rechtliche Zuordnung der Wunschmutter zum Kind gewünscht ist.[5] Lediglich für Ausnahmefälle, z.B. bei Verwechslung der Eizellen im Labor, kann über eine Ausnahmeregelung nachgedacht werden.

---

1 BT-Drucks. 13/4899, S. 51 f.
2 BT-Drucks. 13/4899, S. 82.
3 BT-Drucks. 13/4899, S. 82.
4 BT-Drucks. 13/4899, S. 82.
5 Vgl. MüKo/*Wellenhofer*, § 1591 BGB, Rn. 10; *Luh*, S. 158.

b. *Die Lage des Kindes*

Das Kind ist in einer ähnlichen Situation wie nach einer Samenspende. Ihm ist ein Elternteil aufgezwungen, der genetisch nicht mit ihm verwandt ist. Im Gegensatz zur Rechtslage nach heterologer Insemination ist diese Zuordnung jedoch unabänderlich. Die Interessen des Kindes an einer möglichen Abänderung der Zuordnung zur Mutter bleiben unbeachtet.

c. *Die Lage der Eizellspenderin*

Wie alle anderen Beteiligten kann auch die Eizellspenderin keine Abänderung der Mutterschaft (zu ihren Gunsten) erreichen. Insofern ist ihre Lage vergleichbar mit der des Samenspenders, der grundsätzlich kein Vaterschaftsanfechtungsrecht besitzt. Allerdings wurde im Rahmen dieser Arbeit die Einführung einer Ausnahmevorschrift überdacht und bejaht.[6] Die Möglichkeit, eine solche Ausnahmevorschrift auch für die genetische Mutter einzuführen, ist deswegen zu überprüfen.

4. *Kritik an der Regelung*

Obwohl die Regelung des § 1591 konsequent zu sein scheint, hinkt das Abstammungsrecht an dieser Stelle der Wirklichkeit hinterher.

a. *Bruch mit dem Prinzip des § 1589 BGB*

Die unabänderliche Zuordnung der Mutterschaft allein anhand der Geburt bereitet systematische Bedenken. Die Vorschrift des § 1591 ist nämlich mit § 1589, der die Verwandtschaft im Grundsatz regelt, unvereinbar. Satz 1 des § 1589 definiert die Blutsverwandtschaft[7] als begründendes Merkmal der rechtlichen Verwandtschaft.[8] Dem widersprechend erfolgt die Zuordnung der rechtlichen Mutterschaft aber allein anhand der Geburt, auch wenn keine genetische Verwandtschaft besteht. § 1591 führt im Fall einer Eizellspende somit zum *„Bruch mit der Abstammungswahrheit“*[9]. Die Regelung des § 1591 ist daher als gesetzliche Ausnahmevorschrift zu § 1589 anzusehen.[10] Die Festlegung auf die Geburtsmutterschaft führt zu einer Überlagerung des ansonsten herrschenden Abstammungsprinzips.[11]

---

6 Vgl. S. 112 f.

7 Die Blutsbande sind in nahezu allen Gesellschaften das prägende Element der Sozialorganisation, vgl. *Petersen*, S. 16; *Luh*, S. 57 f.

8 S.o. S. 37 ff.; vgl. auch: *BVerfG* NJW 1989, 891 ff.; Staudinger/*Rauscher*, § 1591 BGB, Rn. 11; *Bokelmann/Bokelmann*, S. 260.

9 *Luh*, S. 86; ähnlich auch Staudinger/*Rauscher*, § 1591 BGB, Rn. 11; MüKo/*Wellenhofer*, § 1591 BGB, Rn. 26; *Kaiser* in: *Schwab/Vaskovics*, S. 239, 255; *Huth*, S. 40.

10 Staudinger/*Rauscher*, § 1591 BGB, Rn. 11; MüKo/*Wellenhofer*, § 1591 BGB, Rn. 26; Erman/*Hammermann*, § 1591 BGB, Rn. 1; *Gernhuber/Coester-Waltjen*, § 51 Rn. 2; *Wanitzek*, S. 206 f.; *Valentin*, S. 56; *Luh*, S. 131; *Strätz* in: *Lorenz*, S. 164, 166, spricht gar von einer *„normativen Lüge“*.

11 *Wohn*, S. 109.

Die Auffassung, dass die Vorschriften miteinander vereinbar seien, überzeugt hingegen nicht. Die Bezugnahme auf die Geburt in § 1589 S. 3 führt nicht dazu, dass die Geburt als zusätzlicher Anknüpfungspunkt für die Verwandtschaft neben die genetische Abstammung tritt.[12] Der Wille des historischen Gesetzgebers bei der Schaffung der Norm kann bereits deshalb nicht maßgeblich sein, weil der Fall der gespaltenen Mutterschaft noch nicht denkbar war.[13] Systematisch fällt hingegen auf, dass S. 3 des § 1589 erst nach der grundsätzlichen Zuordnung der Verwandtschaft gemäß der Abstammung in Satz 1 folgt. Satz 3 dient demnach nur der Abstufung bereits bestehender Verwandtschaften nach Satz 1. Anknüpfungspunkt bleibt damit grundsätzlich allein die Blutsverwandtschaft. Die Vorschrift des § 1591 ist somit bereits aufgrund der Systematik des Gesetzes kritisch zu sehen.

b. *Die Zuordnung als Methode zur Eindämmung ungewünschter Fortpflanzungsmethoden*

Auffälliger ist hingegen die überraschende Begründung des Gesetzgebers für die Vorschrift. Ausdrücklicher Gedanke hinter der Regelung des § 1591 ist es unter anderem, Eizell- und Embryonenspenden sowie Leihmutterschaften zivilrechtlich den Reiz zu nehmen, indem jeweils die biologische Geburtsmutter unabänderlich die rechtliche Mutterschaft zugesprochen bekommt. Damit sollen die Normziele des Embryonenschutz- und des Adoptionsvermittlungsgesetzes zivilrechtlich unterstützt werden. Diese Intention des Gesetzgebers ist bedenklich, weil damit öffentlich-rechtliche Ziele im höchst sensiblen Bereich des Abstammungsrechts durchgesetzt werden sollen. Dieses sollte jedoch so ausgestaltet sein, dass es in sich stimmig eine interessengerechte Zuordnung von Kindern zu seinen Eltern gewährleistet, *„denn der Gesetzgeber hat sich einer Zuordnungsfrage auch dann anzunehmen, wenn ein Vorgang untersagt ist.“*[14] Es ist nicht der richtige Ort, um ungewünschte Fortpflanzungsmethoden zu unterbinden und die Mutterschaft so gänzlich *„ethischen Bedenken unterzuordnen“*.[15] Ohnehin sind Embryonenspenden unter strengen Voraussetzungen in Einzelfällen erlaubt, so dass das Abstammungsrecht bereits Defizite aufweist.[16] Dabei ist es gerade dessen Aufgabe, *„Lösungen für jegliche Art der Zeugung bereitzuhalten, ohne jedoch Wertungen zu treffen.“*[17]

---

12 So aber *Wanitzek*, S. 207; *Luh*, S. 131.

13 Sogar die Gesetzesbegründung zu § 1591 BGB spricht von einer Regelungslücke, BT-Drucks. 13/4899, S. 82; Staudinger/*Rauscher*, § 1591 BGB, Rn. 11.

14 *Coester-Waltjen*, Reproduktionsmedizin 2002, 183, 194; in diesem Sinne auch: MüKo/*Wellenhofer*, § 1591 BGB, Rn. 25; *Wohn*, S. 104; *Weyrauch*, S. 22; a.A. Staudinger/*Rauscher*, Anh. zu § 1592 BGB, Rn. 2.

15 *Luh*, S. 141; vgl. auch MüKo/*Wellenhofer*, § 1591 BGB, Rn. 25; a.A. Staudinger/*Rauscher*, § 1591 BGB, Rn 14, der darauf verweist, dass Regelungen im Abstammungsrecht die einzige Möglichkeit seien, wirksam gegen den Fortpflanzungstourismus vorzugehen.

16 *Coester-Waltjen*, Reproduktionsmedizin 2002, 183, 194.

17 *Wohn*, S. 173.

c. Regelungsbedarf trotz Verbots der Eizellspende

Auch ohne Zulassung der Eizellspende mehren sich die konkreten Fälle, in denen fortpflanzungsmedizinische Maßnahmen zur Zeugung eines Kindes herangezogen werden. Sollen im Inland pönalisierte Behandlungsmethoden vorgenommen werden, wird der Behandlungsort ins Ausland verlegt oder ein Mediziner gesucht, der sich nicht an das Verbot hält.[18] Bereits 2006 wurden in Spanien 1500 Eizellspenden an ausländischen (vorrangig deutschen, italienischen und britischen) Paaren vorgenommen, 12% mehr als im Vorjahr.[19] Weitere beliebte Behandlungsorte sind England, Polen, Tschechien und Russland.[20] Nach der Behandlung kehren die Wunscheltern wieder ins Inland zurück. Nach Art. 19 EGBGB findet dann (regelmäßig) deutsches Recht Anwendung, so dass die Geburtsmutter auch rechtliche Mutter i.S.d. § 1591 wird.

Dieser Umstand führt dazu, dass Kinder in Deutschland geboren werden und leben, die mittels einer Eizellspende gezeugt und mit der Geburt der Wunschmutter zugeordnet wurden. Der Gesetzgeber gibt hier aus „*Bequemlichkeit und Ignoranz*“[21] sämtlichen Gestaltungsspielraum auf und nimmt keine ausgewogenen Regelungen vor, um den Interessen und Rechten der Beteiligten gerecht zu werden.[22] Stattdessen beschränkt er sich bei der Festlegung der Mutterschaft auf die Geburtsmutter.[23] Das überrascht, da dem Gesetzgeber die tatsächlichen Gegebenheiten durchaus bekannt sind. Noch zum Anfechtungsausschluss des § 1600 V führt er aus, dass dem „*Anfechtungsausschluss als isolierte Rechtsfolge einer konsensualen heterologen Insemination* [...] *nicht entgegen* [steht], *dass die Zulässigkeit der heterologen Insemination und auch sonstige zivilrechtliche Fragen im Zusammenhang mit der künstlichen Befruchtung beim Menschen bisher nicht umfassend geklärt und gesetzlich geregelt sind. Ausschlaggebend ist vielmehr, dass auf diesem Wege gezeugte Kinder vorhanden sind, die in rechtlicher und sozialer Hinsicht des Schutzes bedürfen.*“[24] Nichts anderes gilt ebenso für tatsächlich existierende Eizellspendenkinder.[25] Das leuchtet umso mehr ein, wenn man sich vor Augen hält, dass diese an der Entstehung der Situation

18 MüKo/*Wellenhofer*, § 1591 BGB, Rn. 9; Staudinger/*Rauscher*, Anh. zu § 1592 BGB, Rn. 4b; *Revermann/Hüsing*, S. 171.

19 *Revermann/Hüsing*, S. 172.

20 *Kentenich/Utz-Billing*, Gynäkologische Endokrinologie 2006, 229, 230; *Kentenich/Pietzner* in: *Rosenau*, S. 13, 21.

21 *Coester-Waltjen*, FamRZ 1992, 369, 371.

22 In diese Richtung auch *Schewe*, FamRZ 2014, 90, 93.

23 In diese Richtung auch MüKo/*Wellenhofer*, § 1591 BGB, Rn. 25: Trotz moralischer Bedenken an den Fortpflanzungsmethoden seien entsprechende abstammungsrechtliche Regelungen zu treffen.

24 BT-Drucks. 14/2096, S. 7.

25 So auch: *Coester-Waltjen*, Reproduktionsmedizin 2002, 183, 194; anders Staudinger/*Rauscher*, Anh. zu § 1592 BGB, Rn. 5, der gerade bei einer Regelung ohne vorheriger Klärung der ethischen Zulässigkeit des Verfahrens das Kindeswohl als gefährdet ansieht.

gänzlich unbeteiligt sind.[26] Es bestehen daher erhebliche Zweifel, ob die pauschale Regelung des § 1591 den Interessen der Beteiligten gerecht werden kann.

Das *BVerfG* wiederholt in seinen Urteilen regelmäßig folgende Passage zur (rechtlichen) Elternschaft:

> *„Der Gesetzgeber ist nicht verpflichtet, die rechtliche Anerkennung der Elternschaft stets von der Prüfung der Abstammung im Einzelfall abhängig zu machen. Im Hinblick auf den Schutz familiärer sozialer Beziehungen aus Art. 6 I GG und den Schutz der Intimsphäre aus Art. 2 I GG ist es ausreichend, aus bestimmten tatsächlichen Umständen und sozialen Situationen auf die Abstammung eines Kindes zu schließen und auf Grund dieser Vermutung die Zuweisung der rechtlichen Elternstellung vorzunehmen, wenn dies in aller Regel zu einem Zusammentreffen von leiblicher und rechtlicher Elternschaft führt […].“*[27]

Vereinfacht gesagt stellt das *BVerfG* klar, dass es keinesfalls erforderlich ist, die Zuordnung der rechtlichen Elternschaft von einer Überprüfung der genetischen Elternschaft abhängig zu machen, wenn die geltende rechtliche Zuordnung regelmäßig richtige, mit der genetischen Abstammung übereinstimmende Ergebnisse erzielt. Dabei drängt sich die Frage auf, wann die geforderte Regelmäßigkeit durchbrochen wird. Mit zunehmenden Fällen der Eizellspende gerät die genetische Richtigkeit der Zuordnung ins Wanken und Fälle gespaltener Mutterschaft häufen sich. In Bezug auf die Mutterschaft liegt daher eine Reform nahe. Es hilft nicht, wenn der Gesetzgeber statuiert, dass es im Interesse des Kindeswohls keine gespaltene Mutterschaft geben solle[28], wenn sie in der Lebenswirklichkeit vermehrt vorkommt.[29] *„Auch in Zukunft – so schließt man messerscharf – wird sein, was nicht sein darf.“*[30]

d. Die Bedeutung der biologisch-sozialen Bindung an die Mutter

Nicht zuletzt argumentiert der Gesetzgeber, die biologischen Unterschiede zwischen Vater- und Mutterschaft führten dazu, dass die Mutterschaft unabänderlich an der Geburt festgemacht werden müsse.[31] Während der Schwangerschaft entwickle sich ein biologisch-soziales Band zwischen dem ungeborenen Kind und der austragenden Mutter, das vor einer Durchtrennung geschützt werden müsse.[32]

Da das Kind im Mutterleib heranwächst, ist eine gewisse Bindung zur Geburtsmutter bereits bei Geburt mit Sicherheit vorhanden.[33] Es fragt sich aber, wieso dieses Band absolut geschützt wird, während de lege lata die rechtliche Vaterschaft

---

26 MüKo/*Wellenhofer*, § 1591 BGB, Rn. 25; *Wohn*, S. 104.

27 *BVerfG* NJW 2009, 423, 423; größtenteils wörtlich u.a. auch: *BVerfG* NJW 2007, 753, 755; *BVerfG* FamRZ 2007, 441, 444 und *BVerfG* NJW 2003, 2151, 2152.

28 BT-Drucks. 13/4899, S. 82.

29 *Luh*, S. 147.

30 *Coester-Waltjen*, FamRZ 1992, 369, 373; ähnlich *Quantius*, FamRZ 1998, 1142, 1146.

31 BT-Drucks. 13/4899, S. 82 f.

32 BT-Drucks. 13/4899, S. 82; zustimmend *Wohn*, S. 101; *Valentin*, S. 57.

33 Ebenfalls: *Schumann* in: *Rosenau*, S. 155, 187.

des sozialen Vaters unter Umständen auch noch nach Jahren angefochten werden kann.[34] Eine jahrelang gewachsene soziale Beziehung müsste ebenso schutzwürdig sein wie die Beziehung, die sich durch Schwangerschaft und Geburt entwickelt hat.[35] Dennoch ist die *„Macht der weiblichen Leiblichkeit"*[36] besser geschützt, obwohl der Gesetzgeber und das *BVerfG* im Grundsatz deutlich aufzeigen, dass sozial gewachsene Beziehungen keine absolute statusrechtliche Absicherung nach sich ziehen. Es erscheint demnach nicht sinnig, die Mutterschaft unabänderlich der biologischen Mutter zuzuschreiben, vor allem nicht, wenn zeitgleich ein Abweichen von diesem Prinzip durch die Adoption möglich ist.[37] Stattdessen sollten die Interessen aller Beteiligten beachtet werden und durch eine Abwägung ein für alle Seiten akzeptables Ergebnis gefunden werden. Es kann nicht ausgeschlossen werden, dass mitunter auch die Interessen des Kindes oder eines anderen Beteiligten an einer anderweitigen Zuordnung überwiegen könnten.[38]

5. Entwicklung in Europa

Die Relevanz dieses Problems wird steigen, da zu erwarten ist, dass die Zahl der Paare, die eine Behandlung im Ausland vornehmen lassen, zunehmen wird. Zudem scheint sich die Meinung zu verfestigen, dass eine Rechtsordnung, die Samenspenden zulässt, Eizellspenden nicht verbieten könne, bzw. das Verbot der Eizellspende verfassungswidrig sei.[39] Interessant sind in dieser Hinsicht zwei Urteile des *EGMR* zum Fall S.H. u.a. gegen Österreich (Nr. 57813/00 vom 01.04.2010[40] und das Urteil der Großen Kammer zum selben Fall vom 03.11.2011[41]).

a. Die Entscheidung des EGMR vom 01.04.2011

Nach österreichischem Recht war zur Zeit des Urteils eine Eizellspende durch § 3 I, III FMedG a.F. ausgeschlossen. Die übrige Gesetzgebung zur künstlichen Befruchtung entsprach weitestgehend der deutschen Rechtslage. Im Urteil vom 01.04.2011 entschied der *EGMR*, dass durch das Verbot der Eizellspende eine Verletzung von Art. 14 i.V.m. Art. 8 EMRK vorläge, nahm also eine Diskriminierung an.

34 In diese Richtung auch: *Schumann* in: *Rosenau*, S. 155, 187.

35 *Lurger*, DEuFamR 1999, 210, 219; *Coester-Waltjen*, Gutachten 56. DJT, B 113; *Muscheler*, Rn. 530; *Luh*, S. 150.

36 *Büchler*, AJP 2004, 1175, 1178.

37 *Helms* in: *Röthel/Löhnig/Helms*, S. 49, 66.

38 *Lurger*, DEuFamR 1999, 210, 219.

39 Vgl. *Knoop*, S. 288 ff.; *Wollenschläger*, MedR 2011, 21, 27; *Coester-Waltjen*, Reproduktionsmedizin 2002, 183, 193; *Lehmann*, S. 189 ff.; wohl auch MüKo/*Wellenhofer*, § 1591 BGB, Rn. 28; *Helms* in: *Röthel/Löhnig/Helms*, S. 49, 65 f.; *Lehmann*, S. 189 ff.; ausführlich *Reinke*, S. 102 ff.; a.A. *Weyrauch*, S. 128.

40 Teilweise übersetzt in: *EGMR* ÖJZ 2010, 684-688, vgl. zudem FamRZ 2010, 793 (m. Anm. *Coester-Waltjen*).

41 *EGMR* FamRZ 2012, 23-24.

Zunächst gestand der *EGMR* den europäischen Staaten aber einen weiten Beurteilungsspielraum bei der Gesetzgebung zur künstlichen Befruchtung zu, da im europäischen Rechtsraum keine einheitliche Behandlung dieser Thematik festzustellen sei.[42] Ein Verbot der Eizellspende bei gleichzeitiger Gestattung der künstlichen Befruchtung an sich sei jedoch nur gerechtfertigt, wenn es nach sorgfältiger Prüfung das einzig effiziente Mittel darstelle, um ernsthafte Folgen zu vermeiden.[43] Dies sei hier aber nicht gegeben, stattdessen läge eine ungerechtfertigte Ungleichbehandlung zu Paaren vor, die sich der Mittel der künstlichen Befruchtung bedienen können, ohne auf eine Eizellspende angewiesen zu sein.[44] Das Verbot der Eizellspende in Österreich sei daher konventionswidrig.

b. Die Entscheidung der Großen Kammer des EGMR vom 03.11.2011

Konträr zum ersten Urteil entschied die *Große Kammer des EGMR* am 03.11.2011, dass das Verbot der Eizellspende in Österreich nicht konventionswidrig sei.[45] Erneut betonte der *EGMR* den großen Ermessenspielraum des Gesetzgebers aufgrund des mangelnden Konsenses in Europa.[46] Es könne aber beobachtet werden, dass die Tendenz in Europa in Richtung Zulassung der Eizellspenden (und Samenspenden) gehe, hingegen noch keine gefestigten Rechtsprinzipien zu verzeichnen seien.[47] Dennoch sei die geltende Regelung vom Ermessensspielraum des Gesetzgebers zum Zeitpunkt der Überprüfung durch den Verfassungsgerichtshof gedeckt.[48] Legitimes Ziel sei der Schutz der Gesundheit, der Moral und der Rechte und Freiheiten Dritter.[49] Wegen der dynamischen Entwicklung sei aber eine ständige Überprüfung der Normen durch den Gesetzgeber notwendig.[50]

c. Zukünftige Legalisierung der Eizellspende

Das geltende Recht dürfte (noch) konventionskonform sein. Das erste Urteil des *EGMR* im Fall S.H. u.a. gegen Österreich zeigt aber, dass zukünftig im Inland Eizell- bzw. Embryonenspenden legalisiert werden könnten, auch wenn der *EGMR* bemüht ist, keinen Zwang aufkommen zu lassen.[51] Explizit wird im Urteil der großen Kammer hervorgehoben, dass eine ständige Überprüfung der geltenden Regelungen notwendig sei. Impliziert wird, dass eine Entscheidung zukünftig anders ausfallen könnte, was durch die abweichende Meinung der vier Richter *Tulkens, Hirvelä,*

42 *EGMR* ÖJZ 2010, 684, 685.
43 *EGMR* ÖJZ 2010, 684, 685.
44 *EGMR* ÖJZ 2010, 684, 686.
45 *EGMR* FamRZ 2012, 23, 23.
46 *EGMR* FamRZ 2012, 23, 23.
47 *EGMR* FamRZ 2012, 23, 24; *EGMR* MedR 2012, 380, 382.
48 *EGMR* FamRZ 2012, 23, 24; *EGMR* MedR 2012, 380, 381.
49 *EGMR* MedR 2012, 380, 381.
50 *EGMR* FamRZ 2012, 23, 24.
51 *Weilert*, MedR 2012, 355, 358 f.

Lazarova Trajkovska und *Tsotsoria* unterstrichen wird. Es bleibt abzuwarten, ob das *BVerfG* einmal über eine Verfassungsbeschwerde bezüglich des Eizellspendeverbots urteilen muss. Eine Verletzung von Art. 3 GG ist jedenfalls nicht auszuschließen.[52] Die gesundheitlichen Bedenken, die stets vorgebracht werden[53], sind insofern keine Rechtfertigung für das Verbot.[54] Letztlich unterfällt es der persönlichen Freiheit eines jeden Einzelnen, welche Risiken er eingehen möchte (Art. 2 I GG).[55] Des Weiteren kann eine Eizellspende auch im Zusammenhang mit einer geplanten eigenen homologen IVF stehen, wodurch keine zusätzlichen medizinischen Risiken auftreten würden (sog. *„egg-sharing"* oder *„Eizellgabe"* überzähliger bereits gewonnener Eizellen).[56] Zuletzt erschließt sich auch nicht, wieso die Gefahr der Ausbeutung von Frauen ein Verbot der Eizellspende rechtfertigen soll, während die Gefahr der Ausbeutung von Männern in Bezug auf die Samenspende nicht einmal diskutiert wird.[57] Unabhängig von der endgültigen Beantwortung dieser Fragen bestehen große Bedenken an der derzeitigen Rechtslage. Insofern ist es nicht unwahrscheinlich, dass die Eizellspende in Deutschland zukünftig legalisiert werden könnte.[58] Dafür spricht vor allem, dass auch in der Bevölkerung zunehmend die Akzeptanz dieser Befruchtungsmethode steigt. Nach einer Umfrage des Magazins „Der Spiegel" aus dem Jahr 2005 sprachen sich (von 100 befragten Bürgern) bereits 60 % der Befragten für eine Lockerung der Eizellspendenregelung aus, während nur 29 % die geltende Regelung für richtig hielten.[59] Nach den bisher veröffentlichen Studien verläuft auch die Entwicklung der Kinder, anders als vielfach propagiert, normal.[60]

Im Ergebnis ist es daher wünschenswert, zukünftig auch die Eizellspende zuzulassen. Seit Beginn des Jahres 2015 hat auch der österreichische Gesetzgeber eine Liberalisierung seines Fortpflanzungsmedizingesetzes aufgrund der *„sachlich schwer*

---

52 Vgl. sehr ausführlich *Reinke*, S. 112 ff. und 133 ff.; vgl. auch *Helms* in: *Röthel/Löhnig/Helms*, S. 49, 65; *Lindner* in: *Rosenau*, S. 127, 146 f.; *Kaiser* in: *Schwab/Vaskovics*, S. 239, 257; *dies.* in: FS Brudermüller, S. 357, 362; *Schewe*, FamRZ 2014, 90, 93.; *Wellenhofer*, GuP 2014, 127, 133; *dies.* in: 100 Jahre Rechtswissenschaft in Frankfurt, S. 563, 568; zweifelnd: *Müller-Terpitz*, AVR 2013, 42, 67 f.

53 Vgl. *Coester-Waltjen*, Reproduktionsmedizin 2002, 183, 193.

54 Zweifelnd wohl *Helms* in: *Röthel/Löhnig/Helms*, S. 49, 67.

55 *Coester-Waltjen*, Reproduktionsmedizin 2002, 183, 193; *Wellenhofer*, GuP 2014, 127, 133; *dies.* in: 100 Jahre Rechtswissenschaft in Frankfurt, S. 563, 572.

56 *Kentenich/Utz-Billing*, Gynäkologische Endokrinologie 2006, 229, 232; *Schumann* in: *Rosenau*, S. 155, 166 f.; *Kentenich/Pietzner* in: *Rosenau*, S. 13, 22; vgl. zudem *Starck*, Gutachten 56. DJT, A 37.

57 In diese Richtung ebenfalls: *Coester-Waltjen*, Reproduktionsmedizin 2002, 183, 193; *Schewe*, FamRZ 2014, 90, 93 mit Verweis darauf, dass durch eine Legalisierung geordnete Verhältnisse geschaffen werden könnten und auch bei Organspenden keine Ausbeutung festzustellen sei.

58 *Bernat* in: *Rosenau*, S. 203, 226; a.A. *Frommel/Taupitz/Ochsner/Geisthövel*, Journal für Reproduktionsmedizin und Endokrinologie 2010, 96, 104.

59 *Kraske/Ludwig*, Der Spiegel, Heft 46/2005, 108, 118.

60 *Kentenich/Pietzner* in: *Rosenau*, S. 13, 21.

begründbare[n] *Ungleichbehandlung*" vorgenommen und erlaubt nunmehr neben der Samen- auch die Eizellspende, § 3, I III FMedG.[61] Das ist konsequent, da es keine durchgreifenden Argumente gibt, die gegen die Zulassung von Eizellspenden bei gleichzeitiger Zulässigkeit von Samenspenden sprechen. In Deutschland sind für eine Zulassung jedoch, wie dies auch bei der Samenspende wünschenswert ist, genaue Regelungen (in einem Fortpflanzungsmedizingesetz) auszugestalten. Darüber hinaus ist eine umfassende Reform des Abstammungsrechts nötig, um dieses an die neue Situation der gespaltenen Mutterschaft anzupassen.

d. Rechtsvergleich

Im europäischen Vergleich zeigt sich, dass das Eizellspendeverbot in Deutschland mittlerweile eher als Ausnahme anzusehen ist.[62] Das Nachbarland *Schweiz* sieht ein solches noch vor (Art. 4 FMedG, Art. 119 II d)[63] der Bundesverfassung), *Österreich* dagegen erlaubt seit Beginn des Jahres 2015 nunmehr auch die Eizellspende (§ 3 III FMedG).[64] Auch in *Frankreich* (Art. L 1244-1 ff. Code de la santé publique)[65] und *Griechenland*[66] ist das Spenden von Eizellen legal. Angewandt wird die Methode darüber hinaus – unter deutlich unterschiedlichen Regelungen – in *Belgien, Dänemark*[67], *Finnland, Großbritannien, Estland, Lettland, Slowenien*, der *Slowakei, Spanien, Tschechien, Ungarn* sowie in den *Niederlanden*.[68]

Dennoch erfolgt die Zuordnung der Mutterschaft im Rahmen einer Eizellspende innerhalb der europäischen Rechtsordnungen meist einheitlich. Deutschland folgt dabei dem Prinzip der Geburtsmutterschaft und somit dem alten römischen Rechtssatz „*mater semper certa est*". In anderen Rechtsordnungen, die ebenso verfahren, sind Anfechtungen der Mutterschaft zumeist ausgeschlossen.[69]

So gilt im *österreichischen* Recht die Unabänderlichkeit der Geburtsmutterschaft, § 143 ABGB.[70] Das gilt selbst bei Verwendung einer fremden Eizelle gegen oder

---

61 Vgl. S. 2 f. der Erläuterungen zum Begutachtungsentwurf Fortpflanzungsmedizinrechts-Änderungsgesetz 2015 (FMedRÄG 2015), abrufbar unter: http://www.justiz.gv.at/web2013/html/default/2c94848b48ac03fd0149a8a7389856c1.de.html, zuletzt abgerufen am 28.05.2015, 16:27 Uhr.

62 *Helms* in: *Röthel/Löhnig/Helms*, S. 49, 64; insgesamt sehen lediglich acht Länder des Europarats ein Eizellspendeverbot vor, vgl. *Schewe*, FamRZ 2014, 90, 92.

63 *Helms* in: *Röthel/Löhnig/Helms*, S. 49, 64.

64 Begutachtungsentwurf Fortpflanzungsmedizinrechts-Änderungsgesetz 2015 (FMedRÄG 2015), abrufbar unter: http://www.justiz.gv.at/web2013/html/default/2c94848b48ac03fd0149a8a7389856c1.de.html, zuletzt abgerufen am 28.05.2015, 16:27 Uhr.

65 Vgl. *Helms* in: *Röthel/Löhnig/Helms*, S. 49, 65.

66 *Koutsouradis*, FamRZ 2003, 1067, 1069.

67 Vgl. eingehend *Fötschl*, MedR 2010, 95, 96.

68 *Graumann* in: *Bockenheimer-Lucius/Thorn/Wendehorst*, S. 175, 180.

69 *Schwenzer*, EJCL vol. 11.3, 1, 4.

70 *Ferrari* in: *Spickhoff/Schwab/Henrich/Gottwald*, 183, 196 (vormals § 137b ABGB).

ohne den Willen der Mutter.[71] Änderungen erfolgten hier im Rahmen der Legalisierung der Eizellspende im Jahr 2015 nicht. Dagegen kann der rechtliche Vater seine Vaterschaft erfolgreich anfechten, wenn keine wirksame Einwilligung in die Verwendung von Fremdsamen vorliegt.[72]

Auch das *schweizerische* Recht schreibt die Mutterschaft unabänderlich der gebärenden Frau zu, Art. 252 I ZGB.[73]

Das *griechische* Recht weist zwar mitunter einer anderen Frau als der Geburtsmutter die Mutterschaft zu, allerdings nur im Rahmen einer Leihmutterschaft.[74] Bei einer gespaltenen Mutterschaft aufgrund einer Eizellspende ist hingegen keine Anfechtung vorgesehen.[75]

In *Frankreich* ist die Anfechtung der Mutterschaft zwar möglich, Art. 332 CC, erforderlich ist aber der Beweis, dass die Mutter das Kind nicht geboren hat.[76] Erfasst sind somit lediglich Fälle der Kindesvertauschung und Kindesunterschiebung.[77] Bei einer künstlichen Befruchtung ist eine Anfechtung ausgeschlossen, Art. 311–20 II CC.[78]

Eine Besonderheit stellt insoweit *Kroatien* dar. Auch hier ist die Mutter eines Kindes die Frau, die es geboren hat, Art. 53 FamG.[79] Allerdings bestehen besondere Regelungen zur Anfechtung der Mutterschaft, vgl. Art. 85 f. FamG.[80] Nach Art. 86 II FamG kann die rechtliche Mutter ihre Mutterschaft anfechten, wenn sie der Befruchtung nicht formwirksam zugestimmt hat.[81] Das Anfechtungsrecht muss innerhalb einer 6-Monatsfrist ab Kenntnis der Vornahme der künstlichen Befruchtung (gemeint ist wohl: ab Kenntnis der Verwendung einer fremden Eizelle) und spätestens bis zum siebten Lebensjahr des Kindes wahrgenommen werden, Art. 86 VI FamG.[82] Erfährt die Mutter bereits vor der Geburt von den entsprechenden Umständen, beginnt die Frist mit Geburt des Kindes zu laufen, Art. 86 VII FamG.[83] Daneben steht der Eizellspenderin ein Anfechtungsrecht zu, wenn sie nicht formwirksam in die Spende eingewilligt hat, Art. 86 III FamG.[84] Weitere Voraussetzung

71 *Lurger*, DEuFamR 1999, 210, 219 f.
72 *Lurger*, DEuFamR 1999, 210, 220.
73 *Aebi-Müller/Jaggi* in: *Spickhoff/Schwab/Henrich/Gottwald*, 343, 346; *Valentin*, S.141; *Büchler*, AJP 2004, 1175, 1178.
74 *Kiriakaki*, MedR 2005, 143, 150.
75 *Kiriakaki*, MedR 2005, 143, 150.
76 Vgl. Rieck/*Eber-Arampatsi*, Frankreich, Rn. 37.
77 *Luh*, S. 140, Fn. 672.
78 Vgl. *Rieck/Eber-Arampatsi*, Frankreich, Rn. 39.
79 Rieck/*Jelic*, Kroatien, Rn. 29.
80 Rieck/*Jelic*, Kroatien, Rn. 33; zur insoweit überholten Rechtslage auch *Luh*, S. 140.
81 Vgl. *Hlača*, FamRZ 2010, 1494, 1496, Fn. 19; Rieck/*Jelic*, Kroatien, Rn. 33.
82 Vgl. *Hlača*, FamRZ 2010, 1494, 1496, Fn. 19.
83 Vgl. *Hlača*, FamRZ 2010, 1494, 1496, Fn. 19.
84 Rieck/*Jelic*, Kroatien, Rn. 33.

ist, dass sie selbst zeitgleich ihre Mutterschaftfeststellung begehrt.[85] Auch dieses Anfechtungsrecht gilt jedoch nicht unbeschränkt, sondern muss innerhalb derselben Fristen ausgeübt werden wie das der rechtlichen Mutter, Art. 86 VI FamG.[86] Erfährt die Spenderin vor der Geburt von der Verwendung ihrer Eizelle bei einer anderen Frau, beginnt die Frist bereits mit Geburt des Kindes zu laufen, Art. 86 VII FamG.[87] Interessanterweise steht dem Kind selbst jedoch kein Anfechtungsrecht zu, vgl. Art. 85 f. FamG.[88] Dies erklärt sich vermeintlich daraus, dass das Recht des Kindes auf Kenntnis der eigenen Abstammung im kroatischen Recht weniger ausgeprägt ist. Explizit kann ein künstlich gezeugtes Kind zwar Einsicht in die Behandlungsakten nehmen, grundsätzlich aber keine Informationen über die Identität der Spenderin/des Spenders erlangen.[89] Es hat nur dann ein Recht diese zu erfahren, wenn Spenderin oder Spender darin einwilligen.[90]

II. Beibehaltung der originären Zuordnung der Geburtsmutter

Für den Fall der Eizellspende ist eine Änderung der ursprünglichen Zuordnung der Mutterschaft nicht notwendig.[91] Blickt man auf die Interessenlagen, wird ein Ergebnis erzielt, das in denkbar einfacher Form allen Beteiligten gerecht wird.[92] Der Wille zur Elternschaft ist gerade bei der Frau vorhanden, die das Kind zur Welt bringt und damit nach § 1591 zur rechtlichen Mutter erhoben wird.[93] *Wellenhofer* spricht insoweit von einer *„recht zufälligen"* Begünstigung.[94] Die Eizellspenderin hingegen befindet sich in derselben Situation wie der Samenspender. Sie ist in der Regel bei der Geburt nicht greifbar und möchte grundsätzlich nichts mit dem Kind zu tun haben.[95] Sie verzichtet weitestgehend auf ihre Elternrechte bzw. deren Geltendmachung. Durch die Regelung des § 1591 wird somit auf einfache Art und Weise die Herstellung der Wunschzuordnung erreicht. Ergänzend stellt *Luh* fest, dass § 1591 aus diesem Grund nicht geeignet sei, einer Eizellspende entgegenzuwirken, da die gewünschte Zuordnung durch die Norm gerade garantiert werde.[96]

---

85 Vgl. *Hlača*, FamRZ 2010, 1494, 1496, Fn. 19.
86 Vgl. *Hlača*, FamRZ 2010, 1494, 1496, Fn. 19.
87 Vgl. *Hlača*, FamRZ 2010, 1494, 1496, Fn. 19.
88 Rieck/*Jelic*, Kroatien, Rn. 33.
89 *Hlača*, FamRZ 2010, 1494, 1496 f.
90 *Hlača*, FamRZ 2010, 1494, 1497.
91 Ebenso *Muscheler*, Rn. 530; *Coester-Waltjen*, Reproduktionsmedizin 2002, 183, 193 f.; *Schumann* in: *Rosenau*, S. 155, 167; *Schewe*, FamRZ 2014, 90, 92 f.
92 *Wanitzek*, S. 205.
93 *Wanitzek*, S. 204 f.
94 MüKo/*Wellenhofer*, § 1591 BGB, Rn. 29.
95 MüKo/*Wellenhofer*, § 1591 BGB, Rn. 4.
96 *Luh*, S. 135.

Die Zuordnung zur Geburtsmutter ist auch mit den meisten anderen (europäischen) Rechtsordnungen konform.[97]

Andere Modelle der originären Zuordnung der Mutterschaft sind demgegenüber abzulehnen. Eine doppelte Mutterschaft wäre ein derartiger Fremdkörper im deutschen Abstammungsrecht[98], dass sie nicht ernsthaft in Erwägung gezogen werden kann.[99] Daneben überzeugt es auch nicht, die Zuordnung generell von einer Mutterschaftsanerkennung abhängig zu machen, weil auch diese Idee dem Abstammungsrecht fremd ist.[100] In aller Regel besteht auf Seite der Mutter eine Kongruenz von rechtlicher und genetischer Zuordnung[101], eine Anerkennung wäre daher nur unnötige Förmelei. Darüber hinaus bildet die Geburt einen geeigneteren Anknüpfungspunkt als eine reine Willensäußerung.[102] Und selbst in den Ausnahmefällen der Eizellspende schafft § 1591 zunächst ein interessengerechtes Ergebnis.

Aus Kindeswohlgesichtspunkten ist es darüber hinaus unerlässlich, dem Kind schon bei Geburt zumindest einen sorgeberechtigten Elternteil fest zuzuordnen.[103] Dies ist mit der geltenden Regelung gesichert.[104] Da durch die Tragezeit und die Geburt auch eine gewisse Bindung der Mutter zum Kind aufgebaut wurde, ist anzunehmen, dass die Geburtsmutter diese Aufgabe auch interessengerecht wahrnimmt.[105] Die Geburt ist zudem eine wesentlich einfacher zu beweisende Tatsache als die genetische Abstammung, so dass es nahe lag, diese auch als Anknüpfungspunkt zu wählen.[106] Damit erweist sich die Zuordnung nach § 1591 vor allem als

---

97 MüKo/*Wellenhofer*, § 1591 BGB, Rn. 17 ff. mit Verweis auf die Regelungen Österreichs (nunmehr § 143 ABGB, vormals § 137b ABGB) Norwegens (§ 2 bl), Griechenlands (Art. 1463 ZGB mit Ausnahme der Leihmutterschaft) und der Schweiz (Art. 252 Abs. 1 ZGB); siehe auch *Schwenzer*, EJCL vol. 11.3, 1, 3 sowie S. 188 ff.

98 Sowohl im Vergleich zur Konzeption der Vaterschaft als auch vor dem Hintergrund, dass die rechtliche Zuordnung grundsätzlich der Abstammungswahrheit folgt.

99 Vgl. dazu *Weyrauch*, S. 195 f.; *Wanitzek*, S. 204; *von Sethe*, S. 173 f.

100 MüKo/*Wellenhofer*, § 1591 BGB, Rn. 3; *Gernhuber/Coester-Waltjen*, § 51 Rn. 4; vgl. auch *Wanitzek*, S. 205; in *Italien* hingegen werden Mutter- und Vaterschaft zu nichtehelichen Kindern erst durch Anerkennung begründet. Eine (nichteheliche) Mutterschaft aufgrund der Geburt gibt es nicht, *Cubeddu Wiedemann*, FamRZ 2012, 1442, 1443.

101 MüKo/*Wellenhofer*, § 1591 BGB, Rn. 3; *Luh*, S. 132; Erman/*Hammermann*, § 1591 BGB, Rn. 1; *Luh*, S. 132.

102 *Wanitzek*, S. 205.

103 *Weyrauch*, S. 209; *Kaiser* in: *Schwab/Vaskovics*, S. 239, 255.

104 MüKo/*Wellenhofer*, § 1591 BGB, Rn. 4; *Luh*, S. 133.

105 MüKo/*Wellenhofer*, § 1591 BGB, Rn. 4; in diesem Sinne auch *Schewe*, FamRZ 2014, 90, 92 f.

106 *Weyrauch*, S. 197; *Luh*, S. 132; MüKo/*Wellenhofer*, § 1591 BGB, Rn. 4 (anerkanntes *„Publizitätsmerkmal“*); vgl. auch *Coester-Waltjen*, Gutachten 56. DJT, B 111; *Gaul*, FamRZ 2000, 1461, 1473.

praktikabel.[107] Letztlich kann die originäre Zuordnung im Fall einer Eizellspende somit durchaus überzeugen.[108]

III. Normierung von Mutterschaftsanfechtungsrechten

Davon getrennt werden muss die Frage, ob die dauerhafte Aufrechterhaltung der originären Zuordnung ebenfalls den Interessen der Beteiligten gerecht wird. Bereits der 59. Deutsche Juristentag (1992) forderte eine lediglich indizielle Wirkung der Geburt und die Anfechtbarkeit der Mutterschaft.[109] Erst Recht wurden solche Forderungen nach Inkrafttreten des § 1591 laut.[110] Das deutsche Recht kennt als Mittel der Statuskorrektur vornehmlich die Anfechtung. Daher stellt sich die Frage, ob im Fall der Eizellspende parallel zu den Vorschriften der Vaterschaftsanfechtung eine Anfechtung der Mutterschaft ermöglicht werden sollte.

1. Anfechtung durch die rechtliche Mutter

So wie der rechtliche Vater nach § 1600 I Nr. 1 grundsätzlich seine Vaterschaft anfechten kann, könnte auch eine Anfechtung der Mutterschaft durch die rechtliche Mutter (Geburtsmutter) in Betracht gezogen werden. Der Geburt käme dann nur noch eine Indizwirkung zu.

a. Grundsätzlich keine Anfechtungsberechtigung der rechtlichen Mutter

Im Gegensatz zur Vaterschaft entsteht eine gespaltene Mutterschaft immer nur als Folge einer fortpflanzungsmedizinischen Behandlung; Zuweisungen aufgrund einer Vermutung wie § 1592 Nr. 1 oder einer Anerkennung scheiden aus. Zwingende Voraussetzung ist die Übertragung einer fremden Eizelle. Dies stellt die einzige Möglichkeit dar, dass eine Frau ein genetisch fremdes Kind austrägt.

Im Fall einer Eizellspende ist die Situation somit grundsätzlich vergleichbar mit der Verwendung von Spendersamen.[111] Zieht man die Parallelen zur Vaterschaftsanfechtung, zeigt sich, dass der in § 1600 V geregelte Ausnahmefall der gespaltenen Vaterschaft bei der gespaltenen Mutterschaft der Regelfall ist, da es für die Eizellspende im Gegensatz zur Samenspende keine *„Entsprechung in der Natur“* gibt.[112]

---

107 *Gaul*, FamRZ 1997, 1441, 1463; *Quantius*, FamRZ 1998, 1145, 1150.

108 In diesem Sinne auch *Quantius*, FamRZ 1998, 1145, 1150; MüKo/*Wellenhofer*, § 1591 BGB, Rn. 4.

109 59. DJT, FamRZ 1992, 1275, 1275 f.

110 Vgl. *Luh*, S. 138 ff.; *Coester*, DEuFamR 1999, 3, 5; *Seidl*, FPR 2002, 402, 402 f.; differenzierend; MüKo/*Wellenhofer*, § 1591 BGB, Rn. 33 ff.; kritisch aufgrund der Ungleichbehandlung zur Vaterschaft: *Gaul*, FamRZ 2000, 1461, 1473; *Diederichsen*, NJW 1998, 1977, 1979; a.A.: Staudinger/*Rauscher*, § 1591 BGB, Rn. 11 f.; differenzierend: *Wohn*, S. 167 ff.

111 Vergleiche dazu S. 72 ff.

112 *Lehmann*, S. 190.

Stattdessen ist zur Entstehung einer gespaltenen Mutterschaft stets eine fortpflanzungsmedizinische Behandlung notwendig, die grundsätzlich nur mit Einwilligung der Mutter eingeleitet wird, so dass regelmäßig eine tatsächliche[113] Zustimmung zur Verwendung einer fremden Eizelle vorliegt. Daraufhin bringt die Wunschmutter das Kind zur Welt und wird diesem als rechtliche Mutter zugeordnet. Eine mit der Scheinvaterschaft vergleichbare Scheinmutterschaft kann nicht bestehen.[114] Die Lage der nur rechtlichen (und biologischen) Mutter ist stattdessen vergleichbar mit der des nur rechtlichen Vaters, der der Verwendung vom Fremdsamen zugestimmt hat.[115] Das gilt sowohl aus Sicht des Abstammungsrechts als auch aus verfassungsrechtlicher Sicht (Art. 6 GG, Art. 2 I i.V.m. 1 I GG). Allein aus Gleichheitsgesichtspunkten (Art. 3 GG) muss auch für die Mutter gelten, dass sie an ihrem Entschluss zur Befruchtung mittels einer Eizellspende auf Dauer festzuhalten ist und daher eine dem § 1600 V entsprechende Rechtslage bestehen muss.[116] Wenn schon die Zustimmung des Ehemannes zur Befruchtung ausreicht, um die Anfechtung auszuschließen, muss dies erst Recht für eine langwierige, nicht ungefährliche Behandlung gelten, die zu Schwangerschaft und Geburt führt.[117] Zum selben Ergebnis gelangt man, wenn man eine *„biologische Verbundenheit“* zwischen der rechtlichen Mutter und dem Kind durch Schwangerschaft und Geburt konstatiert, die einer Anfechtung der Mutterschaft entgegensteht.[118] Bei bestehender Anfechtungsbereitschaft der Wunschmutter ist dieses Argument hingegen unbrauchbar, da die Verbindung offensichtlich nicht (mehr) vorhanden ist.[119] Im Interesse des Kindes muss aber sichergestellt sein, dass die Mutter für das Kind rechtlich und tatsächlich sorgt, da sie dem Kind am nächsten steht.[120] Die Möglichkeit einer Anfechtung birgt dagegen die Gefahr der dauerhaften Mutterlosigkeit in sich.[121] Zudem würde das Verbot der Leihmutterschaft umgangen, ließe man eine Anfechtung der Mutterschaft zu.[122] Dies spielt im Rahmen der hier diskutierten Eizellspende jedoch keine Rolle.

---

113 Wenn auch rechtlich nichtig aufgrund des Verbots im Embryonenschutzgesetz.

114 Im Ergebnis ebenso *Mutschler*, FamRZ 1994, 65, 69; MüKo/*Wellenhofer*, § 1591 BGB, Rn. 27 und 33.

115 *Luh*, S. 158 f.; *Lurger*, DEuFamR 1999, 210, 219.

116 Im Ergebnis ebenfalls: MüKo/*Wellenhofer*, § 1591 BGB, Rn. 33; *Luh*, S. 158 f.; *Harder*, JuS 1986, 504, 509; *Lurger*, DEuFamR 1999, 210, 219; *Wolf*, FuR 1998, 392, 395; *Muscheler*, Rn. 530; *Kaiser* in: FS Brudermüller, S. 357, 368; a.A. noch *Coester-Waltjen*, Gutachten 56. DJT, B 113 f.

117 Vgl. *Weyrauch*, S. 198.

118 So MüKo/*Wellenhofer*, § 1591 BGB, Rn. 33; in diese Richtung ebenfalls: *Mutschler*, FamRZ 1994, 65, 69; *von Sethe*, S. 175; *Coester-Waltjen*, Gutachten 56. DJT, B 113.

119 *Muscheler*, Rn. 530; Staudinger/*Rauscher*, § 1591 BGB, Rn. 12.

120 MüKo/*Wellenhofer*, § 1591 BGB, Rn. 33; in diese Richtung ebenfalls *Wohn*, S. 169.

121 *Luh*, S. 141; *Helms/Kieninger/Rittner*, Rn. 8.

122 *Mutschler*, FamRZ 1994, 65, 69.

Will sich die Wunschmutter dennoch von dem Kind trennen, bleibt ihr als letzte Möglichkeit die Freigabe zur Adoption.[123]

b. Ausnahmeregelung

Abweichend von diesem Regelfall kann es zu einem Ausnahmefall kommen, bei der die Einpflanzung der fremden Eizelle gegen oder ohne den Willen der Mutter erfolgt.[124] Dazu zählt neben der erzwungenen Einpflanzung einer Eizelle auch der Fall einer Verwechslung der Eizellen/Embryonen im Labor.[125] So ist aus Washington der Fall überliefert, dass einer Wunschmutter versehentlich sowohl eine eigene als auch eine fremde Eizelle implantiert wurde, was letztlich zur Geburt eines Zwillingspaares führte, das genetisch nicht miteinander verwandt war.[126] In solchen Situationen muss eine Anfechtung möglich sein.[127] Auch im vorgenannten Fall sprach ein US-Gericht das „falsche" Kind den genetischen Eltern zu, ordnete zugleich aber Besuchsrechte des „Zwillings" und der austragenden Frau an.[128]

Zuletzt berichtete auch das Magazin „Der Spiegel" von einer in Hessen lebenden Frau, der eine eigene mit dem Samen des Ehemannes befruchtete Eizelle implantiert werden sollte.[129] Nach fünf Jahren stellte sich heraus, dass das Labor die imprägnierten Eizellen vertauscht hatte, so dass weder der Ehemann noch die Frau selbst genetische Eltern ihres Kindes waren.[130] Diese Situation war für die Mutter so belastend, dass sie sich seit dem Bekanntwerden in psychologischer Behandlung befindet, auch wegen der für sie unklaren rechtlichten Verhältnisse.[131] Der Ehemann focht die Vaterschaft in der Folge erfolgreich an, die Mutter jedoch behielt das Kind und fürchtete, dass die wirklichen genetischen Eltern des Kindes in Erscheinung treten könnten.[132] Wie viele solcher Verwechslungen jährlich stattfinden, ist fraglich, zumal die reproduktionsmedizinschen Zentren sehr darauf bedacht sind, solche Fälle nicht an die Öffentlichkeit dringen zu lassen. So gibt die betroffene Frau an, dass sie im Gegenzug für die Übernahme der Unterhaltsleistungen „Stillschweigen" über die

123 MüKo/*Wellenhofer*, § 1591 BGB, Rn. 33.

124 *Coester-Waltjen*, Gutachten 56. DJT, B 113; *dies.*, Reproduktionsmedizin 2002, 183, 194; MüKo/*Wellenhofer*, § 1591 BGB, Rn. 34; *Luh*, S. 156.

125 MüKo/*Wellenhofer*, § 1591 BGB, Rn. 34; *Luh*, S. 142.

126 Vgl. *Wohn*, S. 98.

127 *Mutschler*, FamRZ 1994, 65, 69; *Luh*, S. 142 und 156; a.A. Staudinger/*Rauscher*, § 1591 BGB, Rn. 18, *von Sethe*, S. 175 (Lösung über Adoption); *Deichfuß*, S. 196; *Wanitzek*, S. 215 (grundsätzliche Unanfechtbarkeit).

128 Vgl. *Wohn*, S. 98.

129 *Ludwig*, Der Spiegel, Heft 29/2013, 46, 46 f.

130 *Ludwig*, Der Spiegel, Heft 29/2013, 46, 46.

131 *Ludwig*, Der Spiegel, Heft 29/2013, 46, 46 f.

132 *Ludwig*, Der Spiegel, Heft 29/2013, 46, 47.

Verwechslung wahren sollte.[133] Auch die Redaktion des Magazins selbst habe einen Brief bekommen, in dem von einer Veröffentlichung abgeraten worden sein soll.[134]

Auch auf der Grundlage des deutschen Rechts ist es nicht einleuchtend, wieso die Beteiligten bei solch einer Verwechslung an einer Situation festgehalten werden sollen, die sie so nicht zu verantworten haben.[135] *Luh* spricht insoweit von einer *„Bestrafung"*, die durch das geltende Recht verursacht wird.[136] Kernpunkt ist, dass keine dem § 1600 V entsprechende wirksame Einwilligung in die Behandlung der Geburtsmutter vorliegt. Zwar könnte sie auch bereits vor der Geburt eine Abtreibung vornehmen, wünschenswerter ist es aber doch, dass das Kind dennoch ausgetragen wird.[137] Unter Umständen fällt eine Verwechslung auch erst nach der Geburt auf, dann jedenfalls kann der Geburtsmutter nicht vorgeworfen werden, dass sie bewusst ein fremdes Kind ausgetragen hat.[138] Eine Anfechtung könnte dann für die Kindeswohlinteressen sogar förderlich sein.[139] Jedenfalls entspricht es nicht dem Kindeswohl, der Geburtsmutter auf Dauer zugeordnet zu bleiben, obwohl diese das Kind ablehnt. Zwar besteht hier im Gegensatz zur Vaterschaft der Unterschied, dass das Kind im Mutterleib heranwächst und somit eine andere Beziehung zur „Scheinmutter" als zum Scheinvater besteht, es ist aber nicht einzusehen, warum die Mutter an das Kind gebunden sein soll, wenn sie dies nicht wünscht. Denn ungeachtet der hohen Wahrscheinlichkeit, dass eine Mutter sich nach Jahren nicht mehr von dem Kind trennen wollen wird, das sie als eigenes aufgezogen hat, besteht gerade bei Verwechslungen, die kurz nach der Geburt festgestellt werden, zumindest die Möglichkeit, dass die Mutter sich von dem Kind lösen möchte. Umso mehr ist dies nachvollziehbar, wenn zugleich aufgrund der Verwechslung eine andere Frau das eigene genetische Kind ausgetragen hat und ein „Tausch" der Kinder zu den „richtigen" Wunscheltern möglich ist. Hier einen Umweg über eine Adoption zu gehen, erscheint unpassend. Zum einen zeichnet sich das Adoptionsrecht gerade dadurch aus, dass ein genetisch fremdes Kind angenommen wird. Zum anderen ist gerade das Abstammungsrecht darum bemüht, Elternzuordnungen in Kongruenz zur Genetik vorzunehmen. Eine Lösung des dargestellten Problems sollte daher, ähnlich wie in *Kroatien*, im Abstammungsrecht erfolgen. Schlussendlich wird auch der Scheinvater nicht auf den Umweg über das Adoptionsrecht verwiesen sondern kann grundsätzlich durch Anfechtung seine Zuordnung abändern.

---

133 *Ludwig*, Der Spiegel, Heft 29/2013, 46, 47; ähnlich wurde bereits zuvor über die Vorgehensweise bei der Verwechslung von Spermien berichtet, vgl. *Ludwig*, Der Spiegel, Heft 27/2012, 42, 43 f.

134 *Ludwig*, Der Spiegel, Heft 29/2013, 46, 47.

135 *Luh*, S. 151.

136 *Luh*, S. 151.

137 In diese Richtung ebenfalls *Coester-Waltjen*, Reproduktionsmedizin 2002, 183, 194.

138 So aber *Wohn*, S. 169.

139 MüKo/*Wellenhofer*, § 1591 BGB, Rn. 34.

Daneben überzeugt es nicht, auf die vermeintlich parallele Situation einer Vergewaltigung hinzuweisen, bei der eine Anfechtung der Mutterschaft ebenfalls nicht möglich ist.[140] Denn bei einer Vergewaltigung wird ein genetisch eigenes Kind zur Welt gebracht, eine Anfechtung muss demnach begriffsnotwendig ausscheiden, da bereits die Kongruenz zur Genetik besteht. Bei einer Eizellspende ohne den Willen der Geburtsmutter wird aber ein genetisch fremdes Kind zur Welt gebracht. Hier besteht gerade keine genetische Kongruenz, so dass eine Anfechtung möglich sein muss. Dagegen sprechen auch nicht die Argumente der Statusklarheit und -beständigkeit.[141] Trotz dieser Prinzipien ist eine Vaterschaftsanfechtung grundsätzlich gewährleistet, weshalb mit ihnen keine generelle Ablehnung der Mutterschaft gerechtfertigt werden kann.

Ob de lege lata in den genannten Ausnahmefällen bereits nach § 169 Nr. 1 FamFG ein Antrag auf Nichtbestehen des Eltern-Kind-Verhältnisses gestellt werden kann, ist umstritten.[142] Aufgrund des ausdrücklichen Willens des Gesetzgebers, die Mutterschaft unanfechtbar zu gestalten, muss dieser Weg aber ausscheiden. Darin zeigt sich einmal mehr die Ungleichbehandlung von Vater- und Mutterschaft.[143]

Um eine solche Statuskorrektur herbeiführen zu können, muss ein Anfechtungsrecht der genetischen Mutter geschaffen werden. Da eine gespaltene Mutterschaft immer eine fortpflanzungsmedizinische Maßnahme voraussetzt, liegt es nahe, eine Anfechtung nur in diesem Ausnahmefall zu regeln. Die Anfechtung durch die rechtliche Mutter sollte daher möglich sein, wenn eine fremde Eizelle auf sie ohne oder gegen ihren Willen übertragen wurde. Eine Feststellung der Mutterschaft muss im Anschluss daran möglich sein, da das Kind ansonsten mutterlos bliebe.[144]

c. *Formulierungsvorschlag*

Die Besonderheiten der Eizellspende führen nicht dazu, dass die originäre Mutterzuordnung abgeändert werden müsste. Die rechtliche Mutterschaft der Geburtsmutter nach § 1591 kann beibehalten werden.

Eine Anfechtung der Mutterschaft ist jedoch ausnahmsweise zuzulassen. Dadurch wird die bisher unabänderliche Ist-Bestimmung des § 1591 zu einer Vermutung herabgestuft, wie dies bei der Vaterschaft der Fall ist.[145] Ein Vergleich mit § 1592 zeigt, dass dafür keine Wortlautänderung der originären Zuordnung erforderlich ist. Auch in diesem Kontext formuliert das Gesetz „*Vater eines Kindes ist* [...]“. Als Standpunkt der Regelung sind Paragraphen direkt nach der originären Zuordnung der Mutterschaft anzufügen. Es bietet sich damit folgende Formulierung an.

---

140 So aber Staudinger/*Rauscher*, § 1591 BGB, Rn. 18.

141 So aber *Wanitzek*, S. 215.

142 Bejahend: MüKo/*Wellenhofer*, § 1591 BGB, Rn. 34; Ablehnend: *Muscheler*, Rn. 531; *Luh*, S. 151; *Valentin*, S. 54; *Kaiser* in: FS Brudermüller, S. 357, 360.

143 Zur Ungleichbehandlung: MüKo/*Wellenhofer*, § 1591 BGB, Rn. 27.

144 Dazu unten S. 206 f.

145 *Luh*, S. 164.

§ 1591a BGB Nichtbestehen und Anfechtung der Mutterschaft
(1) § 1591 gilt nicht, wenn auf Grund einer Anfechtung rechtskräftig festgestellt ist, dass die Frau nicht die leibliche Mutter des Kindes ist.

(2) Berechtigt, die Mutterschaft anzufechten, sind:
1. die Frau, deren Mutterschaft nach § 1591 Abs. 1 besteht, wenn das Kind ohne ihre Einwilligung durch künstliche Befruchtung mittels Eizellspende einer Dritten gezeugt wurde,
[...]

Aus den gleichen Gründen wie bei der Vaterschaft wäre auch bei der Mutterschaft eine fristlose Anfechtung nicht tragbar. Da die Regeln des § 1600b insoweit entsprechend angewandt werden können, empfiehlt sich ein schlichter Verweis hierauf.[146] Eine kurze Frist wie in *Kroatien* wäre nur denkbar, wenn auch die Vaterschaftsanfechtungsfristen verkürzt würden. Da die Frist aber auch eine Überlegungsfrist ist, ist eine längere Frist zu favorisieren.

§ 1591b BGB Anfechtungsfristen
Für die Anfechtung der Mutterschaft gelten § 1600 b Absatz 1 Satz 1, Absatz 3 Satz 1 Halbsatz 1 und die Absätze 4 und 5 entsprechend.

2. *Anfechtung durch die Eizellspenderin*

Diskussionswürdig ist es zudem, ob die Eizellspenderin selbst die Möglichkeit haben sollte, die Mutterschaft der Wunschmutter anzufechten. Bei Zweifeln über die Person der Mutter kann – wie im Rahmen der Vaterschaft – ein Abstammungsgutachten die genetische Mutterschaft nahezu zweifellos beweisen, praktische Beweisprobleme bestünden somit nicht.[147]

a. Grundsätzlich keine Anfechtungsberechtigung der Eizellspenderin

Vereinzelt wird dazu vertreten, eine Anfechtung zuzulassen, wenn keine sozial-familiäre Beziehung zwischen Kind und Mutter (mehr) besteht.[148] Eine Anfechtung durch die Spenderin könne dann dem Wohl des Kindes dienen.[149] Dem stehe die besondere Beziehung zwischen Kind und Mutter nicht entgegen, da diese unter Umständen erst nach Geburt entsteht, jedenfalls sei ein *„pränataler Mutterinstinkt"* bisher nicht bewiesen.[150]

In der Regel besteht bei einer Eizellspenderin, wie bei einem typischen Samenspender, aber kein Interesse am Kind, stattdessen bestimmen altruistische oder

146 Auch *Luh*, S. 164, verweist darauf, die Fristbestimmung der Vaterschaftsanfechtung auf eine mögliche Mutterschaftsanfechtung zu übertragen.

147 Vgl. MüKo/*Wellenhofer*, § 1591 BGB, Rn. 7.

148 *Schwenzer*, Gutachten 59. DJT, A 40.

149 *Weyrauch*, S. 200, allerdings mit einem Verweis auf Leihmutterschaften; in diese Richtung auch *Seidl*, FPR 2002, 402, 403.

150 *Weyrauch*, S. 210; zweifelnd insofern auch *Ramm*, JZ 1996, 987, 989, Fn. 21.

finanzielle Motive das Handeln.[151] Aus denselben Gründen wie beim Samenspender muss daher eine Anfechtung durch die Eizellspenderin ausscheiden[152]; das ergibt sich bereits aus dem Gleichbehandlungsgrundsatz.[153] Im Gegensatz zum Fall einer Samenspende kann eine Situation, wie sie dem *BGH*-Urteil vom 15.05.2013[154] zu Grunde lag, bei einer Eizellspende nicht eintreten. Wird eine Eizelle gespendet, ist immer eine Wunschmutter vorhanden, die die Mutterschaft übernehmen möchte und deswegen das Kind austrägt.[155]

Die Spenderin kann somit kein schützenswertes Interesse belegen[156], zumal anders als bei der Scheinvaterschaft eine biologische Verbindung zwischen Kind und Wunschmutter besteht.[157] Eine Anfechtung widerspricht im Zweifel dem Wohl des Kindes, da dieses bereits in die Familie integriert ist.[158] Die Diskussion verläuft zwangsläufig parallel zu der über des Anfechtungsrechts des Samenspenders, insofern ist weitestgehend auf diese zu verweisen.[159] Hauptargument ist somit, dass die Eizellspenderin freiwillig einwilligte, dass eine andere Person unverrückbar die Elternstellung erlangen sollte.[160] Daneben wird eine Umgehung der Normen zur Verhinderung einer Leihmutterschaft befürchtet[161], die im Kontext der Eizellspende aber ohne Bedeutung bleibt.

b. Ausnahmeregelung

Bereits bei der Behandlung des Anfechtungsrechts des Samenspenders wurde ein Fall aufgezeigt, der am besten durch eine Anfechtung und anschließende Feststellung des Spenders gelöst werden könnte.[162] Spendet ein naher Verwandter oder Bekannter seine Keimzellen, um einem Paar einen Kinderwunsch zu erfüllen – was gerade im Fall der Eizellspende häufig der Fall ist[163] – ist es interessengerecht, ihm ein Anfechtungsrecht zuzusprechen, wenn alle Beteiligten zustimmen.[164] Gleichfalls muss also auch der Eizellspenderin ein nicht fristgebundenes Recht zur Anfechtung

---

151 MüKo/*Wellenhofer*, § 1591 BGB, Rn. 10 und 36.

152 *Wolf*, FuR 1998, 392, 395; *Coester-Waltjen*, Gutachten 56. DJT, B 114; *Luh*, S. 159; MüKo/*Wellenhofer*, § 1591 BGB, Rn. 36; *Kaiser* in: FS Brudermüller, S. 357, 368.

153 MüKo/*Wellenhofer*, § 1591 BGB, Rn. 36.

154 *BGH* FamRZ 2013, 1209-1214.

155 Ansonsten läge ein Fall der Leihmutterschaft vor, der nachfolgend gesondert betrachtet wird.

156 *Harder*, JuS 1986, 505, 509.

157 *Weyrauch*, S. 200.

158 BT-Drucks. 13/4899, S. 82; in diese Richtung auch *Wohn*, S. 170.

159 Siehe S. 108 ff.

160 *Weyrauch*, S. 201.

161 *Mutschler*, FamRZ 1994, 65, 69.

162 Vgl. oben S. 110 ff.

163 *Helms* in: *Röthel/Löhnig/Helms*, S. 49, 67.

164 Siehe auch *Schwenzer*, Gutachten 59. DJT, A 40; a.A. *Valentin*, S. 57, die stets auf die Adoption verweist.

der Mutterschaft eingeräumt werden, wenn Wunschmutter, rechtlicher Vater und ggfs. das Kind dieser zustimmen. Bei der Eizellspende tritt der Fall der Spende eines nahen Verwandten häufiger auf, da aus Mangel an Eizellspenderinnen und wegen gesundheitlicher Risiken viele Spenden aus dem familiären Umfeld erfolgen.[165]

Durch eine solche Regelung kann zudem der Fall gelöst werden, dass durch den Tod der Wunschmutter oder die Freigabe des Kindes zur Adoption plötzlich doch ein Interesse der Spenderin am Kind entsteht.[166] Sichergestellt muss dann sein, dass die anfechtende genetische Mutter zugleich als rechtliche Mutter des Kindes zugeordnet wird, damit kein Zustand der Mutterlosigkeit entsteht. Auch dies entspräche der Rechtslage der Anfechtung durch den leiblichen Vater. Dafür müsste eine geringfügige Änderung des § 1591 erfolgen.

Zuletzt ist an den Fall einer Keimzellentnahme gegen oder ohne den Willen der „Spenderin" zu denken. Hier wird eine Anfechtung befürwortet.[167] Schwerlich kann man in einem solchen Fall noch von einer „Spende" sprechen. Auch ein Verzicht auf das Elternrecht kann einer Anfechtung nicht entgegenstehen. Fraglich ist jedoch, inwieweit die Interessen der biologischen Mutter hierbei berücksichtigt werden müssen, die das Kind immerhin (u.U. als eigenes) ausgetragen hat. Es erscheint ungerecht, ihr nach Schwangerschaft und Geburt das Kind durch eine Anfechtung der genetischen Mutter zu nehmen, ohne dass ihr dabei ein Mitspracherecht zukäme. Das unterscheidet sie erheblich von der Situation einer Anfechtung der Vaterschaft des Wunschvaters durch den „Samenspender".[168] Zu beachten ist dabei auch, dass der biologischen Mutter in diesem Fall das verfassungsrechtlich geschützte Elternrecht nach Art. 6 I, II GG zukommt. Unangemessen erschiene eine Anfechtung insbesondere dann, wenn – was der Regelfall sein dürfte – sie selbst keine Kenntnis von der Verwendung der Eizellen der genetischen Mutter hatte bzw. keine Kenntnis davon, dass diese nicht in eine Spende eingewilligt hat. Im Gegensatz zum *kroatischen* Recht ist daher in eine Anfechtung nur dann zu ermöglichen, wenn auch die biologische bzw. rechtliche Mutter der Anfechtung zustimmt. Da es sich um eine besondere Situation handelt, ist auf die Zustimmungen des Kindes und des Vaters zu verzichten.[169] Weitere Grenze sollte wie bei der vorgeschlagenen Anfechtungsberechtigung des Samenspenders jedoch das Wohl des Kindes sein.[170] Daneben wäre mit Zustimmung des Vaters und des Kindes auch stets eine Anfechtung nach dem vorgeschlagenen § 1591a II Nr. 2 möglich.

Zu der im Rahmen der Samenspende diskutierten Situation des untypischen offenen Becherspenders kann es bei der Eizellspende nicht kommen. Möchte die

165 *Blauwhoff*, S. 342, *Helms* in: *Röthel/Löhnig/Helms*, S. 49, 65
166 Vgl. MüKo/*Wellenhofer*, § 1591 BGB, Rn. 10.
167 *Luh*, S. 159; *Coester-Waltjen*, Reproduktionsmedizin 2002, 183, 194, spricht das Problem an und verweist zur Lösung auf eine Analogie zu den Regelungen der Aufhebung einer Adoption.
168 Vgl. S. 110f.
169 Vgl. auch S. 110.
170 Vgl. S. 111 f.

Eizellspenderin selbst die Mutterrolle übernehmen, handelt es sich um einen Fall der Leihmutterschaft.[171]

c. *Formulierungsvorschlag*

Insofern ist der Entwurf wie folgt zu erweitern:

> **§ 1591 Mutterschaft**
> (1) Mutter eines Kindes ist die Frau, die es geboren hat.
>
> *(2) Besteht keine Mutterschaft nach Absatz 1, so ist die Mutterschaft gerichtlich festzustellen*
>
> **§ 1591a BGB Nichtbestehen und Anfechtung der Mutterschaft**
> (1) § 1591 Abs. 1 gilt nicht, wenn auf Grund einer Anfechtung rechtskräftig festgestellt ist, dass die Frau nicht die leibliche Mutter des Kindes ist.
>
> (2) Berechtigt, die Mutterschaft anzufechten, sind:
>
> 1. die Frau, deren Mutterschaft nach § 1591 besteht, wenn das Kind ohne ihre Einwilligung durch künstliche Befruchtung mittels Eizellspende einer Dritten gezeugt wurde,
>
> *2. die leibliche Mutter, wenn die Mutter im Sinne von § 1591 Abs. 1, der Vater im Sinne § 1592 und das Kind der Anfechtung zustimmen*
>
> *[...]*
>
> *(3) Bei einer Anfechtung gemäß Absatz 2 Nummer 2 wird die leibliche Mutter gemäß § 1591 Absatz 2 als Mutter festgestellt. § 1591b findet keine Anwendung.*
>
> *(4) Erfolgt die Verwendung der Eizelle zur Befruchtung ohne oder gegen den Willen der leiblichen Mutter, ist eine Anfechtung nach Absatz 2 Nummer 2 ohne Zustimmung des Vaters und des Kindes möglich, falls diese dem Wohl des Kindes nicht widerspricht.*

3. *Anfechtung durch das Kind*

Wie nach einer heterologen Insemination mit Spendersamen ist ein mögliches Anfechtungsrecht des Kindes nach einer Eizellspende ein großer Streitpunkt.

a. *Normierung eines Anfechtungsrechts des Kindes*

Bei der Samenspende besteht ein Anfechtungsrecht des Kindes, das als einziger Beteiligter eigenmächtig die Zuordnung zum Wunschvater beseitigen kann. Konsequenterweise muss die Entscheidung bezüglich dieses Vaterschaftsanfechtungsrechts für das Mutterschaftsanfechtungsrecht entsprechend ausfallen.[172] Der gleiche

171 Dazu S. 111 f.
172 So auch MüKo/*Wellenhofer*, § 1591 BGB, Rn. 37.

Gedanke ist auch im *kroatischen* Recht zu erkennen, das dem Kind allerdings weder im Fall der Ei- noch der Samenspende ein Anfechtungsrecht gewährt.

Konform zu der zuvor vertretenen Meinung[173] ist dem Eizellspendekind wie dem Samenspendekind dagegen ein unbeschränktes Anfechtungsrecht zu gewähren.[174] Das ergibt sich bereits aus Gleichheitsgesichtspunkten in Bezug auf die Vaterschaftsanfechtung.[175] Neben Argumenten, die bereits bei der Vaterschaftsanfechtung entkräftet wurden, wird dagegen vorgetragen, dass die geltende Ungleichbehandlung auf den unterschiedlichen biologischen Gegebenheiten von Mutter- und Vaterschaft beruhe und daher nicht gleichheitsrechtswidrig sei.[176] Die Schwangerschaft stelle einen *„psychophysischen Prozeß* [sic]" zwischen Geburtsmutter und Kind dar, der besondere Auswirkung auf die emotionale Entwicklung des Kindes habe.[177] Diese könne nur bei der biologischen Mutter ungestört fortgeführt werden. Veränderungen dürften nur über das Adoptionsrecht erfolgen.[178] Diese Auffassung, die auch der Begründung des Gesetzgebers entspricht, überzeugt aber nicht.[179] Bei der Mutterschaft ist die sozial-familiäre Beziehung zur Grundlage für die Elternschaft erhoben, bei der Vaterschaft dagegen soll die Rechtsstellung begründend für die Beziehung sein.[180] Die psychologische und biologische Verbindung zwischen Kind und Mutter spricht lediglich für die Erstzuordnung zur Geburtsmutter, nicht aber gegen eine spätere Statuskorrektur.[181] Das Wohl des Kindes verlangt es, dass es sich von der rechtlichen Mutter, die nicht zugleich die genetische ist, lösen kann, wenn sich diese vom Kind abwendet.[182] Schließlich kann das Kind auch trotz jahrelanger sozial-familiärer Beziehung zum Vater ohne weiteres die Vaterschaft anfechten.[183]

---

173 Vgl. S. 91 ff.

174 Ebenso *Mutschler*, FamRZ 1994, 65, 69; *Luh*, S. 163; MüKo/*Wellenhofer*, § 1591 BGB, Rn. 37; wohl auch *Coester*, DEuFamR 1999, 3, 5; zumindest ab Volljährigkeit *Muscheler/Beisenherz*, JR 1999, 407, 412; zweifelnd *Harder*, JuS 1986, 505, 509; a.A. *Wanitzek*, S. 217; *von Sethe*, S. 372; *Kaiser* in: FS Brudermüller, S. 357, 370.

175 *Lurger*, DEuFamR 1999, 210, 219; *Weyrauch*, S. 201; MüKo/*Wellenhofer*, § 1591 BGB, Rn. 37; *Muscheler/Beisenherz*, JR 1999, 407, 411; *Luh*, S. 148 ff.; *Coester-Waltjen*, Gutachten 56. DJT, B 113; in diese Richtung wohl auch *Ramm*, JZ 1996, 987,993; *Gaul*, FamRZ 2000, 1461, 1473; Staudinger/*Rauscher*, § 1591 BGB, Rn. 11; *Valentin*, S. 56; *Coester*, DEuFamR 1999, 3, 5 und *Wohn*, S. 169; a.A. *Quantius*, FamRZ 1998, 1145, 1150.

176 *Quantius*, FamRZ 1998, 1145, 1150; in diese Richtung ebenfalls *Valentin*, S. 163.

177 *Quantius*, FamRZ 1998, 1145, 1150.

178 *Quantius*, FamRZ 1998, 1145, 1150.

179 Staudinger/*Rauscher*, § 1591 BGB, Rn. 12.

180 *Muscheler*, Rn. 530.

181 *Luh*, S. 150.

182 Vgl. *Weyrauch*, S. 197.

183 *Lurger*, DEuFamR 1999, 210, 219; in diese Richtung ebenfalls: Staudinger/*Rauscher*, § 1591 BGB, Rn. 12.

Vor allem ist festzuhalten, dass dem Kind auch im Rahmen der Mutterschaft das Recht des Kindes auf Kenntnis der eigenen Abstammung zur Seite steht.[184] Es selbst ist als einziger nicht an der Verursachung der gespaltenen Mutterschaft beteiligt und sollte daher nicht die Konsequenz der Unanfechtbarkeit tragen.[185] Zwar stellt das Recht auf Kenntnis nicht zugleich ein uneingeschränktes Recht auf Zuordnung dar,[186] allerdings eignet sich das Urteil des *BVerfG* vom 31.01.1989[187] dazu, eine Parallele zu ziehen. Nach dem Urteil wurde das damals geltende Vaterschaftsanfechtungsrecht dem Recht des Kindes auf Kenntnis der eigenen Abstammung nicht gerecht. Daraufhin erfolgte eine Ausweitung des Anfechtungsrechts auf das heutige Maß.[188] Aufgrund dieser Ausweitung der Vaterschaftsanfechtungsmöglichkeiten ist es notwendig, eine solche auch auf die Mutterschaft zu übertragen, eine Ungleichbehandlung ist nicht nachvollziehbar.[189] Insbesondere sind die Auswirkungen der Kenntnis der Identität der genetischen Mutter auf die Identitätsentwicklung des Kindes als ebenso groß zu betrachten wie die Kenntnis der Identität des genetischen Vaters.[190] An dieser Stelle zeigt sich die Inkonsequenz des Gesetzgebers, zwar das Recht auf Kenntnis der eigenen Abstammung zu respektieren und deswegen eine Vaterschaftsanfechtung zuzulassen, gleichsam aber eine Mutterschaftsanfechtung auszuschließen.[191]

Quantius meint dagegen das Problem zu erkennen, dass ein Anfechtungsrecht des Kindes zwingend ein Anfechtungsrecht der Mutter zur Folge haben müsste.[192] Dem ist aber nicht so, da bereits die Anfechtungsberechtigungen nach einer Samenspende dem Kind alleine die Möglichkeit zur Statuskorrektur belassen.

Zwar bejaht auch *Wellenhofer* das Bedürfnis nach einem Anfechtungsrecht, sie fordert insoweit aber eine privatautonome Statusänderung, bei der sich alle Beteiligten für eine Änderung aussprechen müssen, vergleichbar mit der hier vertretenen Ausnahmevorschrift zum Anfechtungsrecht der Keimzellspenderin.[193] Indes kann dies die Rechte und Interessen des Kindes nicht vollends befriedigen, da es dabei auf die Mitwirkung der Eltern angewiesen ist, deren Zustimmung regelmäßig ausbleiben wird. Daher ist ein Anfechtungsrecht vorzuziehen.

---

184 *Luh*, S. 141 f. und S. 146; Staudinger/*Rauscher*, § 1591 BGB, Rn. 11; MüKo/*Wellenhofer*, § 1591 BGB, Rn. 30; *Schwenzer*, Gutachten 59. DJT, A 40; *Starck*, Gutachten 56. DJT, A 38; vgl. auch *Weyrauch*, S. 201; in diese Richtung ebenfalls *Muscheler*, Rn. 530.

185 *Luh*, S. 142; zweifelnd: Staudinger/*Rauscher*, § 1591 BGB, Rn. 11.

186 *Luh*, S. 142.

187 *BVerfG* NJW 1989, 891, 892.

188 Vgl. dazu *Luh*, S. 144.

189 *Luh*, S. 144; *Wohn*, S. 172; Staudinger/*Rauscher*, § 1591 BGB, Rn. 11.

190 MüKo/*Wellenhofer*, § 1591 BGB, Rn. 30.

191 *Luh*, S. 145.

192 *Quantius*, FamRZ 1998, 1145, 1150, Fn. 96.

193 Siehe MüKo/*Wellenhofer*, § 1591 BGB, Rn. 37; vgl. außerdem S. 110 ff. und S. 197 ff.

Wie auch beim Vaterschaftsanfechtungsrecht des Samenspendekindes wird das Eizellspendekind in der Regel keine Anfechtung der Mutterschaft vornehmen.[194] Das mangelnde Interesse, die Eizellspenderin als Mutter feststellen zu lassen und die Gefahr der Mutterlosigkeit – damit verbunden der Verlust sämtlicher Rechte und Ansprüche aus dem Verwandtschaftsverhältnis – verhindert dies. Stattdessen wird das Kind sein Interesse regelmäßig durch Auskunftsansprüche befriedigen können. Besteht aber der Wille, sich von der rechtlichen Mutter zu lösen, ist die Einführung eines unbeschränkten Anfechtungsrechts alternativlos. Um einen Rechtsmissbrauch durch den gesetzlichen Vertreter zu verhindern, ist das Kindeswohlerfordernis des § 1600a IV entsprechend anzuwenden.

b. Formulierungsvorschlag

Im Ergebnis bietet sich die folgende Formulierung an.

> **§ 1591a BGB Nichtbestehen und Anfechtung der Mutterschaft**
> (1) § 1591 Abs. 1 gilt nicht, wenn auf Grund einer Anfechtung rechtskräftig festgestellt ist, dass die Frau nicht die leibliche Mutter des Kindes ist.
>
> (2) Berechtigt, die Mutterschaft anzufechten, sind:
>
> 1. die Frau, deren Mutterschaft nach § 1591 Abs. 1 besteht, wenn das Kind ohne ihre Einwilligung durch künstliche Befruchtung mittels Eizellspende einer Dritten gezeugt wurde,
>
> 2. die leibliche Mutter, wenn die Mutter im Sinne von § 1591 Abs. 1, der Vater im Sinne § 1592 und das Kind der Anfechtung zustimmen und
>
> *3. das Kind.*
>
> [...]
>
> *(5) § 1600a ist entsprechend anzuwenden.*

4. Anfechtung durch den rechtlichen Vater

Die nahezu grenzenlose Berechtigung der Mutter zur Vaterschaftsanfechtung im Fall einer natürlichen Zeugung besteht – nicht unumstritten[195] – nach § 1600 I Nr. 3. Bei einer konsentierten Insemination mit Fremdsamen ist diese über § 1600 V ausgeschlossen. Hat die Mutter der Insemination jedoch nicht wirksam zugestimmt, bleibt sie nach den allgemeinen Regeln zur Anfechtung der Vaterschaft berechtigt. Spiegelbildlich dazu stellt sich die Frage, ob der Vater nach einer Eizellspende die

194 *Luh*, S. 163.

195 Kritisch beispielsweise: *Muscheler*, Rn. 558; *Coester*, DEuFamR 1999, 3, 5 f.; bereits *Schwenzer*, Gutachten 59. DJT, A 36, forderte eine Berücksichtigung der Vater-Kind Beziehung.

Mutterschaft der Geburtsmutter anfechten können sollte, wenn er der Verwendung einer fremden Eizelle nicht zugestimmt hat. Diesem Aspekt wird bisher wenig Beachtung geschenkt.[196] Vor der Kindschaftsrechtsreform sprach sich wohl niemand für ein solches Recht aus.[197] Liegt eine Einwilligung des Vaters in die Verwendung einer Spendereizelle zum Zeitpunkt des Behandlungsbeginns vor, muss eine Anfechtung in jedem Fall ausscheiden. Es kann nichts anderes gelten, als wenn die Mutter selbst ihre Rechtsstellung beseitigen wollte. Der Rechtsgedanke des § 1600 V setzt sich auch hier durch[198], daher ist die obige Begründung entsprechend auf diese Situation übertragbar.[199]

Es bleibt aber die Frage, ob der Vater die Mutterschaft anfechten können sollte, wenn er der Verwendung einer fremden Eizelle nicht zugestimmt hat.[200] Voraussetzung für eine Anfechtung wäre jedenfalls die rechtliche Vaterschaft.[201] Diese hat er bei einer Eizellspende regelmäßig als Ehemann der Wunschmutter oder Anerkennender inne.[202] Es besteht auch keine Möglichkeit diese anzufechten, weil er der Erzeuger des Kindes ist. Zu einfach wäre es aber, mit Verweis auf die Rechtslage zur Vaterschaftsanfechtung eine Berechtigung zur Anfechtung der Mutterschaft durch den anderen Elternteil zu kreieren. Zwar wird dadurch das Argument entkräftet, dass Außenstehende nicht anfechtungsberechtigt sein dürften[203], insofern bedarf die Besonderheit der Schwangerschaft und Geburt durch die Wunschmutter aber einer entsprechenden Beachtung. So ist fraglich, ob die (vermeintlich bestehenden) besonderen Bindungen der Mutter an das Kind in diesem Fall eine andere Bewertung als bei der Vaterschaftsanfechtung durch die Mutter begründen und letztlich die Ungleichbehandlung des Vaters rechtfertigen können. Während der Scheinvater mitunter zu seinem rechtlichen Kind keinerlei Beziehung hat, erlebt die „Scheinmutter“ Schwangerschaft und Geburt des Kindes und besitzt damit oft bereits zum Zeitpunkt der Geburt eine besondere Verbindung zum Kind. Spräche man dem Mann ein Anfechtungsrecht zu, könnte er in diese Verbindung von außen eingreifen und die rechtliche Verbindung zwischen Kind und Mutter zerstören, was zwangsläufig auch zum Verlust des Sorgerechts führt. Bereits der Keimzellspenderin wird aber versagt, in die Beziehung zwischen Wunschmutter/Geburtsmutter und Kind einzugreifen. Grundsätzlich kann daraus der Schluss gezogen werden, dies auch

196 Vgl. *Wanitzek*, S. 214.
197 *Wanitzek*, S. 214.
198 MüKo/*Wellenhofer*, § 1591 BGB, Rn. 38; *Luh*, S. 158 f.; *Lurger*, DEuFamR 1999, 210, 219; *Kaiser* in: FS Brudermüller, S. 357, 368.
199 Vgl. S. 76 ff.
200 Wohl dafür *Lurger*, DEuFamR 1999, 210, 222.
201 MüKo/*Wellenhofer*, § 1591 BGB, Rn. 38.
202 Evtl. wäre aber eine Feststellung seiner Vaterschaft nach § 1600d BGB erforderlich, da rückwirkend die durch die Mutter vermittelte Vaterschaft entfallen könne, dazu später.
203 Vgl. dazu *Wanitzek*, S. 214.

dem Vater zu untersagen.[204] Ein dauerhafter Ausschluss der Anfechtung würde aber dazu führen, dass der Vater mit einem rechtlichen Elternteil kooperieren müsste, der genetisch nicht mit dem Kind verwandt ist. Im Extremfall könnte der Mann im Vorfeld der Behandlung gar über die Verwendung einer Eizellspende getäuscht worden sein und dennoch keine Abänderung der Mutterschaft erreichen können.

Eine große Relevanz wird diesem Thema nicht zugesprochen werden können. Da für eine Eizellspende stets eine ärztliche Behandlung notwendig ist, der bei einer Legalisierung im Inland in Anlehnung an Samenspendebehandlungen auch der andere Elternteil zustimmen müsste, wird der Vater zumeist über die Herkunft der Eizelle unterrichtet sein. Bei Behandlungen im Ausland kann sich aber wiederum ein anderes Bild ergeben.

Im Rechtsvergleich zeigt sich, dass selbst die wenigen Rechtsordnungen, die eine Abänderung der Mutterschaft zulassen, dem Vater kein Mutterschaftsanfechtungsrecht zusprechen.[205] Die europäischen Gesetzgeber sind in diesem Punkt zurückhaltender, als sie es ohnehin schon in Bezug auf eine Abänderung der Mutterschaft sind. Ob der 59. Deutsche Juristentag mit seinem Beschluss B. V. 2.[206] für ein Mutterschaftsanfechtungsrecht des rechtlichen Vaters plädierte, ist nicht ganz ersichtlich. Es wird ein der Vaterschaftsanfechtung entsprechendes Recht gefordert. Zur damaligen Zeit sah dies jedoch keine Vaterschaftsanfechtungsmöglichkeit der Mutter vor, gleichwohl wird dieses im selben Beschluss gefordert (B. V. 1. e.). Jedenfalls wird nicht deutlich, ob spiegelbildlich das Mutterschaftsanfechtungsrecht des Vaters beachtet und gefordert wurde.

Es ist aber sinnvoll, ein solches auszuschließen. Der Vergleich mit der Scheinvaterschaft hinkt, da die Wunschmutter das Kind immerhin ausgetragen hat. Es ist ohnehin schon fraglich, wieso die Mutter nahezu ohne Einschränkung (zumindest in den ersten beiden Lebensjahren des Kindes) eine sozial-familiäre Beziehung zum Scheinvater gefährden kann, obwohl dies dem Erzeuger selbst verwehrt wird.[207] Im Rahmen einer Eizellspende sollte daher erst Recht Zurückhaltung geboten sein. Dem rechtlichen Vater sollte daher kein Mutterschaftsanfechtungsrecht zustehen, selbst wenn er nicht in die Behandlung mit einer fremden Eizelle eingewilligt hat. Ob die vermeintliche besondere Beziehung der Mutter eine Ungleichbehandlung zwischen den Rollen der Mutter bei der Vaterschaftsanfechtung und des Vaters bei

---

204 So im Ergebnis wohl *Luh*, S. 159, die nur der Keimzellspenderin und der Mutter ein Anfechtungsrecht zuspricht.

205 Vgl. Art. 85 f. des kroatischen FamG, dazu *Hlača*, FamRZ 2010, 1494, 1496, Fn. 19; auch das griechische Recht kennt kein Mutterschaftsanfechtungsrecht des Vaters, vgl. dazu *Kiriakaki*, MedR 2005, 143, 152; keine Anfechtungsmöglichkeit besteht außerdem in Frankreich, vgl. *Rieck/Eber-Arampatsi*, Frankreich, Rn. 39.

206 Abgedruckt in FamRZ 1992, 1275, 1276.

207 Zum Schutz der Vater-Kind Beziehung forderte der 59. Deutsche Juristentag ein Anfechtungsrecht der Mutter daher auch nur, wenn ausgeschlossen sei, dass *„dadurch eine gelebte Vater-Kind-Beziehung zerstört würde"*, NJW 1992, 1275, 1276 (B. V. 1. f.).

der Mutterschaftsanfechtung rechtfertigt, ist aber nicht gänzlich abgesichert. Es sollte aber überprüft werden, ob die Mutter auch zukünftig ohne Einschränkung zur Vaterschaftsanfechtung berechtigt sein sollte. Letztlich ist es empfehlenswert, dem rechtlichen Vater kein Mutterschaftsanfechtungsrecht zuzusprechen, zumal die Relevanz des Problems sehr gering ist.

IV. Feststellung der Mutterschaft der genetischen Mutter

Ficht ein Anfechtungsberechtigter die Mutterschaft an, sollte dies – in Anlehnung an die Wirkung der Vaterschaftsanfechtung – die ex-tunc Beseitigung der rechtlichen Mutterschaft zur Folge haben. Im Fall der anfechtenden genetischen Mutter wurde gefordert, bereits im Beschluss die Mutterschaft der Anfechtenden festzustellen, wie dies im Fall der Vaterschaftsanfechtung durch den Erzeuger geregelt ist, vgl. § 182 I FamFG. Fechten aber die rechtliche Mutter oder das Kind an, wird das Kind mutterlos. Bereits bei Behandlung der Samenspende wurde für diese Fälle der Elternlosigkeit/Vaterlosigkeit hinterfragt, ob eine Feststellung der Vaterschaft des Samenspenders erfolgen kann. Letztlich wurde die geltende Rechtslage für gerecht befunden und die Beibehaltung der Feststellungsmöglichkeit des Samenspenders gefordert.[208] Folgerichtig muss auch die Möglichkeit bestehen, bei Mutterlosigkeit die Eizellspenderin als Mutter feststellen zu lassen.[209] Das ergibt sich bereits aus Art. 3 GG.[210] Ihr Beitrag ist nicht geringer als der des Samenspenders, so dass sie als rechtlicher Elternteil festgestellt werden können muss. Dies verlangt zudem das Prinzip der Statuswahrheit. Das geltende Abstammungsrecht ist somit um eine weitere Vorschrift zu ergänzen, angelehnt an die Vorschriften zur Feststellung der Vaterschaft. Berechtigt, einen Feststellungsantrag zu stellen, sollten de lege ferenda entsprechend der Antragsbefugnis bei der Vaterschaftsfeststellung das Kind, die genetische Mutter selbst und der rechtliche Vater sein. Eine explizite Regelung der Antragsberechtigung für die Vaterschaftsfeststellung existiert derzeit nicht, sollte aber zukünftig (wieder) eingeführt werden. Umso mehr ist eine Regelung bei der Feststellung der Mutterschaft notwendig, weil diese ein völliges Novum darstellt. Durch die Feststellungsmöglichkeit wird sichergestellt, dass der Zustand der Mutterlosigkeit im besten Fall nur ein vorübergehender ist und dem Kind eine Frau als Mutter zugeordnet werden kann. Bezüglich des Verfahrens könnten die Normen des FamFG zur Vaterschaftsfeststellung entsprechend angewandt werden (insbesondere §§ 169, 177, 178 FamFG).

§ 1591c Gerichtliche Feststellung der Mutterschaft

(1) Berechtigt, die Mutterschaft im Sinne von § 1591 Absatz 2 feststellen zu lassen, sind

1. das Kind,

2. die leibliche Mutter und

208 Vgl. S. 115 ff.

209 Ebenso *Luh*, S. 164.

210 MüKo/*Wellenhofer*, § 1591 BGB, Rn. 27.

3. der Vater gemäß § 1592.

(2) Die Rechtswirkungen der Mutterschaft können, soweit sich nicht aus dem Gesetz anderes ergibt, erst vom Zeitpunkt ihrer Feststellung an geltend gemacht werden.

V. Reflexwirkung von Anfechtung und Feststellung der Mutterschaft auf die Vaterschaft

Durch die Konzeption des Abstammungsrechts ergibt sich eine Besonderheit, die bei Schaffung einer Mutterschaftsanfechtung zu beachten ist. Dem Abstammungsrecht ist es nämlich immanent, dass primär eine Zuordnung zur Mutter erfolgt, aufgrund derer sekundär einem Mann die Vaterschaft zugesprochen wird, vgl. § 1592 Nr. 1 und 2.[211] So wird einerseits der Ehemann der Mutter Vater des Kindes, andererseits wird es der Anerkennende, wenn die Mutter der Erklärung zustimmt. Abgesehen von der Vaterschaftsfeststellung wird stets auf die rechtliche Mutter Bezug genommen. Einer erfolgreichen Anfechtung der Mutterschaft würde aber, wie bei der Vaterschaft, eine ex-tunc Wirkung innewohnen. Rückwirkend wäre der Vater also zum Zeitpunkt der Geburt lediglich der Ehemann der ehemaligen Mutter, ebenso würde der Mutter nachträglich die Zustimmungsbefugnis im Rahmen einer Anerkennung entzogen.[212] Bei einer Anfechtung der Mutterschaft würde das Kind dadurch regelmäßig auch vaterlos, da die entsprechende Verbindung zum Vater durch die nachträgliche Anfechtung der Mutterschaft entfiele.[213] Dies entspräche der Rechtslage in *Frankreich*, nach der eine Mutterschaftsanfechtung automatisch zum Wegfall der Vaterschaft führt.[214] Zum Wohl des Kindes ist ein solcher „*waisenähnlicher*" Zustand aber möglichst zu vermeiden.[215] Daher spricht sich *Coester-Waltjen* dafür aus, trotz des Wegfalls der Mutterschaft die rechtliche Vater-Kind Beziehung unangetastet zu lassen.[216] Gerade bei der Eizellspende macht dies auch Sinn. Der rechtliche Vater ist regelmäßig der Erzeuger des Kindes. Daher wäre es unnötig kompliziert, ihm zunächst die Vaterrolle zu entziehen, um sie ihm anschließend im Vaterschaftsfeststellungsverfahren wieder zuzusprechen. In anderen Fällen, in denen auch die Vaterschaft nicht in Kongruenz zur Genetik steht, bleibt zur Beseitigung der Zuordnung das Vaterschaftsanfechtungsverfahren. In Bezug auf die Vaterschaft entspricht es der herrschenden Meinung, dass rechtsgeschäftliche Vertretungsgeschäfte im Namen des Kindes nach einer Anfechtung nicht rückwirkend unwirksam werden.[217] Dieser

---

211 *Weyrauch*, S. 198.
212 Vgl. *Weyrauch*, S. 198.
213 *Weyrauch*, S. 198; *Coester-Waltjen*, Gutachten 56. DJT, B 114; vgl. auch *Wanitzek*, S. 212.
214 *Luh*, S. 140, Fn. 672.
215 So wohl auch *Weyrauch*, S. 198 f.
216 *Coester-Waltjen*, Gutachten 56. DJT, B 114.
217 MüKo/*Wellenhofer*, § 1599 BGB, Rn. 53; *Gernhuber/Coester-Waltjen*, § 52, Rn. 132, Erman/*Hammermann*, § 1599 BGB, Rn. 24; a.A. Staudinger/*Rauscher*, § 1599 BGB, Rn. 34, der eine nachträgliche Genehmigung fordert.

Gedanke sollte auch hier angewendet werden. Aus Gründen der Rechtssicherheit sollte gesetzlich festgeschrieben werden, dass die Anfechtung der Mutterschaft den Status des Vaters unberührt lässt. Gerade im Fall der Eizellspende entspricht dies den Interessen aller Beteiligten. Dadurch würde auch der Konfliktfall geregelt werden, dass nach der Anfechtung eine Frau als Mutter festgestellt wird, die zum Zeitpunkt der Geburt des Kindes verheiratet war. Da auch die Feststellung der Mutterschaft mit ex-tunc Wirkung eintritt, würde gemäß § 1592 Nr. 1 grundsätzlich ihr Ehemann als Vater des Kindes, obwohl bereits eine anderweitige Vaterschaft besteht. In diesem Fall entfaltet nach den allgemeinen Grundsätzen des Abstammungsrecht die erste Vaterschaftszuordnung, die aufrechterhalten wird, eine Sperrwirkung. Besteht also bereits eine Vaterschaft, bspw. zum Ehemann der Wunschmutter, bleibt diese erhalten. Besteht hingegen keine Vaterschaft sollte die Wirkung des § 1592 Nr. 1 ausgeschlossen werden, um eine Zuordnung zum Ehemann der Spenderin auszuschließen. Diese kann gegebenenfalls durch Anerkennung erfolgen. An die Entwürfe des § 1591a und des § 1591c ist somit ein weiterer Absatz anzuhängen:

§ 1591a BGB Nichtbestehen und Anfechtung der Mutterschaft

[...]

(6) Die Vaterschaft gemäß § 1592 bleibt von der Anfechtung der Mutterschaft gemäß Absatz 1 und 2 unberührt.

§ 1591c Gerichtliche Feststellung der Mutterschaft

[...]

(3) Im Falle einer Feststellung nach § 1591 Absatz 2 wird der Ehemann der Mutter zum Zeitpunkt der Geburt entgegen § 1591 Nr. 1 nicht Vater des Kindes.

B. Die Anerkennungsunwilligkeit des nichtehelichen Wunschvaters

Ein bekanntes Problem stellt sich bei unverheirateten Wunscheltern. De lege lata ist eine Anerkennung erforderlich, damit dem Wunschvater auch die rechtliche Vaterschaft zuteilwird. Da im Rahmen einer reinen Eizellspende jedoch der Samen des Wunschvaters verwendet wird, kann dieser zudem gegen seinen Willen als Vater des Kindes gemäß §§ 1592 Nr. 3, 1600d festgestellt werden. Nach hier vertretenem Vorschlag sollte zudem die Möglichkeit gegeben werden, bereits bei Zustimmung in die Befruchtung eine präkonzeptionelle Anerkennung abzugeben.[218] Selbst bei einem Festhalten am Verbot der Eizellspende bestünde so die Möglichkeit, vor der Zeugung eine Anerkennung im Inland abzugeben und sodann die Befruchtung im Ausland vornehmen zu lassen. Die Ausnahme von der Bedingungsfeindlichkeit der Anerkennung wurde daher bereits so formuliert, dass sie nicht nur für den Fall

218 S.o. S. 64 ff.

der Samenspende greift, sondern jegliche Formen der künstlichen Befruchtung umfasst.[219]

C. Auskunftsansprüche des Kindes auf Nennung der genetischen Mutter

Grundsätzlich stellt sich die bereits aus der Samenspende bekannte Situation, dass der effektive Schutz des Rechts auf Kenntnis der eigenen Abstammung es verlangt, dem Kind neben statusrelevanten Verfahren auch statusunabhängige Möglichkeiten zur Erlangung der Kenntnis über die eigene Herkunft an die Hand zu geben. Im Rahmen einer Eizellspende ist die Identität der Spenderin ebenso fraglich wie die Identität des Erzeugers bei der Samenspende.

I. Lückenhafte Auskunftsansprüche

Viel diskutiert ist die Situation des unbekannten genetischen Elternteils in Bezug auf Auskunftsansprüche über die Vaterschaft. Das erklärt sich aus den Unterschieden der gespaltenen Vater- und Mutterschaft. Während erstere Situation ein Problem ist, das bereits seit jeher dem Abstammungsrecht immanent ist, ist die gespaltene Mutterschaft ein Phänomen der Neuzeit, erschaffen durch die Fortpflanzungsmedizin. Das erklärt, wieso Auskunftsansprüche über die Mutterschaft deutsche Gerichte bisher nicht erreicht haben.[220] Selbst bei Akzeptanz einer besonderen Beziehung des Kindes zur Geburtsmutter kann man dem Kind das Recht auf Kenntnis der eigenen Abstammung aber nicht absprechen, daher sind Informationspflichten der Eltern und Dokumentationspflichten des Arztes auch in diesem Fall zu gewährleisten.[221]

1. *Fallbeispiel*

K erfährt, dass ihre Mutter aufgrund eines genetischen Defekts nicht in der Lage ist, eigene, befruchtungsfähige Eizellen zu produzieren. Sie schließt daraus, dass sie selbst mittels einer Eizellspende gezeugt wurde und verlangt Auskunft über die Identität ihrer leiblichen Mutter.

2. *Anspruch gegen die Eltern ohne sachadäquate Anspruchsgrundlage*

Obgleich das *BVerfG* bisher mit keiner Silbe ein Recht auf Kenntnis der genetischen Mutter erwähnt hat[222], besteht nach ganz h.M. gegen die rechtlichen Eltern, wie auch bei der gespaltenen Vaterschaft, ein Anspruch auf Nennung der leiblichen

---

219 Vgl. S. 72 f.

220 Vgl. auch Krenzler/Borth/*Hauß*, Kapitel 3, Rn. 8.

221 Staudinger/*Rauscher*, § 1591 BGB, Rn. 25; Lurger, DEuFamR 1999, 210, 219; *Weyrauch*, S. 203; in diese Richtung bereits *Busse*, S. 176 f.

222 Vgl. dazu *Schwab* in: FS Steiner, S. 758, 768.

Mutter aus § 1618a.[223] Mangels der Möglichkeit einer Statuskorrektur dient ein solcher Anspruch – im Gegensatz zum Auskunftsanspruch über den Erzeuger – derzeit nicht zugleich als Vorstufe einer Anfechtung.[224] Da der Anspruch auf dem rechtlichen Eltern-Kind Verhältnis beruht, richtet er sich sowohl gegen die Geburtsmutter als auch gegen den rechtlichen Vater.[225] Gerade im Fall der gespaltenen Mutterschaft, bei der der Vater regelmäßig dieselben Informationen wie die Mutter über die Person der Spenderin haben wird, kann auch dieser dem Kind die relevanten Informationen zukommen lassen.

Anspruchsziel ist die Erlangung von Informationen, die die Identität der Spenderin betreffen. Da den Eltern die Identität der Spenderin nicht immer bekannt ist, umfasst der Anspruch, wie bei der Samenspende, auch den Namen des behandelnden Arztes bzw. der Einrichtung, in der die Behandlung stattfand. Das gilt selbst dann, wenn die Behandlung im Ausland vorgenommen wurde. Auch hier ist in der Anspruchsgrundlage als „Minus" zum Anspruch auf Kenntnis der Identität ein Anspruch auf Kenntnis der Zeugungsmethode enthalten.[226] Dies ist im Rahmen einer Eizellspende bereits deswegen unumgänglich, weil es außerhalb der Adoption nur bei Verwendung fortpflanzungsmedizinischer Methoden zu einer Auskunftssituation kommen kann. Vorstufe zur Beantwortung der Frage nach der Identität der genetischen Mutter ist daher immer die Frage nach der Zeugungsmethode. Spricht man dem Kind ersteren Anspruch zu, spricht man ihm gleichfalls zu, ein Recht auf Kenntnis der Zeugungsmethode zu haben. Auch in diesem Fall mag sich manch ein Eizellspendekind bereits mit der Auskunft zufrieden geben, aus einer Eizellspende entstanden zu sein, ohne weiter nach der Spenderin zu suchen. Ist dies nicht der Fall, steht dem Kind der weitergehende Anspruch auf Kenntnis der Identität der Spenderin zu.

Eine besondere Regelung besteht mittlerweile für die Fälle der sogenannten *„vertraulichen Geburt"*.[227] Seit dem 01.05.2014 ist es Schwangeren nach § 25 I SchKG

---

223 *AG Lüdinghausen* NJW-RR 2012, 1412-1413 (Anspruch gegen Vater auf Nennung der Großmutter); Staudinger/*Rauscher*, § 1591 BGB, Rn. 25; MüKo/*Wellenhofer*, Vorbem. zu § 1591 ff. BGB, Rn. 32; BeckOK BGB/*Hahn*, § 1591 BGB, Rn. 23; Erman/*Hammermann*, Vor § 1598a BGB, Rn. 6; Spickhoff/*Spickhoff*, Vorbem. zu §§ 1591 ff. BGB, Rn. 7; *Weyrauch*, S. 203; *Luh*, S. 143; *Helms/Kieninger/Rittner*, Rn. 187; zweifelnd *Wanitzek*, S. 408.

224 *Wanitzek*, S. 402; aus diesem Grund bezweifelt *Gaul*, FamRZ 2000, 1461, 1475, die Existenz eines solchen Anspruchs.

225 *Mayer*, S. 110; indes stellt Staudinger/*Rauscher*, § 1591 BGB, Rn. 25 ohne nähere Begründung nur auf einen Anspruch gegen die Geburtsmutter ab.

226 Vgl. dazu S. 136 f.

227 Die ausführliche Gesetzesbegründung findet sich in BT-Drucks. 17/12814; vgl. zudem die Pressemitteilung des Bundesministeriums für Familie, Senioren, Frauen und Jugend, abrufbar auf: http://www.bmfsfj.de/BMFSFJ/Presse/pressemitteilungen,did=195786.html (zuletzt abgerufen am 28.05.2015, 11:02 Uhr).

möglich, ihr Kind „anonym" in einem Krankenhaus zur Welt zu bringen.[228] In einer vorhergehenden Beratung bei einer entsprechenden Stelle werden aber der Name, das Geburtsdatum und die Anschrift der Schwangeren aufgenommen und anhand eines geeigneten Ausweises überprüft, § 26 II SchKG.[229] Diese Daten der Schwangeren werden in einem verschlossenen Umschlag, der insbesondere das Pseudonym der Mutter sowie Tag und Ort der Geburt trägt, an das Bundesamt für Familie und zivilgesellschaftliche Aufgaben weitergeleitet, §§ 26 III, 27 SchKG.[230] Darüber hinaus besteht die Möglichkeit der Mutter, Nachrichten an das Kind zu senden, die in der Akte des Kindes hinterlegt werden, § 26 VIII SchKG.[231] Das Kind hat ab dem 16. Lebensjahr ein explizites Einsichtsrecht in den Herkunftsnachweis nach § 31 I SchKG, der den Namen der gebärenden Frau enthält, die im Regelfall auch die genetische Mutter sein wird:

> *„Mit Vollendung des 16. Lebensjahres hat das vertraulich geborene Kind das Recht, den beim Bundesamt für Familie und zivilgesellschaftliche Aufgaben verwahrten Herkunftsnachweis einzusehen oder Kopien zu verlangen (Einsichtsrecht)."*

Vergleichbar mit dem hier vertretenen Vorschlag betreffend das Auskunftsrecht des Samenspendekindes kann die Mutter dem Einsichtsrecht des Kindes widersprechen und eigene Belange entgegenhalten, was das Kind zur Einleitung eines gerichtlichen Verfahrens zwingt, um Einsicht in die Akten zu erhalten, § 31 II, III, IV SchKG:

> *„(2) Die Mutter kann Belange, die dem Einsichtsrecht entgegenstehen, ab der Vollendung des 15. Lebensjahres des Kindes [...] bei einer Beratungsstelle [...] erklären. [...] Die Beratungsstelle zeigt der Mutter Hilfsangebote auf und erörtert mit ihr mögliche Maßnahmen zur Abwehr der befürchteten Gefahren. Sie hat die Mutter darüber zu informieren, dass das Kind sein Einsichtsrecht gerichtlich geltend machen kann.*
> *(3) Bleibt die Mutter bei ihrer Erklärung nach Absatz 2, so hat sie gegenüber der Beratungsstelle eine Person oder Stelle zu benennen, die für den Fall eines familiengerichtlichen Verfahrens die Rechte der Mutter im eigenen Namen geltend macht (Verfahrensstandschafter). Der Verfahrensstandschafter darf die Identität der Mutter nicht ohne deren Einwilligung offenbaren. [...]*
> *(4) Das Bundesamt für Familie und zivilgesellschaftliche Aufgaben darf dem Kind bis zum rechtskräftigen Abschluss eines familiengerichtlichen Verfahrens nach § 32 keine Einsicht gewähren, wenn die Mutter eine Erklärung nach Absatz 2 Satz 1 abgegeben und eine Person oder Stelle nach Absatz 3 Satz 1 benannt hat."*

Für einen solchen Fall steht dem Kind der Weg vor das Familiengericht offen, dass über das Einsichtsrecht des Kindes entscheidet, § 32 SchKG.[232] Das Gericht hat dabei

---

228 BT-Drucks. 17/12814, S. 7.
229 BT-Drucks. 17/12814, S. 8.
230 BT-Drucks. 17/12814, S. 8 f.
231 BT-Drucks. 17/12814, S. 9.
232 BT-Drucks. 17/12814, S. 11.

eine Interessenabwägung vorzunehmen und zu prüfen, ob die Interessen der Mutter das Interesse des Kindes an der Kenntnis der eigenen Abstammung überwiegen. Selbst wenn der Antrag des Kindes zurückgewiesen wird, kann es nach drei Jahren erneut einen Antrag stellen, § 32 V SchKG.[233]

Abgesehen vom Einsichtsrecht des adoptierten Kindes nach §§ 62, 63 PStG hat der Gesetzgeber damit erstmals ein Recht des Kindes auf Kenntnis der eigenen Abstammung explizit niedergeschrieben. Die Lösung, die der Gesetzgeber hier wählt, geht von einem ähnlichen Grundmodell aus, wie das Auskunftsrecht des Samenspendekindes, dass im Rahmen dieser Arbeit gefordert wird („Widerspruchsmodell").[234] Der Gesetzgeber stuft das Interesse des Kindes am Einsichtsrecht grundsätzlich höher ein als die Interessen der Mutter, sodass die Mutter ihre eigenen Belange explizit geltend machen muss, wenn sie an einer Wahrung der Anonymität interessiert ist.[235]

3. Zumeist wertloser Anspruch gegen den behandelnden Arzt

Mit den Informationen der Eltern über die Eizellspende kann das Kind sich an die entsprechende Einrichtung bzw. den behandelnden Arzt wenden. Tatsächlich ist dieser Anspruch effektiv kaum durchzusetzen. Die Eizellspendenbehandlung ist in Deutschland verboten, § 1 I Nr. 1 ESchG, weshalb die Behandlungen im Ausland erfolgen und damit außerhalb der deutschen Rechtsordnung. Ob und in welcher Form eine Dokumentationspflicht in der jeweiligen Rechtsordnung vorgesehen ist, lässt sich nicht pauschalieren. Jedenfalls vermag ein Anspruch aus dem BGB nichts gegen einen im Ausland praktizierenden Arzt, der unserer Rechtsordnung nicht unterworfen ist, zu erreichen, wenn nach dort geltendem Recht kein Auskunftsrecht besteht. Darüber hinaus droht eine Sprachbarriere die Kommunikation zu erschweren.

Auch bei illegal durchgeführten Eispenden innerhalb Deutschlands ist die Situation kaum besser. In diesem Fall ist der praktizierende Arzt trotz des Verbots gemäß § 810 verpflichtet, dem Kind die Identität der Spenderin zu offenbaren.[236] Ein Arzt wird wegen der Illegalität seiner Behandlung aber kaum sorgfältig dokumentierte Unterlagen auf Anfrage des Kindes bereitstellen können. Eine erzwungene Auskunft wäre allein deswegen problematisch, da der Arzt sich damit selbst belasten müsste, was dem strafrechtlichen nemo-tenetur-Grundsatz entgegenliefe.

Letztlich wird der Druck auf den Gesetzgeber, Eizellspenden zukünftig zuzulassen, durch den gesteigerten Fortpflanzungstourismus erhöht. Paare, die auf eine Eizellspende angewiesen sind, werden sich durch das deutsche Verbot kaum abschrecken lassen und den Behandlungsort stattdessen ins Ausland verlagern. Dort ist die Aufbewahrung der Daten aber keinesfalls gewährleistet, so dass das Recht des

---

233 BT-Drucks. 17/12814, S. 11.
234 Vgl. S. 148 ff.
235 BT-Drucks. 17/12814, S. 34 ff.
236 So auch *Helms/Kieninger/Rittner*, Rn. 187.

Kindes auf Kenntnis der eigenen Abstammung ins Leere läuft, obwohl dieses nach Rechtsprechung und Gesetzgebung einen besonders hohen Stellenwert einnimmt. Bestraft wird für das Verhalten der Eltern dann schlussendlich das Kind. Dies ist das unglückliche Ergebnis der Haltung des deutschen Gesetzgebers bezüglich der Eizellspende.[237] Darüber hinaus besteht bei Behandlungen im Ausland stets die Gefahr niedrigerer Überprüfungs- und Gesundheitsstandards, so dass Infektionen, erst recht bei Bestellungen im Internet, nie ausgeschlossen werden können.[238] Auch dies sollte dem Gesetzgeber eine Überprüfung des Eizellspendeverbots nahe legen.

4. Rechtsvergleich

Ein Vergleich mit den Rechtsordnungen, die Eizellspenden erlauben oder dulden, bestätigt jedoch auch, dass diese dem Interesse des Kindes an der Kenntnis der eigenen Abstammung einen weit weniger hohen Stellenwert einräumen als die deutsche Rechtsordnung.

So ist in *Frankreich* die Eizellspende ausdrücklich erlaubt, vgl. Art. 311-20 I CC.[239] Dennoch besteht neben dem Anfechtungsausschluss, Art. 311–20 II CC,[240] auch kein Anspruch des Kindes auf Kenntnis der Identität der Eizellspenderin, da diese anonym bleibt, Art. L1211-5 I code de la santé publique.[241] Die Offenlegung der Identität eines Keimzellspenders ist sogar mit Strafe bedroht, Art. 511-10 code pénal.[242] Lediglich in Ausnahmefällen ist aus medizinischen Gründen die Anonymität aufzuheben, Art. L1211-5 I code de la santé publique.[243]

Auch *Griechenland* lässt zwar die Eizellspende zu, wahrt aber analog zur Samenspende die Anonymität der Eizellspenderin. Ein Einsichtsrecht in die Daten der Spenderin, die nicht deren Identität offen legen, besteht für das Kind aus gesundheitlichen Gründen, Art. 1460 ZGB.[244]

Im Kontrast dazu besteht seit 2004 in den *Niederlanden* eine Dokumentationspflicht über die Spenderdaten, Art. 2 Wet donorgegevens kunstmatige bevruchting, einhergehend mit dem Anspruch des Kindes bezüglich dieser Daten.[245] Letzterer besteht ab dem 16. Lebensjahr, wenn der Spender[246] der Offenbarung seiner Identität zustimmt, Art. 3 II Wet donorgegevens kunstmatige bevruchting; tut er dies nicht,

---

237 In diese Richtung auch: *Schewe*, FamRZ 2014, 90, 93.
238 Vgl. *Spickhoff*, VersR 2006, 1569, 1573.
239 Rieck/*Eber-Arampatsi*, Frankreich, Rn. 39.
240 *Ferrand* in: *Spickhoff/Schwab/Henrich/Gottwald*, 93, 117.
241 Rieck/*Eber-Arampatsi*, Frankreich, Rn. 39; *Blauwhoff*, S. 351.
242 *Blauwhoff*, S. 350.
243 *Blauwhoff*, S. 351.
244 Vgl. auch *Helms* in: *Röthel/Löhnig/Helms*, S. 49, 59 f.
245 *Breemhaar* in: *Spickhoff/Schwab/Henrich/Gottwald*, 149, 166.
246 Bzw. die Eizellspenderin.

findet eine Interessenabwägung statt, bei der die Kindesinteressen aber regelmäßig höher eingestuft werden.[247]

In *Österreich* wurde dem Eizellspendekind nach Legalisierung der Eizellspende im Jahr 2015 im gleichen Umfang wie dem Samenspendekind nach § 20 II FMedG ein Auskunftsanspruch über die Identität des Spenders ab dem 14. Lebensjahr eingeräumt.[248]

Durch Einfügung eines expliziten Auskunftsanspruchs des Kindes über die Identität der Eizellspenderin wäre Deutschland von allen Rechtsordnungen die erste, die zwar ein Verbot der Eizellspende vorsähe, dennoch aber zur Wahrung der Rechte des Kindes zivilrechtliche Regelungen zu dieser träfe. Dieser scheinbare Widerspruch ist notwendig, um Fälle gerecht zu lösen, die durch den Fortpflanzungstourismus entstehen. Den sensiblen Bereich des Abstammungsrechts als Flankierung strittiger strafrechtlicher Normen zu missbrauchen ist zukünftig zu unterlassen. Darüber hinaus ist nicht auszuschließen, dass der Gesetzgeber das Fortpflanzungsmedizinrecht künftig liberalisieren und dabei auch die Eizellspende legalisieren wird.

II. Normierung expliziter Auskunftsansprüche

Bezüglich des Wertes, den die Kenntnis der Abstammung für das Kind hat, ist auf die oben genannte Diskussion zu verweisen.[249] Wie das Samenspendekind kann das Eizellspendekind aus psychologischen, medizinischen und selbst finanziellen Motiven ein geschütztes Interesse an der Kenntnis der leiblichen Abstammung entwickeln.[250] Aufgrund des deutschen Verbots der Eizellspende sind psychologische Forschungen auf diesem Gebiet im Inland aber nicht bzw. kaum vorhanden. Herangezogen werden können hingegen Ergebnisse der Adoptionsforschung, da diese auch die mütterliche Seite der Abstammung einbeziehen. So sprechen sich Interessenverbände Adoptierter gegen anonyme Geburten aus, da diese die zu große Gefahr einer Traumatisierung des Kindes bedeuten würden, welches ohne Kenntnis seiner Abstammung aufwüchse.[251] Verallgemeinert lässt sich sagen, dass die Gefahr negativer psychologischer Effekte auf das Kind besteht, falls die genetische Abstammung nicht nachvollzogen werden kann.[252] Für die Psyche des Kindes und das Interesse an seiner genetischen Herkunft macht es keinen Unterschied, ob die Frage der genetischen Mutter- oder der genetischen Vaterschaft geklärt werden soll. Ein

---

247 *Breemhaar* in: *Spickhoff/Schwab/Henrich/Gottwald*, 149, 166; *Blauwhoff*, S.354.

248 Vgl. Begutachtungsentwurf Fortpflanzungsmedizinrechts-Änderungsgesetz 2015 (FMedRÄG 2015), abrufbar unter: http://www.justiz.gv.at/web2013/html/default/2c94848b48ac03fd0149a8a7389856c1.de.html, zuletzt abgerufen am 28.05.2015, 16:27 Uhr. Zur Rechtslage bei der Samenspende vgl. S. 140 f.

249 Vgl. S. 126 ff.

250 Vgl. sowohl zu Eizell- wie auch Samenspenden: *Ravitsky*, Minnesota Journal of Law, Science & Technology 2010, 665, 671 ff.

251 Vgl. *Müller-Magdeburg*, FPR 2003, 109, 111.

252 Vgl. dazu *Blauwhoff*, S. 18 f.

Eizellspendekind benötigt ebenso das Wissen seiner Herkunft zur Identitätsbildung wie ein Samenspendekind.[253] Auch verfassungsrechtlich ist hier kein Unterschied zu erkennen.[254] Somit ist auf die ausführlichen Ausführungen bezüglich des Kenntnisrechts über den genetischen Vater zu verweisen.[255]

1. Normierung eines Auskunftsanspruch gegen den Arzt erst bei Legalisierung der Eizellspende

Gesetzt den Fall der Legalisierung der Eizellspende im Inland bestünde nach dem TPG in gewissem Maße eine Regulierung von Dokumentationspflichten, da das Gesetz auf Keimzellen abstellt, worunter Samen- und Eizellen fallen. Dennoch merkt man dem Gesetz an, dass vor allem die Samenspende geregelt werden sollte. Durch geringfügige Änderungen könnten Eizellspenden aber ebenso wie Samenspenden erfasst werden. Dies wäre notwendig, um die gebotene Gleichbehandlung bezüglich des Kenntnisrechts des Kindes zu gewährleisten. Wünschenswert wäre auch bezüglich dieser Daten die Einführung einer zentralen Dokumentationsstelle, um eine sichere Verwahrung zu gewährleisten.[256] Insbesondere wäre auf die Sicherung der Identitätsdaten der Spenderin zu achten.

Zwar ließe sich analog zur oben vorgeschlagenen Regelung eine Auskunftspflicht des Arztes auch ohne Legalisierung der Eizellspende schaffen, diese liefe aber völlig ins Leere, da inländische Ärzte kaum Daten speichern werden und der weit überwiegende Teil der Behandlungen im Ausland vorgenommen wird. Die Schaffung des Auskunftsanspruchs gegen Ärzte und ähnliche Stellen macht demnach erst Sinn, wenn eine Eizellspende im Inland erlaubt werden sollte. Zurzeit besteht an dieser Stelle daher kein Regelungsbedarf.

2. Auskunftsanspruch gegen die rechtlichen Eltern

Konkret geregelt werden sollte hingegen der Anspruch gegen die rechtlichen Eltern. Bereits de lege lata erlaubt die Generalklausel des § 1618a dem Kind, von seinen Elternteilen Auskunft über die Identität der Spenderin zu erlangen.[257] Gleichsam besteht auch ein Anspruch auf Kenntnis der Zeugungsmethode als „Minus" zu diesem Auskunftsanspruch.[258] Beachtet man die Vorschläge zur Statuskorrektur der Mutterschaft, ist die Situation des Kindes de lege ferenda noch schützenswerter, da der Auskunftsanspruch dann der Vorbereitung eines Anfechtungs- und Feststellungs-

---

253 Im allgemeinen dazu auch *Ravitsky*, Minnesota Journal of Law, Science & Technology 2010, 665, 675: *„From this perspective, knowing who you are requires knowing who you came from".*

254 *Busse*, S. 176 ff.

255 S.o. S. 125 ff.

256 Vgl. dazu S. 144 ff.

257 S.o. S. 209 f.

258 S.o. S. 136 f. und S. 210 f.

antrages dienen könnte.[259] Aus Gründen der Rechtssicherheit und Transparenz ist es geboten, den für die Psyche des Kindes wichtigen Anspruch auf Nennung des leiblichen Elternteils bzw. der Zeugungsmethode explizit zu regeln. Zur weiteren Begründung kann auf die vorhergehenden Ausführungen verwiesen werden.[260]

Bezüglich des Anspruchs auf Nennung des Vaters wurde ein Entwurf von § 1598b formuliert, der zunächst nur einen Anspruch auf Nennung der Identität des leiblichen Vaters normieren würde. Der Wortlaut dieser Norm muss daher erweitert werden, um auch einen Anspruch auf Nennung der leiblichen/genetischen Mutter zu beinhalten. Aufgrund der enormen grundrechtlichen Bedeutung ist der Gesetzgeber auch hier dazu veranlasst, eine eigene explizite Anspruchsgrundlage zu schaffen.[261] Lediglich geringe Relevanz dürften bei dem Anspruch auf Nennung der Eizellspenderin die Rechte der Eltern haben. Die Intimität des Zeugungsvorgangs ist auch hier nicht gegeben, so dass die Rechte des Kindes grundsätzlich die der Eltern überlagern. Ausnahmefälle sind aber auch an dieser Stelle nicht ausgeschlossen. Insbesondere im Rahmen einer Eizellspende ist es auch denknotwendig, dem Kind dabei zugleich das Recht auf Kenntnis der Zeugungsmethode zuzusprechen. Da dies jedoch eine logische Vorstufe zum Auskunftsanspruch selbst darstellt, ist eine explizite Regelung hierzu nicht erforderlich. Im Ergebnis empfiehlt sich somit folgende geänderte Formulierung[262]:

> **§ 1598b BGB Anspruch auf Nennung *der leiblichen Eltern***
>
> (1) Das Kind hat gegen seine Eltern einen Anspruch auf Nennung der *leiblichen Elternteile.* Ist den Eltern die Identität *der leiblichen Eltern* unbekannt, steht dem Kind ein Anspruch auf Nennung aller Umstände zu, die Aufschluss über *deren Identität* geben können.
>
> (2) Dies gilt nicht, wenn die Eltern schutzwürdige Interessen vortragen, die es rechtfertigen, dem Kind die Auskunft zu verweigern.

Durch die Verlagerung des Behandlungsortes ins Ausland bleibt dennoch die Gefahr bestehen, dass die Eltern dem Kind nur unzulängliche Informationen aushändigen können, wenn ihnen selbst die Person der Spenderin unbekannt ist und eine Dokumentation durch Arzt oder Klinik unterblieb. Da aber häufig nahe Verwandte als Eizellspenderinnen herangezogen werden[263], besteht eine gewisse Chance, dass den Eltern die Spenderin persönlich bekannt ist. Vor allem in diesem Fall kann der Anspruch seinen Zweck vollauf erfüllen. Ist die Spenderin hingegen unbekannt, ergibt sich ein interessantes Begleitproblem. In der Literatur ist weitestgehend anerkannt, dass die Vernichtung von Akten, die die Identität des Spenders

---

259 Vgl. dazu *Gaul*, FamRZ 2000, 1461, 1475, der wegen der fehlenden Möglichkeit einer Statuskorrektur das Bestehen des Anspruchs de lege lata bezweifelt.

260 S.o. S. 143 ff.

261 Vgl. S. 153 f.

262 Änderungen zum vorangegangen Vorschlag sind *kursiv* hervorgehoben.

263 *Blauwhoff*, S. 342, *Helms* in: *Röthel/Löhnig/Helms*, S. 49, 65.

dokumentieren, eine Persönlichkeitsrechtsverletzung i.S.v. des § 823 I darstellt, die den Arzt zu Schadensersatz und Schmerzensgeld verpflichtet.[264] (Verallgemeinerungsfähige) Rechtsprechung ist zu diesem Thema aber nicht vorhanden.[265] Ob ein solcher deliktischer Anspruch auch Eltern trifft, die bewusst im Ausland eine anonyme Eizellspende vornehmen lassen, ist noch nicht richterlich entschieden worden und in der Literatur bisher nicht beachtet. Es liegt aber nahe, auch darin eine Rechtsgutsverletzung zu sehen. Schlussendlich wird ein Kind einen solchen Anspruch aber kaum geltend machen.

D. Der Auskunftsanspruch der Eizellspenderin über die Identität des Kindes

Die Interessenlage der Eizellspenderin ist bezüglich eines Auskunftsanspruchs über die Verwendung der gespendeten Keimzellen identisch mit der Lage des Samenspenders. Zwar muss sie größere Mühen und Gefahren in Kauf nehmen, um die Spende vornehmen zu können, das rechtfertigt aber keine andere Behandlung bezüglich eines Auskunftsrechts. Der Frage nach dem Auskunftsrecht des Samenspenders wird bereits kaum Beachtung geschenkt, dies ist in Bezug auf auskunftsinteressierte Eizellspenderinnen nicht anders.[266] In einer Studie gaben aber nahezu 90% der Spenderinnen an, etwas über das Ergebnis der Spende erfahren zu wollen.[267]

Die grundrechtliche Abwägung ergibt analog zur dargestellten Problematik bei der Samenspende zwingend das gleiche Ergebnis.[268] Ein Keimzellspender erklärt unabhängig davon, ob Samen oder Eizellen gespendet werden, stets seine Einwilligung darin, später nicht am Leben des Kindes teilzuhaben und die Familie ungestört zu lassen. Lediglich in Ausnahmefällen besteht ein schutzwürdiges Interesse des Spenders, über die Verwendung seiner Keimzellen aufgeklärt zu werden. In diesem Fall sollte wie dargestellt über Ärzte und ähnliche Stellen eine Vermittlung zwischen den Parteien stattfinden. Ein solcher Weg ist grundsätzlich jedoch nur dann gangbar, wenn die Eizellspende legalisiert werden sollte. Die Möglichkeit zur Kontaktaufnahme sollte aus Klarstellungsgründen ins Gesetz eingefügt werden. Im Ergebnis muss daher nur eine leichte Anpassung des Wortlauts des Absatzes 4 des vorgeschlagenen § 1598c erfolgen, so dass neben Samenspendern auch Eizellspenderinnen erfasst werden würden. Dafür bietet sich der Oberbegriff „Keimzellspender" an.[269]

---

264 Vgl. *Taupitz/Schlüter*, AcP 2005, 591, 638; MüKo/*Wagner*, § 823 BGB, Rn. 160; *Muscheler/Bloch*, FPR 2002, 339, 345; Staudinger/*Rauscher*, Anh. zu § 1592 BGB, Rn. 16; zweifelnd: *Helms* in: *Duttge/Engel/Lipp/Zoll*, S. 37, 42.

265 *Helms* in: *Duttge/Engel/Lipp/Zoll*, S. 37, 42.

266 Vgl. *Rotax*, Praxis der Kinderpsychologie und Kinderpsychiatrie 2007, 148, 150.

267 *Kentenich/Utz-Billing*, Gynäkologische Endokrinologie 2006, 229, 230.

268 Vgl. insofern S. 157 ff.

269 Änderungen zum vorangegangenen Vorschlag sind *kursiv* hervorgehoben.

§ 1598c BGB Auskunftsansprüche bei *künstlichen Befruchtungen*

(1) [...]
(2) [...]
(3) [...]
(4) *Keimzellspender* können Auskunft über die Verwendung *ihrer* gespendeten Zellen und über die Daten der Eltern und des Kindes nur verlangen, wenn die Eltern und das Kind oder dessen gesetzlicher Vertreter der Auskunftserteilung zustimmen.

Im Übrigen ist auf die obigen Ausführungen zu verweisen.[270]

E. Die statusfolgenlose Abstammungsfeststellung

Bereits im Rahmen der Diskussion der abstammungsrechtlichen Probleme, die nach einer Samenspendebehandlung auftreten, wurde diskutiert, ob eine statusfolgenlose Abstammungsuntersuchung des Spenders gesetzlich ermöglicht werden sollte. Das spiegelbildliche Problem stellt sich auch bei einer Eizellspende.

I. Wege zur Abstammungsklärung

Bei Auskunft durch die Eltern und selbst bei Aufklärung durch einen Arzt hat das Kind keine Garantie, dass die genannte Spenderin auch wirklich der gesuchte genetische Elternteil ist. Die Wahrscheinlichkeit, dass das Kind bei einer Samenspendebehandlung aus einer natürlichen Befruchtung hervorgegangen ist, ist zumindest latent vorhanden. Bei Eizellspenden ist das Risiko zwar deutlich geringer, jedoch nicht auszuschließen. Überdies besteht die Gefahr der Verwechslung von Keimzellen im Labor. Die Problemkonstellation ist daher die gleiche wie nach einer Samenspende.

1. Fallbeispiel

Nachdem T erfahren hat, dass sie mittels einer gespendeten Eizelle der S gezeugt wurde, sucht sie diese auf. Dabei stellt sie fest, dass sie keinerlei Ähnlichkeiten mit S aufweist und möchte daher überprüfen, ob S wirklich ihre genetische Mutter ist. Diese verweigert sich aber einer Abstammungsuntersuchung.

2. Klärung über § 1598a BGB

Der Gesetzgeber hat mit § 1598a ein Werkzeug geschaffen, das eine statusfolgenlose Klärung der Abstammung ermöglicht. Die Gesetzesbegründung und die Stellung der Norm indizieren, dass allein die Klärung der genetischen Vaterschaft ermöglicht werden sollte.[271] Auch systematisch ist die Norm in den Vorschriften über die

270 Vgl. S. 163 f.
271 MüKo/*Wellenhofer*, § 1598a BGB, Rn. 22; *Schneider*, S. 53.

Vaterschaft platziert, darüber hinaus spricht die zu Grunde liegende Entscheidung des *BVerfG*[272] lediglich von Untersuchungen zur Feststellung der Vaterschaft. Der Wortlaut der Norm ist aber so offen, dass sich daraus keine zwingende Beschränkung auf den Anspruch zur Mitwirkung der Untersuchung der genetischen Vaterschaft ergibt, sondern die Überprüfung der Mutterschaft ebenfalls ermöglicht wird.[273] Würde man dies verneinen, bestünde eine verfassungswidrige Ungleichbehandlung (Art. 3 II GG), so dass in § 1598a auch ein Anspruch auf Mitwirkung von Untersuchungen zur genetischen Mutterschaft gesehen werden muss.[274] Dafür spricht vor allem, dass sowohl das *BVerfG* als auch der Gesetzgeber den Anspruch nicht durch eine eventuelle statusrechtliche Relevanz begründen, sondern das Recht auf Kenntnis der eigenen Abstammung als anspruchsbegründend ansehen.[275] Letztlich ist die Klärungsmöglichkeit in Bezug auf die Mutterschaft erforderlich, weil die Wahrheit des Satzes *„mater semper certa est"* nicht mehr gewährleistet ist. Für das Kind besteht im Fall der gespaltenen Mutterschaft das gleiche Interesse an der Klärung seiner Abstammung wie bei Bestehen einer Scheinvaterschaft. In beiden Fällen dient die Kenntnis der wahren Abstammung dazu, die eigene Identitätsfindung voranzutreiben und die Persönlichkeit zu entwickeln. Eine Ungleichbehandlung von Vater- und Mutterschaft ist damit nicht gerechtfertigt.[276] Für das Eizellspendekind besteht folglich die Möglichkeit, die Nicht-Abstammung von der Geburtsmutter bzw. Wunschmutter auch gegen deren Willen feststellen zu lassen. Das Kind hat über § 1598a jedoch keine Möglichkeit, die Mutterschaft der vermuteten genetischen Mutter zu überprüfen.

3. *Klärung über § 256 ZPO*

Dieses Ziel kann, entgegen der Auffassung des Gesetzgebers, auch nicht durch eine allgemeine Feststellungsklage nach § 256 ZPO erreicht werden.[277]

---

272 *BVerfG* NJW 2007, 753-758.

273 Staudinger/*Rauscher*, § 1598a BGB, Rn. 29 ff.; MüKo/*Wellenhofer*, § 1598a BGB, Rn. 22; Schnitzler/*Klinkhammer*, § 30 Rn. 104; *Gernhuber/Coester-Waltjen*, § 53 Rn. 4-6; *Sonnenfeld*, RPfleger 2010, 57, 57 f.; *Schwab*, FamRZ 2008, 23, 24 f.; *Schwab* in: FS Steiner, S. 758, 768 f.; *Schumann* in: *Rosenau*, S. 155, 172; *Helms/Kieninger/Rittner*, Rn. 168; *Kaiser* in: FS Brudermüller, S. 357, 360; *Schneider*, S. 53; a.A. wohl Muscheler, FPR 2008, 257, 259.

274 MüKo/*Wellenhofer*, § 1598a BGB, Rn. 22; *Schwab*, FamRZ 2008, 23, 24 f; *Borth*, FPR 2007, 381, 382; Palandt/*Brudermüller*, § 1598a BGB, Rn. 6; Scholz/Kleffmann/Motzer/*Eckebrecht*, Teil Q - Abstammung, Rn. 17a; a. A. wohl *Muscheler*, FPR 2008, 257, 259, der dabei vor allem auf den Willen des Gesetzgebers abstellt.

275 *BVerfG* NJW 2007, 753, 754; BT-Drucks. 16/6561, S. 9; Staudinger/*Rauscher*, § 1598a BGB, Rn. 30; MüKo/*Wellenhofer*, § 1591 BGB, Rn. 31; *Helms/Kieninger/Rittner*, Rn. 168.

276 Staudinger/*Rauscher*, § 1598a BGB, Rn. 30; *Schneider*, S. 55.

277 Von der Möglichkeit einer solchen Feststellungsklage gem. § 256 ZPO geht die Gesetzesbegründung aus, BT-Drucks. 13/4899, S. 83.

a. Die Auffassung des Gesetzgebers

Über § 256 I ZPO kann auf Feststellung des Bestehens oder Nichtbestehens eines Rechtsverhältnisses geklagt werden. Ein Rechtsverhältnis im Sinne von § 256 I ZPO ist *„die aus einem vorgetragenen Sachverhalt abgeleitete rechtliche Beziehung einer Person zu einer anderen oder zu einem Gegenstand"*[278]. Die Gesetzesbegründung zum Kindschaftsrechtsreformgesetz von 1998 führt dazu aus, dass dem *„Recht des Kindes auf Kenntnis der Abstammung* [...] *in den Fällen der Ei- oder Embryonenspende durch eine Feststellungsklage nach § 256 ZPO Rechnung getragen werden* [kann]. *Denn auch die genetische Abstammung begründet ein ‚Rechtsverhältnis' zwischen der genetischen Mutter und dem Kind im Sinne dieser Vorschrift. Der Grundsatz, daß* [sic] *allein die gebärende Frau Mutter des Kindes ist, gilt nämlich uneingeschränkt nur für die familienrechtlichen Beziehungen zwischen Mutter und Kind. Dort hingegen, wo es nach dem Normzweck (auch) auf die genetische Abstammung ankommt – wie im Rahmen des § 4 EheG*[279] *und des § 173 StGB -, bleibt diese rechtlich beachtlich."*[280] Der Gesetzgeber ging also davon aus, dass über § 256 ZPO eine entsprechende Klärung der Mutterschaft erfolgen kann.

b. Keine Anwendbarkeit des § 256 ZPO zur Klärung der Mutterschaft

Dies ist aber zu verneinen.[281] Entscheidend ist dabei, dass die genetische Abstammung kein Rechtsverhältnis i.S.d. § 256 I ZPO darstellt. Gerade das Fehlen des erforderlichen Rechtsverhältnisses hindert deshalb die leibliche Mutter und das Kind daran, eine Feststellungsklage erheben zu können, da das Kind „nur" leibliches, nicht aber rechtliches Kind der Mutter ist.[282] Die Abstammung als reine Tatsache, kann als solche nach der Rechtsprechung des BGH nicht Gegenstand einer Feststellungsklage sein.[283] Der Zivilprozess dient nur der Rechtsfindung, nicht aber der Identitätsfindung.[284] Zwar bestehen durchaus Vorschriften, bei denen die genetische Mutterschaft eine tragende Rolle einnimmt (z.B. § 1307 und § 173 StGB), dadurch entsteht aber noch kein der Feststellung zugängliches Rechtsverhältnis i.S.v. § 256

278 *BGH* NJW 1984, 1556, 1556; MüKo/*Becker-Eberhard,* § 256 ZPO, Rn. 10.

279 § 4 EheG enthielt u.a. das Verbot der Eheschließung zwischen Verwandten in gerader Linie und halb- und vollbürtigen Geschwistern. Dies findet sich mittlerweile in § 1307 BGB.

280 BT-Drucks. 13/4899, S. 83; *Wolf,* FuR 1998, 392, 397, schließt sich dem mit gleicher Begründung an.

281 BeckOK BGB/*Hahn,* § 1591 BGB, Rn. 23; a.A. *Seidl,* FPR 2002, 402, 403.

282 *Schwab/Wagenitz,* FamRZ 1997, 1377, 1377 f; Staudinger/*Rauscher,* § 1591 BGB, Rn. 23; *Coester,* DEuFamR 1999, 3, 5; MüKo/*Wellenhofer,* § 1591 BGB, Rn. 15; Erman/*Hammermann,* § 1591 BGB, Rn. 5; *Wohn,* S. 112; *Weyrauch,* S. 201 f.; *Wanitzek,* S. 390 ff.; *Kaiser* in: FS Brudermüller, S. 357, 360; vgl. auch *Büttner,* FamRZ 1998, 585, 593.

283 *Gaul,* FamRZ 1997, 1441, 1464 und FamRZ 2000, 1461, 1474.

284 *Gaul,* FamRZ 1997, 1441, 1464 mit Verweis auf BGHZ 68, 331, 332 u. 334.

ZPO.[285] Zudem ist die Gesetzesbegründung inkonsequent, weil sie für die Vaterschaft eine folgenlose Feststellung wegen der damit einhergehenden Problematiken verwirft, diese aber im Rahmen der Mutterschaft annimmt.[286] Auch das Recht des Kindes auf Kenntnis der eigenen Abstammung ist so unscharf umrissen, dass es kein Rechtsverhältnis im Sinne des § 256 ZPO begründen kann.[287]

Zum gleichen Ergebnis gelangt man auch im Rahmen der Vaterschaft, für das Verwandtschaftsverhältnis der Mutterschaft können insoweit keine Besonderheiten gelten. Problematisch bliebe ohnehin, dass die Durchführung des Feststellungsverfahrens nach § 256 ZPO dem Kindesinteresse nicht immer dienen könnte: Für das Verfahren des § 256 ZPO ist die Dispositionsmaxime maßgeblich, da es sich nicht um eine Abstammungssache handelt und das FamFG somit nicht anwendbar ist.[288] Somit wären Versäumnis- und Anerkenntnisurteile möglich, die gerade keine Klarheit über die Abstammung liefern könnten.[289] Weiterhin wäre die Anwendbarkeit von § 372a ZPO höchst fraglich, da sich die zu untersuchende Person auf eine Unzulässigkeit berufen könnte, da eine Entscheidung rechtlich folgenlos bliebe.[290] Im Ergebnis kann das Eizellspendekind somit auch über § 256 ZPO keine Abstammungsklärung erreichen. Dass der Gesetzgeber diese Möglichkeit aber annimmt, spricht umso mehr dafür, § 1598a auch auf eine Überprüfung der Abstammung von der rechtlichen Mutterschaft anzuwenden.[291]

II. Normierung eines Anspruchs gegen die Eizellspenderin

Es ist über § 1598a möglich, die rechtliche Mutterschaft auf ihre genetische Kongruenz klären zu lassen. Diese „Klärung" dürfte aber vielfach eher negativ auf das Kind wirken. Denn wie muss sich ein Kind fühlen, das über § 1598a erfährt, nicht von der rechtlichen Mutter abzustammen, aber zugleich keine Möglichkeit hat, die Abstammung von der vermuteten Mutter überprüfen zu lassen? Der dadurch

---

285 *Gaul*, FamRZ 2000, 1461, 1474; MüKo/*Wellenhofer*, § 1591 BGB, Rn. 15; *Luh*, S. 88; ähnlich Staudinger/*Rauscher*, § 1591 BGB, Rn. 23, der darauf hinweist, dass für eine abstrakte Feststellung über § 256 ZPO regelmäßig das Feststellunginteresse fehle. Ein solches könne sich nur in konkreten Situationen, beispielsweise einer geplanten Eheschließung, ergeben.

286 *Gaul*, FamRZ 1997, 1441, 1464 mit Verweis auf BT-Drucks. 13/4899, S. 56 f.; ebenso: BeckOK BGB/*Hahn*, § 1591 BGB, Rn. 23; *Luh*, S. 88.

287 *Gaul*, FamRZ 2000, 1461, 1474.

288 In diesem Sinne: MüKo/*Wellenhofer*, § 1591 BGB, Rn. 16; *Luh*, S. 88.

289 Staudinger/*Rauscher*, § 1591 BGB, Rn. 24; *Luh*, S. 88; *Weyrauch*, S. 202; *Wanitzek*, S. 394 f.

290 Staudinger/*Rauscher*, § 1591 BGB, Rn. 24, der zudem das Problem eines möglicherweise bestehenden Zeugnisverweigerungsrechts des Betroffenen erörtert; ebenfalls MüKo/*Wellenhofer*, § 1591 BGB, Rn. 16; *Luh*, S. 88 f.; *Wanitzek*, S. 395 ff.

291 MüKo/*Wellenhofer*, § 1591 BGB, Rn. 31.

entstehende *„Dialog“*, wie es die Gesetzesbegründung formuliert, ist dann von der gewachsenen Unsicherheit des Kindes geprägt.[292]

Würde man alle bis zu diesem Punkt vorgeschlagenen Änderungen umsetzen, wäre das Eizellspendekind nicht in der gleichen Situation wie ein Samenspendekind. De lege ferenda hätten beide ein Anfechtungsrecht, dem Eizellspendekind stünde aber nicht die Möglichkeit der statusfolgenlosen Abstammungsklärung bezüglich der vermuteten genetischen Mutter offen. Eine Einbeziehung der Eizellspenderin in den Kreis der Anspruchsverpflichteten ist daher erforderlich.

1. Vergleichbarkeit mit der Situation des Samenspendekindes

Um das Kind nicht zu einer Überreaktion zu zwingen, ist es notwendig, die statusfolgenlose Klärung der Mutterschaft zu ermöglichen.[293] Die Argumente, die die Erweiterung des Kreises der Anspruchsverpflichteten um den potentiellen Erzeuger begründen, rechtfertigen ebenfalls die Einbeziehung der vermuteten Eizellspenderin. Bereits de lege lata sind die Interessen der rechtlichen Mutter mit der Überprüfungsmöglichkeit nach § 1598a vollends befriedigt.[294] Hingegen ist das Kind durch das Bestehen der rechtlichen Mutterschaft dauerhaft an der Überprüfung der genetischen Abstammung von einer anderen Frau gehindert, wenn diese sich weigert, an der Überprüfung mitzuwirken. Das Recht auf Kenntnis der eigenen Abstammung ist somit deutlich eingeschränkt, weil das Kind sich auf die Aussagen der Eltern/der Ärzte ohne Überprüfungsmöglichkeit verlassen muss.

Die entgegenstehenden Grundrechtspositionen von Spenderin und rechtlichen Eltern sind die gleichen, die es bereits in Bezug auf das Samenspendekind nicht rechtfertigen konnten, den Samenspender aus dem Kreis der Anspruchsverpflichteten auszunehmen. Daraus folgt, dass auch im Fall der Eizellspende die Interessen des Kindes regelmäßig überwiegen.[295]

2. Formulierungsvorschlag

Da die Situation dem Grunde nach der Situation einer Samenspende gleicht, eignet sich der bereits formulierte Vorschlag einer Erweiterung des § 1598a auch als Vorlage für eine Abstammungsuntersuchung der möglichen Eizellspenderin.[296] Es bietet sich an, folgenden siebten Absatz anzufügen, der seinerseits Bezug auf den bereits vorgeschlagenen Entwurf des fünften Absatzes nimmt.

---

292 Sehr kritisch zu diesem Ziel des Gesetzgebers auch die Glosse von *Schwab*, FamRZ 2008, 23-27.

293 Vgl. zur möglichen Überreaktion des Samenspendekinds oben, S. 169 f.

294 Vgl. spiegelbildlich zu den Interessen des rechtlichen Vaters oben S. 169.

295 Vgl. S. 170 ff.; a.A. *Luh*, S. 154 f.; in diese Richtung ebenfalls: *Coester*, DEuFamR 1999, 3, 6.

296 Für eine solche Erweiterung sprechen sich auch *Dethloff/Gerhardt*, ZRP 2013, 91, 93, aus; ebenso *Kaiser* in: FS Brudermüller, S. 357, 370.

§ 1598a BGB Anspruch auf Einwilligung in eine genetische Untersuchung zur Klärung der leiblichen Abstammung

[...]

(5) Das Kind kann von dem Mann, der laut Auskunft nach § 1598b oder § 1598c als leiblicher Vater in Betracht kommt, verlangen, dass dieser in eine genetische Abstammungsuntersuchung einwilligt und die Entnahme einer für die Untersuchung geeigneten genetischen Probe duldet. Absatz 1 Satz 2 sowie die Absätze 2 bis 4 gelten entsprechend.

[...]

(7) Absatz 5 gilt entsprechend für einen Anspruch des Kindes gegen die Frau, die als Eizellspenderin in Betracht kommt.

III. Kein Anspruch der Eizellspenderin gegen das Kind

Die Situation der Eizellspenderin ist die gleiche wie die des typischen Samenspenders. Diesem wurde unter Hinweis auf die mangelnde Schutzwürdigkeit seiner Interessen gegenüber den Rechten und Interessen der Wunschfamilie der Anspruch auf eine statusfolgenlose Abstammungsklärung grundsätzlich untersagt.[297] Gleiches muss für die Eizellspenderin gelten, das folgt bereits aus Art. 3 GG.[298] Zu einer vergleichbaren Situation wie im Rahmen einer Becherspende[299] kann es bei einer Eizellspende nicht kommen.

F. Die Sonderkonstellation der Embryonenspende

Bisher wurden die Fälle behandelt, in denen entweder die zur Befruchtung nötige Eizelle der Wunschmutter oder die Samenzelle des Wunschvaters durch gespendete Keimzellen ersetzt wurden. Treffen allerdings zwei Wunschelternteile zusammen, die beide medizinisch nicht in der Lage sind, fortpflanzungsfähige gesunde Keimzellen zu produzieren, sind diese auf eine doppelte Spende angewiesen. Trägt die Mutter ein so gezeugtes Kind aus, sind beide rechtlichen Elternteile genetisch mit dem Kind nicht verwandt (heterologe Insemination mittels Samen- und Eizellspende). Dieser Situation entspricht es, wenn ein unter Verwendung fremder Keimzellen gezeugter Embryo der Wunschmutter implantiert wird (Embryonenspende).[300]

---

297 Vgl. S. 174 ff.

298 Auch *Wolf*, FuR 1998, 392, 397, verneint ein qualifiziertes Interesse der Eizellspenderin, jedoch mit der zweifelhaften Begründung, dass die Kenntnis über Spenderkinder keine Auswirkung auf die Persönlichkeitsentwicklung der Spenderin habe.

299 Vgl. S. 177 ff.

300 Vgl. auch Staudinger/*Rauscher*, § 1591 BGB, Rn. 7; *Schumann* in: *Rosenau*, S. 155, 166.

I. Begrenzte rechtliche Zulässigkeit

Wie bereits dargestellt ist auch die Spende eines Embryos grundsätzlich verboten, wobei die straffreie Übertragung eines „überzähligen“ Embryos möglich ist.[301] Über diesen Ausnahmefall der erlaubten Embryonenspende im Inland hinaus sind Behandlungen im Ausland wiederum möglich. Zukünftig ist eine Liberalisierung der Eizellspende in Deutschland nicht unwahrscheinlich, im gleichen Zuge müsste dann auch die medizinrechtliche Seite der Embryonenspende in einem Fortpflanzungsmedizingesetz ausdrücklich geregelt werden.

II. Anwendbarkeit der bereits vorgeschlagenen Änderungen

Da es sich bei der Embryonenspende um ein Zusammenspiel von Samen- und Eizellspende handelt, treten die unter diesen Überschriften bereits erörterten Probleme in gleicher Weise auf.[302]

Die originäre Zuordnung und spätere Abänderung der rechtlichen Elternschaft würde interessengerecht über ein Zusammenspiel der Reformvorschläge zur Samen- und Eizellspende geregelt werden. Insbesondere ist der Vorschlag der Einführung einer präkonzeptionellen Anerkennungsmöglichkeit[303] sowie von bestimmten Mutterschaftsanfechtungsrechten[304] zu nennen. Bereits das *OLG Hamburg* erkannte zudem, dass *„eine Zeugung durch künstliche Befruchtung i.S. von § 1600 V BGB lediglich das Vorhandensein einer Eizelle voraus*[setzt], *ohne dass darauf abgestellt wird, ob es sich dabei um eine eigene Eizelle der Frau handelt oder um eine fremde Eizelle“*.[305] § 1600 V ist somit bereits in der geltenden Fassung auf Embryonenspenden anwendbar.

Auch die bisher vorgeschlagenen Reformen bezüglich Auskunftsansprüchen und statusfolgenlosen Abstammungsfeststellungen erfassen die Embryonenspende interessengerecht. Da in diesem Fall die Spende einer fremden Eizelle erlaubt ist, können sogar (im Inland) gespeicherte Daten über die Identität der Spenderin vorhanden sein.

---

301 Vgl. S. 33.

302 So auch *Coester-Waltjen*, Reproduktionsmedizin 2002, 183, 194 und Gutachten 56. DJT, B 116; *Quantius*, FamRZ 1998, 1145, 1151.

303 Vgl. S. 70 ff.; vgl. dazu auch *Schwenzer*, Gutachten 59. DJT, A 32.

304 S. 192 ff.

305 *OLG Hamburg*, NJW-RR 2012, 1286, 1286.

7. Kapitel: Abstammungsrechtliche Probleme nach einer Leihmutterschaft

Die Fortpflanzungsmedizin ermöglicht nicht nur das Ersetzen der weiblichen Keimzelle durch eine Spenderzelle, sondern schafft auch eine andere, neue Konstellation, die das geltende Abstammungsrecht als antiquiert erscheinen lässt: das Verfahren der Leihmutterschaft. Da die Begrifflichkeit nicht einheitlich benutzt wird, muss an dieser Stelle erneut auf oben erläuterte Definition verwiesen werden.[1] Eine Leihmutterschaft liegt danach nur dann vor, wenn die der Leihmutter übertragene Eizelle von der Wunschmutter selbst stammt.

Die Motivation für ein solches Vorgehen auf Seiten der Wunscheltern ist zumeist durch eine Krankheit der Wunschmutter bedingt, die das Austragen eines Kindes unmöglich oder zu risikoreich macht (Infertilität). Produziert sie aber befruchtungsfähige Eizellen, können diese zur Zeugung eines Embryos verwendet werden. Neben der Wunschmutter existiert ein meist zeugungsfähiger Wunschvater. Um sich den Wunsch eines genetisch eigenen Kindes zu erfüllen, lassen die Wunscheltern den Embryo in vitro zeugen, der daraufhin der Leihmutter eingesetzt wird. Medizinisch gleicht die Situation aus Sicht der Leihmutter daher einer Embryonenspende[2] bzw. einer Eizellspende, falls die Befruchtung erst im Körper der Leihmutter erfolgt. Rechtlich ist diese Unterscheidung unerheblich.[3] Im Unterschied zu einer reinen Eizellen- bzw. Embryonenspende ist nach der Geburt die Herausgabe des Kindes an die Wunscheltern geplant.

Die genetischen Eltern des Kindes sind bei einer Leihmutterschaft regelmäßig die Wunscheltern, jedenfalls wird aber eine Eizelle der Wunschmutter verwendet (Abgrenzung zur Ersatzmutterschaft). Der Samen des Wunschvaters kann durch Spendersamen ersetzt werden. Ergänzend zu den nachfolgend dargestellten Problemen sind in diesem Fall die bereits diskutieren Folgeprobleme einer Samenspende zu beachten und wie vorgeschlagen zu lösen.[4]

A. Die Zuordnung der Mutterschaft zur Wunschmutter

Das Hauptproblem bei einer Leihmutterschaft stellt die rechtliche Zuordnung des Kindes zu den Wunscheltern, insbesondere zur Wunschmutter dar.

---

1 S.o. S. 16 ff.
2 *Schwenzer*, Gutachten 59. DJT, A 39.
3 *Coester*, FS Jayme, S. 1243, 1244.
4 Vgl. S. 53 ff.

I. Keine Zuordnungsmöglichkeit zur Wunschmutter

Die Durchführung einer Leihmutterschaft bereitet stets Zuordnungsprobleme nach der Geburt des Kindes. Durch § 1591 wird die Leihmutter in jedem Fall rechtliche Mutter des Kindes. Dies ist zurzeit nicht abänderbar, da keine Anfechtungsmöglichkeit besteht.[5] Die einzige Möglichkeit der Wunschmutter, die rechtliche Mutterschaft zu erlangen, ist eine Adoption des genetisch eigenen Kindes.[6]

Bei Behandlungen im Ausland potenziert sich mitunter das Problem. Hier kann, soweit deutsches Recht Anwendung findet (Art. 19 EGBGB), oftmals keine Nachbeurkundung einer Auslandsgeburt erfolgen.[7] Die Eintragung des Kindes als Kind der genetischen Eltern ist nicht möglich, da nach deutschem Recht die ausländische Leihmutter als rechtliche Mutter angesehen wird. Regelmäßig kann auch der Ehemann der Wunschmutter nicht Vater werden, wenn die Leihmutter verheiratet ist und so ihr Ehemann nach deutschem Recht als Vater gilt.[8] Das im Ausland geborene Kind ist dann nicht deutscher Staatsangehöriger, da es mit den Wunscheltern nach deutschem Recht nicht verwandt ist.[9] Eine Nachbeurkundung scheidet folglich aus. Eine gegen das Urteil eingelegte Verfassungsbeschwerde wurde nicht zur Entscheidung angenommen.[10] Entscheidend war dafür aber weniger der Inhalt als vielmehr der mangelnde Sachvortrag der Beschwerdeführer.[11] Eine Nachbeurkundung kann aber nach aktueller Rechtsprechung des *BGH* unter Umständen dann erfolgen, wenn ein ausländisches Urteil vorliegt, dass die rechtliche Elternschaft den Wunscheltern zuspricht bzw. diese feststellt und ein Elternteil genetisch mit dem Kind verwandt ist.[12] Dies widerspreche jedenfalls dann nicht dem ordre public, wenn im Ausland eine erlaubte Leihmutterschaft durchgeführt wurde und die Leihmutter das Kind freiwillig an die Eltern herausgegeben hat.[13] Eine Nachbeurkundung sei dann möglich.

---

5 Vgl. vorhergehende Ausführungen zur Eizellspende.

6 MüKo/*Wellenhofer*, § 1591 BGB, Rn. 11; Erman/*Hammermann*, § 1591 BGB, Rn. 4; *Valentin*, S. 56; *Wanitzek*, S. 224; *Helms*, StAZ 2013, 114, 115; *Dethloff*, JZ 2014, 922, 923.

7 *OLG Stuttgart*, FamRZ 2012, 1740 f.; dazu *Wiegelmann*, FamRBint 2012, 32 f.; *Benicke*, StAZ 2013, 101, 102 ff.

8 *OLG Stuttgart*, FamRZ 2012, 1740 f.; dazu *Wiegelmann*, FamRBint 2012, 32 f.

9 *OLG Stuttgart*, FamRZ 2012, 1740 f.

10 *BVerfG* BeckRS 2012, 58892.

11 *BVerfG* BeckRS 2012, 58892, Tz. 13 ff.

12 So *BGH* NJW 2015, 479, 480.

13 *BGH* NJW 2015, 479, 480 ff. Es ist aber darauf hinzuweisen, dass im vorliegenden Fall die Leihmutter genetisch nicht mit dem Kind verwandt war (und es sich somit um eine Ersatzmutterschaft nach hier verwendet Definition handelte). Der *BGH* hat ausdrücklich offen gelassen, ob auch eine Nachbeurkundung erfolgen kann, wenn die Leihmutter mit dem Kind genetisch verwandt ist, vgl. *BGH* NJW 2015, 479, 483. Die Argumentation des *BGH*, insbesondere der Vergleich mit einer Adoption spricht jedoch dafür, dass auch in diesem Fall eine Nachbeurkundung erfolgen kann.

Die Zuordnung des Kindes zur Leihmutter widerspricht im Ergebnis sämtlichen Interessen der Beteiligten, da von allen ursprünglich eine Zuordnung zu den Wunscheltern gewünscht war. Selbst die Zuordnungsänderung über eine Adoption gestaltet sich vereinzelt schwierig. Die Adoption eines Leihmutterkindes unterliegt nach wohl überwiegender Auffassung wegen § 1741 I 2 höheren Anforderungen als eine „normale" Adoption.[14] Die Adoption durch die Wunscheltern muss dem Kindeswohl nicht nur dienlich, sondern für die Erhaltung des Wohls gar erforderlich sein.[15] Bisher wurde den Anträgen der Wunscheltern auf Adoption des Kindes aber zumeist stattgegeben.[16] Das *AG Hamm* lehnte in einem Fall der Ersatzmutterschaft die Adoption durch die Wunschmutter jedoch ab, obwohl das Kind bereits beim Wunschelternpaar lebte, da *„es dem Kind* [nicht] *schaden würde, wenn es nicht adoptiert würde"*.[17] Viele daraus resultierende Probleme ließ das Gericht unbeachtet.[18]

1. *Fallbeispiel*

M und V können S, die Schwester von M, überzeugen, für sie einen Embryo als Leihmutter auszutragen, der durch Verschmelzung der Keimzellen von M und V erzeugt wurde. M selbst ist aufgrund einer Erkrankung nicht in der Lage ein Kind auszutragen. Nach der Geburt weigert sich S, das Kind an M und V herauszugeben. Diese sehen sich aber als Eltern des Kindes.

2. *Begründung der Zuordnung der rechtlichen Mutterschaft zur Leihmutter*

Die eindeutige Zuordnung des § 1591 zur Geburtsmutter soll laut der Gesetzesbegründung unter anderem ausdrücklich der Verhinderung von Leihmutterschaften dienen.[19] Für die weitere Begründung bedient sich der Gesetzgeber der Argumente, die bereits den Erlass des Leihmutterschaftsverbotes rechtfertigen sollten.

---

14 MüKo/*Wellenhofer*, § 1591 BGB, Rn. 12; *Benicke*, StAZ 2013, 101, 112; *Helms*, StAZ 2013, 114, 115; *Kaiser* in: *Schwab/Vaskovics*, S. 239, 249; *dies.* in: FS Brudermüller, S. 357, 361; *Keuter*, FamRZ 2014, 518, 519; *Heiderhoff*, NJW 2014, 2673, 2675; a.A. *Dethloff*, JZ 2014, 922, 930 unter Hinweis auf die überwiegende Meinung.

15 So die Vorinstanz zu *LG Frankfurt*, NJW 2012, 3111 f.; *AG Hamm* BeckRS 2011, 25140 (Ersatzmutterschaft); ebenfalls *Wiegelmann*, FamRBint 2012, 32, 33; *Benicke*, StAZ 2013, 101, 112 f.; *Helms*, StAZ 2013, 114, 115; Erman/*Saar*, § 1741 BGB, Rn. 13; MüKo/*Maurer*, § 1741 BGB, Rn. 31; Staudinger/*Frank*, § 1741 BGB, Rn. 34; a.A.: *LG Frankfurt*, NJW 2012, 3111 f.; differenzierend: *Coester*, FS Jayme, S. 1243, 1249.

16 Vgl. *LG Frankfurt*, NJW 2012, 3111 f. (anders noch die Vorinstanz); *AG Gütersloh*, FamRZ 1986, 718 ff. (für den Fall einer Ersatzmutterschaft, die zur damaligen Zeit nicht verboten war); *Coester*, FS Jayme, S. 1243, 1250; anders aber *AG Hamm* BeckRS 2011, 25140 für den Fall einer Ersatzmutterschaft.

17 *AG Hamm* BeckRS 2011, 25140; ablehnend daher *Friederici*, FamFR 2011, 551.

18 Näher *Friederici*, FamFR 2011, 551; *Benicke*, StAZ 2013, 101, 113.

19 BT-Drucks. 13/4899, S. 82.

a. Das Verbot der Leihmutterschaft in Deutschland

In Deutschland ist die Leihmutterschaft aufgrund von § 1 I Nr. 1, 2, 6, 7 ESchG verboten.[20] Begründet wird dieses Verbot mit Problemen und Konflikten, die durch den Abbruch der in der Schwangerschaft gewachsenen Beziehung des Kindes zur Leihmutter entstünden.[21] So wird allenthalben eingewandt, dass die Leihmutter sich weigern könnte, das Kind nach der Geburt herauszugeben (beide Mütter möchten das Kind behalten).[22] Darüber hinaus bekundet der Gesetzgeber Bedenken, dass Streitigkeiten über den Verbleib des Kindes entstehen könnten, insbesondere wenn dieses behindert auf die Welt kommen sollte (keine Mutter möchte das Kind behalten).[23] Zur Vorbeugung einer solchen Situation eine Frau als Leihmutter auszuwählen, die dem Kind gleichgültig gegenübersteht, sei dabei aber ebenso wenig sinnvoll, da zu befürchten wäre, dass die Leihmutter ihre Lebensgewohnheiten nicht an die Erfordernisse der Schwangerschaft anpasse.[24]

b. Rechtsvergleich

Im Rechtsvergleich zeigt sich innerhalb Europas ein uneinheitliches Bild. Einige Rechtsordnungen sehen ebenso wie Deutschland ein Verbot der Leihmutterschaft vor.[25] So hat *Österreich* eine mit der deutschen vergleichbare Gesetzeslage. Hier ist nach §§ 3, 23 FMedG eine Leihmutterschaft verboten.[26] Gleiches gilt für die *Schweiz* (Art. 4, 31 FMedG)[27], *Dänemark* (§ 1360 Befruchtungsgesetz)[28] und auch für *Frankreich*, Art. 16-7 CC[29].

Andere Länder hingegen erlauben unter bestimmten Voraussetzungen das Austragen eines Kindes für andere. In den *Niederlanden* ist so lediglich die kommerzielle Leihmutterschaft per Strafgesetz verboten, Art. 151 b-c des niederländischen Strafgesetzbuchs.[30] Die nicht-kommerzielle Leihmutterschaft ist dagegen

---

20 Vgl. dazu S. 34 f.

21 BT-Drucks. 11/5460, S. 8.

22 *Schwenzer*, Gutachten 59. DJT, A 40; *Wohn*, S. 118; *Blauwhoff*, S. 330.

23 BT-Drucks. 11/5460, S. 8; vgl. auch *Schwenzer*, Gutachten 59. DJT, A 41; *Wohn*, S. 123; *Dethloff*, § 10 Rn. 97. Dem Fall von „Baby Gammy" (vgl. S. 4) lag genau dieses Problem zugrunde.

24 *Schwenzer*, Gutachten 59. DJT, A 41.

25 Vgl. allgemein *Tschudin/Griesinger*, Gynäkologische Endokrinologie 2012, 135, 135; *Helms*, StAZ 2013, 114, 115 ff.

26 Vgl. *Ferrari* in: *Spickhoff/Schwab/Henrich/Gottwald*, 183, 196; *Tschudin/Griesinger*, Gynäkologische Endokrinologie 2012, 135, 135; dieses Verbot wird auch nicht von der Reform des FMedG zum 01.01.2015 berührt.

27 Vgl. *Aebi-Müller/Jaggi* in: *Spickhoff/Schwab/Henrich/Gottwald*, 343, 346; *Tschudin/Griesinger*, Gynäkologische Endokrinologie 2012, 135, 135.

28 Vgl. *Fötschl*, MedR 2010, 95, 96.

29 Vgl. *Ferrand/Francoz-Terminal*, FamRZ 2012, 1437, 1437; MüKo/*Wellenhofer*, § 1591 BGB, Rn. 18.

30 Vgl. *Blauwhoff*, S. 324.

zugelassen, von einigen Kliniken wird dahingehend auch eine medizinische Unterstützung angeboten, die aber nicht die Suche nach einer Leihmutter selbst umfasst.[31]

In *Griechenland* ist seit 2002 die unentgeltliche Leihmutterschaft ausdrücklich gestattet: Voraussetzungen sind eine schriftliche Vereinbarung der Wunscheltern mit der Leihmutter und ggfs. deren Ehemann sowie eine vor der Befruchtung zu erteilende gerichtliche Erlaubnis, die ausgesprochen wird, wenn die Wunschmutter aus medizinischen Gründen kein Kind zur Welt bringen kann, grundsätzlich im gebärfähigen Alter ist und die angedachte Leihmutter gesundheitlich geeignet ist, das Kind auszutragen, Art. 1455, 1458 ZGB.[32] Wunsch- und Leihmutter müssen ihren Wohnsitz in Griechenland haben, Art. 8 des Gesetzes Nr. 3089/2002, ein Fortpflanzungstourismus soll dadurch verhindert werden.[33]

Auch in *Großbritannien* kann eine Leihmutterschaft legal vorgenommen werden, vgl. den Surrogacy Arrangements Act 1985 und den Human Fertilisation and Embryology Authority Act 1990.[34] Die kommerzielle Leihmutterschaft ist aber verboten, lediglich eine Aufwandsentschädigung darf geleistet werden, Section 2 Surrogacy Arrangements Act 1985.[35] Diese umfasst regelmäßig 10.000-15.000 €, inoffiziell werden allerdings höhere Zahlungen vermutet.[36] Jährlich werden in Großbritannien ca. 30-100 Kinder aufgrund einer Leih-/Ersatzmutterschaft geboren.[37] Daneben erlaubt auch *Belgien* die Leihmutterschaft.[38]

Die ursprüngliche Gleichläufigkeit der europäischen Rechtsordnungen entwickelt sich in diesem Bereich mittlerweile in verschiedene Richtungen.[39] Als Konsens kann lediglich das Verbot der Kommerzialisierung der Leihmutterschaft angesehen werden. Es scheint sich in diesem Bereich jedoch eine sukzessive Entwicklung hin zu einem liberaleren Fortpflanzungsmedizinrecht abzuzeichnen, die sich aber über einen langen Zeitraum vollzieht und nur schwer vorauszusagen ist. Unter dem Strich ist Deutschland mit dem Verbot der Leihmutterschaft in Europa (noch) in guter Gesellschaft.

---

31 *Blauwhoff*, S. 324.

32 Vgl. *Koutsouradis*, FamRZ 2004, 1426, 1426 f. und *ders.* in: *Spickhoff/Schwab/Henrich/Gottwald*, 205, 244.

33 Vgl. *Koutsouradis*, FamRZ 2004, 1426, 1427; *Helms*, StAZ 2013, 114, 117.

34 *Scherpe*, FamRZ 2010, 1513, 1515; *Helms* in: *Röthel/Löhnig/Helms*, S. 49, 68.

35 Vgl. *Scherpe*, FamRZ 2010, 1513, 1515.

36 *Helms* in: *Röthel/Löhnig/Helms*, S. 49, 68; in den USA liegt die „Entschädigung" im Schnitt zwischen 14.000 und 19.000 €, in Indien zwischen 3.000 und 6.000 €, vgl. *Kaiser* in: FS Brudermüller, S. 357, 358.

37 *Helms* in: *Röthel/Löhnig/Helms*, S. 49, 68; *Kreß*, FPR 2013, 240, 242 (1995: 52 Fälle, 2010: 83, 2011: 149).

38 *Tschudin/Griesinger*, Gynäkologische Endokrinologie 2012, 135, 135, beachte Erratum hierzu Gynäkologische Endokrinologie 2012, Heft 4, S. 1.

39 *Helms* in: *Röthel/Löhnig/Helms*, S. 49, 68.

3. Zweifel am Verbot

Trotz der europäischen Uneinigkeit zum Thema wird die Richtigkeit der inländischen Rechtslage vielfach bezweifelt. Die Durchführung einer Leihmutterschaft sei eine Ausübung des Rechts auf freie Entfaltung der Persönlichkeit (Art. 2 I GG), insbesondere auf Seiten der *Wunscheltern.*[40] Diskutiert wird dahingehend sogar das Bestehen eines *„Recht*[s] *auf ein genetisch eigenes Kind"* aus Art. 1 I, 2 I, 6 I, II GG.[41]

Darüber hinaus sei eine Menschenwürdeverletzung der *Leihmutter* ausgeschlossen, da ihr Handeln durch Freiwilligkeit geprägt sei und sie mit ihrem Handeln ihr allgemeines Freiheitsrecht ausübe.[42] Immerhin sind auch Organspenden zu Lebzeiten möglich.[43] Der Gesetzgeber sei damit zumindest nicht in der Pflicht, ein Verbot der Leihmutterschaft zu erlassen.[44] Richtigerweise sollte eine Kommerzialisierung, wie sie bereits bei Samenspenden ausgeschlossen ist, aber auch bei Leihmutterschaften vermieden werden.[45] Ansonsten ergäbe sich eine Gefährdungslage für die Menschenwürde der Leihmutter aufgrund einer Instrumentalisierung ihres Körpers („Ausbeutung der Frau").[46] Teils wird von einer *„reproduktionsmedizinischen Prostitution"*[47] gesprochen, was insofern wenig hilfreich ist, da die Prostitution selbst längst nicht mehr als sittenwidrig angesehen wird.[48] Nichtsdestotrotz sollten altruistische Leihmutterschaften[49] und damit verbundene Aufwandsentschädigungen keine grundrechtlichen Bedenken hervorrufen.[50] In einer britischen Studie gaben 90% der Leih- und Ersatzmütter ein altruistisches Motiv an.[51] Relativiert wird die hohe Zahl dadurch, dass die kommerzielle Leihmutterschaft in Großbritannien

40 *Schwenzer*, Gutachten 59. DJT, A 42.

41 Dazu: *Hollenbach* in: *Lorenz*, Rechtliche und ethische Fragen der Reproduktionsmedizin, S. 82, 84 ff.; MüKo/*Wellenhofer*, § 1591 BGB, Rn. 32.

42 *Wohn*, S. 118; *Schwenzer*, Gutachten 59. DJT, A 42; *Coester-Waltjen*, Gutachten 56. DJT, B 80 (Verweis: B 116); *Starck*, Gutachten 56. DJT, A 41 f.; Maunz/Dürig/*Herdegen*, Art. 1 Abs. 1 GG, Rn. 104; *Brohm*, JuS 1998, 197, 202; *Weyrauch*, S. 132 f.; in diese Richtung auch: *Kaiser* in: FS Brudermüller, S. 357, 363; a.A. *Lehmann*, S. 180.

43 *Kreß*, FPR 2013, 240, 243.

44 *Schwenzer*, Gutachten 59. DJT, A 42; *Brohm*, JuS 1998, 197, 202, *„verfassungsrechtlich [...] nicht geboten"*.

45 *Coester*, FS Jayme, S. 1243, 1257; *Felberbaum*, Der Gynäkologe 2009, 625, 626; *Kreß*, FPR 2013, 240, 243.

46 *Golombok/MacCallum/Murray/Lycett/Jadva*, Journal of Child Psychology and Psychiatry 2006, 213, 213; *Tschudin/Griesinger*, Gynäkologische Endokrinologie 2012, 135, 136; *Coester-Waltjen*, Gutachten 56. DJT, B 80 f. (Verweis: B 116).

47 *Felberbaum*, Der Gynäkologe 2009, 625, 625.

48 Vgl. *Wohn*, S. 120.

49 Vgl. das Paradebeispiel von *Ryan*, Reproduktionsmedizin 2003, 151 ff.

50 Vgl. auch *Lindner* in: *Rosenau*, S. 127, 147 f.; in diese Richtung ebenfalls: *Kreß*, FPR 2013, 240, 243.

51 *Jadva/Murray/Lycett/MacCallum/Golombok*, Human Reproduction 2003, 2196, 2199.

verboten ist. Vor diesem Hintergrund gab nur eine von 34 befragten Frauen ein kommerzielles Interesse an.[52]

Auch ein Verstoß gegen die Menschenwürde des *Kindes* sei nicht ersichtlich, da dieses ohne die debattierte Zeugungsmethode nicht existieren würde.[53] Mit derselben Begründung müsse auch eine Kindeswohlgefährdung ausscheiden, da die Nichtexistenz für das Wohl des Kindes nicht förderlicher sein könne, als durch Leihmutterschaft auf die Welt zu kommen.[54] Zudem sind bei Studien im Ausland keine negativen Folgen bei der Entwicklung des Kindes festgestellt worden.[55]

Des Weiteren stelle sich gleichheitsrechtlich die Frage, wieso die männliche Zeugungsunfähigkeit durch Samenspende umgangen werden könne, während die weibliche Unfähigkeit ein Kind auszutragen nicht überwunden werden dürfe.[56] *„Die Rechtspraxis in Deutschland* [betrachtet] *den männlichen Anteil als flüchtig und austauschbar, den weiblichen als unveräußerlich.“*[57]

Zudem werde die Weggabe eines (genetisch eigenen) Kindes bereits durch das Adoptionsrecht erlaubt, nichts anderes könne dann bei der Weggabe eines genetisch fremden Kindes durch die Leihmutter gelten.[58] Teils wird auch ein Widerspruch zur Möglichkeit der straffreien Abtreibung gesehen: Während die Tötung bestehenden Lebens durch einen Arzt vereinzelt straffrei ermöglicht werde, werde die Zeugung neuen Lebens durch den Arzt bestraft.[59]

Das bestehende Verbot kann nur gerechtfertigt sein, wenn sich die befürchteten negativen Auswirkungen der Leihmutterschaft auf das Wohl aller Beteiligten tatsächlich feststellen lassen.[60] Daran bestehen aber erhebliche Zweifel. Die medizinischen Risiken der Leihmutter entsprechen denen einer „normalen“ Schwangerschaft[61] bzw. denen einer Embryonenspende[62] und sind gegenüber letzterer teils sogar niedriger.[63] Die Erfolgsrate gleicht derjenigen einer künstlichen Befruchtung mittels Eizellspende/Embryonenspende.[64] Aufgrund der Freiwilligkeit

---

52 *Jadva/Murray/Lycett/MacCallum/Golombok*, Human Reproduction 2003, 2196, 2199.

53 *Wohn*, S. 118; *Schwenzer*, Gutachten 59. DJT, A 42; *Starck*, Gutachten 56. DJT, A 42; Maunz/Dürig/*Herdegen*, Art. 1 GG, Rn. 104; *Brohm*, JuS 1998, 197, 202; vgl. ebenso die Ausführungen zur Eizellspende; a.A. *Lehmann*, S. 180.

54 *Wohn*, S. 119 f.; *Schwenzer*, Gutachten 59. DJT, A 43.

55 Vgl. im Folgenden; zudem *Bokelmann/Bokelmann*, S. 70.

56 *Coester*, FS Jayme, S. 1243, 1257.

57 *Bernard*, Die Übermutter, SZ vom 02./03.02.2013, S. 6.

58 *Wohn*, S. 120; *Weyrauch*, S. 133; in diese Richtung MüKo/*Wellenhofer*, § 1591 BGB, Rn. 29.

59 Vgl. *Wohn*, S. 120 f.; *Kaiser* in: *Schwab/Vaskovics*, S. 239, 254.

60 *Schwenzer*, Gutachten 59. DJT, A 43 f.

61 *Tschudin/Griesinger*, Gynäkologische Endokrinologie 2012, 135, 136.

62 *Schmidt-Recla/Noack*, Gynäkologie 2011, 482, 482; *ESHRE*, Human Reproduction 2005, 2705, 2705.

63 *Felberbaum*, Der Gynäkologe 2009, 625, 625 f.

64 *Tschudin/Griesinger*, Gynäkologische Endokrinologie 2012, 135, 136; *ESHRE*, Human Reproduction 2005, 2705, 2705.

der Teilnahme der Leihmutter an der Befruchtungsmethode lässt sich wegen der überschaubaren gesundheitlichen Risiken nur schwer ein Verbot stützen. Darüber hinaus ist eine Behandlung im Inland im Zweifel weniger gesundheitsgefährdend als eine gleiche Maßnahme im Ausland, bei der abgesehen von unterschiedlichen medizinischen Standards und Vorschriften die Anreisen zu den Arztterminen eine weitere Risikokomponente darstellen. Zudem ist bei einer Behandlungsmöglichkeit im Inland die Wahrung der Rechte der Beteiligten, insbesondere der des Kindes, erleichtert.[65] Leihmütter könnten in diesem Fall Rechte geltend machen, die vor allem den Schutz des Kindeswohls bezwecken (z.B. Ersatz für Erwerbsausfall).[66] Aber auch Wunschmütter könnten ggf. selbst Rechte beanspruchen. Zuletzt urteilte der *EuGH* am 18.03.2014, dass Wunschmütter sowohl im Rahmen der Leih- als auch der Ersatzmutterschaft nach der Richtlinie über schwangere Arbeitnehmerinnen[67] zwar keinen Anspruch auf Mutterschaftsurlaub haben, es den Mitgliedsstaaten aber offen stehe, einen solchen Anspruch zu schaffen.[68]

Die vermutete (und medizinisch nicht belegte)[69] Mutter-Kind-Beziehung hingegen, die durch Schwangerschaft und Geburt begründet wird und ein Hauptargument für das Verbot ist, tritt in den Hintergrund, wenn sie nach der Geburt nicht fortgeführt wird, weshalb eine *„besondere Kindeswohlgefährdung“* nicht zu erwarten ist.[70] Daneben entsteht die Situation einer rechtlichen und einer davon abweichenden genetischen Mutter ohnehin mit jeder Adoption.[71]

Bezüglich der genauen psychologischen Auswirkungen einer Leihmutterschaft stehen aber nur vereinzelt Studien zur Auswertung zur Verfügung, die vor allem aus Großbritannien stammen. Die Wunscheltern berichteten darin von positiven Erfahrungen, Leihmütter geben als Leitmotiv ihres Handelns die Möglichkeit an, einem kinderlosen Paar zu helfen.[72] Rund ein Drittel der Leihmütter hatte allerdings *„Schwierigkeiten“* bei Übergabe des Kindes (wobei nicht differenziert wurde

---

65 *Blauwhoff*, S. 331; vgl. die ähnlichen Argumente bezüglich eines Auskunftsanspruchs über die Identität der Eizellspenderin, oben S. 212 f.

66 *Wohn*, S. 119; *Dethloff*, § 10 Rn. 76.

67 Richtlinie 92/85/EWG des Rates v. 19.10.1992 über die Durchführung von Maßnahmen zur Verbesserung der Sicherheit und des Gesundheitsschutzes von schwangeren Arbeitnehmerinnen, Wöchnerinnen und stillenden Arbeitnehmerinnen am Arbeitsplatz = zehnte Einzelrichtlinie i.S.d. Art. 16 Abs. 1 der Richtlinie 89/391/EWG, ABl. L 348, 1.

68 *EuGH*, Urteile vom 18.03.2014, Az. C-167/12, C-363/12.

69 *Kaiser* in: *Schwab/Vaskovics*, S. 239, 254; *dies.* in: FS Brudermüller, S. 357, 362; was *Lewitscharoff*, S. 12, dennoch nicht daran hindert, gerade wegen dieser Beziehung die Leihmutterschaft als *„grauenderregend“*, *„widerwärtig“* und *„vom Teufel ersonnen“* zu deklarieren.

70 MüKo/*Wellenhofer*, § 1591 BGB, Rn. 29; ebenso Staudinger/*Rauscher*, § 1591 BGB, Rn. 12.

71 MüKo/*Wellenhofer*, § 1591 BGB, Rn. 29.

72 *Tschudin/Griesinger*, Gynäkologische Endokrinologie 2012, 135, 137; das war auch das leitende Motiv bei *Ryan*, Reproduktionsmedizin 2003, 151, 151.

zwischen Leih- und Ersatzmüttern).[73] Etwa 10% suchten nach der Geburt oder schwangerschaftsbegleitend psychologische Hilfe.[74] Die Ergebnisse bestätigen zumindest in Grundzügen die Annahme des Gesetzgebers, dass sich bereits während der Schwangerschaft eine Beziehung zwischen Mutter und Kind entwickelt.[75] In der Familie der Wunscheltern zeigten sich dagegen keine negativen Einflüsse der Leihmutterschaft auf die Eltern-Kind Beziehung, vereinzelt war die mütterliche Zuwendung gar intensiver, teils überengagiert, verglichen mit „normalen" Familien.[76] Dieser Trend scheint sich bei steigendem Alter der Kinder zu relativieren; ob gar eine Umkehrung erfolgt, lässt sich aufgrund mangelnder Studienergebnisse nicht belegen, eine einzelne Studie kommt aber zu diesem Ergebnis.[77] Letztlich bestätigt jedoch keine Studie, dass bei umfassender Betreuung der Beteiligten nachteilige Auswirkungen dauerhaft bestehen bleiben.[78] Auch die Entwicklung der Kinder von Leihmüttern zeigt keine negativen Tendenzen verglichen mit natürlich gezeugten Kindern; allerdings waren sich die Kinder der Studie aufgrund ihres Alters (zwei Jahre) ihrer Herkunft noch nicht bewusst.[79] Letztlich ließen sich keine wesentlichen Unterschiede zwischen Eizellspende- und Leihmütterkindern feststellen.[80]

Daher sieht auch die European Society of Human Reproduction and Embryology (ESHRE) nach ihren Grundsätzen eine Leihmutterschaft als akzeptabel an, wenn ein altruistisches Motiv der Leihmutter zu Grunde liegt, einem Paar, dass ohne ihre Hilfe kein Kind bekommen kann, zu einem solchen zu verhelfen.[81] Die Risiken des Verfahrens rechtfertigen nach Ansicht der ESHRE jedenfalls kein vollkommenes Verbot.[82]

Interessant ist in dieser Hinsicht der Bericht von *Ryan*, die selbst ein Kind als Leihmutter austrug. Sie berichtet von einer erheblichen Belastung aller Beteiligten während der Behandlung und der Schwangerschaft.[83] Dabei hebt sie die enorme Bedeutung einer ausführlichen und guten ärztlichen Beratung hervor.[84] Die Bindung

---

73 Vgl. *Golombok/MacCallum/Murray/Lycett/Jadva*, Journal of Child Psychology and Psychiatry 2006, 213, 213 f.

74 *Tschudin/Griesinger*, Gynäkologische Endokrinologie 2012, 135, 137.

75 *Tschudin/Griesinger*, Gynäkologische Endokrinologie 2012, 135, 137.

76 *Golombok/MacCallum/Murray/Lycett/Jadva*, Journal of Child Psychology and Psychiatry 2006, 213, 219; *Tschudin/Griesinger*, Gynäkologische Endokrinologie 2012, 135, 137.

77 *Tschudin/Griesinger*, Gynäkologische Endokrinologie 2012, 135, 137.

78 *Tschudin/Griesinger*, Gynäkologische Endokrinologie 2012, 135, 137; in diese Richtung ebenfalls *ESHRE*, Human Reproduction 2005, 2705, 2706; *Kreß*, FPR 2013, 240, 243.

79 *Golombok/MacCallum/Murray/Lycett/Jadva*, Journal of Child Psychology and Psychiatry 2006, 213, 220 f.

80 *Golombok/MacCallum/Murray/Lycett/Jadva*, Journal of Child Psychology and Psychiatry 2006, 213, 220.

81 *Tschudin/Griesinger*, Gynäkologische Endokrinologie 2012, 135, 136.

82 *Tschudin/Griesinger*, Gynäkologische Endokrinologie 2012, 135, 136.

83 *Ryan*, Reproduktionsmedizin 2003, 151, 152.

84 *Ryan*, Reproduktionsmedizin 2003, 151, 152, der behandelnde Arzt als „Rettungsanker".

der Geburtsmutter an das Ungeborene sah sie als eine *„Projektion“* der Vorstellung des künftigen Familienlebens mit dem Kind an, die deutlich abgeschwächt werde, wenn man sich verdeutliche, dass ein fremdes Kind ausgetragen wird, das sogleich nach der Geburt abgegeben werde.[85] Aufgrund der Verheimlichung der Leihmutterschaft kam es aber zu einem Gefühl der Peinlichkeit und Scham.[86] Nach der Entbindung und Weggabe des Kindes berichtet *Ryan* von Problemen beim Übergang in den Alltag, der von einer längeren Phase der Trauer überschattet wurde.[87] Bei der Bewältigung dieser Phase halfen ihr neben familiärem Beistand erneut die Ratschläge eines Arztes.[88] Trotz all dieser Probleme zieht *Ryan* letztlich ein überragend positives Fazit aus der Leihmutterschaft.[89]

Als Resultat lässt sich aus all dem festhalten, dass eine psychologische Betreuung aller Beteiligten sehr hilfreich wenn nicht gar notwendig ist.[90] Gerade eine solche ist im Ausland aber nicht gewährleistet, sei es aufgrund mangelnden Angebots oder einer Sprachbarriere.[91] Durch eine Legalisierung im Inland könnte dieses Problem behoben werden, da gerade die restriktive Haltung des deutschen Gesetzgebers die Anreize zum Entstehen des Fortpflanzungstourismus schafft.[92] Beachtet werden muss insoweit, dass eine Gesetzeslage bestenfalls die Moral- und Wertvorstellungen der Einwohner darstellt; dennoch sollte auch Raum für Toleranz gegenüber einer Gruppe sein, die in einem vertretbaren Rahmen andere Moralvorstellungen haben.[93]

Letztlich können die Bedenken bezüglich der psychischen und physischen Belastung der Beteiligten zwar nicht vollends ausgeräumt werden, ein vollständiges Verbot der Leihmutterschaft scheint aber nicht gerechtfertigt.[94] Die Ablehnung der Leihmutterschaft basiert vor allem auf der Ablehnung einer geplanten Kindesweggabe direkt nach der Geburt,[95] obwohl auch die befürchteten Konfliktsituationen nicht ausgeschlossen werden können.[96]

---

85 *Ryan*, Reproduktionsmedizin 2003, 151, 152.
86 *Ryan*, Reproduktionsmedizin 2003, 151, 153.
87 *Ryan*, Reproduktionsmedizin 2003, 151, 153 f.
88 *Ryan*, Reproduktionsmedizin 2003, 151, 154.
89 *Ryan*, Reproduktionsmedizin 2003, 151, 156.
90 So auch *Kreß*, FPR 2013, 240, 243.
91 *Tschudin/Griesinger*, Gynäkologische Endokrinologie 2012, 135, 137.
92 Vgl. auch *Blauwhoff*, S. 331.
93 *Blauwhoff*, S. 331.
94 Siehe bereits *Coester-Waltjen*, Gutachten 56. DJT, B 82 (Verweis: B 116); *Helms* in: *Röthel/Löhnig/Helms*, S. 49, 69 f.; a.A. *Wohn*, S. 121, die ohne nähere Belege von der „Erfahrung“ negativer Auswirkungen auf das Kindeswohl spricht. Zudem hält sie „im Interesse des Kindes“ ein Verbot für gerechtfertigt, was unschlüssig ist, da das Verbot die Nicht-Existenz des Kindes nach sich zieht; *Benicke*, StAZ 2013, 101, 111, sieht das Verbot ebenfalls als gerechtfertigt an.
95 *Felberbaum*, Der Gynäkologe 2009, 625, 625.
96 Daher spricht sich *Helms* in: *Röthel/Löhnig/Helms*, S. 49, 69 f., letztlich wohl für ein Verbot aus. *Kaiser* in: FS Brudermüller, S. 357, 363, fordert hingegen sachgerechte Regelungen zur Beilegung der Konflikte.

4. *Die fehlende Zuordnungsmöglichkeit zur Wunschmutter*

Das abstammungsrechtliche Hauptproblem der Leihmutterschaft ist, dass eine Zuordnung zur genetischen Wunschmutter nicht möglich ist. Sie kann nur darauf hoffen, dass sich die Leihmutter an die Vereinbarung hält und eine Adoption erfolgreich durchgeführt werden kann.[97] Selbst in diesem Fall besteht aber eine ungünstige Rechtslage. Darüber hinaus tragen die Wunscheltern das Risiko, dass die Leihmutter einer Übergabe des Kindes nicht zustimmt[98] oder aus anderen Gründen eine Adoption scheitert.

Eine abstammungsrechtliche Zuordnung zur – immerhin genetischen – (Wunsch-) Mutter kann hingegen nicht einmal dann erfolgen, wenn sich alle Beteiligten über die Zuordnung einig sind. Etwaige vertraglich vereinbarte „Herausgabeansprüche" bezüglich des Kindes sind sittenwidrig bzw. gem. § 134 nichtig, einen *„Anspruch auf Adoption"* haben die Wunscheltern nicht.[99] Vertragliche Abreden sind somit stumpfe Schwerter, eine rechtsgeschäftliche Dispositionsbefugnis über den Status des Kindes ist dem deutschen Recht fremd und sollte auch de lege ferenda nicht ermöglicht werden.[100] Spiegelbildlich besteht auch keine *„Abnahmeverpflichtung"* der Wunscheltern.[101] Gerade wenn sich alle Beteiligten über die Zuordnung zur Wunschmutter einig sind, sollte jedoch die Möglichkeit bestehen, eine solche ohne Umweg über das Adoptionsrecht zu ermöglichen.

Der fehlende Wille zur Elternschaft der Leihmutter bleibt bei der Zuordnung derzeit gänzlich unberücksichtigt.[102] Überdies wird die Statuswahrheit, die bei der Vaterschaftszuordnung/-korrektur eine herausragende Bedeutung einnimmt, nicht gewahrt.[103] Gefördert wird nur die Rechtssicherheit.[104] Im Ergebnis bleibt die Situation für die Beteiligten somit unbefriedigend. Eine gewisse Schutzwürdigkeit des Interesses der Wunschmutter an einer Statusänderung ist jedoch schwer abzustreiten.[105] Die unglückliche Lage aller Beteiligten bestätigt auch der Bericht von *Ryan*. Auch in ihrem Fall war nur eine Adoption des Kindes durch die Wunschmutter möglich, nach ihren Aussagen mache aber gerade der Schwebezustand zwischen

---

97 *Wohn*, S. 122; *Luh*, S. 89.

98 *Lurger*, DEuFamR 1999, 210, 220; *Wanitzek*, S. 230 ff.

99 *Wohn*, S. 123; *Coester*, FS Jayme, S. 1243, 1249; *Coester-Waltjen*, Reproduktionsmedizin 2002, 183, 195; *Lurger*, DEuFamR 1999, 210, 220; *Deutsch/Spickhoff*, Rn. 1101; BeckOK BGB/*Hahn*, § 1591 BGB, Rn. 14; Staudinger/*Rauscher*, Anh. zu § 1592 BGB, Rn. 21; *Wanitzek*, S. 230 ff.

100 *Schwab*, Rn. 593; *Coester-Waltjen*, Gutachten 56. DJT, B 92 (Verweis: B 116); *dies.*, Reproduktionsmedizin 2002, 183, 195; *Wohn*, S. 118; *Dethloff*, § 10 Rn. 96; *Wanitzek*, S. 224 f.; *Coester*, FS Jayme, S. 1243, 1246 und 1251.

101 *Coester*, FS Jayme, S. 1243, 1252.

102 *Wanitzek*, S. 224.

103 *Wanitzek*, S. 224.

104 *Wanitzek*, S. 226 f.

105 MüKo/*Wellenhofer*, § 1591 BGB, Rn. 11.

Geburt und Adoption eine Wiederaufnahme des normalen Lebens unmöglich.[106] Daher sollte auf die tatsächlichen Gegebenheiten reagiert werden.[107]

5. *Rechtsvergleich*

Die Länder, die die Leihmutterschaft gesetzlich verbieten, sehen in Übereinstimmung zum deutschen Recht regelmäßig die Geburtsmutter als rechtliche Mutter an. Dies gilt unabänderlich in *Österreich*, § 143 ABGB[108] und der *Schweiz*, Art. 252 I ZGB[109]. Aufgrund der Möglichkeit der anonymen Geburt ist die rechtliche Zuordnung der Mutterschaft in *Frankreich* abweichend geregelt. Unter anderem ist auch eine Anerkennung der Mutterschaft möglich.[110] Dennoch werden Adoptionen der Kinder anonym entbindender Leihmütter durch die Wunscheltern und andere Formen der rechtlichen Zuordnung zu den Wunscheltern durch die Gerichte bisher unter Verweis auf das Verbot der Leihmutterschaft versagt.[111] Auch in Frankreich ist eine Zuordnung zur Wunschmutter somit nicht möglich.

Unterschiedlich fallen dagegen die Regelungen in den Ländern aus, die eine legale Möglichkeit der Leihmutterschaft vorsehen. Obwohl die Leihmutterschaft in den *Niederlanden* nicht verboten ist, ist dort ebenfalls die gebärende Frau Mutter des Kindes, eine Anfechtungsmöglichkeit besteht trotz Legalisierung der Eizellspende und der Möglichkeit einer Leihmutterschaft nicht.[112] Die Wunscheltern werden stattdessen auf eine Adoption des genetisch eigenen Kindes verwiesen.[113] In *Belgien* herrscht eine vergleichbare Rechtslage.[114] Dies führte zu dem viel diskutierten Fall einer belgischen Ersatzmutter, die das Kind nicht an die Wunscheltern herausgab sondern es zunächst für sich selbst behielt, um es später an ein niederländisches Wunschelternpaar auszuhändigen, das bereit war, eine höhere „Aufwandsentschädigung" zu zahlen.[115]

Dagegen ist es das erkennbare Ziel anderer Rechtsordnungen, das Kind im Fall der Leihmutterschaft den Wunscheltern zuzuordnen. In *Griechenland* besteht daher ein ausführlicher Regelungskomplex. Wird eine gerichtlich genehmigte Leihmutterschaft durchgeführt, wird die antragstellende Wunschmutter anstelle der gebärenden Leihmutter als rechtliche Mutter des Kindes vermutet, Art. 1458, 1464

---

106 *Ryan*, Reproduktionsmedizin 2003, 151, 155.

107 In diesem Sinne auch *Lurger*, DEuFamR 1999, 210, 220.

108 *Ferrari* in: *Spickhoff/Schwab/Henrich/Gottwald*, 183, 196.

109 *Aebi-Müller/Jaggi* in: *Spickhoff/Schwab/Henrich/Gottwald*, 343, 345 f.

110 *Ferrand* in: *Spickhoff/Schwab/Henrich/Gottwald*, 93, 112 f.

111 MüKo/*Wellenhofer*, § 1591 BGB, Rn. 18; *Ferrand/Francoz-Terminal*, FamRZ 2011, 1446, 1448 f.

112 *Breemhaar* in: *Spickhoff/Schwab/Henrich/Gottwald*, 149, 152; *Blauwhoff*, S. 325; *Helms*, StAZ 2013, 114, 116.

113 *Blauwhoff*, S. 325; *Wanitzek*, S. 229; *Helms* in: *Röthel/Löhnig/Helms*, S. 49, 69.

114 *Helms* in: *Röthel/Löhnig/Helms*, S. 49, 69.

115 Vgl. *Helms* in: *Röthel/Löhnig/Helms*, S. 49, 69; *Blauwhoff*, S. 237.

I ZGB.[116] Der Grundsatz der Geburtsmutterschaft wird hier durchbrochen und das Kind originär der Wunschmutter zugeordnet, die Leihmutter ist zu keinem Zeitpunkt rechtliche Mutter des Kindes.[117] Für den Fall, dass ein genetisch eigenes Kind der Leihmutter geboren wurde, besteht nach Art. 1464 II ZGB die Möglichkeit der Anfechtung durch Leih- und Wunschmutter innerhalb von sechs Monaten ab der Geburt.[118] Wird gegen die Voraussetzungen des Art. 1458 ZGB verstoßen, ist die zivilrechtliche Sanktion die unabänderliche Zuordnung des Kindes zur gebärenden Leihmutter.[119] Ähnlich ist die Lage in der *Ukraine*. Nach Art. 123 II FamGB werden bei einer Leihmutterschaft die ehelichen Wunscheltern als rechtliche Eltern eingetragen.[120]

In *Großbritannien* schafft Sec. 54 des Human Fertilisation and Embryology Authority Acts 2008 (HFEA 2008) – die sog. *„parental order"* – die Möglichkeit der Zuordnung des Kindes zu den Wunscheltern, gleich ob diese nichtehelich zusammenleben oder verheiratet sind.[121] Die *„parental order"* muss gerichtlich erlassen werden. Voraussetzungen dafür sind die freiwilligen Zustimmungen der Leihmutter und der genetischen Eltern, eine Antragsstellung innerhalb von 6 Monaten ab Geburt des Kindes, das (eheliche oder nichteheliche) Zusammenleben der Wunscheltern und die genetische Elternschaft wenigstens eines Wunschelternteils.[122] Darüber hinaus muss zumindest ein Wunschelternteil seinen Wohnort im Vereinigten Königreich haben.[123] Die *„parental order"* ist vergleichbar mit einer Adoption unter besonderen Voraussetzungen, insbesondere ist die Zustimmung der Geburtsmutter erforderlich.[124] Erfolgt keine *„parental order"*, z.B. weil die Zustimmung der Leihmutter ausbleibt, bleibt das Kind der Leihmutter aufgrund der Geburt zugeordnet, sec. 33 HFEA 2008.[125] Die Wunscheltern tragen also bis zum endgültigen Erlass der *„parental order"* das Risiko, nicht Eltern ihres Kindes zu werden. Erschwerend kommt hinzu, dass Erklärungen der Parteien, die vor der Geburt gemacht wurden, keine Wirkung entfalten, sec. 1A Surrogacy Arrangments Act.[126] In 4-5 % der Fälle soll sich

116 *Koutsouradis*, FamRZ 2004, 1426, 1426 f. und *ders.* in: *Spickhoff/Schwab/Henrich/Gottwald*, 205, 244; *Helms*, StAZ 2013, 114, 117.
117 *Helms* in: *Röthel/Löhnig/Helms*, S. 49, 69; *ders.*, StAZ 2013, 114, 117.
118 *Koutsouradis*, FamRZ 2004, 1426, 1426 f. und *ders.* in: *Spickhoff/Schwab/Henrich/Gottwald*, 205, 244; *Helms*, StAZ 2013, 114, 117.
119 *Koutsouradis*, FamRZ 2004, 1426, 1427.
120 Rieck/*Debryckyi*, Ukraine, Rn. 29; vgl. zu nachfolgenden Problemen im Inland *VG Berlin*, StAZ 2012, 382-383.
121 Vgl. *Scherpe*, FamRZ 2010, 1513, 1515.
122 *Scherpe*, FamRZ 2010, 1513, 1515; *Helms*, StAZ 2013, 114, 116.
123 *Scherpe*, FamRZ 2010, 1513, 1515.
124 *Helms* in: *Röthel/Löhnig/Helms*, S. 49, 68; *ders.*, StAZ 2013, 114, 116.
125 Vgl. *Scherpe*, FamRZ 2010, 1513, 1515; *Helms*, StAZ 2013, 114, 116.
126 *Scherpe*, FamRZ 2010, 1513, 1515.

das Risiko auf Seiten der Wunscheltern tatsächlich verwirklicht haben und sich die Leih-/Ersatzmutter einer Übertragung des Kindes erfolgreich verweigert haben.[127]

II. Normierung einer Zuordnungsmöglichkeit zur Wunschmutter

1. Zuordnung zur Wunschmutter

Erstrebt wird bei einer Leihmutterschaft in der Regel die Zuordnung zur Wunschmutter.[128] Dafür spricht vor allem die Tatsache, dass sie die genetische Mutter des Kindes ist (Statuswahrheit).[129] Darüber hinaus ist das Kind aufgrund ihrer Initiative gezeugt worden. Dabei zeichnet sich die Wunschmutter durch ein solch starkes Verlangen nach dem Kind aus, dass sie die psychischen Strapazen und medizinischen Risiken[130] einer Leihmutterschaft eingeht und dafür teils gegen das Gesetz handelt oder den Weg ins Ausland antritt. Dieser Frau die rechtliche Mutterrolle zukommen zu lassen, erscheint aus Gründen des Kindeswohls daher unbedenklich.[131] Wer freiwillig eine solche Belastung auf sich nimmt, um ein Kind zu zeugen, wird sich regelmäßig mit aller Hingabe um dieses kümmern. Nur in Einzelfällen kann es hier dazu kommen, dass die Wunschmutter das Kind letztlich ablehnt, etwa weil dieses behindert auf die Welt gekommen ist.[132] Die Leihmutter hingegen wird nur in Ausnahmefällen das vom Gesetzgeber aufgrund der Schwangerschaft attestierte Mutter-Kind-Verhältnis zum Kind aufgebaut haben.[133] Auch das *BVerfG* führt in Bezug auf die Vaterschaft aus, dass *„der Gesetzgeber gehalten* [ist], *die Zuweisung der elterlichen Rechtsposition an der Abstammung des Kindes auszurichten.* [...] *Die Abstammung wie die sozial-familiäre Verantwortungsgemeinschaft machen gleichermaßen den Gehalt von Art. 6 II S. 1 GG aus. Beides in Deckung zu bringen, ist vom Gesetzgeber anzustreben.“*[134]

Die Zuordnung zur Wunschmutter darf dabei nicht als Belohnung für ein (derzeit) verbotenes Handeln missverstanden werden. Aufgabe des Abstammungsrechts ist es, eine interessengerechte Regelung zu schaffen, die auch die tatsächlichen Gegebenheiten berücksichtigt. Auch wenn Leihmutterschaften selten sind und selbst

---

127 *Helms* in: *Röthel/Löhnig/Helms*, S. 49, 68.

128 So auch *Weyrauch*, S. 215 f.; MüKo/*Wellenhofer*, § 1591 BGB, Rn. 11; *Lurger*, DEuFamR 1999, 210, 220; *Luh*, S. 157 f.; *Coester*, FS Jayme, S. 1243, 1246 f.; *Kaiser* in: *Schwab/Vaskovics*, S. 239, 258; *dies.* in: FS Brudermüller, S. 357, 364.

129 *Luh*, S. 157.

130 Die Wunschmutter stellt ihre Eizellen für die Befruchtung zur Verfügung und unterliegt damit denselben medizinischen Risiken wie eine Eizellspenderin, vgl. dazu S. 12 f.

131 In diese Richtung ebenfalls *Beitzke* in: Gaul, S. 49, 66; *Luh*, S. 157.

132 Vgl. den Fall „Baby Gammy“, s. S. 4 und unten S. 244 f.

133 Staudinger/*Rauscher*, § 1591 BGB, Rn. 12; *Luh*, S. 157.

134 *BVerfG* FamRZ 2003, 816, 818 ff.; vgl dazu auch *Kaiser* in: FS Brudermüller, S. 357, 364.

bei einer zukünftigen Legalisierung vermutlich bleiben werden[135], muss für das betroffene Kind eine Zuordnung geschaffen werden, die seinem Wohl am besten dient und mit den Prinzipien des Abstammungsrechts vereinbar ist. Daher ist regelmäßig die Zuordnung zur Wunschmutter anzustreben. Die Alternativen dazu sind nämlich entweder die Mutterlosigkeit oder eine Zuordnung zur Geburtsmutter. Letztere hat das Kind aber gerade nicht als eigenes ausgetragen und wird daher in der Regel kein besonderes Interesse an der Übernahme der rechtlichen Mutterschaft haben.

Bezüglich der Adoption eines durch Ersatzmutterschaft gezeugten Kindes durch die (homosexuellen) Wunscheltern führte das *LG Frankfurt* kürzlich bereits treffend aus: *„Generalpräventive Erwägungen können die Ungleichbehandlung zwischen Kindern sachlich nicht rechtfertigen. Das unter Inanspruchnahme einer rechtlich missbilligten Vermittlungspraxis erzeugte Kind darf nicht deshalb schlechter gestellt werden, weil seine Eltern gegen deutsches Recht verstoßen haben [...]. Hierfür besteht keinerlei sachliche Begründung und würde im Ergebnis das an seiner Entstehung völlig unbeteiligte Kind für die Rechtsverstöße seiner Eltern in Anspruch nehmen.“*[136] Für das Kindeswohl ist es gerade nicht förderlich, die Mutterschaft der Frau zuzuschreiben, die zu keinem Zeitpunkt gedachte, die rechtliche Elternrolle zu übernehmen, wenn an anderer Stelle die Wunschmutter bereit ist, die Verantwortung zu tragen.[137] Die statusrechtliche Regelung de lege lata ist daher bedenklich[138], nicht interessengerecht[139] und verfassungswidrig[140]. An dieser Stelle steht das Abstammungsrecht einem pönalisierten Verhalten sanktionierend gegenüber und trifft daher keine geeigneten Regelungen für die konkrete Konstellation (vgl. den Fall der Eizellspende).[141] Die §§ 1589 ff. sind gerade nicht der Ort, um Verbote bestimmter Fortpflanzungsmethoden durchzusetzen, da das Kind ansonsten, ohne sich wehren zu können, seiner Rechte beraubt wird und letztlich ohne Grund Leidtragender der Regelungen ist.[142] Aus der Sicht des Kindes ist es unproblematisch, bei den genetischen Wunscheltern aufzuwachsen, da die abweichende biologische Mutterschaft insoweit kaum eine Rolle spielt.[143] Größer wäre die Belastung, bei der Leihmutter aufzuwachsen, die diese Rolle nie übernehmen wollte. Es bleibt festzuhalten, dass *„auch unerlaubtes Handeln der Beteiligten Fakten* [schafft], *die vor allem familienrechtlich bewältigt werden müssen“*[144].

---

135 Vgl. die geringe Zahl an Leihmutterschaften in Großbritannien, s.o. S. 229.
136 *LG Frankfurt*, NJW 2012, 3111, 3112.
137 *Blauwhoff*, S. 330.
138 *Lurger*, DEuFamR 1999, 210, 220.
139 *Dethloff*, § 10 Rn. 94.
140 MüKo/*Wellenhofer*, § 1591 BGB, Rn. 35.
141 *Lurger*, DEuFamR 1999, 210, 220.
142 *Dethloff*, § 10 Rn. 75; *Lurger*, DEuFamR 1999, 210, 220.
143 MüKo/*Wellenhofer*, § 1591 BGB, Rn. 29.
144 *Coester*, FS Jayme, S. 1243, 1246.

Anders als bei einer Eizellspende kann der genetischen Mutter auch kein Verzicht auf die Geltendmachung der Elternrechte vorgeworfen werden.[145] Das Anliegen der Wunschmutter war es von Beginn an, die soziale und rechtliche Mutterrolle auszufüllen. Gegenüber der Wunschmutter bei einer Eizellspende wird sie benachteiligt, da erstgenannte durch die derzeitige Regelung als rechtliche Mutter etabliert wird.[146] Bei der Leihmutterschaft hingegen kann die Wunschmutter, obwohl sie selbst die benötigte Eizelle zu Verfügung stellte, abstammungsrechtlich nicht Mutter des Kindes werden.[147] Das stellt auch eine Ungleichbehandlung im Vergleich zur Vaterschaftsanfechtung und -feststellung dar, da der Samenspender als Vater festgestellt werden kann, eine Mutterschaftsfeststellung der Eizellspenderin bzw. der Wunschmutter dem Recht aber unbekannt ist.[148]

Diese unglückliche Rechtslage kann durch Schaffung eines Anfechtungsrechts der Wunschmutter beseitigt werden. Bereits vor dem Kindschaftsrechtsreformgesetz wurde die Möglichkeit der Mutterschaftsanfechtung mit anschließender Anerkennung der Wunschmutter diskutiert.[149] Da es sich aber um einen äußerst sensiblen Bereich handelt und auch die Leihmutter als biologische und rechtliche Mutter einen bestimmten Schutz verdient, könnte ein vorbehaltloses Anfechtungsrecht der Wunschmutter zu weit gehen. Vereinzelt wurde daher vorgetragen, das Anfechtungsrecht von einer Kindeswohlprüfung abhängig zu machen.[150]

Lediglich auf die Möglichkeit der Adoption zu verweisen reicht hingegen nicht aus: Die Adoption zeichnet sich durch die Annahme eines genetisch fremden Kindes als eigenes aus. Den Fall der Übernahme der rechtlichen Elternschaft durch die genetischen Eltern wollte das Adoptionsrecht gerade nicht regeln. Eine Lösung ist daher im Abstammungsrecht zu suchen.[151]

2. *Schutz der Leihmutter*

Eine Facette des geltenden § 1591 ist es, die Frau, die durch Schwangerschaft und Geburt vermeintlich eine Bindung zum Kind aufgebaut hat, vor einem Entzug des Kindes zu schützen.[152] Das gilt gleichermaßen bei natürlicher wie assistierter Zeugung. Entwickelt sich eine Mutter-Kind Beziehung steigt die biologische Mutter

---

145 *Lurger*, DEuFamR 1999, 210, 221.
146 MüKo/*Wellenhofer*, § 1591 BGB, Rn. 29; *Wohn*, S. 121.
147 MüKo/*Wellenhofer*, § 1591 BGB, Rn. 29; *Wohn*, S. 121 f.
148 *Muscheler/Beisenherz*, JR 1999, 407, 411.
149 Vgl. *Wanitzek*, S. 228 f.
150 *Weyrauch*, S. 200.
151 In diese Richtung ebenfalls *Dethloff*, § 10 Rn. 94; *Kaiser* in: *Schwab/Vaskovics*, S. 239, 263; *dies.* in: FS Brudermüller, S. 357, 366; a.A. *Coester-Waltjen*, Reproduktionsmedizin 2002, 183, 195, die statusrechtlichen Regeln nicht ändern möchte.
152 *Lurger*, DEuFamR 1999, 210, 220; im Ergebnis so auch Staudinger/*Rauscher*, § 1591 BGB, Rn. 14; zweifelnd *Schumann* in: *Rosenau*, S. 155, 199.

durch die tatsächliche Verantwortungsübernahme zur sozialen Mutter auf.[153] Dieser Schutzgedanke sollte de lege ferenda auch bei einer Regelung der Leihmutterschaft Beachtung finden.[154] Schließlich kennt auch das Adoptionsrecht gewisse Schutzmechanismen gegenüber der genetischen Mutter. Insbesondere kann die Einwilligung in die Annahme des Kindes erst acht Wochen nach der Geburt erteilt werden, vgl. § 1747 II 1. Dieser Gedanke kann auch bei einer Regelung der Leihmutterschaft Berücksichtigung finden, da sich die Leihmutter lediglich durch das fehlende genetische Band von der Mutter i.S.d. § 1747 unterscheidet.[155]

Der Wunsch der Leihmutter, das Kind nach der Geburt als eigenes zu behalten, ist wegen der besonderen Sensibilität des gesamten Schwangerschafts- und Geburtsvorgangs grundsätzlich nicht zu vernachlässigen. Das Kindeswohl und der Schutz der Mutter sowie der gelebten Familie könnten es daher rechtfertigen, das Kind auf Dauer bei der Leihmutter zu belassen.[156] Anhand der Gesetzesmaterialien lässt sich erkennen, dass der Gesetzgeber der Geburtsmutter-Kind-Beziehung eine solch große Bedeutung zuschreibt.[157] Das führte letztlich zur strikten Regelung des § 1591. Weigert sich die Leihmutter das Kind herauszugeben, gründet dies regelmäßig auf der Bindung zum Kind.[158] Dabei darf aber nicht vergessen werden, dass die Beziehung des Kindes zur Wunschmutter gegenüber der Beziehung zur Leihmutter stetig an Bedeutung gewinnt, je länger das Kind in der Wunschfamilie lebt.[159] Ohnehin baut die Leihmutter regelmäßig ein distanzierteres Verhältnis zum Kind als eine „normale“ Mutter auf, da sie sich bewusst ist, das Kind nach der Geburt herausgeben zu müssen.[160] Die Beziehung des Kindes zur Geburtsmutter wird ohnehin nicht absolut geschützt, so dass sie nicht als Argument gegen die Zuordnung zur Wunschmutter dienen kann.[161] Die Adoptionsmöglichkeit belegt gerade, dass diese Beziehung ohne erhebliche Bedenken durchtrennt werden kann. Wieso eine Regelung der Leihmutterschaft im Abstammungsrecht verweigert wird, leuchtet somit nicht ein.[162]

Teils wurde daher ein Mutterschaftsanfechtungsrecht des Kindes und der Wunscheltern angedacht, letzteres in Abhängigkeit von der Dauer der familiären

---

153 *Schumann* in: *Rosenau*, S. 155, 161.

154 *Lurger*, DEuFamR 1999, 210, 220; *Dethloff*, § 10 Rn. 95; vgl. aber auch *Kaiser* in: *Schwab/Vaskovics*, S. 239, 264.

155 a.A. *Kaiser* in: FS Brudermüller, S. 357, 368, die darauf hinweist, dass der Schutzzweck nicht auf die Situation einer Leihmutterschaft nicht übertragbar sei.

156 *Lurger*, DEuFamR 1999, 210, 221.

157 Vgl. S. 179 f.

158 Staudinger/*Rauscher*, § 1591 BGB, Rn. 12.

159 *Lurger*, DEuFamR 1999, 210, 221; ähnlich auch MüKo/*Wellenhofer*, § 1591 BGB, Rn. 29.

160 *Luh*, S. 150; vgl. dazu den Bericht von *Ryan*, Reproduktionsmedizin 2003, 151, 152.

161 Vgl. *Meyer*, S. 161 ff.; in diese Richtung auch *Luh*, S. 158.

162 In diese Richtung ebenfalls: *Wohn*, S. 120; *Weyrauch*, S. 133.

Beziehung zwischen Wunscheltern und Kind.[163] Ein Anfechtungsrecht der Wunscheltern würde nach diesem Vorschlag allerdings stets die vorherige Übergabe des Kindes voraussetzen, wobei die Wunscheltern in dieser Übergangszeit keinerlei Rechte und Pflichten gegenüber dem Kind hätten.

Um der Leihmutter einen möglichst großen Schutz zuzugestehen, wurde vereinzelt ein anderes Modell diskutiert, nach dem eine Anfechtung durch die Leihmutter und eine anschließende Anerkennung durch die Wunschmutter möglich sein sollte.[164] Die Leihmutter müsste sich dabei aus freien Stücken zur Anfechtung entschließen. Problematisch wäre, dass das Kind die einzig sichere Zuordnung verlieren und mutterlos werden könnte, wenn eine Anerkennung durch die Wunschmutter unterbleibt.[165] Das Modell überzeugt daher nur bedingt. Letztlich muss ein modernes Abstammungsrecht bezüglich einer Leihmutterschaft zwei Situationen miteinander vereinbaren. Zunächst gilt es, eine interessengerechte Regelung für den Fall zu finden, dass die Leihmutter nach der Geburt weiterhin bereit ist, das Kind an die Wunscheltern auszuhändigen. Als zweite Situation ist der Fall zu regeln, in dem die Leihmutter das Kind nicht herausgeben möchte.[166] Im Gegensatz zur Eizellspende besteht hier ein erhöhtes Konfliktpotential, weil eine gewisse Beziehung zwischen Kind und Leihmutter durch die Schwangerschaft entstehen kann.[167]

3. *Formulierungsvorschlag*

Vor diesem Hintergrund stellt sich die Frage, wie eine konkrete Regelung im Inland aussehen sollte. Im Ausland lassen sich insofern zwei Modelle erkennen. Einerseits wird die Zuordnung originär zur Wunschmutter vorgenommen (griechisches Modell), andererseits wird eine adoptionsähnliche Variante gewählt, die die Möglichkeit eröffnet, nach der Geburt einvernehmlich eine Zuordnungsänderung von der Leihmutter hin zur Wunschmutter vornehmen zu lassen (britisches Modell).

Der Vorteil des griechischen Modells besteht vor allem in der Sicherheit auf Seiten der Wunscheltern, dass das Kind jedenfalls ihnen zugeordnet wird.[168] Das fördert die Statusklarheit, da bereits ab der Geburt das Kind als rechtliches Kind der Wunschmutter gilt und keine postnatale Zuordnungsänderung vorgenommen werden muss. Demgegenüber wird der Schutz der Leihmutter auf ein Minimum reduziert. Sie kann nur dann eigene Rechte am Kind geltend machen, wenn es sich um ihr genetisch eigenes Kind handelt. Das dürfte aber kaum vorkommen. In den übrigen Fällen ist sie stets gezwungen, das Kind herauszugeben, auch wenn dadurch entstandene Bindungen gegen ihren Willen durchtrennt werden. Aus ihrer Sicht

163 *Lurger*, DEuFamR 1999, 210, 221.
164 *Coester-Waltjen*, Gutachten 56. DJT, B 116; *Wanitzek*, S. 228.
165 *Coester-Waltjen*, Gutachten 56. DJT, B 83 f.
166 *Lurger*, DEuFamR 1999, 210, 221.
167 *Wanitzek*, S. 218.
168 Daher spricht sich *Kaiser* in: FS Brudermüller, S. 357, 367 im Ergebnis für eine Variante nach diesem Vorbild aus.

kann daher das Gefühl eines Entreißens des Kindes durch staatliche Gewalt entstehen. Hier liegt der Vorteil der britischen Lösung. Diese beruht auf einem Prinzip des Zusammenwirkens aller Beteiligten. Durch eine einvernehmliche postnatale Zuordnungsänderung sollen Konflikte zwischen Wunscheltern und Leihmutter auf ein Minimum reduziert werden. Geschützt wird dabei vor allem die Leihmutter, da sie explizit nach der Geburt der Übergabe des Kindes zustimmen muss. Vorherige Abreden entfalten keinerlei statusrechtliche Wirkung. Der Nachteil liegt freilich auf der Hand. Der Leihmutter wird die Möglichkeit gegeben, das Kind abredewidrig als eigenes zu behalten. Rechtsansprüche der Wunscheltern auf das Kind bestehen nicht.

Es ist schwierig zu sagen, welches Modell dem Kindeswohl am zuträglichsten ist. Im ersten Fall wird das Kind jedenfalls der genetischen Mutter zugeordnet, was der Identitätsfindung und Charakterentwicklung zu Gute kommen kann (Kenntnis der eigenen Abstammung). Zudem wird das Kind den Eltern zugeordnet, die es unbedingt als eigenes Wunschkind zeugen wollten und sich daher voraussichtlich auch mit aller Hingabe um dieses kümmern werden.[169] Im britischen Modell kann per se aber auch keine Kindeswohlgefährdung gesehen werden. Das Kind wächst im „ungünstigsten" Fall bei seiner biologischen Mutter auf, die es ausgetragen und daher bereits eine gewisse Bindung zu ihm aufgebaut hat. Weigert sie sich nach der Geburt, das Kind an die Wunscheltern herauszugeben, dürfte die Bindung regelmäßig so stark sein, dass auch die Leihmutter sich dem Kindeswohl entsprechend um das rechtlich eigene Kind kümmern wird. Hier besteht aber ein hohes Konfliktpotential zwischen den Wunscheltern und der Leihmutter, da die Wunscheltern das abredewidrige Verhalten der Leihmutter nicht ohne weiteres hinnehmen werden. Dadurch entstünde eine enorme psychische Belastung der Leihmutter.

Im deutschen Schrifttum wurden vereinzelt Vorschläge in Richtung des griechischen Modells unternommen und eine originäre Zuordnung zur Wunschmutter angedacht.[170] Daneben wurde eine Regelung in Anlehnung an § 1599 II vorgeschlagen, was zu einer ähnlichen Lösung wie bei Umsetzung des britischen Modells führen würde.[171] Kernpunkt dieser Überlegung ist die Statusänderung aufgrund einer privatautonomen Zuordnung. Dadurch könnte eine Kongruenz zwischen genetischer, sozialer und rechtlicher Mutterschaft erreicht werden, ohne die Gefahr der Mutterlosigkeit zu generieren, die einem einfachen Anfechtungsrecht innewohnt.[172] Bereits zur Regelung der Samen- und der Eizellspende wurde in dieser Arbeit der Vorschlag gemacht, den Gedanken des einvernehmlichen Zusammenwirkens der

169 Eine auch aus Sicht des Kindes wertvolle Erfahrung, vgl. *Kaiser* in: *Schwab/Vaskovics*, S. 239, 259; *dies.* in: FS Brudermüller, S. 357, 367.

170 *Bokelmann/Bokelmann*, S. 265.

171 *Dethloff*, § 10 Rn. 94; MüKo/*Wellenhofer*, § 1591 BGB, Rn. 35; *Kaiser* in: FS Brudermüller, S. 357, 366.

172 *Dethloff*, § 10 Rn. 94; wegen der Gefahr der Mutterlosigkeit sieht *Wanitzek*, S. 226, den generellen Ausschluss der Mutterschaftsanfechtung als gerechtfertigt an.

Beteiligten, der § 1599 II innewohnt, auf das Anfechtungsrecht auszuweiten.[173] In Bezug auf die Mutterschaft entstand dadurch folgender Entwurf:

> ***§ 1591a BGB Nichtbestehen und Anfechtung der Mutterschaft***
> *(1) § 1591 Abs. 1 gilt nicht, wenn auf Grund einer Anfechtung rechtskräftig festgestellt ist, dass die Frau nicht die leibliche Mutter des Kindes ist.*
>
> *(2) Berechtigt, die Mutterschaft anzufechten, sind:*
> *1. die Frau, deren Mutterschaft nach § 1591 Abs. 1 besteht, wenn das Kind ohne ihre Einwilligung durch künstliche Befruchtung mittels Eizellspende einer Dritten gezeugt wurde,*
> *2. die leibliche Mutter, wenn die Mutter im Sinne von § 1591 Abs. 1, der Vater im Sinne § 1592 und das Kind der Anfechtung zustimmen und*
> *[...]*
>
> *(3) Bei einer Anfechtung gemäß Absatz 2 Nummer 2 wird die leibliche Mutter gemäß § 1591 Absatz 2 als Mutter festgestellt. § 1591b findet keine Anwendung.*
> *[...]*

Nach dem vorgeschlagenen § 1591a II wäre es danach möglich, dass die leibliche Wunschmutter die nach § 1591 bestehende Mutterschaft der Leihmutter anficht, wenn alle Beteiligten der Anfechtung zustimmen.[174] Nach Abs. 3 der Regelung würde die anfechtende Wunschmutter im gleichen Verfahren als rechtliche Mutter des Kindes festgestellt werden, insofern bestünde dieselbe Rechtslage wie bei der Vaterschaft (§ 182 I 1 FamFG).[175] Es bestünde somit keine Gefahr der Mutterlosigkeit des Kindes.[176] Dem Kindeswohl dient dabei zudem der Konsens zwischen den Beteiligten, der eine psychische Überbelastung verhindert.[177] Darüber hinaus wäre nach einer solchen Anfechtung die Kongruenz zwischen genetischer Abstammung rechtlicher Zuordnung hergestellt (Statuswahrheit). Diese Regelung käme der britischen Regelung sehr nahe, würde aber keine Aussage über die Legalität der Leihmutterschaft an sich treffen. Sie könnte daher sowohl bei Weiterbestehen als auch bei einer möglichen Lockerung oder Aufhebung des Leihmutterschaftsverbots Anwendung finden.[178] Durch die Eingliederung in das statusrechtliche Anfechtungsverfahren würde auch keine Dispositionsmöglichkeit über den Status des Kindes bestehen

---

173 Vgl. S. 110 ff. bzw. S. 198 ff.

174 Gegen eine solche Regelung und für eine Regelung nach dem griechischen Modell spricht sich *Kaiser* in: *Schwab/Vaskovics*, S. 239, 264, aus.

175 Dafür im Falle der Schaffung eines Anfechtungsrecht: MüKo/*Wellenhofer*, § 1591 BGB, Rn. 35.

176 *Luh*, S. 151, die aber einen Statuswechsel nicht durch Anfechtung sondern auf eigenem Wege anstrebt. Gegen eine Beibehaltung der Primärzuordnung nach § 1591 BGB: *Kaiser* in: *Schwab/Vaskovics*, S. 239, 263.

177 In diese Richtung ebenfalls *Luh*, S. 152.

178 a.A. *Luh*, S. 152, die bei einer dem britischen Recht ähnlichen Regelung ein Unterlaufen des Leihmutterschaftsverbots befürchtet.

und das Adoptionsrecht nicht unterlaufen, wie *Luh* betont.[179] Das Adoptionsrecht zeichnet sich nämlich stets durch Annahme eines genetischen fremden Kindes aus.

Es bliebe das Problem, dass die Leihmutter nach der Geburt der Anfechtung zustimmen müsste.[180] Nach dem Wortlaut der Regelung hätte eine pränatale Zustimmung keinerlei Wirkung, da die Leihmutter zu diesem Zeitpunkt noch nicht *„Mutter im Sinne des § 1591 Abs. 1 BGB"* ist. Um nach einer Leihmutterschaft Konflikten vorzubeugen, wäre daher eine sorgfältige Auswahl der Leihmutter erforderlich.[181] Vermehrt sind dabei nahe stehende oder gar verwandte Personen als Leihmutter in Betracht zu ziehen.[182] In einem System, das die kommerzielle Leihmutterschaft verbietet, dürfte dies aber ohnehin meist der Fall sein.[183] Letztlich wäre es nur schwer vertretbar, der Geburtsmutter nach den Anstrengungen von Schwangerschaft und Geburt das Kind zu entreißen, wenn sie tatsächliche Muttergefühle für dieses entwickelt hat, eine in gewissem Maße verfestigte Mutter-Kind-Beziehung besteht und keine Kindeswohlgefährdung vorliegt.[184] Um aber einen ähnlichen Fall wie den der belgischen Ersatzmutter zu vermeiden, sollte eine Anpassung im Adoptionsrecht erfolgen und § 1747 I neben der Einwilligung des vermutlich leiblichen Vaters auch die Einwilligung der vermutlich leiblichen Mutter vorgesehen werden, unabhängig vom Bestehen einer anderweitigen Mutter- bzw. Vaterschaft. Damit würde verhindert, dass die Leihmutter das Kind zur Adoption frei gibt, ohne dass die genetischen Eltern dies verhindern können. Dem ist als Problem des Adoptionsrechts hier aber nicht weiter nachzugehen.

Ein Anfechtungsrecht der Leihmutter selbst, dass zur Mutterlosigkeit des Kindes führen würde, wird hier nicht vorgeschlagen. Zwar wäre eine Anfechtung durch die Geburtsmutter nach § 1591a I unter Umständen möglich, dies stünde aber unter der Voraussetzung, dass *„das Kind ohne ihre Einwilligung durch künstliche Befruchtung mittels Eizellspende einer Dritten gezeugt wurde"*. Aus ihrer Sicht stellt die Leihmutterschaft zwar eine Eizell- bzw. Embryonenspende dar, in die aber jeweils eingewilligt worden wäre. Eine Anfechtung durch die Leihmutter wäre somit nicht möglich. Dies ist im Interesse des Kindeswohls erforderlich, da dem Kind grundsätzlich eine Mutter zugeordnet sein muss. Dieses Risiko hätte die Leihmutter als Geburtsmutter

---

179 *Luh*, S. 152.

180 Vgl. auch *Kaiser* in: *Schwab/Vaskovics*, S. 239, 264; *dies.* in: FS Brudermüller, S. 357, 366 f.

181 MüKo/*Wellenhofer*, § 1591 BGB, Rn. 29; *Kaiser* in: FS Brudermüller, S. 357, 368 fordert zudem berechtigterweise eine medizinisch-psychologische und rechtliche Beratung der Leihmutter vor der Erklärung ihres Einverständnisses.

182 Vgl. den Erfahrungsbericht von *Ryan*, Reproduktionsmedizin 2003, 151 ff.

183 *ESHRE*, Human Reproduction 2005, 2705, 2705.

184 a.A. *Schumann* in: *Rosenau*, S. 155, 200, die insofern die Interessen der genetischen Eltern als überwiegend anerkennt.

somit zu tragen.[185] Später bestünde für sie durch die Freigabe zur Adoption ohnehin die Möglichkeit, sich vom Kind zu trennen.[186]

Im Ergebnis stellt der ausgeführte Reformvorschlag eine interessengerechte Regelung dar. Bei einer Umsetzung wäre das Kindeswohl gesichert und im Regelfall wäre die Wunschzuordnung des Kindes zur Wunschmutter möglich. Das Kind hätte somit nicht mehr unter der starren Regelung des § 1591 zu leiden.

Letztlich bestünde keine Möglichkeit der Wunschmutter, ohne Mitwirkung der Leihmutter die rechtliche Mutterrolle einzunehmen. Das ist tragisch, aber die Konsequenz der schwierigen Situation, die nach einer Leihmutterschaft entsteht. Da sowohl die Rechte der Geburtsmutter als auch der Wunschmutter Beachtung finden müssen, können Situationen entstehen, in der eine Partei benachteiligt wird. Dabei ist eine Wertentscheidung zu treffen, die zwangsläufig eine Partei benachteiligt. Nach dem hier vertretenen Ergebnis tragen die Wunscheltern ein größeres Risiko. Spiegelbildlich trägt die Leihmutter aber das Risiko, dass die Wunscheltern nach der Geburt eine Übernahme der Elternrolle ablehnen.

B. Anfechtungsrecht des Kindes und Feststellungsmöglichkeit der Mutterschaft

Neben dem Unverständnis, das die Regelung des § 1591 aus Sichtweise der Wunscheltern und der Leihmutter hervorruft, ist ein Anfechtungsausschluss des Kindes erst Recht ungerechtfertigt.[187] Das Recht des Kindes auf Kenntnis der eigenen Abstammung umfasst neben dem reinen Kenntnisrecht auch die Möglichkeit, sich von einer unwahren Statuszuordnung trennen zu können und die genetische und rechtliche Zuordnung in Kongruenz zu bringen.[188] Hier kann nichts anderes gelten als beim Anfechtungsrecht des Kindes nach einer Eizellspende.[189] Die erwünschte präventive Wirkung der Regelung kann nur schwerlich einen Grundrechtseingriff des Kindes rechtfertigen, tritt es selbst doch nicht als Handelnder auf.[190] Ein Auskunftsanspruch allein ist auch hier nicht ausreichend.[191] Die vorgeschlagene Änderung, um die

---

185 Vgl. dazu auch *Kaiser* in: *Schwab/Vaskovics*, S. 239, 264, die sich in diesem Fall für eine zwingende Feststellung der genetischen Mutter ausspricht.

186 *Luh*, S. 157, fordert dagegen auch für diesen Fall ein Anfechtungsrecht der Leihmutter und eine Zuordnung zur Wunschmutter, schweigt aber über die konkrete Ausgestaltung dieser Möglichkeit; a.A.: *Kaiser* in: FS Brudermüller, S. 357, 367.

187 Bedenken äußert insofern auch MüKo/*Wellenhofer*, § 1591 BGB, Rn. 11.

188 In diese Richtung: *Lurger*, DEuFamR 1999, 210, 221; *Dethloff*, § 10 Rn. 95; *Muscheler/Beisenherz*, JR 1999, 407, 411; MüKo/*Wellenhofer*, § 1591 BGB, Rn. 11; *Luh*, S. 155; vgl. insbesondere die Ausführungen zum Anfechtungsrecht des Kindes bei Eizell- und Samenspende; a.A. *Kaiser* in: FS Brudermüller, S. 357, 370.

189 Vgl. S. 200 ff.

190 *Coester*, FS Jayme, S. 1243, 1247.

191 *Dethloff*, § 10 Rn. 95; *Coester*, FS Jayme, S. 1243, 1247; a.A. *Schlüter*, Rn. 268.

Situation einer Eizellspende zu regeln, gelangt auch im Rahmen der Leihmutterschaft zu einem interessengerechten Ergebnis.[192]

Nach dem Vorschlag wird dem Kind die Möglichkeit eröffnet, auch gegen den Willen der Leihmutter eine Statusänderung durch Anfechtung durchzusetzen. Nachfolgend könnte eine Feststellung der genetischen Mutter erfolgen. Letztlich wird dadurch auch der Konfliktfall geregelt, dass die Wunscheltern das Kind nach der Geburt nicht mehr annehmen wollen. Im Zweifel könnte dann über das Anfechtungsrecht des Kindes eine der Genetik entsprechende Zuordnung zur Wunschmutter sogar gegen deren Willen erfolgen.[193]

C. Die Zuordnung der Vaterschaft zum Wunschvater

Als Annexproblem zur Frage der Zuordnung der Mutterschaft stellt sich die Frage, wie das Kind rechtlich dem Wunschvater zugeordnet werden kann.

I. Vom Familienstand der Leihmutter abhängige Vaterschaftzuordnung

Welchen Status das Kind nach der Geburt einnimmt, ist de lege lata davon abhängig, ob die Leihmutter selbst verheiratet ist. Zunächst wird sie über § 1591 selbst rechtliche Mutter des Kindes; besteht darüber hinaus eine Ehe, wird ihr Ehemann gemäß § 1592 Nr. 1 zugleich rechtlicher Vater des Kindes. Besteht keine Ehe, kann die Leihmutter der Vaterschaftsanerkennung jedes beliebigen Mannes zustimmen.

1. Möglichkeit des Wunschvaters zur Erlangung der rechtlichen Vaterschaft bei unverheirateter Leihmutter

Ist die Leihmutter unverheiratet, besteht regelmäßig keine rechtliche Vaterschaft. Ist der Wunschvater zugleich genetischer Vater des Kindes, kann er die rechtliche Vaterschaft durch Anerkennung oder gerichtliche Feststellung erlangen.[194] Bei einer Anerkennung ist er aber auf die Mitwirkung der Leihmutter angewiesen, die als rechtliche Mutter ihre Zustimmung erteilen muss, § 1595 I. Die gerichtliche Feststellung könnte die Leihmutter lediglich durch Zustimmung zur Anerkennungserklärung eines anderen Mannes verhindern, vgl. § 1600d I. Wird für die Zeugung des Kindes nicht der Samen des Wunschvaters verwendet, sondern auf Spendersamen zurückgegriffen, ist eine Anerkennung gem. § 1592 Nr. 2 die einzige Möglichkeit

---

192 Vgl. S. 203 f.

193 Dafür spricht sich im Ergebnis für diesen Fall auch *Schlegel*, FuR 1996, 116, 118, aus.

194 *Wohn*, S. 122; *Coester-Waltjen*, Gutachten 56. DJT, B 116; *Lurger*, DEuFamR 1999, 210, 220; Staudinger/*Rauscher*, Anh. zu § 1592 BGB, Rn. 19; *Weyrauch*, S. 219; *Helms*, StAZ 2013, 114, 115; *Heiderhoff*, NJW 2014, 2673, 2676; *Dethloff*, JZ 2014, 922, 923.

des Wunschvaters zur Erlangung der rechtlichen Vaterschaft.[195] Nach dem Reformvorschlag[196] könnte diese auch präkonzeptionell erfolgen.

2. *Möglichkeit des Wunschvaters zur Erlangung der rechtlichen Vaterschaft bei verheirateter Leihmutter*

Bei einer verheirateten Leihmutter ordnet das geltende Recht sowohl der Leihmutter als auch deren Ehemann die rechtliche Elternschaft zu. Selbst wenn alle Beteiligten eine Zuordnung zum Wunschvater anstreben, wird der Ehemann der Leihmutter zunächst rechtlicher Vater, § 1592 Nr. 1.[197] Das Wunschelternpaar hat dann keinerlei rechtliche Beziehung zu dem Kind. Es ist eine Anfechtung der Vaterschaft erforderlich, um die Zuordnung zum Wunschvater zu ermöglichen.[198] Wie der Wunschvater an die rechtliche Vaterschaft gelangen kann, hängt davon ab, ob das Kind mit seinem Samen gezeugt oder auf Spendersamen zurückgegriffen wurde.

Ist der Wunschvater zugleich genetischer Vater des Kindes, muss zur Ausräumung der Vaterschaft des Ehemannes der Leihmutter zwangsläufig eine Anfechtung erfolgen. Da das Kind dadurch vaterlos werden könnte, wäre anschließend eine Vaterschaftsanerkennung oder die gerichtliche Vaterschaftsfeststellung des Wunschvaters möglich.[199]

Die einfachste Variante wäre insofern eine Anfechtung durch den genetischen Wunschvater selbst, da er dann zugleich als Vater festgestellt wird, § 182 I FamFG. Das Kind wäre somit zu keinem Zeitpunkt vaterlos. Eine sozial-familiäre Beziehung des Ehemannes der Leihmutter zum Kind im Sinne einer tatsächlicher Verantwortungsübernahme wird regelmäßig aufgrund der vorherigen Absprachen nicht bestehen, so dass die Vermutung des § 1600 IV 2 wiederlegt werden könnte. Problematisch ist aber, dass der Leihmutter in der Regel der bereits gezeugte Embryo eingesetzt wird und somit eine Befruchtung in vitro stattgefunden hat. Voraussetzung für das Anfechtungsrecht des genetischen Vaters ist gemäß § 1600 I Nr. 2 aber die eidesstattliche Versicherung der Beiwohnung. Im Regelfall hat der Wunschvater der (Leih-)Mutter jedoch aufgrund der in-vitro-Befruchtung nicht im Wortsinne beigewohnt.[200] Legt man die Auslegung des *BGH* aus dem Urteil vom 15.05.2013[201] zu Grunde, ist dem Wunschvater aber wohl bereits de lege lata ein Anfechtungsrecht zuzusprechen, weil zu keiner Zeit angedacht oder vereinbart war, dass der

195 *Coester-Waltjen*, Gutachten 56. DJT, B 116; *Coester*, FS Jayme, S. 1243, 1248; Staudinger/*Rauscher*, Anh. zu § 1592 BGB, Rn. 19.
196 Vgl. S. 70 ff.
197 *Coester*, FS Jayme, S. 1243, 1248; Staudinger/*Rauscher*, Anh. zu § 1592 BGB, Rn. 20; *Wohn*, S. 122; *Weyrauch*, S. 216; *Wanitzek*, S. 351.
198 MüKo/*Wellenhofer*, § 1591 BGB, Rn. 13; Staudinger/*Rauscher*, Anh. zu § 1592 BGB, Rn. 20; *Wohn*, S. 122; *Helms*, StAZ 2013, 114, 115; *Heiderhoff*, NJW 2014, 2673, 2676.
199 *Coester-Waltjen*, Gutachten 56. DJT, B 116.
200 MüKo/*Wellenhofer*, § 1591 BGB, Rn. 13, beachte aber S. 102 ff.
201 *BGH* FamRZ 2013, 1209-1214.

Ehemann der Leihmutter die rechtliche Vaterschaft übernehmen sollte. Diese folgt vielmehr unausweichlich aufgrund von § 1592 Nr. 1 gegen den Willen aller Beteiligten. Es kommt somit nicht zu einer konsentierten Insemination im Sinne von § 1600 V BGB. Voraussetzung ist dafür, dass man den Wunschvater auch im Fall der Leihmutterschaft unter den Begriff des Samenspenders fassen kann. Zwar intendiert dieser im Gegensatz zum typischen Samenspender von Anfang an, selbst die Vaterrolle zu übernehmen. Dennoch werden auch allgemein sogenannte Becherspender, die vereinzelt selbst die Vaterschaft übernehmen wollen, unter den Begriff des Samenspenders gefasst. Dies insbesondere deshalb, weil auch hier die Befruchtung auf künstlichem Wege erfolgt. Im Fall einer Leihmutterschaft kommt zudem hinzu, dass die Behandlung gerade nicht auf eine Schwangerschaft der Partnerin sondern einer dritten Frau, der Leihmutter, abzielt. Dabei wird zwar eine eigene Eizelle der Wunschmutter befruchtet, dennoch erfolgt die Befruchtung einer dritten Frau, mit der keinerlei Elternverantwortung geteilt werden soll. Daher ist auch der Wunschvater im Rahmen einer Leihmutterschaft unter den Begriff der Samenspende zu fassen. Unter Berücksichtigung der Rechtsprechung des *BGH* steht dem Wunschvater damit ein Anfechtungsrecht zu, wobei dieser Weg derzeit mit deutlichen Rechtsunsicherheiten behaftet ist.

Anfechtungsberechtigt ist zudem das Kind selbst, § 1600 I Nr. 4.[202] Anfechtungen durch die (Leih-)Mutter und den rechtlichen Vater scheiden hingegen regelmäßig aus.[203] Dies liegt in der Vorschrift des § 1600 V begründet. Es muss davon ausgegangen werden, dass auch die Zustimmung zu einer Leihmutterschaft als eine Einwilligung des Mannes und der Frau zur Zeugung eines Kindes *„durch künstliche Befruchtung mittels Samenspende eines Dritten"* verstanden wird. Dies insbesondere, da der Wunschvater wie ein Becherspender unter den Begriff des Samenspenders zu fassen ist. Eine Zustimmung i.S.v. § 1600 V wird im Regelfall von beiden Elternteilen vorliegen, weshalb diese nicht anfechtungsberechtigt sind.[204] Im Ergebnis besteht damit zumeist eine Anfechtungsberechtigung des Wunschvaters aber auch des Kindes selbst. Ist eine Anfechtung des Kindes erfolgreich, entsteht dieselbe abstammungsrechtliche Situation wie bei einer nicht verheirateten Leihmutter.[205] Vorzugswürdig ist dagegen die Anfechtung durch den Wunschvater selbst, da dieser im gleichen Verfahren als rechtlicher Vater festgestellt werden würde.

Ist der Wunschvater nicht der genetische Vater des Kindes, scheidet eine Anfechtung durch ihn in jedem Fall aus. Anfechtungsberechtigt ist dann lediglich das Kind selbst, § 1600 I Nr. 4.

---

202 *Coester-Waltjen*, Reproduktionsmedizin 2002, 183, 195; *Coester*, FS Jayme, S. 1243, 1248.

203 *Coester-Waltjen*, Reproduktionsmedizin 2002, 183, 195; *Coester*, FS Jayme, S. 1243, 1248; a.A. MüKo/*Wellenhofer*, § 1591 BGB, Rn. 13.

204 *Weyrauch*, S. 217 f.

205 *Coester*, FS Jayme, S. 1243, 1248.

3. *Rechtsvergleich*

Ein Rechtsvergleich mit den Rechtsordnungen, die spezielle abstammungsrechtliche Regelungen zur Leihmutterschaft getroffen haben, offenbart, dass auch bezüglich der Vaterschaft des Wunschvaters verschiedene Gestaltungsmöglichkeiten gegeben sind:

In *Griechenland* wird bereits bei Geburt die Wunschmutter als Mutter des Kindes vermutet, wenn zuvor eine gerichtliche Genehmigung der Leihmutterschaft erfolgte, Art. 1464 ZGB.[206] Es kommt somit nicht zu dem Problem, dass zunächst der Ehemann der Leihmutter über das Ehewirkungsstatut zum rechtlichen Vater wird, da die Leihmutter zu keinem Zeitpunkt die rechtliche Mutterschaft innehatte. Ist die Wunschmutter verheiratet, wird ihr Ehemann automatisch Vater nach § 1465 I ZGB,[207] ansonsten bedarf es einer freiwilligen Anerkennung oder einer Vaterschaftsfeststellung[208], wobei die Zustimmung zur künstlichen Befruchtung als Anerkennungserklärung gilt, Art. 1475 III ZGB.[209] In keinem Fall ist also eine Anfechtung einer anderweitigen Vaterschaft notwendig, der Wunschvater wird stets unmittelbar rechtlicher Vater.

Einen anderen Weg geht wiederum das *britische Recht.* Nach der oben dargestellten *„parental order"* kann nicht nur die Leihmutter die rechtliche Mutterschaft anstelle der Geburtsmutter erlangen. Stattdessen wird auch der Wunschvater rechtlicher Vater des Kindes, wenn der aktuelle rechtliche Vater der order zustimmt, sec. 54 HFEA 2008.[210] Zunächst kann also die Vaterschaft eines anderen Mannes, insbesondere des Ehemannes der Leihmutter bestehen. Erst durch die *„parental order"* wird diese im gleichen Zug wie die rechtliche Mutterschaft abgeändert. Dabei gilt ein „Alles-oder-nichts"-Prinzip. Besteht eine andere Vaterschaft muss der rechtliche Vater der order zustimmen, damit eine Abänderung der Vater- und der Mutterschaft erfolgen kann. Die alleinige Abänderung der Mutterschaft unter Beibehaltung der bestehenden Vaterschaft ist nicht möglich. Im Gegensatz zum griechischen Recht kann in Großbritannien somit der Fall eintreten, dass zunächst die Vaterschaft eines anderen Mannes besteht, die dann zugunsten des Wunschvaters abgeändert werden kann.

II. Anwendbarkeit der bereits vorgeschlagenen Änderungen

Es zeigt sich, dass das deutsche Abstammungsrecht bei einer unverheirateten Leihmutter kaum Probleme bereitet. Die Zuordnung zum Wunschvater kann über die gerichtliche Vaterschaftsfeststellung oder mit Zustimmung der Mutter über eine

206 *Koutsouradis* in: *Spickhoff/Schwab/Henrich/Gottwald*, 205, 245; vgl. S. 236 f.
207 *Koutsouradis* in: *Spickhoff/Schwab/Henrich/Gottwald*, 205, 232.
208 *Koutsouradis* in: *Spickhoff/Schwab/Henrich/Gottwald*, 205, 239 ff.
209 *Koutsouradis* in: *Spickhoff/Schwab/Henrich/Gottwald*, 205, 242.
210 *Scherpe*, FamRZ 2010, 1513, 1515.

Anerkennung erfolgen, selbst wenn nicht der Samen des Wunschvaters zur Zeugung verwendet wurde.

Problematisch ist die Rechtslage vor allem im Fall einer bestehenden Ehe der Leihmutter. Wird in diesem Fall zusätzlich auf Spendersamen zurückgegriffen, besteht für die Wunscheltern weder die Möglichkeit, die rechtliche Mutterschaft zugunsten der Wunschmutter abändern zu lassen noch die rechtliche Vaterschaft aus eigener Kraft dem Vater zukommen zu lassen.

Unglücklich ist dabei vor allem die schwierige Abänderung des Status vom Ehemann der Leihmutter zum Wunschvater. Falls die Leihmutter in einer Ehe lebt, spricht nichts dagegen, die Vaterschaft zunächst ihrem Ehemann zuzuordnen und erst in einem zweiten Schritt den Wunschvater als rechtlichen Vater zu etablieren. Dies entspricht so in den Grundsätzen der britischen Rechtslage. Nach der Rechtsprechung des *BGH* steht dem Wunschvater wohl bereits ein eigenes Anfechtungsrecht zu. Dem trägt auch der vorgeschlagene Ausnahmetatbestand des § 1600 V 4 Hs. 2 Rechnung.[211] Weil gerade nicht vereinbart wurde, dass ein Dritter, insbesondere der Ehemann der Leihmutter, die Vaterschaft übernehmen soll, stünde dem Wunschvater daher aufgrund der vorgeschlagenen Ausnahmeregelung das Anfechtungsrecht zu. Darüber hinaus wurde in den Ausführungen zuvor für die Mutterschaft bereits vorgeschlagen, nach der originären Zuordnung der rechtlichen Mutterschaft zur Leihmutter eine besondere einvernehmliche Abänderungsmöglichkeit des Status de lege ferenda zu ermöglichen.[212] Voraussetzung dafür wäre die Mitwirkung aller Beteiligten. In der Untersuchung hat sich gezeigt, dass dies die Regelungsalternative ist, die den Rechten und Interessen der Parteien am besten Rechnung trägt und zugleich das geringste Konfliktpotential aufweist. Viel spricht daher dafür, die Regelung, die bereits zum Anfechtungsrecht des Samenspenders entwickelt wurde[213], auch auf den Fall der Leihmutterschaft anzuwenden.

Erforderlich wäre damit wiederum ein Zusammenwirken aller Beteiligten. Explizit wird das Erfordernis der eidesstattlichen Versicherung der Beiwohnung durch das Einverständnis der rechtlichen Eltern und des Kindes ersetzt. Damit wird der Weg für die Anfechtung durch den Wunschvater eröffnet, falls zuvor eine anderweitige Vaterschaftszuordnung begründet wurde. Dieser Vaterschaftsanfechtungsantrag könnte de lege ferenda unkompliziert mit dem Antrag zur Anfechtung der Mutterschaft durch die Wunschmutter verbunden werden, da beide im Grunde die gleichen Voraussetzungen hätten. Da insofern also zunächst die Leihmutter und ihr Ehemann als rechtliche Eltern des Kindes gälten, bestünde in einem einzigen gerichtlichen Verfahren die Möglichkeit der Abänderung der gesamten rechtlichen Elternschaft hin zu den Wunscheltern. Es bestünde dann eine ähnliche Regelung wie im britischen Recht, die aber den Besonderheiten des deutschen Abstammungsrechts ausreichend Rechnung tragen würde und sich ohne weiteres in deren System einfügen könnte. Mit

211 Vgl. S. 113.
212 Vgl. S. 238 ff.
213 Vgl. S. 108 ff.

der Zuordnung zum Wunschvater wäre nicht zuletzt auch dem Kindeswohl gedient, da wie bei der Wunschmutter davon auszugehen ist, dass er sich besonders um das Kind kümmern würde. Im Gegensatz zu dem Verfahren nach dem vorgeschlagenen § 1600 V 4 Hs. 2[214], der insbesondere dem Rechtsmissbrauch der Mutter entgegenwirken soll, könnte hier zudem eine einvernehmliche Regelung aller Beteiligten erfolgen.

Ist dagegen nicht der Samen des Wunschvaters zur Zeugung verwendet worden, scheidet der Weg der Anfechtung durch den Wunschvater zwangsläufig aus. Da das Anfechtungsrecht entscheidend auf dem Prinzip der Statuswahrheit aufbaut, kann auch zukünftig keine Anfechtung durch den nicht genetischen Vater zugelassen werden, ohne einen einschneidenden Systembruch zu begehen. Es würde sich de lege ferenda stattdessen anbieten, zunächst die rechtliche Mutterschaft durch die Wunschmutter anfechten zu lassen und danach ggf. eine Anfechtung der Vaterschaft gefolgt von einer Anerkennung durch den Wunschvater durchzuführen. Es besteht in diesem Fall keine Notwendigkeit, eine Vaterschaftsfeststellungmöglichkeit für den Wunschvater zu schaffen, da ansonsten eine Ungleichbehandlung gegenüber anderen Männern entstehen würde, die die rechtliche Vaterschaft für ein genetisch fremdes Kind übernehmen wollen, aber nicht den Weg einer Leihmutterschaft gegangen sind. Alternativ bestünde nach hier vertretenem Vorschlag sogar die Möglichkeit der präkonzeptionellen Anerkennung des Kindes durch den Wunschvater, sofern die Leihmutter nicht verheiratet ist.[215] Da nach dem Entwurf eine Mutterschaftsanfechtung keine Reflexwirkung auf die Vaterschaft hätte[216], bliebe der Wunschvater auch bei postnataler Mutterschaftsanfechtung rechtlicher Vater des Kindes.

D. Auskunftsansprüche und Feststellungsmöglichkeiten des Kindes auf Nennung der genetischen oder der biologischen Mutter

I. Die Fallkonstellationen

1. Das Kind lebt bei seinen Wunscheltern

Fragt das Leihmutterschaftskind, das bei den Wunscheltern aufgewachsen ist, nach der Identität der Leihmutter, verlangt es Auskunft über die biologische Mutter, zu der keine genetische Beziehung besteht. De lege lata besteht hierin grundsätzlich kein Problem. Da die Leihmutter zunächst rechtliche Mutter ist, fragt das Kind entweder nach der Person der rechtlichen Mutter selbst, was bereits aus der Geburtsurkunde hervorgeht, oder nach der Person der früheren rechtlichen Mutter, falls eine Adoption durch die Wunscheltern erfolgt ist. Letzteres kann das Kind aus dem Personenstandsbuch ab einem Alter von 16 Jahren erfahren, §§ 62, 63 I PStG. Problematischer

---

214 Vgl. S. 113.
215 Vgl. S. 72.
216 Vgl. S. 207 f.

ist die Situation, falls die Leihmutterschaft im Ausland durchgeführt wurde, da unter Umständen keine Beurkundung der Person der Leihmutter stattfand. Ein Auskunftsanspruch gegen die Wunscheltern ist nach geltendem Recht aber nicht gegeben, da die Leihmutter genetisch mit dem Kind nicht verwandt ist. Es könnte aber analog zur Auskunft über den genetischen Elternteil an einen Anspruch aus § 1618a gedacht werden. Ob ein solcher besteht, ist bisher nicht entschieden worden.

Im internationalen Vergleich ist keine Rechtsordnung ersichtlich, die ein Recht des Kindes, geschweige denn einen expliziten Anspruch auf Kenntnis der Identität der Leihmutter vorsieht. Selbst die Rechtsordnungen, die die Leihmutterschaft auch abstammungsrechtlich einer Regelung zugeführt haben, scheinen diesen Punkt zu ignorieren.

Ein Verfahren zur statusfolgenlosen Feststellung der Leihmutter scheidet jedenfalls aus, weil die biologische Mutterschaft naturwissenschaftlich nicht bewiesen werden kann.

2. Das Kind lebt bei der Leihmutter

Lebt das Kind bei der Leihmutter, richtet sich die Auskunft auf Nennung des genetischen Elternteils bzw. der gewählten Zeugungsmethode. Da die Leihmutter in diesem Fall zugleich rechtliche Mutter ist, besteht ein solcher Anspruch aus § 1618a wie im Rahmen einer Eizellspende.[217] Trotz Nachprüfbarkeit ist aber derzeit keine Möglichkeit einer statusfolgenlosen Abstammungsfeststellung gegeben.[218]

II. Regelungsvorschlag

1. Das Kind lebt bei den Wunscheltern

Würden sämtliche bislang vorgeschlagenen Änderungen umgesetzt, ergäbe sich de lege ferenda kein Problem, wenn die rechtliche Mutterschaft von der Leihmutter hin zur Wunschmutter abgeändert wurde. Genetik und Recht wären dann in Einklang, zusätzlich kann das Kind die Person der Leihmutter in Erfahrung bringen. Im Zeitpunkt der Geburt ist die Leihmutter wegen § 1591 als rechtliche Mutter in die Geburtsurkunde einzutragen. Die Mutterschaft würde mit ex-tunc Wirkung durch die Anfechtung der Wunschmutter beseitigt, was bei gebotener Anpassung des § 27 PStG durch eine Folgebeurkundung im Geburtseintrag vermerkt würde.[219] Will das Kind nun wissen, von welcher Frau es ausgetragen wurde, kann es Einsicht in den Geburtseintrag nehmen, vgl. § 62 PStG. Darüber hinaus kann es aber auch Fälle geben, vor allem bei einer medizinischen Behandlung oder Geburt im Ausland, bei der diese Möglichkeit nicht besteht. Für diese Fälle ist ein Auskunftsrecht erforderlich.

---

217 Vgl. S. 209 ff.
218 Vgl. S. 218 ff.
219 Bereits geltendes Recht betreffend einer Vaterschaftsanfechtung, vgl. Staudinger/*Rauscher*, Vorbem. zu § 1591 ff. BGB, Rn. 44.

Nicht unproblematisch gestaltet sich dabei die Suche nach der Rechtsgrundlage, auf die sich ein Anspruch des Kindes auf Nennung der biologischen Leihmutter stützen könnte. Das Recht auf Kenntnis der eigenen Abstammung aus Art. 1 I, 2 I GG scheint zunächst der falsche Ansatzpunkt zu sein, da zwischen dem Kind und der Leihmutter gerade keine genetische Verbindung besteht. Das *BVerfG* führt zum Recht des Kindes aus, dass der *„Bezug zu den Vorfahren* [...] *im Bewußtsein* [sic] *des einzelnen eine Schlüsselstellung für sein Selbstverständnis und seine Stellung in der Gemeinschaft einnehmen [kann]. Die Kenntnis der Herkunft kann wichtige Anknüpfungspunkte für das Verständnis des familiären Zusammenhangs und für die Entwicklung der eigenen Persönlichkeit geben. Die Unmöglichkeit, die eigene Abstammung zu klären, kann den einzelnen erheblich belasten und verunsichern."*[220] Nun ist die Leihmutter aber kein Vorfahr des Kindes. Legt man den Begriff der „Herkunft" weiter aus, muss darunter aber auch die Identität der Geburtsmutter und die Auskunft über die gewählte Zeugungsmethode fallen.[221] Letztlich besteht durchaus ein abstammungsrelevanter Bezug der Leihmutter zum Kind, schließlich ermöglichte erst das Austragen des Kindes durch sie die Existenz des Kindes selbst. Damit stellt die Leihmutter ein notwendiges Verbindungselement der genetischen Beziehung zwischen Wunschmutter und Kind dar. Entfiele dieses Glied, würde das Kind nicht existieren und die Abstammungskette bei der Wunschmutter enden. Bis zur Geburt des Kindes übernimmt die Leihmutter die wichtigste Rolle alle Beteiligten. Es ist daher nicht auszuschließen, dass es aus psychologischer Sicht für das Kind ähnlich bedeutend sein kann, wer die biologische Mutter ist, wie die Suche nach den genetischen Eltern. Gerade wenn man der Mutter-Kind-Beziehung, die sich während der Schwangerschaft entwickelt, eine große psychologische Bedeutung für das Kind zuschreibt[222], kommt man nicht umhin, auch das Wissen um die Identität der Leihmutter als wichtigen Bestandteil der Persönlichkeitsentwicklung des Kindes zu betrachten.[223] Insbesondere im Fall der Leihmutterschaft kommt dabei der Auskunft über die gewählte Zeugungsmethode ein besonderes Gewicht zu, da die Frage der genetischen Mutterschaft bereits geklärt ist. Für die Entwicklung des Kindes ist es aber wohl auch erheblich zu erfahren, dass es von einer Leihmutter ausgetragen wurde und in einem zweiten Schritt, wer diese Frau ist. Obwohl Leihmutterschaften in vielen Ländern bereits seit einigen Jahren in stetig steigender Zahl praktiziert werden und somit ausreichend Kinder existieren, die Auskunft und Aufschluss über ihre Situation geben könnten, sind Studien hierzu aber Mangelware.[224] Die wenigen vorgenommen Studien konzentrieren sich vor allem auf den Fall der Ersatzmutterschaft.[225] In einer britischen Studie im Jahr 2012

220 *BVerfG* NJW 1994, 2475, 2475.

221 a.A. wohl *Kaiser* in: FS Brudermüller, S. 357, 370, die ein Auskunftsrecht bezüglich der Leihmutter als *„nicht zwingend"* ansieht.

222 Was immerhin ein Hauptargument des Gesetzgebers für das „Verbot" der gespaltenen Mutterschaft an sich ist, vgl. BT-Drucks. 13/4899, S. 82.

223 In diese Richtung *Petersen*, S. 109.

224 *Jadva/Blake/Casey/Golombok*, Human Reproduction 2012, 3008, 3008.

225 *Jadva/Blake/Casey/Golombok*, Human Reproduction 2012, 3008, 3009.

wurden, wohl zum ersten Mal, Leih- und Ersatzmutterschaftskinder im Alter von 7 und 10 Jahren selbst zu ihrer Situation befragt.[226] Bereits im Alter von 7 Jahren zeigte der Großteil der befragten Kinder, die über ihre Zeugungsmethode aufgeklärt wurden (die Aufklärungsrate lag bei sehr hohen 90%), ein gewisses Verständnis für die Methode der Leihmutterschaft.[227] Ein signifikanter Unterschied war in der Häufigkeit des Kontakts mit der Leihmutter zu erkennen, abhängig von der Frage, ob die Leihmutter den Wunscheltern bereits bekannt (Angehörige, Freunde, etc.) oder unbekannt war. Die Leihmutter, die den Wunscheltern bereits bekannt war, hatte nach Angaben der Wunschmutter regelmäßig mehr als einmal wöchentlich Kontakt mit dem Kind. In Fällen, in denen eine den Wunscheltern noch nicht bekannte Frau das Kind austrug, bestand dagegen kein oder sehr wenig Kontakt.[228] Signifikant war bei letzterer Gruppe, dass der Kontakt mit zunehmendem Alter des Kindes (Altersstufen 1, 3, 7 und 10) zudem stetig abnahm.[229] Die Wunschmütter stuften die Beziehung der 7- und 10-jährigen Kinder, die Kontakt mit der Leihmutter hatten, dabei durchweg als *„harmonisch“* ein.[230] Auch die Mehrheit der Kinder selbst gab an, die Leihmutter zu mögen (*„like“*) und der Leih- und Ersatzmutterschaft positiv gegenüber zu stehen.[231] Da auch die meisten Eltern in einer guten Beziehung zur Leihmutter standen, scheint das Argument der schwierigen familiären Situation nach einer Leihmutterschaft und möglichen Differenzen, insbesondere zwischen den Müttern, ein wenig entkräftet.[232]

Die Studie selbst gibt jedoch keinen Aufschluss darüber, ob die Kinder, die bisher keinen Kontakt mit der Leihmutter hatten, einen solchen wünschen. Das liegt vor allem am jungen Alter der befragten Kinder. Die Suche nach der eigenen Identität beginnt üblicherweise erst mit der Pubertät. Festzuhalten ist aber, dass die Kinder, die in Kontakt mit der Leihmutter standen, diesen überwiegend neutral oder positiv einstuften. Negative Bewertungen blieben fast gänzlich aus. Die Studie kann zumindest als Indiz dafür gewertet werden, dass der Kontakt zur Leihmutter den Kindern nicht schadet. Da ein großer Anteil der Kinder auch einen häufigeren Kontakt wünschte[233], ist es nicht auszuschließen, dass die Kenntnis der Identität der Leihmutter einen ähnlichen Stellenwert wie die Kenntnis der Identität der genetischen Mutter erreicht.

Viel spricht somit dafür, dem Kind auch im Fall der Leihmutterschaft analog zum Kenntnisrecht bezüglich der genetischen Eltern ein Auskunftsrecht gegen die rechtlichen Eltern zuzusprechen. Würden vorgenannte Änderungsvorschläge umgesetzt,

---

226 *Jadva/Blake/Casey/Golombok*, Human Reproduction 2012, 3008, 3008 f.
227 *Jadva/Blake/Casey/Golombok*, Human Reproduction 2012, 3008, 3012.
228 *Jadva/Blake/Casey/Golombok*, Human Reproduction 2012, 3008, 3010.
229 *Jadva/Blake/Casey/Golombok*, Human Reproduction 2012, 3008, 3010.
230 *Jadva/Blake/Casey/Golombok*, Human Reproduction 2012, 3008, 3011; ein Unterschied in der Bewertung der Beziehungen des Kindes zu Leih- oder Ersatzmüttern konnte dabei nicht festgestellt werden.
231 *Jadva/Blake/Casey/Golombok*, Human Reproduction 2012, 3008, 3012.
232 *Jadva/Blake/Casey/Golombok*, Human Reproduction 2012, 3008, 3012.
233 *Jadva/Blake/Casey/Golombok*, Human Reproduction 2012, 3008, 3012.

würde zumeist eine Anfechtung der Mutterschaft vor dem Familiengericht erfolgen. Der Beschluss hätte dann den zusätzlichen Vorteil, dass ein Dokument bereit stünde, das zum Beweis der Identität der Leihmutter dienen kann, daneben müsste eine Folgebeurkundung im Geburtseintrag des Kindes erfolgen. Denknotwendig miterfasst ist dabei wiederum der Anspruch auf Kenntnis der Zeugungsmethode. Der vorgeschlagene § 1598b sollte dennoch um einen Absatz erweitert werden, um einen expliziten Anspruch des Kindes auf Nennung der Leihmutter bzw. der Zeugungsmethode zu kreieren.

§ 1598b BGB Anspruch auf Nennung der leiblichen Eltern

(1) [...]

(2) Dies gilt nicht, wenn die Eltern schutzwürdige Interessen vortragen, die es rechtfertigen, dem Kind die Auskunft zu verweigern.

(3) Ist das Kind von einer Leihmutter ausgetragen worden, steht ihm gegen seine Eltern zusätzlich ein Anspruch auf Nennung der Leihmutter zu. Ist den Eltern die Identität der Leihmutter unbekannt, steht dem Kind ein Anspruch auf Nennung aller Umstände zu, die Aufschluss über die Identität der Leihmutter geben können. Absatz 2 gilt entsprechend.

Wegen der mangelnden Beweisbarkeit scheidet eine statusfolgenlose Klärung der biologischen Mutterschaft aus. Neben den Aussagen der Eltern stehen dem Kind daher nur etwaige Dokumente von Gericht und Behandlungszentren zur Verfügung, um die Identität der Leihmutter zu erfahren. Wie im Fall einer Eizellspende[234] macht ein Anspruch gegen die behandelnden Ärzte nur dann Sinn, wenn die Leihmutterschaft legalisiert werden sollte. Ansonsten stehen entweder keine Dokumente über die verbotswidrig durchgeführte Leihmutterschaft zur Verfügung oder die Behandlung fand im Ausland statt. Im letzteren Fall wäre der Arzt aber gerade nicht auskunftsverpflichtet.

2. Das Kind lebt bei der Leihmutter

Lebt das Kind bei der Leihmutter, die zugleich rechtliche Mutter ist, ist die abstammungsrechtliche Situation gleich der nach einer Eizell- oder Embryonenspende. Daher darf hier nicht unterschieden werden. De lege ferenda wäre dieser Fall von den bereits vorgeschlagenen Auskunftsansprüchen und Feststellungsmöglichkeiten automatisch mit erfasst.[235]

---

234 Vgl. S. 215.
235 Vgl. S. 216, 218, 223.

8. Kapitel: Abstammungsrechtliche Probleme nach einer Ersatzmutterschaft

Die abschließend zu behandelnde Konstellation ist die Ersatzmutterschaft. Im Gegensatz zur Leihmutterschaft ist diese kein Produkt der modernen Medizin.[1] Dennoch führen neue Methoden der Fortpflanzung zu einer Untergruppenbildung.

Bereits in der Bibel werden Ersatzmutterschaften beschrieben. Im 1. Buch Mose (Genesis) Kapitel 16, Vers 1-16, wird die Situation von Sarai und Abram geschildert. Da Sarai unfruchtbar ist, zeugt Abram mit der Magd Hagar ein Kind, das sodann als Kind von Abram und Sarai gelten soll. Der Fall illustriert die typische Ausgangssituation der Ersatzmutterschaft: ein fruchtbarer Mann und seine Partnerin hegen einen Kinderwunsch, der aufgrund der Unfruchtbarkeit der Frau nur durch die Hilfe einer anderen Frau erfüllt werden kann. Man erkennt bereits an dem biblischen Beispiel, dass die Ersatzmutterschaft gänzlich ohne fortpflanzungsmedizinische Maßnahmen auskommen kann. Im einfachsten Fall der Ersatzmutterschaft erfolgt zwischen dem Wunschvater und der Ersatzmutter Geschlechtsverkehr, um ein Kind zu zeugen. Nach der Geburt gibt die Ersatzmutter das Kind an die Wunscheltern heraus.

Durch die Fortpflanzungsmedizin treten jedoch auch neue Varianten der Ersatzmutterschaft auf. So ist der Geschlechtsverkehr zwischen dem Wunschvater und der Ersatzmutter keine zwingende Voraussetzung. Stattdessen kann eine künstliche Befruchtung in vivo und oder in vitro erfolgen. Daneben besteht die Möglichkeit, auf eine gespendete Eizelle einer dritten Frau zurückzugreifen. Die Ersatzmutter stellt dann lediglich ihre Gebärfähigkeit zur Verfügung.[2] Zusätzlich ist auch die Verwendung von Spendersamen möglich.

Das entscheidende Abgrenzungsmerkmal zur Leihmutterschaft ist nach der hier verwendeten Definition die Herkunft der weiblichen Keimzelle. Wird die eigene Eizelle der Wunschmutter zur Zeugung des Embryos verwendet und dieser von einer anderen Frau ausgetragen, liegt ein Fall der Leihmutterschaft vor. Wird dagegen auf die Eizelle der Frau, die das Kind austrägt, oder einer Spenderin zur Zeugung zurückgegriffen, ohne, dass die Wunschmutter das Kind selbst austrägt, spricht man von einer Ersatzmutterschaft. Demnach ist die Wunschmutter im Rahmen einer Ersatzmutterschaft weder genetische noch biologische Mutter, plant aber, die soziale Elternrolle einzunehmen. Biologische Mutter des Kindes ist die austragende Ersatzmutter, die regelmäßig auch die zur Zeugung benötigte Eizelle zur Verfügung

1 Vgl. *Coester*, FS Jayme, S. 1243, 1243.

2 Teils wird dieser Fall auch als Fall der Leihmutterschaft angesehen, vgl. *Wanitzek*, S. 220. Es ist jedoch gerade aus abstammungsrechtlicher Sicht sinniger danach zu differenzieren, ob die befruchtete Eizelle von der Wunschmutter selbst stammt (=Leihmutterschaft) oder von einer dritten Frau (=Ersatzmutterschaft), vgl. zur Definition: S. 16 ff.

stellt und damit auch genetische Mutter ist. Abweichend hiervon kann eine Eizellspenderin als genetische Mutter auftreten.

A. Die Zuordnung des Kindes zu den Wunscheltern

Die zentrale Fragestellung betrifft die rechtliche Zuordnung des Kindes. Von allen Beteiligten erwünscht ist die Zuordnung des Kindes zu den Wunscheltern.

I. Zwingende Zuordnung zur Ersatzmutter

Die Problemlage im Rahmen einer Ersatzmutterschaft weist deutliche Parallelen zur Situation einer Leihmutterschaft auf. Das zeigt sich nicht nur bei öffentlich-rechtlichen Vorschriften sondern ebenso im Abstammungsrecht.

1. Das Verbot der Ersatzmutterschaft

Grundsätzlich ist die Ersatzmutterschaft wie die Leihmutterschaft indirekt aufgrund der Strafandrohungen des ESchG verboten.[3] Eine Ersatzmutterschaft, die auf einer natürlichen Zeugung des Wunschvaters mit der Ersatzmutter beruht, ist trotz moralischer Bedenken jedoch ebenso wenig strafbar wie die künstliche Befruchtung durch Selbstinsemination der Ersatzmutter (§ 11 II ESchG).[4]

Entscheidend für eine Strafbarkeit ist insbesondere die Intention der Parteien. Durch das Vorhaben der Ersatzmutter, das Kind nach der Geburt an die Wunscheltern herauszugeben, wird jegliches reproduktionsmedizinische Vorgehen pönalisiert, vgl. § 1 I Nr. 7 ESchG. Folgerichtig muss man konstatieren, dass das Verbot bereits deshalb nicht effizient ist, weil die Intention der Beteiligten allzu leicht verheimlicht werden kann.[5] Zudem liegt eine gespaltene Mutterschaft, die gerade verhindert werden soll, grundsätzlich nur dann vor, wenn auf die Eizelle einer dritten Frau als Eizellspenderin zurückgegriffen wird, nicht jedoch, wenn die Ersatzmutter selbst ihre Eizelle zur Verfügung stellt.[6]

2. Rechtsvergleich

Im Rechtsvergleich zeigt sich, dass die Regelungen zur Ersatzmutterschaft im Ausland weitestgehend mit denen der Leihmutterschaft identisch sind. Vermehrt besteht deshalb ein Verbot, Ausnahmen sind aber zu erkennen.

---

3 Vgl. dazu S. 34 ff.

4 *Coester*, FS Jayme, S. 1243, 1245.

5 *Coester-Waltjen*, Reproduktionsmedizin 2002, 183, 195; *Coester*, FS Jayme, S. 1243, 1252.

6 Vgl. *Schlegel*, FuR 1996, 116, 116 (Fn. 5), der den Fall der Befruchtung der Ersatzmutter mit der gespendeten Eizelle einer dritten Frau aber übersieht.

Ebenso wie die Leihmutterschaft ist die Ersatzmutterschaft in *Frankreich* generell verboten, Art. 16-7 CC.[7] Gleiches gilt für die Ersatzmuttervermittlung, Art. 227-12 code pénal; nicht bestraft werden die Wunscheltern und die Ersatzmutter selbst.[8] Die *Schweiz* (Art. 4, 31 FMedG) und *Österreich* (§§ 2, 3, 23 FMedG) verbieten ebenfalls jegliche Form der Ersatzmutterschaft, bestrafen aber wiederum nicht die Wunscheltern oder die Ersatzmutter.[9]

In den *Niederlanden* hingegen ist lediglich die kommerzielle Vermittlung einer Ersatzmutter untersagt.[10] Soweit ersichtlich ist auch in *Griechenland* die Ersatzmutterschaft grundsätzlich nicht verboten.[11] Zivilrechtliche Sonderregeln bestehen aber nur für den Fall der Leihmutterschaft.[12] Die Rechtslage der Ersatzmutterschaft in *Großbritannien* ist identisch mit der Rechtslage bezüglich der Leihmutterschaft. Verboten sind die kommerzielle Ersatzmutterschaft sowie das Vermitteln solcher Ersatzmütter, sections 2, 3 Surrogacy Arrangements Act 1985.[13] Ersatzmutterschaften, die nicht kommerziell durchgeführt oder vermittelt werden sind folglich zulässig. Ersatzmutterverträge sind demzufolge zwar gültig, aber nicht durchsetzbar, section 1 A Surrogacy Arrangments Act 1985.[14]

Wie bei der Leihmutterschaft ist die deutsche Rechtslage mit vielen europäischen Rechtsordnungen im Einklang.[15] Die explizite Erlaubnis der Ersatzmutterschaft ist die absolute Ausnahme, geduldet wird sie dagegen in mehreren Ländern.

3. *Zwischenergebnis*

Über den Sinn und Unsinn des Ersatzmutterschaftsverbotes wird wie auch bei der Leihmutterschaft in Deutschland mal mehr, mal weniger heftig debattiert.[16] Letztlich werden die gleichen Argumente, die gegen das Leihmutterschaftsverbot sprechen, auch gegen das Verbot der Ersatzmutterschaft ins Feld geführt. Da aber keine Verwandtschaft zwischen der Wunschmutter und dem Kind besteht, sind gewisse Argumente nicht eins zu eins übertragbar. Dennoch bleibt es dabei, dass das Verbot generell kritisch gesehen werden muss.[17] Ungeachtet der Legalität der

7 *Ferrand/Francoz-Terminal*, FamRZ 2012, 1437, 1437; *Blauwhoff*, S. 321 ff; *Coester*, FS Jayme, S. 1243, 1253.

8 *Coester*, FS Jayme, S. 1243, 1253.

9 *Tschudin/Griesinger*, Gynäkologische Endokrinologie 2012, 135, 135.

10 *Boele-Woelki*, FamRZ 2011, 1455, 1455; *Blauwhoff*, S. 324; *Helms* in: *Röthel/Löhnig/Helms*, S. 49, 69; vgl. oben zur Zulässigkeit der Leihmutterschaft.

11 Vgl. *Helms* in: *Röthel/Löhnig/Helms*, S. 49, 69, der sich aber auf die Leihmutterschaft beschränkt.

12 Vgl. S. 236 f.

13 *Coester*, FS Jayme, S. 1243, 1255.

14 *Coester*, FS Jayme, S. 1243, 1255; *Helms* in: *Röthel/Löhnig/Helms*, S. 49, 68.

15 *Helms* in: *Röthel/Löhnig/Helms*, S. 49, 67.

16 Vgl. *Helms* in: *Röthel/Löhnig/Helms*, S. 49, 67 ff.; *Coester-Waltjen*, Reproduktionsmedizin 2002, 183, 194; *Coester-Waltjen*, Gutachten 56. DJT, B 79 ff.

17 a.A. *Kaiser* in: *Schwab/Vaskovics*, S. 239, 262; *dies.* in: FS Brudermüller, S. 357, 364.

Zeugungsmethode ist die abstammungsrechtliche Regelung jedoch kritisch zu hinterfragen.

4. Die Zuordnung der rechtlichen Elternschaft

Gemäß § 1591 ist stets die gebärende Frau/die Ersatzmutter rechtliche Mutter des Kindes, unabhängig davon, ob ihre eigene Eizelle befruchtet wurde oder die einer Spenderin.[18] Die Wunschmutter hat abstammungsrechtlich keine Möglichkeit, die Mutterschaft zu ihren Gunsten abändern zu lassen. Möglich ist nur eine Adoption.[19]

Wer als rechtlicher Vater des Kindes gilt, hängt entscheidend von der Situation der Ersatzmutter ab, insofern gelten die Ausführungen zur Leihmutterschaft entsprechend.[20] Ist die Ersatzmutter verheiratet, wird ihr Mann gemäß § 1592 Nr. 1 als Vater des Kindes vermutet.[21] Der Wunschvater, der zugleich genetischer Vater ist, kann die Vaterschaft anfechten, wenn er das Kind auf natürlichem Wege mit der Ersatzmutter gezeugt hat. Dieser Fall ist aber eher selten. Unter Zugrundelegung des *BGH* Urteils vom 15.05.2013[22] ist wohl auch eine Anfechtungsmöglichkeit gegeben, wenn er seinen Samen zu einer künstlichen Befruchtung zur Verfügung stellt. Bei der Verwendung von Spendersamen ist er aber zwingend darauf angewiesen, dass ein anderer Anfechtungsberechtigter die Vaterschaftszuordnung beseitigt. Selbst die rechtlichen Eltern scheiden dabei als Anfechtungsberechtigte aus, wenn sie sich gemäß § 1600 V mit der Insemination mit Fremdsamen einverstanden erklärt haben. Es verbleibt dann nur die Anfechtungsberechtigung des Kindes selbst. Erfolgt eine solche, kann der Wunschvater anschließend seine Vaterschaft feststellen lassen, wenn er zugleich genetischer Vater ist, oder diese mit Zustimmung der Ersatzmutter anerkennen. Ist die Mutter hingegen nicht verheiratet, kann die Zuordnung zum Wunschvater durch Anerkennung, § 1592 Nr. 2, oder Feststellung der Vaterschaft, § 1592 Nr. 3, erfolgen, insofern sein Samen zur Zeugung verwendet wurde.

5. Rechtsvergleich

Lediglich das *britische* Recht gestattet der Wunschmutter die Übernahme der rechtlichen Mutterschaft. Zwar gilt grundsätzlich die Ersatzmutter als Mutter des Kindes, section 33 HFEA 2008[23], eine Abänderung ist aber über eine *„parental order"* möglich, wenn der Samen des Wunschvaters verwendet wurde, section 54 HFEA 2008.[24] Die Ersatzmutterschaft unterliegt insofern den gleichen Voraussetzungen wie die Leihmutterschaft.

---

18 *Wohn*, S. 126; *Weyrauch*, S. 228; *Wanitzek*, S. 223 f.; *Schlegel*, FuR 1996, 116, 117.
19 Ausführlich *Wanitzek*, S. 229 ff.; *Weyrauch*, S. 228.
20 Vgl. S. 247 ff.; siehe auch: *Wohn*, S. 126; *Schlegel*, FuR 1996, 116, 117.
21 *Wanitzek*, S. 351.
22 *BGH* FamRZ 2013, 1209-1212.
23 *Scherpe*, FamRZ 2010, 1513, 1514.
24 *Scherpe*, FamRZ 2010, 1513, 1515.

Dagegen gilt in den *Niederlanden* die Ersatzmutter als rechtliche Mutter.[25] Auch in *Frankreich* sucht man spezielle abstammungsrechtliche Regelungen zur (verbotenen) Ersatzmutterschaft vergeblich, so dass regelmäßig die Geburtsmutter rechtliche Mutter wird.[26] Das Verbot der Ersatzmutterschaft führt hier sogar dazu, dass Adoptionsanträge durch die Wunscheltern von den Gerichten abgelehnt werden.[27]

Letztlich fehlen selbst in *Griechenland* Sonderregeln für den Fall einer Ersatzmutterschaft. Allerdings erfasst die bekannte Regelung der Leihmutterschaft auch den Fall, dass eine Eizelle, die weder von der Wunschmutter noch von der Ersatzmutter stammt, befruchtet und ausgetragen wird.[28] Für den Fall der Ersatzmutter, die ihre eigene Eizelle befruchten lässt, bestehen hingegen keine Regelungen.

II. Reformvorschlag zur Lösung des Problems

Es ist fraglich, ob das geltende Abstammungsrecht der Situation gerecht wird. Die Argumente, die bereits bei der Diskussion der Leihmutterschaft vorgetragen wurden, sprechen eher dagegen.

1. *Die Zuordnung zum Vater*

Für die Zuordnung zum Wunschvater ist auf den Reformvorschlag zur Vaterschaftszuordnung im Rahmen einer Leihmutterschaft zu verweisen.[29] Die Interessenlage ist insofern identisch. Wird der Samen des Wunschvaters zur Zeugung verwendet, entspricht das Anfechtungsrecht nach vorheriger Zustimmung der Beteiligten den Interessen aller. Ein solches würde auch eine interessengerechte Regelung für den Fall einer Ersatzmutterschaft anbieten. Wird dagegen auf Fremdsamen zurückgegriffen, ist kein Grund für eine vom geltenden Abstammungsrecht abweichende Regelung ersichtlich.

2. *Die Zuordnung zur Mutter*

Bei der mütterlichen Zuordnung ist stets der entscheidende Unterschied der Ersatz- zur Leihmutterschaft im Auge zu behalten: Während die Wunschmutter im Rahmen einer Leihmutterschaft mit dem Kind genetisch verwandt ist, besteht zwischen Wunschmutter und dem Kind der Ersatzmutter keinerlei genetische Verbindung.

Im Rechtsvergleich hat sich gezeigt, dass abstammungsrechtliche Regelungen für den Fall einer Ersatzmutterschaft selbst dann nicht zwingend vorliegen, wenn solche für die Leihmutterschaft existieren. Selbst diese Rechtsordnungen verweisen die Wunschmutter dann auf eine Adoption. Das geschieht nicht ohne Grund. Die

25 *Boele-Woelki*, FamRZ 2011, 1455, 1455
26 *Coester*, FS Jayme, S. 1243, 1253 f.
27 *Coester*, FS Jayme, S. 1243, 1254.
28 *Coester*, FS Jayme, S. 1243, 1256 f.; zur genauen Regelung vgl. S. 236.
29 Vgl. S. 247 ff.

Abgabe eines eigenen Kindes an ein anderes Paar ist durch die Adoptionsmöglichkeit bereits in der Gesellschaft anerkannt und akzeptiert.[30] Dass schon die Zeugung des Kindes selbst unter der Prämisse der späteren Abgabe erfolgt, rechtfertigt dabei keine abweichende Bewertung.[31] Da das genetische Band zwischen Kind und Wunschmutter fehlt, zur rechtlichen Mutter aber in der Regel besteht, wäre eine Anfechtung i.S.d. des Abstammungsrechts ohnehin nicht möglich.[32] Daneben fehlt sogar das biologische Band zwischen Mutter und Kind, dass durch die Geburt begründet wird. Daher wird auch im deutschen Rechtsraum auf die Adoption verwiesen und dieser Verweis auch für die Zukunft gefordert.[33] Dies ergibt sich aus der fehlenden Abstammung des Kindes von der Wunschmutter. So wie die Tatsache, dass das Kind im Fall einer Leihmutterschaft der genetische Sprössling der Wunschmutter ist, für eine Zuordnungsmöglichkeit im Abstammungsrecht durch Anfechtung spricht, so spricht die fehlende Abstammung im Fall der Ersatzmutterschaft gegen eine solche. Die grundsätzliche Ausrichtung des Abstammungsrechts ist das Zusammenführen von rechtlicher Zuordnung und genetischer Abstammung. Das zeigt nicht zuletzt die Möglichkeit der Vaterschaftsanfechtung. Die rechtliche Zuordnung eines genetisch fremden Kindes erfolgt dagegen grundsätzlich über das Adoptionsrecht, nicht über das Abstammungsrecht.[34] Zwar kennt auch das Abstammungsrecht Zuordnungsmöglichkeiten zu einem nicht-genetischen Elternteil,[35] diese sind jedoch den natürlichen Besonderheiten der Vaterschaft geschuldet oder gründen auf Schwangerschaft und Geburt. Nicht zuletzt sind Vaterschaftszuordnungen grundsätzlich anfechtbar, außer, wenn sie kongruent zur Genetik bestehen.

Die Änderung der Mutterschaftszuordnung nach einer Ersatzmutterschaft ist daher keine Regelungsmaterie des Abstammungsrechts.[36] Dies zeigt insbesondere der Vergleich mit einer legalen, durch natürliche Zeugung herbeigeführten Ersatzmutterschaft. Der Fall gleicht objektiv einem Seitensprung, aus dem ein Kind hervorgeht. In einem solchen Fall eine Zuordnung zur Partnerin des Vaters im Abstammungsrecht zu ermöglichen, ist fernliegend. Allein der Unterschied im Willen der Beteiligten vermag hier keine andere Wertung zu rechtfertigen.

Eine systemgerechte Alternative zum Verweis auf das Adoptionsrecht könnte höchstens in der Schaffung einer Mutterschaftsanerkennung gesehen werden. Eine solche wurde vor der Kindschaftsrechtsreform diskutiert, erübrigte sich dann

30 *Coester-Waltjen*, Gutachten 56. DJT, B 81.
31 *Coester-Waltjen*, Gutachten 56. DJT, B 81; in diese Richtung auch *Benicke*, StAZ 2013, 101, 111 f.
32 *Luh*, S. 158.
33 *Luh*, S. 158; Staudinger/*Rauscher*, § 1591 BGB, Rn. 7; MüKo/*Wellenhofer*, § 1591 BGB, Rn. 12; *Schumann* in: *Rosenau*, S. 155, 198.
34 In diese Richtung ebenfalls: Staudinger/*Rauscher*, § 1591 BGB, Rn. 7; MüKo/*Wellenhofer*, § 1591 BGB. Rn. 12.
35 Durch §§ 1592 Nr. 1 und 2, aber ebenso durch § 1591 BGB.
36 So auch *Kaiser* in: FS Brudermüller, S. 357, 364 f.

aber durch die klare Regelung des § 1591.[37] Diese Möglichkeit zu schaffen entspricht aber wie aufgezeigt nicht dem Grundprinzip des Abstammungsrechts. Auf Vaterseite wird zwar eine (wahrheitswidrige) Anerkennung ermöglicht, was eine Diskriminierung der Wunschmutter darstellen könnte. Es ist aber zu beachten, dass die Anerkennungsmöglichkeit primär auf nichteheliche Väter abzielt, denen dadurch die einfache Möglichkeit gegeben wird, an die rechtliche Vaterschaft ihres Kindes zu gelangen. Dass dies auch Auswirkungen auf künstliche Befruchtungen mittels Spendersamen haben kann, ist ein Nebeneffekt, der so nicht beabsichtigt ist, allerdings auch nicht störend wirkt. Grundsätzlich gilt allerdings auch im Rahmen der Vaterschaft, dass ein Mann, der rechtlicher Vater eines fremden Kindes werden möchte, eine Adoption erwägen muss.

Um eine Adoption dennoch leichter zu ermöglichen, kann die Einführung eines Rechts auf die vorrangige Berücksichtigung der Wunschmutter bei der Adoption angedacht werden.[38] Geklärt werden sollte auch endgültig die Anwendung des § 1741 I S. 2 auf Ersatzmutterschaften. Das Kindeswohl widerspricht der Adoption durch die Wunscheltern jedenfalls nicht pauschal, weil die Eignung zur Kindeserziehung nicht von der angewandten Zeugungsmethode abhängig ist.[39] Insofern spricht einiges dafür, § 1741 I S. 2 zukünftig unangewendet zu lassen.

Eine abstammungsrechtliche Regelung zur Abänderung der Mutterschaftszuordnung im Fall der Ersatzmutterschaft ist nicht indiziert.

B. Auskunftsansprüche des Kindes

Bezüglich möglicher Auskunftsansprüche des Kindes ist auf die zuvor ausgearbeiteten Ansprüche und deren Begründungen zu verweisen.[40] Es sind hier keine neuen Problemlagen ersichtlich. Kommt es zu einer Adoption durch die Wunscheltern, sind zudem §§ 62, 63 I PStG zu beachten.[41]Auch die Möglichkeit einer statusunabhängigen Feststellung de lege ferenda ist vollumfänglich vom bereits erörterten Reformvorschlag umfasst.[42]

---

37 *Wanitzek*, S. 228.
38 *Bokelmann/Bokelmann*, S. 265.
39 *Coester-Waltjen*, Gutachten 56. DJT, B 87; *Wanitzek*, S. 232 f.; vgl. auch *Benicke*, StAZ 2013, 101, 112.
40 Vgl. S. 143 ff. und S. 214 ff.
41 Vgl. S. 135.
42 Vgl. S. 169 ff. und S. 221 f.

9. Kapitel: Fazit

Das geltende Abstammungsrecht vermag es nicht, die Folgen der künstlichen Befruchtung so zu regeln, dass sie den Interessen der Beteiligten, insbesondere denen des Kindes, gerecht werden. Es hat sich gezeigt, dass ein grundsätzlicher Reformbedarf bezüglich jeder der derzeit praktizierten fortpflanzungsmedizinischen Methoden besteht. Notwendig ist eine moderne Variante des Abstammungsrechts, das *Abstammungsrecht 2.0.*

So, wie sich die Methoden der Fortpflanzungsmedizin weiterentwickeln, ist auch das Abstammungsrecht stetig zu überarbeiten. Werden weitere Methoden wie Ektogenese – die vollständige Reifung eines Embryos außerhalb des menschlichen Körpers – oder das Klonen möglich, werden wiederum völlig neue Regelungen notwendig, für die bisher kein Bedarf besteht.[1]

A. Reformbedarf im öffentlichen Recht

Auch im öffentlichen Recht besteht ein dringender Reformbedarf. Dabei geht es nicht darum, das Fortpflanzungsmedizinrecht zwingend zu liberalisieren. Bereits die derzeit geduldeten Methoden sind vom Gesetzgeber nur so oberflächlich geregelt, dass hier Handlungsbedarf besteht. Dass zudem mancherorts eine Liberalisierung nötig erscheint, erhöht den Druck auf den Gesetzgeber weiter. Der Ruf nach einem umfassenden Fortpflanzungsmedizingesetz wird daher immer lauter.[2] Zuletzt versuchte die FDP-Bundestagsabgeordnete *Flach* 2011 die Schaffung eines (sehr liberalen) Fortpflanzungsmedizingesetzes zu initiieren.[3] Im Jahr zuvor war bereits ein Antrag der Opposition gestellt worden, zu prüfen, ob durch die Schaffung eines Fortpflanzungsmedizingesetzes die Rahmenbedingungen für die regenerative Medizin in Deutschland verbessert werden könnten.[4] Auch die ehemalige Bundesgesundheitsministerin *Fischer* plädierte 2010 (erneut) für die Notwendigkeit eines solchen umfassenden Gesetzes.[5] Bisher blieb der Gesetzgeber hier jedoch

---

1 Vgl. dazu *Wohn*, S. 127 ff.

2 *Riedel*, Der Gynäkologe 2009, 495, 496 ff.; *Katzorke*, Der Gynäkologe 2007, 807, 812; *Revermann/Hüsing*, S. 225 ff.; *Neidert*, MedR 1998, 347-353; in diese Richtung auch *Helms* in: *Röthel/Löhnig/Helms*, S. 49, 51 ff.; *Wellenhofer*, FamRZ 2013, 825, 830; *dies.*, GuP 2014, 127, 135; *dies.* in: 100 Jahre Rechtswissenschaft in Frankfurt, S. 563, 575; *Schumann* in: *Rosenau*, S. 155, 156; *Bernat* in: *Rosenau*, S. 203, 226; *Duttge* in: *Rosenau*, S. 235, 235; *Lindner* in: *Rosenau*, S. 127 ff.; *Dethloff/Gerhardt*, ZRP 2013, 91, 92; *Kreß*, FPR 2013, 240, 240.

3 Vgl. *Haarhoff*, TAZ Online vom 25.11.2011.

4 BT-Drucks. 17/908, S. 3.

5 *Fischer*, Vortrag an der Berlin-Brandenburgischen Akademie der Wissenschaften vom 18.10.2010.

untätig, obwohl auch die Liberalisierung der Präimplantationsdiagnostik (PID)[6] einen Reformbedarf begründet.

B. Reformbedarf im Abstammungsrecht

Der dargestellte Reformvorschlag gibt keine Antworten auf diese Fragen des öffentlichen Rechts, was auch nicht beabsichtigt war. Stattdessen war es Ziel der Arbeit, die Probleme zu analysieren, die durch die Behandlung von Wunschelternpaaren durch das derzeit geltende Abstammungsrecht entstehen. Das ist notwendig, da unabhängig von nationalen Zugangsbeschränkungen alle realisierbaren Methoden der Fortpflanzungsmedizin im Ausland tatsächlich von einzelnen Paaren in Anspruch genommen werden, für die deutsches Abstammungsrecht gilt. Es hat sich gezeigt, dass vereinzelt nur geringfügige Anpassungen, teils aber auch völlig neue Regelungskonzepte nötig sind, um ein ansprechendes, modernes und zeitgemäßes Abstammungsrecht zu schaffen. Selbst wenn sich der Gesetzgeber weiterhin nicht traut, die Materie der Fortpflanzungsmedizin umfassend zu regeln, muss er jedenfalls das Abstammungsrecht an die tatsächlichen Gegebenheiten anpassen. Nur so kann gewährleistet werden, dass interessengerechte Eltern-Kind-Zuordnungen begründet, erhalten und geschützt werden. Der Gesetzgeber kann sich nicht darauf beschränken, sukzessiv Urteile des *BVerfG* umzusetzen. Seine Aufgabe ist es, das Abstammungsrecht umfassend zu regeln und an die Moderne anzupassen. Dabei muss er seine phlegmatische Haltung in diesem Bereich überwinden. Die Problemfälle werden sich durch eine vermehrte Inanspruchnahme der neuen Behandlungsmethoden vervielfachen, erst Recht, wenn die ersten Wellen von Kindern die Volljährigkeit erreichen.

I. Reformbedarf bzgl. der homologen Befruchtung

Im Bereich der homologen Befruchtung ist eine Reform des Abstammungsrechts nicht notwendig, weil sich die Situation kaum von der natürlichen Zeugung unterscheidet. Das geltende Recht kommt hier bereits zu Zuordnungen, die im Interesse der Beteiligten stehen. Wünschenswert ist es allerdings, die Möglichkeit einer präkonzeptionellen Anerkennung zu schaffen.

II. Reformbedarf bzgl. der heterologen Befruchtung (Samenspende)

Umfangreicher ist der Reformbedarf im Bereich der Samenspende. Es muss gewährleistet werden, dass das Kind primär den Wunscheltern zugeordnet wird. Um die Zuordnung zum Wunschvater zu gewährleisten, ist die Schaffung einer präkonzeptionellen Anerkennungsmöglichkeit notwendig.

---

6 Vgl. *Revermann/Hüsing*, S. 225 f.

Zudem ist neben den Anfechtungsrechten der Wunscheltern auch das Anfechtungsrecht des Samenspenders grundsätzlich explizit auszuschließen. Lediglich in Ausnahmefällen, wenn alle Beteiligten einer solchen Anfechtung zustimmen oder der Samenspender nicht in die Verwendung seines Samens eingewilligt hat und das Kindeswohl nicht entgegensteht, ist eine Anfechtung zu ermöglichen. Daneben ist dem sogenannten Becherspender unter gewissen Voraussetzungen ebenfalls die Anfechtung explizit zu ermöglichen. Die Möglichkeit, den Samenspender als rechtlichen Vater feststellen zu lassen, ist entgegen der vielfach geäußerten Kritik beizubehalten.

Weiterhin muss ein expliziter Auskunftsanspruch des Kindes gegen Eltern und behandelnde Ärzte ins Abstammungsrecht eingefügt werden. Die bisher für die Herleitung solcher Ansprüche genutzten allgemeinen Normen können diese nicht umfassend regeln, zudem ist die Rechtslage dadurch intransparent. Es empfiehlt sich, den Anspruch gegen die Eltern grundsätzlich zuzulassen. Lediglich in Ausnahmefällen können die Interessen der übrigen Beteiligten an einer Geheimhaltung des Spenders überwiegen. Wird der Anspruch gegen die behandelnden Ärzte und Anstalten geltend gemacht, ist die Einführung eines Widerspruchsmodells anzudenken, nach dem dem Begehr des Kindes grundsätzlich entsprochen wird, wenn die übrigen Beteiligten keinen Widerspruch erheben. Im Falle eines solchen, ist eine gerichtlich überprüfbare Interessenabwägung vorzunehmen. Samenspendern und Eltern ist auch zukünftig grundsätzlich kein eigener Anspruch zuzusprechen. Lediglich dem Becherspender ist ein Anspruch zu erhalten.

Daneben ist eine Möglichkeit für das Kind zu schaffen, die Abstammung vom potentiellen Samenspender auch gegen dessen Willen genetisch untersuchen zu lassen. Dafür ist eine Erweiterung des § 1598a BGB erforderlich. Gleichsam ist dem potentiellen genetischen Vater eine solche Möglichkeit zu gewähren. Dem Samenspender ist diese hingegen grundsätzlich verwehrt, es sei denn es handelt sich um einen Fall der Becherspende.

III. Reformbedarf bzgl. der Eizellspende

Den umfangreichsten Reformbedarf begründet die Eizellspende. Hierzu muss eine völlig neue Konzeption der rechtlichen Mutterschaft im Abstammungsrecht erfolgen.

Beizubehalten ist die grundsätzliche Zuordnung der Mutterschaft zur biologischen Geburtsmutter. Diese ist zukünftig allerdings anfechtbar auszugestalten. Da nur im Fall der Nutzung fortpflanzungsmedizinischer Methoden ein Bedürfnis für eine Anfechtung besteht, ist keine umfassende Regelung wie bei der Vaterschaftsanfechtung erforderlich. Ein Anfechtungsrecht der rechtlichen Mutter ist nur zuzulassen, wenn sie der Verwendung einer fremden Eizelle nicht zugestimmt hat. Ein Anfechtungsrecht des Wunschvaters scheidet grundsätzlich aus. Der Eizellspenderin ist die Anfechtung wie dem Samenspender zu gewähren, wenn sie nicht in die Verwendung ihrer Keimzelle einwilligte oder alle Beteiligten einer solchen zustimmen und das Kindeswohl nicht entgegensteht. Das Kind hingegen muss die Mutterschaft im selben Umfang wie die Vaterschaft anfechten können.

Die Mutterschaft der Eizellspenderin ist festzustellen, wenn sie selbst, das Kind, oder der rechtliche Vater diese im Fall der Mutterlosigkeit des Kindes begehren. Ficht die genetische Mutter selbst die Mutterschaft an, ist im selben Verfahren ihre Mutterschaft festzustellen.

Analog zu den Auskunftsrechten im Fall der Samenspende ist ein expliziter Auskunftsanspruch auf Nennung der Identität der Eizellspenderin für das Kind gegen die Eltern. Regelmäßig überwiegen auch hier die Interessen des Kindes die der übrigen Beteiligten, so dass eine Auskunftserteilung nur im Ausnahmefall verweigert werden kann. Die Einführung eines Anspruchs gegen die behandelnden Ärzte ist jedoch erst dann sinnvoll, wenn die Eizellspende legalisiert wird.

Schließlich ist § 1598a zu reformieren, so dass das Kind auch die Einwilligung in eine Überprüfung der Mutterschaft der potentiellen genetischen Mutter verlangen kann.

Bezüglich der Embryonenspende besteht kein zusätzlicher Reformbedarf, wenn Eizell- und Samenspende entsprechend den vorherigen Ausführungen geregelt werden. Da sich eine Embryonenspende in eine gleichzeitige Samen- und Eizellspende zerlegen lässt, ergeben sich insoweit keine Besonderheiten.

IV. Reformbedarf bzgl. der Leihmutterschaft

Ebenfalls umfassend abstammungsrechtlich zu regeln ist die Leihmutterschaft. Primär ist an der Mutterschaft der Geburtsmutter, also der Leihmutter, festzuhalten. Die Wunschmutter, die zugleich genetische Mutter ist, darf wie die Eizellspenderin nur dann zur Anfechtung berechtigt sein, wenn die übrigen Beteiligten einer solchen zustimmen. Unbeschränkt stets zur Anfechtung der Mutterschaft berechtigt muss daneben das Kind selbst sein. Der Wunschvater sollte auch zukünftig nach allgemeinen Regeln zur Vaterschaftsanfechtung berechtigt sein. Für ihn sind zudem die Regeln bezüglich der Anfechtung durch einen Samenspender anzuwenden.

Verbleibt das Kind bei der Leihmutter, sind Auskunftsansprüche und die Möglichkeit einer statusfolgenlosen Abstammungsfeststellung – in gleicher Weise wie für den Fall der Eizellspende – einzuführen. Erfolgt jedoch die Zuordnung des Kindes zu den Wunscheltern, ist ergänzend ein Anspruch des Kindes auf Nennung der Identität der Leihmutter zu schaffen.

V. Reformbedarf bzgl. der Ersatzmutterschaft

Bei der Ersatzmutterschaft ist die Wunschmutter zur Erlangung der rechtlichen Mutterschaft auf eine Adoption zu verweisen, da keine genetische Verbindung zwischen ihr und dem Kind besteht. Lediglich der Wunschvater sollte unter Umständen nach den allgemeinen Regeln des Abstammungsrechts eine Vater-Kind-Zuordnung herstellen können, insbesondere, wenn er zugleich genetischer Vater des Kindes ist. Insofern besteht kein weitergehender Reformbedarf.

C. Resümee

Der vorgestellte Reformvorschlag zeigt eine Regelungsmöglichkeit von vielen denkbaren auf, die, soweit ersichtlich, das Abstammungsrecht umfassend an die derzeitigen reproduktionsmedizinischen Möglichkeiten anpassen würde. Das Abstammungsrecht ist eine höchst sensible Materie, so dass Regelungen, die allen Interessen gleichermaßen gerecht werden, schwer zu treffen sind. Das trifft auch auf diesen Vorschlag zu. Er stellt aber einen umfassenden Reformvorschlag dar, der sich nicht auf Einzelprobleme oder einzelne Befruchtungsmethoden beschränkt. Er soll damit zur Diskussion anregen und dazu beitragen, eine Reform des Abstammungsrechts voranzutreiben.

Insbesondere Samen- und Eizellspende sowie die Leihmutterschaft schaffen eine Vielzahl von Problemen, die der Gesetzgeber derzeit konsequent ignoriert. Die Rechte der Wunscheltern, der genetischen Eltern und insbesondere die Rechte des Kindes verpflichten den Gesetzgeber jedoch, Detailregelungen zu treffen. Ein mögliches Rezept wird ihm mit dieser Arbeit an die Hand gegeben. Betroffen sind dabei verschiedene Ebenen des Abstammungsrechts. Zum einen ist die statusrelevante Zuordnung nach dem Abstammungsrecht an vielen Stellen zu überarbeiten. Aber auch in darunter liegenden Ebenen besteht enormer Handlungsbedarf. So muss der Gesetzgeber Auskunftsansprüche explizit regeln, um dem Recht auf Kenntnis der eigenen Abstammung Rechnung zu tragen. Gleichsam muss er als Zwischenebene zwischen statusrelevanten Zuordnungen und den Auskunftsrechten eine Möglichkeit schaffen, statusfolgenlose Abstammungsfeststellungen von den potentiellen genetischen Eltern fordern zu können. Stets sind bei solchen Regelungen die Ausgangssituationen und Besonderheiten der jeweiligen Reproduktionsmethoden zu beachten.

Sollte eine Reform in naher Zukunft unterbleiben, ist zu erwarten, dass das *BVerfG* den Gesetzgeber immer wieder auf die eklatanten Missstände des Abstammungsrechts hinweisen wird. Um dem zuvor zu kommen, ist eine umfassende Regelung unumgänglich. Eine Möglichkeit zu einer solchen, wurde im Rahmen dieser Arbeit aufgezeigt. Der Rest ist Sache des Gesetzgebers.

10. Kapitel: Der gesamte Reformvorschlag[1]

§ 1591 Mutterschaft

(1) Mutter eines Kindes ist die Frau, die es geboren hat.

(2) Besteht keine Mutterschaft nach Absatz 1, so ist die Mutterschaft gerichtlich festzustellen

§ 1591a BGB Nichtbestehen und Anfechtung der Mutterschaft

(1) § 1591 Abs. 1 gilt nicht, wenn auf Grund einer Anfechtung rechtskräftig festgestellt ist, dass die Frau nicht die leibliche Mutter des Kindes ist.

(2) Berechtigt, die Mutterschaft anzufechten, sind:

1. die Frau, deren Mutterschaft nach § 1591 Abs. 1 besteht, wenn das Kind ohne ihre Einwilligung durch künstliche Befruchtung mittels Eizellspende einer Dritten gezeugt wurde,

2. die leibliche Mutter, wenn die Mutter im Sinne von § 1591, der Vater im Sinne § 1592 und das Kind der Anfechtung zustimmen und

3. das Kind.

(3) Bei einer Anfechtung gemäß Absatz 2 Nummer 2 wird die leibliche Mutter gemäß § 1591 Absatz 2 als Mutter festgestellt. § 1591b findet keine Anwendung.

(4) Erfolgt die Verwendung der Eizelle zur Befruchtung ohne oder gegen den Willen der leiblichen Mutter, ist eine Anfechtung nach Absatz 2 Nummer 2 ohne Zustimmung des Vaters und des Kindes möglich, falls diese dem Wohl des Kindes nicht widerspricht.

(5) § 1600a ist entsprechend anzuwenden.

(6) Die Vaterschaft gemäß § 1592 bleibt von der Anfechtung der Mutterschaft gemäß Absatz 1 und 2 unberührt.

§ 1591b BGB Anfechtungsfristen

Für die Anfechtung der Mutterschaft gelten § 1600 b Absatz 1 Satz 1, Absatz 3 Satz 1 Halbsatz 1 und die Absätze 4 und 5 entsprechend.

§ 1591c Gerichtliche Feststellung der Mutterschaft

(1) Berechtigt, die Mutterschaft im Sinne von § 1591 Absatz 2 feststellen zu lassen, sind

1 Änderungs- und Ergänzungsvorschläge zum bisherigen Recht werden *kursiv* dargestellt. Soweit keine Änderungen des geltenden Rechts vorgeschlagen werden, wird auf eine Wiedergabe der Normen weitestgehend verzichtet.

1. das Kind,

2. die leibliche Mutter und

3. der Vater gemäß § 1592.

(2) Die Rechtswirkungen der Mutterschaft können, soweit sich nicht aus dem Gesetz anderes ergibt, erst vom Zeitpunkt ihrer Feststellung an geltend gemacht werden.

(3) Im Falle einer Feststellung nach § 1591 Absatz 2 wird der Ehemann der Mutter zum Zeitpunkt der Geburt entgegen § 1591 Nr. 1 nicht Vater des Kindes.

§ 1592 BGB Vaterschaft

Vater eines Kindes ist der Mann,

1. der zum Zeitpunkt der Geburt mit der Mutter des Kindes verheiratet ist,

2. der die Vaterschaft anerkannt hat oder

3. dessen Vaterschaft nach § 1600d oder § 182 Abs. 1 des Gesetzes über das Verfahren in Familiensachen und in den Angelegenheiten der freiwilligen Gerichtsbarkeit gerichtlich festgestellt ist.

§ 1594 BGB Anerkennung der Vaterschaft

(1) Die Rechtswirkungen der Anerkennung können, soweit sich nicht aus dem Gesetz anderes ergibt, erst von dem Zeitpunkt an geltend gemacht werden, zu dem die Anerkennung wirksam wird.

(2) Eine Anerkennung der Vaterschaft ist nicht wirksam, solange die Vaterschaft eines anderen Mannes besteht.

(3) Eine Anerkennung unter einer Bedingung oder Zeitbestimmung ist unwirksam.

(4) Die Anerkennung ist schon vor der Geburt des Kindes zulässig. *Die Anerkennung ist vor der Zeugung des Kindes zulässig, wenn diese durch eine künstliche Befruchtung erfolgt.*

§ 1595 BGB Zustimmungsbedürftigkeit der Anerkennung

(1) Die Anerkennung bedarf der Zustimmung der Mutter. *Im Fall des § 1594 Absatz 4 Satz 2 ist die Zustimmung der Frau erforderlich, die sich der künstlichen Befruchtung unterzieht.*

[...]

§ 1598a BGB Anspruch auf Einwilligung in eine genetische Untersuchung zur Klärung der leiblichen Abstammung

(1) Zur Klärung der leiblichen Abstammung des Kindes können

1. der Vater jeweils von Mutter und Kind,

2. die Mutter jeweils von Vater und Kind und

3. das Kind jeweils von beiden Elternteilen

verlangen, dass diese in eine genetische Abstammungsuntersuchung einwilligen und die Entnahme einer für die Untersuchung geeigneten genetischen Probe dulden. Die Probe muss nach den anerkannten Grundsätzen der Wissenschaft entnommen werden.

(2) Auf Antrag eines Klärungsberechtigten hat das Familiengericht eine nicht erteilte Einwilligung zu ersetzen und die Duldung einer Probeentnahme anzuordnen.

(3) Das Gericht setzt das Verfahren aus, wenn und solange die Klärung der leiblichen Abstammung eine erhebliche Beeinträchtigung des Wohls des minderjährigen Kindes begründen würde, die auch unter Berücksichtigung der Belange des Klärungsberechtigten für das Kind unzumutbar wäre.

(4) Wer in eine genetische Abstammungsuntersuchung eingewilligt und eine genetische Probe abgegeben hat, kann von dem Klärungsberechtigten, der eine Abstammungsuntersuchung hat durchführen lassen, Einsicht in das Abstammungsgutachten oder Aushändigung einer Abschrift verlangen. Über Streitigkeiten aus dem Anspruch nach Satz 1 entscheidet das Familiengericht.

(5) Das Kind kann von dem Mann, der laut Auskunft nach § 1598b oder § 1598c als leiblicher Vater in Betracht kommt, verlangen, dass dieser in eine genetische Abstammungsuntersuchung einwilligt und die Entnahme einer für die Untersuchung geeigneten genetischen Probe duldet. Absatz 1 Satz 2 sowie die Absätze 2 bis 4 gelten entsprechend.

(6) Der Mann, der an Eides statt versichert, der Mutter des Kindes während der Empfängniszeit beigewohnt zu haben, kann von der Mutter und dem Kind, verlangen, dass diese in eine genetische Abstammungsuntersuchung einwilligen und die Entnahme einer für die Untersuchung geeigneten genetischen Probe dulden. Dies setzt voraus, dass zwischen dem Kind und seinem Vater keine sozial-familiäre Beziehung besteht oder im Zeitpunkt seines Todes bestanden hat. Absatz 1 Satz 2 sowie die Absätze 2 bis 4 und § 1600 Absatz 4 gelten entsprechend. Ist das Kind durch künstliche Befruchtung mittels Samenspende des Mannes gezeugt worden, so ist der Anspruch nach Satz 1 ausgeschlossen; dies gilt nicht, wenn bei der künstlichen Befruchtung die Übernahme der Vaterschaft durch einen Dritten zwischen der Mutter und dem Mann nicht vereinbart wurde. In diesem Fall muss der Mann an Eides statt versichern, der Mutter seinen Samen gespendet zu haben.

(7) Absatz 5 gilt entsprechend für einen Anspruch des Kindes gegen die Frau, die als Eizellspenderin in Betracht kommt.

§ 1598b BGB Anspruch auf Nennung der leiblichen Eltern

(1) Das Kind hat gegen seine Eltern einen Anspruch auf Nennung der leiblichen Elternteile. Ist den Eltern die Identität der leiblichen Eltern unbekannt, steht dem Kind ein Anspruch auf Nennung aller Umstände zu, die Aufschluss über deren Identität geben können.

(2) Dies gilt nicht, wenn die Eltern schutzwürdige Interessen vortragen, die es rechtfertigen, dem Kind die Auskunft zu verweigern.

(3) Ist das Kind von einer Leihmutter ausgetragen worden, steht ihm gegen seine Eltern zusätzlich ein Anspruch auf Nennung der Leihmutter zu. Ist den Eltern die Identität der Leihmutter unbekannt, steht dem Kind ein Anspruch auf Nennung aller Umstände zu, die Aufschluss über die Identität der Leihmutter geben können. Absatz 2 gilt entsprechend.

§ 1598c BGB Auskunftsansprüche bei künstlichen Befruchtungen

(1) Hat ein Kind, das aus einer künstlichen Befruchtung mittels Samenspende hervorgegangen ist, das 16. Lebensjahr vollendet, so kann es vom behandelnden Arzt, der medizinischen Anstalt, in der die Befruchtung durchgeführt wurde und von der Entnahmestelle Auskunft über die in § 5 I TPG-GewV gespeicherten Daten, insbesondere die Identität des Spenders, verlangen.

(2) Sofern ein schutzwürdiges Interesse besteht, kann das Kind auch schon vor Vollendung des 16. Lebensjahres Auskunft über alle Daten des Spenders nach § 5 TPG-GewV verlangen.

(3) Bevor Auskunft über die Daten erteilt wird, informiert der Auskunftsverpflichtete nach Abs. 1 soweit möglich den Spender und die Eltern des Kindes und belehrt diese über die Möglichkeit des Widerspruchs. Lehnen diese die Auskunft über die Daten innerhalb von zwei Wochen ab, so ist das Kind zu informieren und auf den Widerspruch hinzuweisen. Allen Beteiligten ist die Gelegenheit zur Stellungnahme zu geben. Der Auskunftsverpflichtete nach Absatz 1 hat daraufhin die Interessen der Beteiligten abzuwägen und eine Auskunft zu erteilen oder zu verweigern. Gegen das Ergebnis der Abwägung steht dem Kind, den Eltern und dem Spender das Recht zu, die Entscheidung gerichtlich überprüfen zu lassen.

(4) Keimzellspender können Auskunft über die Verwendung ihrer gespendeten Zellen und über die Daten der Eltern und des Kindes nur verlangen, wenn die Eltern und das Kind oder dessen gesetzlicher Vertreter der Auskunftserteilung zustimmen.

§ 1600 Anfechtungsberechtigte

(1) Berechtigt, die Vaterschaft anzufechten, sind:

1. der Mann, dessen Vaterschaft nach § 1592 Nr. 1 und 2, § 1593 besteht,

2. der Mann, der an Eides statt versichert, der Mutter des Kindes während der Empfängniszeit beigewohnt zu haben,

3. die Mutter,

4. das Kind und
[...]

(2) Die Anfechtung nach Absatz 1 Nr. 2 setzt voraus, dass zwischen dem Kind und seinem Vater im Sinne von Absatz 1 Nr. 1 keine sozial-familiäre Beziehung besteht oder im Zeitpunkt seines Todes bestanden hat und dass der Anfechtende leiblicher Vater des Kindes ist.

(2a) In den Fällen des Absatz 1 Nr. 2 ist eine eidesstattliche Versicherung der Beiwohnung nicht erforderlich, wenn der Vater im Sinne von Absatz 1 Nr. 1, die Mutter und das Kind

der Anfechtung zustimmen und der Anfechtende leiblicher Vater des Kindes ist. Die Regelungen des Absatz 2 und des § 1600b finden keine Anwendung. Erfolgte die Verwendung des Samens zur Befruchtung ohne oder gegen den Willen des Mannes, ist eine Anfechtung nach Satz 1 ohne Zustimmung der Mutter, des Vaters und des Kindes möglich, falls diese dem Wohl des Kindes nicht widerspricht.

[...]

(5) Ist das Kind mit Einwilligung des Mannes und der Mutter durch künstliche Befruchtung mittels Samenspende eines Dritten gezeugt worden, so ist die Anfechtung der Vaterschaft durch den Mann oder die Mutter ausgeschlossen. *Ist eine der Einwilligungen unwirksam, bleibt die Anfechtung des anderen Teils ausgeschlossen. Der Widerruf der Einwilligung ist bis zur Zeugung des Kindes möglich und an den behandelnden Arzt und den anderen Elternteil zu richten. Das Anfechtungsrecht gemäß Absatz 1 Nr. 2 ist im Fall einer Samenspende ausgeschlossen; dies gilt nicht, wenn bei der künstlichen Befruchtung die Übernahme der Vaterschaft durch einen Dritten zwischen der Mutter und dem Mann nicht vereinbart wurde. In diesem Fall muss der Mann an Eides statt versichern, der Mutter seinen Samen gespendet zu haben. Absatz 2a bleibt von den Regelungen dieses Absatzes unberührt.*

§ 169 FamFG Abstammungssachen

Abstammungssachen sind Verfahren
[...]

2a. auf Überprüfung des Ergebnisses der Abwägung nach § 1598c Abs. 3,

[...]

5. auf Auskunftserteilung über die leibliche Elternschaft.

§ 178a FamFG Interessenabwägung

(1) Auf Antrag hat eine Überprüfung des Ergebnisses der Abwägung nach § 1598c Abs. 3 BGB stattzufinden. Überwiegen die Interessen des Kindes, ist die Auskunftserteilung anzuordnen, überwiegen die Interessen des Spenders oder der Eltern, ist die Auskunftserteilung zu versagen.

(2) Im Verfahren ist die Anonymität des Spenders zu wahren.

Studien zum deutschen und internationalen Familien- und Erbrecht

Herausgegeben von Martin Lipp, Christoph Benicke, Marina Wellenhofer und Bettina Heiderhoff

Band 1 Jessica Kriewald: Statusrelevante Erklärungen des Familienrechts. 2009.

Band 2 Martin Gilbert: Unmoralische Angebote, Grundrechtskitsch und die kalte Hand des Erblassers. 2009.

Band 3 Anja Vellmer: Religiöse Kindererziehung und religiös begründete Konflikte in der Familie. Eine rechtsübergreifende Darstellung familiärer religiöser Konflikte und der staatlichen Instrumentarien zu ihrer Lösung. 2010.

Band 4 Uta Heidenreich: Auskunfts- und Wertermittlungsansprüche des Pflichtteilsberechtigten. 2010.

Band 5 Ulla Möhn: Vertrauensschutz im intertemporalen Scheidungsunterhaltsrecht. Zugleich eine Analyse des § 36 Nr. 1 EGZPO. 2010.

Band 6 Gabriele Metternich: Verfügungsverhalten von Erblassern. Eine empirische Untersuchung als Beitrag zur Rechtstatsachenforschung und Reformdiskussion auf dem Gebiet des Erbrechts. 2010.

Band 7 Patrick Schroer: Europäischer Erbschein. Mit rechtsvergleichender Darstellung. 2010.

Band 8 Isabella Toscano: Ehescheidungen mit grenzüberschreitendem Bezug. Von divergierenden nationalen Scheidungsvoraussetzungen zu einem einheitlichen europäischen Scheidungsrecht? 2011.

Band 9 Ulrich Kühle: Die gerichtliche Überprüfung von Erb- und Pflichtteilsverzichtsverträgen im Spiegel ehevertraglicher Inhaltskontrolle. 2011.

Band 10 Gregor Blüm: Härtefälle im Recht des Versorgungsausgleichs. Eine legitimationszentrierte Untersuchung der Rechtsprechung zur Generalklausel des § 1587c Nr. 1 BGB a. F. unter Berücksichtigung der Neuerungen in der Härtefallregelung des § 27 VersAusglG. 2011.

Band 11 Linda Schlegel: Die Bedeutung des vorehelichen Zusammenlebens im Scheidungsfolgenrecht. 2011.

Band 12 Tobias Breitling: Rechtsfolgen von sittenwidrigen Bedingungen in Verfügungen von Todes wegen. Erblasserwille und objektives Recht. 2012.

Band 13 Anja Sommer: Das Verhältnis von Familiengericht und Jugendamt. Kooperation zum Wohle des Kindes? 2012.

Band 14 Pia Maria Schulze: Das deutsche Kindschafts- und Abstammungsrecht und die Rechtsprechung des EGMR. 2012.

Band 15 Sebastian Schaufert: Das Verbot der Doppelverwertung von Vermögenspositionen bei Unterhalt und Zugewinn. 2012.

Band 16 Natalie Ivanits: Die Stellung des Kindes in auf Einvernehmen zielenden gerichtlichen und außergerichtlichen Verfahren in Kindschaftssachen. 2012.

Band 17 Robert Bauer: Die Neuerungen im ehelichen Güterrecht. Eine kritische Untersuchung der Rechtslage nach der Reform von 2009. 2013.

Band 18 Birthe Schekahn: Tatsächliche Unterhaltsleistungen faktischer Lebensgefährten im Todesfall. Ein Vorschlag für eine Reform des § 844 Abs. 2 BGB und zugleich eine Definition der faktischen Lebensgemeinschaft. 2013.

Band 19 Michelle Favier: Die gemeinsame rechtliche Elternschaft von eingetragenen Lebenspartnern durch die Annahme eines Kindes. 2014.

Band 20 Holke-Leonie Doench: Mediation als kindgerechtes Verfahren. 2014.

Band 21 Katharina Frank: Eheverträge als effektives Gestaltungsinstrument. Die Grenzen der Privatautonomie im englischen und deutschen Sachrecht sowie im europäischen Zivilverfahrens- und Kollisionsrecht. 2015.

Band 22 Renata von Pückler: Der Ausgleich konkurrierender Ehegattenunterhaltsansprüche. 2015.

Band 23 Sandra Schröder: Wer hat das Recht zur rechtlichen Vaterschaft? Vorschlag zur Neugestaltung der rechtlichen Stellung des biologischen Vaters im Abstammungsrecht bei Bestehen einer sozial-familiären Beziehung zwischen Kind und rechtlichem Vater. Unter Berücksichtigung interdisziplinärer und historischer Aspekte. 2015.

Band 24 Kerstin Aust. Das Kuckuckskind und seine drei Eltern. Eine kritische Würdigung der bestehenden Rechtslage mit Vorschlägen für interessengerechte Regelungen unter rechtsvergleichenden Aspekten aus dem EMRK-Raum. 2015.

Band 25 Marc Alexander Voigt: Abstammungsrecht 2.0. Ein rechtsvergleichender Reformvorschlag vor dem Hintergrund der Methoden der künstlichen Befruchtung. 2015.

www.peterlang.com

www.ingramcontent.com/pod-product-compliance
Ingram Content Group UK Ltd.
Pitfield, Milton Keynes, MK11 3LW, UK
UKHW022103051026
15623UKWH00003B/653

9 783631 663639